普通高等学校军事理论教程

刘庆华　主编　　全金峰　孙晓辉　副主编

化学工业出版社
·北京·

内容提要

本书是根据《普通高等学校军事课教学大纲》，由黑龙江科技大学军事教研室组织有关人员编写的普通高等学校本、专科军事课教材。本教程的主要内容有中国国防、军事思想、国家安全、军事高技术、信息化战争等。全书内容紧扣当代复杂的国际政治、军事、经济形势，分析和回答了当代大学生所关心的国际军事问题和国防建设问题，体现了观念、理论、知识、技能的有机结合，内容丰富，对学生树立国防意识、增强保卫祖国的使命感和责任感将有很大帮助。

本书可作为其他开设军事理论课程的普通高等学校的可选教材，同时也将是军事爱好者们喜爱的阅读书籍。

图书在版编目（CIP）数据

普通高等学校军事理论教程/刘庆华主编. —北京：化学工业出版社，2018.8（2021.9重印）
ISBN 978-7-122-32453-5

Ⅰ.①普… Ⅱ.①刘… Ⅲ.①军事理论-高等学校-教材
Ⅳ.①E0

中国版本图书馆CIP数据核字（2018）第135218号

责任编辑：王　可　蔡洪伟　马　波　　　装帧设计：张　辉
责任校对：王　静

出版发行：化学工业出版社（北京市东城区青年湖南街13号　邮政编码100011）
印　　装：三河市双峰印刷装订有限公司
787mm×1092mm　1/16　印张16½　字数406千字　2021年9月北京第1版第4次印刷

购书咨询：010-64518888　　　售后服务：010-64518899
网　　址：http://www.cip.com.cn
凡购买本书，如有缺损质量问题，本社销售中心负责调换。

定　　价：38.00元

前 言

我国从 1985 年开始在普通高等学校开展以学生军训为主要形式的国防教育，通过对大学生开设军事训练和军事理论教学，使广大学生掌握了基本的军事技能与军事知识，培养了大学生的国防观念和国家安全意识，增强了他们的责任感和使命感，促进了大学生综合素质的全面提高。特别是近年来，为了应对信息化战争的需要，提高我国军队的战斗力，国家依托高校大学生良好的科技和文化素质，实行从在校大学生中征招士兵的政策，在大学生已经成为我国国防后备力量的重要生力军的新形势下，高校国防教育对国家国防体系建设具有重要的战略意义。

本书根据普通高等学校国防教育的实际需要而编写。在编写的过程中，严格按照上级的规定和要求，本着严谨、科学、实用的原则，进行认真构思和设计，积极吸纳世界军事科学技术发展和中外军事理论研究的最新成果，特别是习近平总书记关于国防和军队建设方面的新思想、新论断，以《普通高等学校军事课教学大纲》为依据，并结合青年学生的知识结构和年龄特点，从博大精深的军事科学理论体系中，精选出了中国国防、军事思想、国际战略环境、军事高技术、信息化战争等方面的内容，作为高校军事理论教学的主要讲授内容，力求达到教学体系结构合理，内容简明易懂。

本书由黑龙江科技大学军事教研室组织有关人员编写，由刘庆华担任主编，全金峰、孙晓辉担任副主编，田晨、王磊、陈汝楠、付彦龙参与编写。教材共分为五章，具体编写分工如下：全金峰编写第一章；刘庆华编写第二章和第五章；田晨、王磊、陈汝楠、付彦龙编写第三章；孙晓辉编写第四章。全金峰、孙晓辉具体负责协调统稿。2016 年出版的《普通高等学校军事理论教程》由刘东江担任主编，姜宁、张波担任副主编，刘慧莹、武昭阳、孙越、李镈洪参与编写。

本书编写工作得到了学校党委的高度重视，国内外相关专家、学者给予了支持和帮助，黑龙江省教育厅、黑龙江省军区学生军训办的领导给予了关怀和指导，同时，在本书编写的过程中，我们还参阅了国内各高校编写的同类教材和研究成果，在此一并表示感谢。

由于学术水平和研究能力有限，本书编写过程中难免有不尽如人意之处，恳请广大读者提出宝贵建议。

编 者

2018 年 5 月

目　录

第一章 中国国防

【教学目标】

了解我国国防的历史和国防建设的现状及其发展趋势，熟悉国防法规和国防政策的基本内容，明确我军的性质、任务和军队建设指导思想，掌握国防建设和国防动员的主要内容，增强依法建设国防的观念。

第一节 国防概述

国无防不立，民无兵不安。国防与国家相伴而生，密切相连。国防是人类社会发展的产物，关系到国家和民族的生死存亡和兴衰荣辱。建设稳固的国防是我国现代化建设的战略任务，是维护国家安全统一和全面构建社会主义和谐社会的重要保障。关注国防、了解国防、建设国防，是我们义不容辞的责任。

一、国防的基础理论

（一）国防的含义

国防，即国家的防务，是指国家为防备和抵抗侵略，制止武装颠覆，保卫国家的主权、统一、领土完整和安全所进行的军事及有关的政治、经济、外交、科技、教育等方面的活动。

国防是个历史概念。它随着国家的产生而产生，是为国家利益服务的。我国的国防具有悠久的历史，早在公元前21世纪，我国就建立了国家，开始了国防建设。古往今来，国防虽依国家的性质、制度、国力及其推行的政策不同而具有不同的特征，但所有国家国防的性质，都是以捍卫和维护国家利益为核心来组织的。国家的兴衰和国防密切相关，国防强弱直接关系到国家的安全、民族的尊严、社会的发展。

当今世界，和平与发展是时代的主题，要和平、求合作、促发展已经成为不可抗拒的历史潮流。但是，在世界和地区范围内仍存在一些不安定因素。霸权主义和强权政治仍然是威胁世界和谐稳定的主要根源；冷战思维及其影响还有一定市场，扩大军事集团、强化军事同盟给国际安全增加了不稳定因素；有的国家依仗军事优势对他国进行军事威胁，甚至武力干涉；不公正、不合理的国际经济旧秩序仍在损害着发展中国家的利益；因民族、宗教、领土、资源等因素而引起的局部冲突时起时伏，国与国之间的一些历史遗留问题仍待解决。因此，在新形势下，我们必须居安思危，既要加速发展，也要确保国家安全。发展需要搞好经济建设，安全需要加强国防建设。强盛的经济，强大的国防，是我们国家自立于世界民族之林的两大支柱，二者反映了国家的根本利益。我国的国防是全民的国防，需要全国人民共同关心、参与和支持。

（二）国防的基本要素

1. 国防的主体

国防的主体，是国防活动的实行者，通常为国家。任何国家，从诞生之日起，都要防备和抵御各种外来侵略，以保障国家安全，维系国家生存。国家的本质是阶级专政的工具，是统治阶级利益与意志的体现，为实现这种利益与意志，必须通过国家权力。而国防就是维护国家的这种权力，同时也只有依靠国家的这种权力才能使国防得以运转，只有国家才能领导和组织国防事业。国防既是国家的防务，又是全民族的防务，与国家的各个部门、各种组织以及全体公民都息息相关。在我国，加强国防建设，进行国防斗争，是一切国家机关、武装力量、各政党和社会团体、各企事业单位及全体公民的共同责任。

2. 国防的目的

国防的目的主要是捍卫国家的主权、统一、领土完整和安全。

国家主权指的是一个国家独立自主地处理自己的内外事务，管理自己的国家的最高权力。主权是国家区别于其他社会集团的特殊属性，是国家的固有权利。国家和主权不可分割，主权是国家存在的根本标志。如果一个国家的主权被剥夺，其他的一切，包括国家的独立、领土完整、传统的生活方式、基本的政治制度、社会准则、国家荣誉和尊严等都将不复存在。因此，捍卫国家主权，始终是国防中首位的、根本的目的和任务。

国家的统一是指国家由一个中央政府对领土内一切居民和事务行使完整的管辖权，不允许另立政府或分割国家的管辖权。从国际法的角度来说，保卫国家统一、反对分裂，历来是一个国家的内部事务，绝不允许外国干涉。这是一个原则性问题，不能有丝毫的含糊。因此，保卫国家的统一历来是国防的重要任务。当外国敌对势力插手国家的民族事务，破坏国家的民族团结，危及国家的统一和完整时，国防力量必须予以坚决打击，发挥其维护国家统一和完整的职能作用。

领土是指位于国家主权支配下的地球表面的特定部分以及其底土和上空。领土是国家存在和发展的自然物质前提，是构成国家的基本要素之一。国家主权与国家领土具有密切联系，领土既是国家行使其主权的空间，也是国家主权行使的对象。没有领土，主权就失去了存在空间和行使对象。任何国家不得破坏别国的领土完整，任何集团或个人不得进行旨在分裂本国或别国领土完整的活动。国家的领土被侵占，主权必然要遭到侵犯。国防捍卫国家主权的独立，必然要保卫国家领土的完整。

国家要正常地生存和发展，必须有一个安全的内外环境。一个国家如果没有和平、稳定的状态，不仅难以建设和发展，而且生存也会受到威胁。因此，维护国家的安全，也是国防的主要目的之一。一旦国家遭到外来侵略和颠覆，安全受到威胁，国防就必须履行自己的职能，抵御和挫败外来的侵略和颠覆，确保国家的和平、稳定状态；当国内敌对分子勾结外国敌对势力进行武装暴乱、危及国家安全时，国防力量就要采取措施，防止和平息这种内外勾结的暴乱，保卫国家安全。

3. 国防的手段

国防的手段是指为达到国防目的而采取的方法和措施。根据《国防法》的规定，我国国防的手段包括军事活动以及与军事有关的政治、经济、外交、科技、教育等方面的活动。

（1）军事　国防的主要手段是军事手段。国防的根本职能是捍卫国家利益，防备和抵御外来的各种形式和不同程度的侵犯；防备和平息内部和外部的敌对势力相互勾结所发动的武装暴乱。对付武装入侵和武装暴乱最根本和最有效的手段莫过于采取军事手段。这是因为：一是军事手段是最具威慑作用的手段，可以对各种可能的外来侵犯进行有效地阻止或遏制；二是军事手段是唯一能够有效对付武装侵略的手段，可以通过其所拥有的巨大的即时打击能力给侵略者造成物质和精神的严重损害，从而迫使其终止侵略行动，以至放弃侵略企图；三是军事手段是解决国家之间矛盾冲突的最后手段。当国家之间的主权、利益矛盾积累达到极限时，就只有通过最高的斗争形式，即武装冲突或战争才能彻底解决。同时，军事手段还能够作为各种非军事手段的强有力后盾，可以强化各种非军事手段的国防功能。因此，军事手段理所当然地成为国防活动中的主要手段。

（2）政治　政治手段作为国防手段之一，指的是“与军事有关的”政治活动，而不是政治本身的全部含义。政治与国防关系密切。一方面，国防直接保卫的国家主权，是政治的第一需要；国防直接保卫的国家领土，是政治的物质前提；国防直接保卫国家的安全利益与发展利益，是政治的根本追求。国家政权、政治制度也要靠国防力量来捍卫。另一方面，政治对国防起着决定性的支配作用；国家的政治需要，决定国防的根本性质和基本类型；国家的政治指导思想和路线，决定国防的方向、方针和原则；国家的政治制度，决定国防的根本体制；国家的政治素质，制约国防的客观效应。其中，构成国防手段的政治活动主要是政治制度、政治思想工作和政治宣传等。

（3）经济　经济是国防的基础，社会经济制度决定国防活动的性质，社会经济状况决定国防建设的水平。现代条件下，无论是国防建设还是国防斗争，都要广泛采用经济手段，包括国防经济活动、经济动员、经济战、经济制裁等。国防经济活动是为国防而进行的生产、分配、交换、消费及其管理的实践活动。其目的是保持一定的军事实力与潜力，从而有效地保障国家安全。国民经济动员是指国家将经济部门及其相应的体制有组织、有计划地从平时状态转入战时状态所采取的措施，目的是充分调动国家经济能力、提高生产水平、扩大军品生产、保障战争需要。经济战是敌对双方为夺取战略优势和战争胜利而进行的经济斗争，主要指战争期间各种形式的经济斗争以及和平时期的经济封锁和经济扰乱，其根本目的是给敌人造成经济恐慌，动摇其进行战争的物质基础，使敌方经济陷于崩溃，以便战而胜之。经济制裁是指国家为一定的政治、军事目的，对另一方强行实施的惩罚行为，在国防斗争中使用这一手段，可削弱被制裁国的政治、经济、军事实力，促使其国内不满情绪发生和增长。

（4）外交　国防外交活动主要是指国家与国家之间为了国防目的而开展的外交活动。由于这种外交主要涉及军事领域，所以又称军事外交。它既有通常意义上外交的一般特征，又具有区别于其他外交工作的特殊规律，是集外交与军事于一体的活动。它的范围很广，领域很多，活动的内容也十分丰富。从总体上讲，国防外交主要涉及国家与国家之间、军事集团与军事集团之间的军事政治关系、军队关系、军事战略关系、军事科技关系和军事经济关系等。具体可以划分为：军事双边往来、多边军事交往、非官方军事交往、军事科技交流和军工合作、军事结盟、军事援助、军事经济合作、边防管理等。国防外交涉及的各个方面的活动都不是孤立的，而是有机联系的。从事国防外交活动的主体也不单纯是武装力量，还包括国家机关与民间的一些部门。

除上述因素外，与军事有关的科技、教育等内容也是国防的重要手段。

4. 国防的对象

国防的对象是指国防所要防备、抵抗和制止的行为。这是一个涉及国家在什么情况下可以使用国防力量的重大问题。根据《中华人民共和国国防法》的界定，国防的对象：一是

“侵略”；二是“武装颠覆”。

（1）国防要防备和抵抗的是“侵略”　《中华人民共和国国防法》对国防对象的这一法律界定，既有国际法律依据，又符合国防的实际需要，与国家安全所面临的威胁相一致，不仅表述方法合理恰当，而且意义深远重大。其理由：一是与国际约章相衔接。联合国1974年专门通过了《关于侵略定义的决议》，该决议对“侵略”做了非常详尽的定义。凡属于决议所指的侵略，均属于运用国防力量防备和抵抗的对象。二是与国家宪法的提法相一致。我国宪法第29条和第55条都采用了“抵抗侵略”的提法，而不是“抵抗武装侵略”。三是与国防活动的客观实际相适应。立法应为现实服务，制定国防法律也应为国防建设和国防斗争服务。如果以法律的形式规定国防只是防备和抵抗“武装侵略”，在今后的国防建设和斗争中，则很可能束缚自己的手脚。现实当中，确实存在着武装侵略和非武装侵略，而且，一个主权国家对另一个主权国家的非武装侵略及其反侵略大多要以武力为后盾，而有些所谓的非武装侵略，是非国防手段不能抵御的。因此，国防所要防备和抵抗的，是“侵略”，而不仅仅是“武装侵略”。

（2）国防应把“武装颠覆”作为制止的对象　所谓颠覆是指推翻现政府。反颠覆是国家的大事，它不完全属于国防的范畴，但与国防又密切相关，需要进行具体的分析。根据宪法，我国是一个实行社会主义制度和人民民主专政的多民族国家。那些以推翻社会主义制度、推翻人民民主专政、分裂国家为目的的颠覆活动，不是一般的反政府活动，而是危及我国的国体和政体，对国家的主权、统一、领土完整和安全构成严重威胁的活动。但是，如果这类活动不采取武装暴力的形式，则仍然属于由国家安全部门去对付的事情，不需要动用国防力量。只有属于武装性质的颠覆活动，如武装叛乱、武装暴乱，才必须动用国防力量。把“武装颠覆”作为国防的对象，把“制止武装颠覆”作为国防的一项重要职能写入国防法，具有特殊的重要意义：一是各种武装颠覆活动，包括分裂国家的“独立”、武装叛乱以及企图推翻社会主义制度的武装暴乱，已构成对我国安全的主要威胁之一。二是从我国当前面临的国际国内环境看，武装颠覆并非纯粹来自内部，甚至主要不是来自内部，各种形式的“独立”、武装叛乱和暴乱，一般都有外国势力插手，具有内外勾结危害祖国的特点。三是从苏联分裂成独联体各国及南斯拉夫分裂后民族间战争不断、国民经济严重倒退的情况看，它的灾难甚至大于国家间的战争，理应将防止和制止这种现象作为国防的职能。

二、现代国防的类型和特征

（一）现代国防的类型

目前，世界上的国防类型主要有以下四种。

1. 扩张型

扩张型国防是一切奉行霸权主义侵略扩张政策的国家，为了维护本国在世界其他地区的利益，打着防卫的幌子，对别国进行侵略、颠覆和渗透，把“国防”作为侵犯别国主权和领土、干涉他国内政的代名词。

2. 自卫型

自卫型国防指在国防建设上依靠本国力量，广泛争取国际上的同情和支持，以达到维护本国的安全，以及周边地区和世界和平与稳定的目的。我国国防属于积极防御的自卫型国防。

3. 联盟型

联盟型国防是以结盟形式，联合一部分国家来弥补自身国防力量的不足。从联盟国之间的关系来看，还可以分为一元联盟和多元联盟。所谓一元联盟，就是有一个大国处于盟主地位，其他国家则为从属地位。所谓多元联盟，则是各国基本处于伙伴关系，共同协商防卫大计。

4. 中立型

中立型国防主要是指中小发达国家，为了保障本国的安全，严守和平中立的国防政策，制定总体防御战略和寓兵于民的防御体系。

（二）现代国防的特征

现代国防是对传统国防的继承和发展，是一种全新的国防观念和新的国防实践活动。现代国防绝非单纯的武装较量，而是在综合国力的基础上，以军事手段为主，在政治、经济、科技、外交、文化等多种手段配合下进行的总体较量。现代国防的主要内容包括：国防体制、国防战略、国防政策、国防力量、国防科技、国防工业、国防工程、国防教育、国防动员、国防法规以及与国防有关的其他方面的建设和斗争。其基本特征主要表现在以下四个方面。

1. 现代国防是国家综合国力的体现

现代国防已成为综合国力的对抗。综合国力主要由人力、自然力、政治力、经济力、科技力、精神力和国防力等组成。其中经济实力、国防实力和民族凝聚力是综合国力的基本要素，经济实力是基础，国防实力是支柱，民族凝聚力是灵魂。现代国防与国家的综合国力有着密切的联系，国家的发展水平制约着武器装备发展水平和国防力量的总规模。没有强大的综合国力，国防建设只能是空中楼阁。

2. 战争潜力能否转化为战争实力是现代国防强弱的一个重要标志

现代国防虽然是以军事力量为主体，但它还要靠国家潜力转化为作战的实力。国家潜力包含：国土面积、地理位置、自然资源、生产能力、人口数量和质量、科技和文化水平、交通运输、通信状况、国家政策、管理能力、国际关系和国际地位等。如何充分运用本国所具有的各种条件，并在战时尽快而有效地使其转化为战争能力，是一个国家综合国力强弱的重要体现。

3. 现代国防既是一种国家行为又是一种国际行为

一个国家想要持续发展，重要条件之一是巩固国防。国防巩固，政府才能集中精力制定正确的政策，才能调动一切人力物力进行经济建设，人民也才能安居乐业。然而，经济全球化的发展趋势，使得国家的发展离不开国际环境，世界的和平与战争、经济的繁荣与衰退都是一个国家持续发展的相关因素，也涉及国防的方方面面，世界尤其是周边国家局势动荡，该国就得在国防方面给予更多的关注，如果他国以武力相加，该国就必须进行国防动员，以迎接外来挑战。可见，现代国防作为一种国家基本行为的同时，也日益成为一种国际国防行为。

4. 现代国防具有多层次的目标体系

国际政治、经济在现代国防上打下的烙印越来越深刻。由于各国的国家利益不同，特别是经济利益不同，因此所制定的战略也略有不同，再加上各国军事实力和综合国力的差异，就使得现代国防呈现出多层次的目标体系。

从范围上，可分为自卫目标、区域目标和全球目标。自卫目标，本国政治制度决定了该国在国土之外的经济利益有限，加上自身实力不足，因此只能将国防目标定位于自卫层次上，着眼于维护国家主权和领土完整。区域目标，一些国家虽然在世界范围内都有自己的经济利益，但不奉行扩张政策，或者军事实力达不到全球范围，所以将防卫锁定在本国及周边区域，也就是说，区域目标国防在维护本国安全利益这个层次上再提高一步，努力为本国的发展创造一个良好的周边环境，并扩大自卫的纵深和弹性。全球目标，少数实力雄厚、推行扩张政策的国家，国家利益遍及全球，出于保护本国利益、称霸世界的企图，将国防的目标对准世界，以维护世界和平、稳定和消除战争危险为旗号，进行侵略扩张，将自己的意志强加给别国。

还可从内涵上对国防的目标层次进行分类。一种是基于保护国家生存、民族独立型的国防，称之为生存目标；另一种是国家生存无忧，民族独立无虑，其目标在于争取一个适合国家发展的空间，称之为发展目标。

总的来说，国防因国家性质、制度、国力及其推行的政策不同而具有不同的特征。所有国防的着眼点都在于捍卫和扩大国家利益。

三、我国的国防历史及启示

在人类社会的历史长河中，中国先后经历了奴隶社会、封建社会、半殖民地半封建社会和社会主义社会，国防也经历了无数个强盛与衰落的交替，从而给我们留下了宝贵的国防遗产和深刻的历史教训。

（一）古代国防

我国古代的国防是指从公元前21世纪夏王朝的建立到1840年鸦片战争，共经历了近4000年的漫长历史。其间，中华民族经历了无数次战争的锤炼，形成了强大的民族凝聚力，培育出了自强不息、前仆后继、不畏强暴、卫国御敌的尚武精神，最终成为一个多民族的大疆域国家。

1. 古代的国防政策和国防理论

大约公元前21世纪，中国古代社会开始由原始氏族公社制社会进入奴隶制社会，出现了国家。从此，作为抵御外来侵犯和征伐别国的武备——国防的雏形便产生了。随后的几千年征战中，为保家卫国，逐渐形成了我国古代的国防政策和国防理论。

春秋战国时期，各诸侯国之间连年征战，使国防观念迅速得到强化，虽然当时的诸子百家在政治和哲学主张方面各放异彩，但在国防方面却出奇一致。形成了诸如“义战却不非战”“非攻兼爱却不非诛”“足食足兵”“以正治国，以奇用兵”“富国强兵”“文武相济”“尚战、善战、慎战”“不战而屈人之兵”等思想，表明春秋战国时期对武备和国防的重视，而且国防思想已经上升到理论的高度，全面奠定了古代军事思想的基础，标志着我国古代军事思想在这个时期已经基本成熟。主要表现在：军事学术极为活跃。现存最早、影响最深的奠基之作《孙子兵法》，就是这个时期的杰出代表作。其他影响较大的还有《吴子》《孙膑兵法》《司马法》《尉缭子》《六韬》等十多部，在几千年的军事历史中一直被视为兵学经典的7部著作中，就有5部产生在这个时期。诸子百家的大量的军事论述，共同形成了我国军事学术史上的第一个高峰，为我国国防理论打下了坚实的基础。在此基础上也形成了较为完整的战争观，并提出了普遍的战争指导原则。如孙子的“知彼知己，百战不殆”“示战先算”“伐谋伐交，不战而胜”“以智使力”等指导原则。这些指导原则概括精辟，到现在仍具有极为重要的指导意义。总结出一整套治军方法，形成了比较合理的军队编制结构，重视改善武器装备，研制出种类繁多的兵器装备，明确提出把军队的教育训练当作治军的首要任务，以此来提高部队的素质。

公元前230年至公元前221年，秦国经过10年的统一战争，先后兼并六国，结束了历史上的长期分裂局面，第一次建立起中央集权的封建国家，标志着中国封建社会进入一个新的历史阶段。随后的唐、汉更是中国封建社会的盛世，军事上也处于开疆拓土的鼎盛时期。至公元10世纪中叶的近1300年间，中国古代国防政策和国防理论得到了进一步的丰富和发展。主要表现在：开始全面整理兵书，初步形成古代军事学术体系。通过三次大规模的整理，形成了研究军事战略的“兵权谋”，研究战役、战术的“兵形势”，研究军事天文、气象的“兵阴阳”，研究兵器、装备制造和运用技巧的“兵技巧”，共四大类，构成了一个较为完整的军事学术体系。另外，战略思想趋于成熟，战略防御思想得到进一步完善。

宋朝至清朝前期，是中国封建地主阶级没落时期，但军事上进入冷、热兵器并用时代，因此，国防政策和国防理论上也有相当的发展。武学开始纳入国家教育体系。北宋初期采用了“以文制武，将中从御”的政策，结果导致了重文轻武，国防衰落。宋仁宗时期，开办了“武学”，后又设武举，为军队培养、选拔了大批军事人才，同时也繁荣了军事学术。明清两朝将武举推向更深层次，甚至出现文人谈兵、武人弄文的局面，大量军事著作面世，军事思想研究向体系化发展。

从总体上来说，我国古代国防理论主要有：“以民为体”“居安思危”的国防指导思想；“富国强兵”“寓兵于农”的国防建设思想；“爱国教战”“崇尚武德”的国防教育思想；“不战而胜”“安国全军”的国防斗争策略等。在这些思想和策略的指导下，华夏大地消除了无数次外敌入侵带来的战祸，为中华民族的繁衍生息、国家的发展提供了基本的生存条件，甚至使国防曾出现过“中国既安，四夷自服”的辉煌。

2. 古代的兵制建设

兵制即我们常说的军事制度，也称军制。是国家或政治集团组织、管理、维持、储备和发展军事力量的制度。我国古代的兵制建设主要包括军事领导体制、武装力量体制和兵役制度等内容。

在军事领导体制上，夏、商、西周时期，一般由国王亲自掌握和指挥，没有形成专门的军事领导机构。春秋末期，实现将相分权治国，以将（将军）为主组成军事指挥机构。战国时期，将军开始独立统兵作战。秦国一统天下之后，设立了专门管理军事的机构，太尉为最高的军事行政长官。隋朝设立了三省六部制，设兵部专门主管军事。宋朝则设置枢密院作为军事领导的最高机构，主官用文官担任，主要目的是防止“权将”拥兵自重。枢密院有权调兵却无权指挥，将军有权指挥却无权调兵，形成枢密院和将军的相互牵制的局面。各朝代在军事领导体制方面的做法虽各有千秋，但皇权至上，军队的最终调拨使用大权始终是掌握在皇帝手中的。

在武装力量体制上，秦朝之前武装力量结构单一，一个国家通常只有一支国家的军队。从秦朝开始，国家的政治制度逐渐完善，生产力不断发展，因而，各个朝代根据国家的状况和国防的需要以及驻防地区和担负任务的具体情况，将军队区分为中央军、地方军和边防军三种，并对军队的编制体制、屯田戍边、兵役军赋、军队调动、军需补给、驿站通道、军械制造和配发等都做了具体的规定，并以法律的形式颁布执行，如唐代的《卫禁律》《军防令》等。

在兵役制度上，随着各个历史时期的政治、经济、人口状况和军事需要的变化，兵役制度也在发展变化。奴隶社会时期，生产力低下，人口稀少，战争规模小，主要实行兵民合一的民军制度。封建社会时期，民军制度逐渐演变为与当时历史条件相适应的兵役制度，如秦汉时期的征兵制、三国两晋南北朝时期的世兵制、隋唐时期的府兵制、宋朝的募兵制、明朝的卫所兵役制等。

3. 古代的国防工程建设

我国古代为抵御外敌的侵犯，巩固边海防，修筑了数量众多、规模庞大的国防工程。如城池、长城、京杭运河以及海防要塞等。

我国古代国防工程建设中，城池的建设时间最早、数量最多。城池建筑最早始于商代，随后，城池建设规模不断扩大，结构日益完善，一直延续到近代。因此，在我国古代战争中，城池的攻守作战成为主要的样式之一。

长城是城池建设的延伸和发展。春秋战国时期长城的建筑已经开始，秦始皇统一六国之后，为了巩固国防、防御北方匈奴的南侵，于公元前 214 年开始将秦、赵、燕三国北部的长城连为一个整体，形成西起临洮（今甘肃岷县），北傍阴山，东至辽东的宏伟工程。后经各朝代多次修建连接，至明代形成了西起嘉峪关，东至山海关，全长 12700 余里的万里长城。

京杭大运河是我国古代兴建的伟大水利工程。隋炀帝征调大量人力物力，将原有的旧河道拓宽和连贯，形成北起通州（今北京通州区）、南至杭州，全长 1794 公里的大运河，把南北许多州县连成一线，成为军事交通和“南粮北运”的大动脉，具有重大的军事和经济作用。

古代海防建设是从明朝开始的。14 世纪，倭寇频繁袭扰我沿海地区，明朝在沿海重要地段陆续修建了以卫城、新城为骨干，水陆寨、营堡、墩、台、烽堠等相结合的海防工程体系，为抗击倭寇的入侵起到了重要作用。

4. 古代国防的兴衰

古代国防的兴衰是与各朝代的政治、经济、军事状况密切相关的。纵观我国几千年的国防史，我们不难发现，当统治阶级处于上升时期，政治开明、经济繁荣、军事强大、民族团结、国家统一的时候，国防就强盛；当统治阶级走下坡路，政治腐败、经济衰落、军事孱弱、民族分裂、国内混乱的时候，国防就削弱、就崩溃。

从整个历史来看，我国古代前期，即从春秋战国到秦汉、盛唐，国防日趋发展，不断强盛以至于发展到鼎盛。其后期，即从中唐到两宋、晚清，我国国防便日趋衰败，以至于一触即溃，不可收拾。其间，虽然盛唐之前有两晋的糜烂，中唐以后有明清中前期的振作，但从整体上来看，我国古代国防事业的基本趋势是由弱到强，再从强盛走向衰落。

从汉、唐、明、清等几个大的历史朝代看，国防事业也都是由兴而盛，由盛及衰。其间固然不乏极盛之前的短暂衰落，衰败之后的一时复兴，但终其一朝由盛及衰的基本趋势是没有改变的。

（二）近代国防

我国的近代国防是指从 1840 年鸦片战争到 1949 年新中国成立，也就是清朝后期和民国时期的国防。1840 年，西方殖民主义者凭借船坚炮利的优势，攻破了清王朝紧锁的国门，对中华民族实行残酷的殖民统治。在西方殖民主义者的侵略面前，腐朽的统治者奉行的国防指导思想却是“居安思奢”“卖国求荣”；执行的国防建设思想乃是“以军压民”“贫国臃兵”；倡导的国防教育思想却是“愚兵牧民”“莫谈国事”；制定的国防斗争策略甚至是“不战而败”“攘外必先安内”。其结果是有国无防，人民惨遭蹂躏和屠杀。

1. 清朝后期的国防

1644 年，清军大举入关，问鼎中原，最终建立大清王朝。从顺治开始，经康熙、雍正、乾隆和嘉庆五代，前后 177 年是清朝的兴盛时期。但是经过“康乾盛世”之后，政治日趋腐败，国防日益疲弱。1840 年鸦片战争爆发，西方殖民主义者大举入侵，从此清王朝一蹶不振，江河日下，有国无防，内乱丛生，外患不息，逐步沦为半殖民地半封建社会。

（1）清朝的武备　清朝的武备包括军事领导体制、武装力量体制和兵役制度等方面。

在军事领导体制方面，1840 年以前，大清王朝先后设立了议政王大臣会议、兵部和军机处，作为高层军事决策和领导机构。鸦片战争后，开始实施“洋务新政”，成立了总理衙门。八国联军入侵中国后，清朝统治者深感军备落后，企图通过改革军制来强军安国，遂改总理衙为外务部，撤销原有的兵部，成立陆军部。

在武装力量体制方面，清军入关之前，军队是八旗兵；入关后为弥补兵力的不足，将投降的明军和新招募的汉人单独编组，成立了绿营；1851 年以后，为镇压太平天国运动，咸丰号召各地乡绅编练乡勇，湘军和淮军逐渐成为清军的主力；中日甲午战争之后，开始编练新军。

在兵役制度方面，八旗兵实行的是兵民合一的民军制。清朝规定：所有 16 岁以上的满族男子都是兵丁，不满 16 岁的则编为养育兵，作为后备兵源。绿营兵虽是招募而来，但入伍后即编入兵籍，其家属随营居住，实际上绿营兵是职业兵，直到年满 50 岁才解除兵籍。湘军和淮军是由地方乡勇逐渐发展起来的部队。太平天国运动被镇压后，湘、淮军取代八旗兵和绿营兵，成为清军的主力。甲午战争中，湘、淮军大部分溃散，清朝开始“仿用西法，编练新兵”。新军采用招募制，在入伍的年龄、体格及识字程度方面均有比较严格的要求。

（2）清朝的疆域和边海防建设　清朝初期重视边海防建设。在与国内割据势力的斗争中，制止了分裂，促进了国内各民族的团结，维护了国家的统一；在与外部侵略势力的斗争中，捍卫了国家的领土主权。这一时期的疆域西到今巴尔喀什湖、楚河、塔拉斯河流域、帕米尔高原；北到戈尔诺阿尔泰、萨彦岭；东北到外兴安岭、鄂霍茨克海；东到海边，包括台湾及其附属岛屿；南到南海诸岛；西南到广西、云南、西藏，包括拉达克，建立了一个空前统一、疆域辽阔的多民族的封建专制国家。从道光年间开始，政治日益腐败，边海防逐渐废弛。西方殖民主义者乘虚而入，以坚船利炮打开了中国的国门。19 世纪中叶以后，香港、澳门、台湾和澎湖列岛分别被英、葡、日占领，东北乌苏里江以东、黑龙江以北及西北今国界以外的一大片地域被沙俄侵占，帕米尔地区被俄、英瓜分，拉达克则被英属克什米尔所吞并。

（3）五次对外战争　1840 年，英帝国主义以清王朝禁烟为由，对中国发动了战争，史称鸦片战争。1842 年，战败的清王朝被迫在英国的军舰上签订了我国近代史上第一个丧权辱国的不平等条约——中英《南京条约》。中国的领土和主权遭到破坏，开始沦为半殖民地半封建社会。

1856 年至 1860 年，英国不满足它已获得的利益，联合法国，分别以“亚罗艇事件”和“马神甫事件”为借口，对中国发动了第二次鸦片战争。战败的清王朝被迫与英国签订了中英《天津条约》，与法国签订了中法《北京条约》，此时的沙俄趁火打劫，强迫清政府签订了中俄《瑷珲条约》。中国的领土主权进一步遭到破坏，半殖民地程度加深。

19 世纪 80 年代初，法国殖民主义者在完全占领越南后，开始觊觎我国西南地区。1884

年至1885年中法交战。爱国将领冯子材率领的清军奋勇杀敌，在刘永福黑旗军的配合下痛击法军，取得了镇南关大捷，由此导致法国茹费里内阁的倒台。但是腐败的清政府却一味苟且偷安，李鸿章认为法国船坚炮利，强大无敌，中国即使一时取胜，难保终究不败，不如趁胜而和。因此，清政府和法国签订了《中法新约》，将广西和云南两省的部分权益出卖给了法国，使中国不败而败，法国不胜而胜。清政府的腐败无能暴露无遗。

1894年，日本以清朝出兵朝鲜为由发动了甲午战争。北洋水师全军覆没。清政府被迫与日本签订了《马关条约》，中国的领土被进一步肢解，半殖民地程度加深，民族危机加剧。

1900年，英、美、德、法、俄、日、意、奥八国，以保护在华侨民"利益"为借口，组成联军，发动侵华战争。战败的清政府被迫与八国签订了《辛丑条约》。这个条约从政治、经济、军事各方面都扩大和加深了帝国主义对中国的殖民统治，并表明清政府已完全成为帝国主义统治中国的工具。中国完全沦为半殖民地半封建社会。

从1840年鸦片战争到1911年辛亥革命这70多年间，清政府与外国列强签订了大大小小数百个不平等条约，割让领土160余万平方千米，据记载，列强对华的不平等条约，几乎都要求中方支付赔款。1900年，八国联军侵占北京，作为这次战争结果的庚子赔款本息就达9.8亿多两白银。同时还规定，中国必须将海关税、常关税、盐税等作为赔款来源抵押给列强。当时，在1.8万多千米的海岸线上，大清帝国竟找不到自己享有主权的港口。国家有海无防，有边不固，绝大部分中国领土成了帝国主义的势力范围：俄国在长城以北；英国在长江流域；日本在中国台湾、福建；德国在山东；法国在云南。中华民族美丽富饶的国土被分割得支离破碎。

2. 民国时期的国防

1911年爆发的辛亥革命，虽然推翻了清朝的统治，彻底废除了封建专制制度，建立了"中华民国"，但并没有改变中国任人宰割的历史。帝国主义通过扶植各派军阀作为自己的代理人，加紧对中国的控制掠夺；各派军阀争权夺利，混战不已，中国依然是有边不固，有海无防，人民有家难安。

(1) 军阀混战与中华民族的觉醒　1911年的辛亥革命，终于推翻了几千年的封建统治，但由于革命的不彻底，仍没有使中国摆脱半殖民地半封建的状况，帝国主义依然在华夏大地上横行无忌。他们为维护其在华利益，纷纷扶植自己的代理人：先有袁世凯称帝，后是张勋复辟，各派军阀以帝国主义为靠山，割据称雄，混战不休。直、皖、奉三大派系军阀先后窃取中央政权，贿选国会议员和总统，出卖国家和民族利益。"二十一条"的签订和巴黎和会中国外交的失败，充分暴露出北洋政府的腐败无能，使中国面临被帝国主义进一步瓜分的命运，激起了中华民族同仇敌忾、共御外侮的决心和勇气。以五四运动为标志，中国反帝反封建的资产阶级民主革命发展到新阶段。1921年7月，中国共产党的成立，把中国人民的救亡图存斗争推向新的阶段，中国工人阶级开始以自觉的姿态登上历史舞台。

(2) 日本的入侵和中国人民的抗战　1931年9月18日，日本发动了"九一八事变"。面对日本帝国主义的野蛮侵略，蒋介石却奉行"攘外必先安内"的方针，一味奉行不抵抗政策，出卖民族利益，使东北大片国土迅速沦陷。1937年7月7日，日本发动"卢沟桥事变"，进一步扩大了对中国的侵略，中华民族到了生死存亡的紧要关头。中国共产党高举团结抗日的旗帜，肩负起救民族于危难的神圣使命，领导全国各族人民进行了艰苦卓绝的十四年抗战，终于取得了我国近代史上第一次抗击外敌侵略的完全胜利。

(3) 解放战争及中华人民共和国的成立　抗日战争胜利后，中国人民迫切需要一个和平安全的休养生息的环境，中国共产党顺民心、从民愿，不计前嫌，准备与国民党第三次携手，合作建国。但蒋介石背信弃义，妄图消灭中国共产党及其所领导的军队。在中国共产党的领导下，经过三年解放战争，中国人民终于推翻了蒋家王朝，建立了中华人民共和国。

（三）中华人民共和国成立后的国防

中华人民共和国成立以来，国防大体经历了四个发展阶段。

第一阶段，初创时期（1949 年年底至 1953 年）。这一时期我国处在外御帝国主义侵略，内治战争创伤和恢复经济时期。国防建设主要完成了三个方面的任务：一是解放了全国大陆和大部分沿海岛屿，肃清了大陆上国民党的残余武装，平息了匪患，建立了边防和守备部队，加强了海边防的守卫；二是取得了抗美援朝战争的胜利；三是建立健全了统一的军事领导机构和军事制度，加强了对全国武装力量的领导，逐步完成从单一陆军向诸军兵种全面建设的过渡。

第二阶段，全面建设时期（1953 年至 1966 年）。这一阶段是我国国防现代化建设突飞猛进的重大时期。1953 年 12 月召开的全国军事系统党的高级干部会议，是军队建设和国防建设的一个里程碑。这次会议确定了我国国防建设的主要任务是：防御帝国主义侵略，保卫社会主义建设，保卫亚洲与世界和平。制定了“积极防御”的战略方针，提出了实现国防现代化的重大战略措施，有力地促进了我国国防现代化建设的全面发展，初步形成了具有中国特色的国防体系。经过 10 年艰苦努力，国防科技工业体系初步建立，常规武器基本实现国产化，某些领域已接近当时的世界先进水平，并成功地爆炸了第一颗原子弹。

第三阶段，曲折中发展时期（1966 年 5 月至 1978 年）。“文化大革命”中，国防和军队建设尽管遭到了严重干扰和破坏，但毛泽东、周恩来等国家主要领导人仍然警觉地注意维护我国的安全，保持了军队的稳定，顶住了国际霸权主义的压力。同时对发展国防尖端技术始终没有放松，从而成功地进行了地地导弹核武器试验和地下核试验，第一颗氢弹爆炸成功，第一颗人造卫星发射成功，极大地增强了国防实力。

第四阶段，现代化建设新时期（1978 年 12 月至今）。十一届三中全会以后，邓小平同志根据国际形势的不断缓和，特别是世界和平力量的增长，提出了“和平与发展”是当今世界两大主题的观点，从而确定全党工作的重点和国防建设指导思想实行战略性转变。在这一正确指导思想的指引下，我军现代条件下的作战能力有了新的提高，军队建设和国防建设逐步走上了健康发展的轨道。江泽民主持中央军委工作后，继承毛泽东军事思想和邓小平新时期军队建设思想，着眼时代特点、社会历史条件和我国安全环境的发展变化，紧紧围绕“打得赢”“不变质”这两个历史性任务，提出了把军事斗争准备的基点由应付一般条件下的局部战争转到打赢现代技术特别是高技术条件下的局部战争上来；实施科技强军战略，把加强质量建设作为实现我军现代化的基本指导方针，转变我军建设的发展模式，实现由数量规模型向质量效能型、人力密集型向科技密集型的根本转变；按照“五句话”的总要求，全面建设一支强大的现代化、正规化革命军队；国防建设与经济建设相互促进、协调发展；建设一个符合我国国情并反映时代特征的有中国特色的现代化国防。胡锦涛主持中央军委工作后，着眼国家安全和发展战略全局，科学筹划指导国防和军队建设以及军事斗争准备，在毛泽东、邓小平、江泽民领导军队建设奠定的基础上，把军队建设又向前大大推进了一步。胡锦涛对加强国防和军队建设提出了一系列紧密联系、相互贯通的新思想新观点新论断，科学回答了在世界大发展大变革大调整、我国全面建设小康社会的历史条件下推进国防和军队建设科学发展、全面履行新世纪新阶段军队历史使命的重大课题，提出了党关于新形势下国防和军队建设思想，开辟了党的军事指导理论创新发展新境界。党的十八大以来，以习近平同志为核心的党中央着眼实现“两个一百年”奋斗目标、实现中华民族伟大复兴的中国梦，立足国家安全和发展战略全局，坚持和发展马克思主义军事理论，围绕国防和军队建设作出一系列重要论述，确立党在新时代的强军目标，明确把人民军队建设成为世界一流军队的时代课题，布局展开强军兴军的战略举措，全力推进国防和军队建设，开创了强军兴军新局面。习近平强军思想深刻回答了新时代“人民军队听谁指挥、怎样铸牢军魂”“为什么强军、怎样强军”“打什么仗、怎样打胜仗”等基本问题，丰富发展了我们党建军治军思想和方针原则，指引了人民军队的强军新征程。

新形势下国防和军队建设不断呈现出健康向上发展的良好局面：我军在精兵、合成、高效方面取得了重大进展；信息化条件下的防卫作战能力逐步增强；干部队伍的整体素质显著提高；综合保障能力不断增强；部队正规化水平有了很大提高；军事科学理论繁荣发展；后备力量建设迈上新的台阶；巩固和发展了军政军民团结的大好局面。

（四）中国国防历史的启示

我国4000多年的国防历史，有过声威远播、天下归附的功绩；有过引而不发、强虏驻足的宁静；有过遍体创伤、不堪回首的屈辱；也有过抗敌卫国的巨大胜利。在建设具有中国特色的社会主义征途中，重温这一漫长的国防历史可以从中得到有益的启示。

1. 经济强盛是国防发展的基础

经济是国防的物质基础，国防强大依赖经济发展，这是我国国防历史给予我们的深刻启示。早在春秋战国时期，统治者就认识到国富才能兵强，自强方可自立，无不把发展经济作为巩固国防、争夺霸权的重要措施。春秋时期，晋国还是一个国贫兵弱的小国。晋文公执政后，通过整顿内政、发展经济、扩充军队等一系列的综合治理，使晋国实力急剧膨胀，有“晋国天下莫强”的声威，先后兼并20余国，一跃而成为中原霸主。秦国重用商鞅进行变法，推行了“开阡陌”“废井田”等一系列土地改革措施，极大地解放了生产力，促进了经济的发展，对秦军南征百越、北逐匈奴，最终吞并六国、完成统一大业起到了重要作用。唐朝由“贞观之治”达到封建社会的鼎盛时期，更是当时统治者注重发展经济的结果。

与此相反，各朝各代的衰落、灭亡，遭受外敌的入侵而不能自保，几乎毫无例外是因为这个王朝后期政治腐败，经济落后，结果动摇了国防的根基。由此可见，只有经济的强盛，才能有强大的国防，才能有政权的稳固、国家的安全。

2. 政治昌明是国防巩固的根本

国家政策的正确与否，直接关系到国防的兴衰。只有政治的昌明，才能有巩固的国防。这是国防历史给我们提供的又一深刻启示。

春秋战国时期，各诸侯国就十分注意修明政治，变法图强，把尊贤厚士、举贤任能、选拔优秀人才治理国家作为强国的根本大计。汉高祖得天下后，实行“文武”政策，建立法制，修明政治。此后，文帝、景帝至武帝，都实行比较开明的治国之策。国家的昌盛才为西汉长达200多年的基本安定奠定了基础。

相反，秦朝实行暴政，激起农民起义，终至推翻秦始皇梦想千秋万代、子孙相继的基业；宋朝由于机构臃肿，官员奢侈腐化，国力衰竭不堪，无力抵抗外侵，终为元兵所灭亡；明朝由于皇帝昏庸、宦官专政、结党营私，始被起义军所败，后又为清兵所亡。特别是近代中国，由于清政府政治日趋腐朽，国防日益虚弱，面对列强入侵屡战屡败，乞降求和，割地赔款，使国家遭受了前所未有的奇耻大辱，将中国人民带进了苦难的深渊。

总之，国防的兴衰、王朝的更替、近代中国的百年国耻，都深刻地告诉我们，政治的昌明是国防巩固的基础，是国家得以长治久安的根本保证。

3. 军备建设是国防巩固的重要手段

自从有国家以来，国防和军事就是一对双胞胎。尽管国防是一个包括经济、政治等因素在内的庞大的复杂系统，但是，国防无论如何都离不开军事，而军备建设又在军事中处于举足轻重的地位。因此，大力加强军备建设就成了巩固国防的重要手段，这也是中国国防史留给我们的一个重要启示。在我国历史上，有大量通过加强军备建设而巩固国防的鲜活事例。如战国时期的赵国因推行以“胡服骑射”为主要内容的军事改革而有效缓解了来自北方游牧民族的威胁，汉因肃整军备而大败匈奴等。同样，因军备松懈而国家灭亡的事例在中国历史上也比比皆是。秦国统一后因“刀枪入库、马放南山”而军力大降，晚清因军备不整而丧权辱国等，就是这方面的沉痛教训。总之，国家的富裕并不一定就等于国家的强大。任何时候，我们只有犁剑并举，做到有备无患，才能真正实现国家安定和人民幸福。

4. 国家的统一和民族的团结是国防强大的关键

我国自古以来便是一个多民族的统一国家，民族团结和民族友好一直是我国国内民族关系发展的主旋律。在近代历次抗击外来侵略的斗争中，正是因为民族团结，一致对外，中国才能化险为夷并最终取得反侵略战争的胜利。在近代的历次对外反侵略战争中，中国之所以屡战屡败，一个重要的原因就是当朝者总是认为“患不在外而在内”，即使在日本发动全面侵华战争欲置中国于死地的时候，以蒋介石为代表的国民党顽固派仍坚持“攘外必先安内”的反动方针。在这种情况下，虽然有广大民众的浴血奋战，但终因缺乏统一指挥，不能形成一致对外的合力而无法使战争形势得以根本改观。中国共产党成立以后，实行紧紧依靠人民群众，建立最广泛的全民统一战线，团结一切可以团结的力量的政策，才领导全国各族人民实现了国家的独立和人民的幸福。

第二节　国防法规

国防法规是为调整国防领域中各种社会关系而由国家制定或认可的法律规范的总称。国防法规对于人们的行为，具有指引、评价、教育、预测、强制的功能。对于国防活动，具有保证执政党和国家对国防的统一领导，保障国防现代化建设，巩固和提高武装力量战斗力，维护军队和军人合法权益等作用。在我国构建社会主义和谐社会的新形势下，在依法治国的大环境中，国防法规对于加强国防和武装力量建设，做好新时期军事斗争准备，发挥着越来越重要的作用。

一、国防法规的演进

国防法规是随着国家和战争的出现而产生的。我国古代典籍中有“师出于律”“刑始于兵”的记载，表明国防法规产生于战争实践。由于国防活动的主要形式是军事斗争，所以国防法规也可以叫作军事法规。

在奴隶社会，军事法规的主要形式是临战前统治者发布的誓命文诰，如孔子选编的《尚书》中就有甘誓、汤誓、牧誓、大诰、费誓等篇章。这些既是战争动员令，也是最初的军事法规。

进入封建社会，军事法规的形式发生了明显改变。这时已经有了稳定的成文法，不再是临时性的军事誓言了。而且，军事法规的调整范围不断拓展，军事立法、司法以及监督制度也逐步建立起来了。

秦是我国历史上第一个统一的封建制国家，注重以法治国、以法治军。据湖北云梦睡虎地出土的竹简证明，秦朝的法律有29种，其中包括《军爵律》《戍律》《傅律》等多部军事法律。《军爵律》是根据军功授予本人爵位或赎免亲属罪责的法律，《戍律》是关于边防、城防的法律，《傅律》是关于兵役制度的法律。傅，著之名籍，意思是写在名册上，相当于现在的兵役登记。秦朝法律规定，男子17岁就要傅籍以应兵役。

隋唐时期，军事法规更加完善。唐代制定了《擅兴律》《军防令》《兵部格》《兵部式》等一系列军事法规，形成了由"律、令、格、式"构成的比较完备的军事法规体系。《唐六典》注：律以正刑定罪，令以设范立制，格以禁违止邪，式以轨物程式。大体来说，律是刑事法规，令是关于国家和军队基本制度的法规，格是具体的行政法规，式是办事行文的程序。

元朝，蒙古族统治者入主中原以后，也十分重视军事法制建设，它独到之处是，在法典中首次设置了《军律》专篇，并制定了各种军事"条画"，诸如《省谕军人条画二十三款》《晓谕军人条画十四款》等，作为治军的依据。

明朝，集历代军事法之大成，并有重要创新。《大明律》改变了自秦汉以来把军事法分列于多篇的做法，集中专列《兵律》一篇，使《大明律·兵律》成为覆盖军事全局的基本法。与此相适应，专门的军事法规也很多，如《军卫法》《行军号令》等。

清朝，以大明律为蓝本制定了《大清律·兵律》，并根据本朝特点制定了《军令》，后又定期编修有关军事内容的《则例》，最终形成了数量较多、应时性较强的军事法律规范。

近代，中国跟随世界军事变革的历史潮流，借鉴西方法治思想，军事法制建设也有所进步。1933年6月，民国政府颁布了我国历史上第一部《兵役法》，规定实行征兵制，并建立了预备役制度。但是，由于国民党政治腐败，国家内忧外患，形势混乱，《兵役法》并没有得到很好地贯彻执行，国民党军队扩充经常要靠抓壮丁。

新中国成立后，我们国家很重视国防法规建设，很快颁布了《兵役法》《民兵组织条例》以及军队的各种条令条例。特别是改革开放以来，国家加大了国防立法的力度，制定了一系列国防法规，初步形成了具有中国特色的国防法规体系。

现在，我国的国防法规基本上可以与国家的法律制度相适应，基本上可以满足国防和武装力量建设的需要。我国的国防法规体系还有不健全的方面，主要表现是，有些重要的法律还没有出台，已经颁布的国防法规，内容还不够完备，有些规定操作性不强，国防法制建设的任务仍然很繁重。但总的来说，已经有法可依，国防和武装力量建设已开始走上法制化的轨道。

二、国防法规的特性

国防法规是国家法律的组成部分，是由国家制定或认可的、并由国家强制力保证其实施的行为规范，具有法律的一般特性：即鲜明的阶级性，高度的权威性，严格的强制性，普遍的适用性，相对的稳定性。同时，国防法规还具有区别于其他法规的特殊性质，主要表现在以下四个方面。

（一）调整对象的军事性

法律是调整社会关系的行为规范，不同的法律规范用来调整不同领域的社会关系，国防法规所调整的是国防和武装力量领域的各种社会关系，包括军队内部的社会关系、武装力量内部的社会关系、武装力量与外部的社会关系。这些带有军事性的社会关系是国防法规特有的调整对象，是其他任何法律规范所不能代替的，这是国防法规特性的一个基本表现。

调整对象的军事性并不意味着国防法规只管军队，不管地方。国防是国家行为。国防和武装力量建设及斗争领域的社会关系是军事性的，但这些社会关系所涉及的行为主体并不都是军队和军人，政治、经济、外交、科技、教育等各个部门和社会各阶层人士都与国防有关。因此，一切社会团体和个人都必须按照国防法规的要求，履行自己的国防义务。

（二）公开程度的有限性

一般的法律都是公开的，以使全体公民熟悉和遵守。从整体上看，国防法规也有公开性，但与其他法律相比，国防法规的公开程度比较低。一些涉及军事机密的国防法规只限定有关人员知晓，如关于作战、训练、军队编制和国防科研等方面的法规都具有保密性。为加强国防法制建设，对能够公开的国防法规应积极宣传，力求人人皆知；对于不能公开的国防法规应严格保密，以维护国家的安全利益。

（三）司法适用的优先性

国防法规优先使用，是指在解决与国防利益、军事利益有关的法律问题时，如果国防法规和普通法规都有相关的规定，要以国防法规的规定作为评判是非的标准和采取行动的准则。优先适用不是指的先后顺序，而是一种排他性的单项选择。“特别法优先于普通法”是国际公认的法律适用原则。国防法规属于特别法，因而在司法程序上实行“军法优先”。

（四）处罚措施的严厉性

国防法规所保护的国防利益，是关系国家兴衰存亡的、最根本的国家利益，因而对危害国防利益的犯罪实行比较严厉的处罚。如《刑法》规定：抢劫罪通常处 3 年以上 10 年以下有期徒刑；而冒充军警人员抢劫的或抢劫军用物资的，处 10 年以上有期徒刑、无期徒刑或者死刑。同一类型的犯罪，战时的处罚要更严厉一些。《刑法》《兵役法》都有战时从重处罚的规定。如平时应征公民拒绝、逃避征集的，在 2 年内不得被录取为国家公务员、国有企业职工，不得出国或者升学，还可以处以罚款；而战时要依法追究刑事责任。

三、国防法规的体系

国防法规的体系是指由不同层次、不同门类的国防法律规范构成的相互联系、相互制约、和谐一致的有机整体。我国的国防法规体系，按立法权限区分为四个层次：第一个层次是法律。法律是由全国人民代表大会及其常务委员会制定的。第二个层次是法规。法规是由国务院和中央军委制定的。第三个层次是规章。由军委各总部、各军兵种、各军区制定的为军事规章，由国务院有关部委与军委有关总部联合制定的为军事行政规章。第四个层次是地方性法规。是由省、自治区、直辖市人民代表大会及其常务委员会制定的贯彻执行国家国防法规的实施办法、实施细则、补充规定等。

我国的国防法规按调整领域划分为十六个门类：一是国防基本法类，二是国防组织法类，三是兵役法类，四是军事管理法类，五是军事刑法类，六是军事诉讼法类，七是国防经济法类，八是国防科技工业法类，九是国防动员法类，十是国防教育法类，十一是军人权益保护法类，十二是军事设施保护法类，十三是特区驻军法类，十四是紧急状态法类，十五是战争法类，十六是对外军事关系法类。

（一）国防法规体系的层次

根据我国国防立法的权限和法律规范的效力等级，我国国防法规体系按纵向划分有五个层次。

1. 宪法中的国防条款

《中华人民共和国宪法》中的国防条款在国防法规体系中居于最高的地位。主要包括：武装力量的领导体制、性质、任务、建设方针和活动的根本准则；军队在国家政治制度中的地位；公民在国防方面的基本权利和义务；国防建设的领导和管理体制；全国总动员、局部动员和宣布战争状态的制度；国家和社会对伤残军人及军人家属的优抚政策；军事审判机关和军事检察机关的设置等。

2. 基本国防法律

由全国人民代表大会制定。如《中华人民共和国国防法》《中华人民共和国兵役法》，以及《中华人民共和国刑法》分则中的第 7 章和第 10 章等。

3. 国防法律

由全国人民代表大会常务委员会制定。如《中华人民共和国国防教育法》《中华人民共和国人民防空法》《中华人民共和国军事设施保护法》《中华人民共和国国防动员法》《中华人民共和国国防交通法》等。

4. 国防法规

中央军委制定的军事法规，如《中国人民解放军内务条令》《中国人民解放军纪律条令》《中国人民解放军队列条令》等；国务院单独制定或与中央军委联合制定的国防行政法规，如《中国人民解放军现役士兵服役条例》等。

5. 国防规章

中央军委各总部、各军兵种、各军区制定的军事规章；国务院各部委单独制定或与军委有关总部联合制定的国防行政规章；有立法权的地方权力机关和行政机关制定的地方性国防法规和规章。

（二）国防法规体系的内容

依据国防活动的领域，在横向关系上可以将国防法规划分为国防领导、武装力量建设、国防建设事业、军事刑事等方面的国防法律制度。

1. 国防领导方面的法律制度

国防领导方面的法律制度，是关于我国国防领导体制、国家机构在国防活动中的领导职权等方面的法律规范的总和，是国防法律制度中最重要的组织制度。主要包括：国家最高军事统帅、国防决策机构、国防行政领导机构、国防指挥机构、国防协调机构、国防咨询机构的设置、职权划分和相互关系等制度。根据我国宪法和国防法的规定，在现行的国防领导体制中，由全国人民代表大会及其常委会、中华人民共和国主席、国务院和中央军事委员会共同行使领导职责。中央军事委员会是我国武装力量的领导机关。不同的国家机构在国防方面的职权主要有：立法权、任免权、决定权、监督权和行政权。

2. 武装力量建设方面的法律制度

武装力量建设方面的法律制度，是关于武装力量的性质、任务、建设目标、建设原则、体制规模以及兵役制度的法律规范的总和。主要包括以下内容。

武装力量体制，是国家关于武装力量整体结构方面的法律制度。主要有规定武装力量的构成及规模、编组、任务区分和相互关系等制度。

兵役制度，是国家关于公民参加武装组织，或在武装组织之外承担军事任务，接受军事训练的法律制度。主要规定公民的兵役义务、兵役工作机构的职责、兵员征集和动员的方式等内容。

军队体制编制，是关于军队组织结构、各级组织的职权划分及其相互关系，军队各级建制单位的机构设置和人员、武器装备编配等方面的制度。主要规定军队总体结构，军队领导指挥体制，陆军、海军、空军、火箭军、战略支援部队和院校体制编制等内容。

军事训练制度，是军事训练活动中必须普遍遵循的法律规范总称。按训练体制分：有部队训练制度、院校教育制度、预备役训练制度；按军兵种分：有陆军训练制度、海军训练制度、空军训练制度、第二炮兵训练制度等。

军队行政管理制度，是对军队内部日常事务（包括战备、训练、执勤及日常活动等各个方面各个环节的秩序）进行管理工作的规定。具体内容主要有：岗位责任制度、日常生活管理制度、行政教育制度、奖罚制度、检查整顿制度等。

军队武器装备管理制度，是指武器装备从部队接受到退役报废的一系列管理工作规范。主要包括武器装备的计划申请制度、分配调整制度、交接制度、保管制度、检查制度、封存制度、动用使用制度、维修制度、退役报废制度、统计制度等。

军队政治工作制度，是中国共产党的各级组织在军队中进行组织工作和思想工作的规范。主要包括组织工作制度、干部工作制度、宣传教育工作制度、文化工作制度、政法工作制度、群众工作制度、联络工作制度等。

军队后勤制度，是军队为实现一定的军事后勤目标而对后勤各要素进行决策、计划、组织、协调和控制活动的规范。主要包括：物资管理制度、财务管理制度、军需管理制度、军事交通管理制度、油料管理制度、资产管理制度、卫生勤务管理制度等。

人民武装警察部队方面的制度，是关于人民武装警察部队建设、执勤和完成各种任务的法律制度。包括武警部队适用的法律制度和武警部队专业勤务制度。

优抚与安置制度，是关于优待、抚恤武装力量成员以及安置离退休、转业、复转军人的规范。

3. 国防建设事业方面的法律制度

国防建设事业方面的法律制度，是关于国家在调整国防建设活动中的各种社会关系的法律规范的总和。主要有以下内容。

国防科研生产法律制度，是国家调整国防科研生产领域中的各种社会关系的法律制度，主要包括：国防科研生产基本制度、国防科研生产管理制度、国防科研成果管理制度、国防科技人员管理制度等。

国防动员法律制度，是国家实施战时管制以及由平时状态转入战时状态，统一调动人力、物力、财力为战争服务的法律制度。包括：国防动员基本制度、武装力量动员制度、国民经济动员制度、国防交通动员制度、战略物资储备制度等。

国防教育法律制度，是国家对全民进行国防教育，增强国防观念，提高国防素质的法律依据。包括：国防教育的领导制度、组织制度、保障制度、教育训练制度和奖惩制度等。

军事设施保护法律制度，是国家保护军事设施的安全和使用效能、维护国防利益的法律制度。其内容主要包括：军事设施的内容及其保护的方针原则、主管机关及其职责，军事禁区、军事管理区的划定及各类军事设施的保护措施、管理责任以及法律责任等。

人民防空法律制度，是国家组织民众防敌空袭，消除空袭后果的法律制度。其内容主要包括：人民防空的领导体制、经费保障、防护重点、人民防空工程、通信和警报、疏散、群众防空组织、人民防空教育、法律责任等。

安全防卫法律制度，是保证国家进行领土防卫、确保边界安全的法律制度。其内容主要包括：边界、领海及毗邻区的划定、边界管理等内容。

对外军事关系方面的法律制度，是国家调整对外军事关系、处理对外军事事务的法律制度。主要由我国与外国签订的双边或多边军事条约以及我国参加的各种国际军事约章组成，其内容涉及交战行为，也涉及军控、军贸、军训、军工合作等其他行为。

4. 军事刑事方面的法律制度

军事刑事法律制度，是规定军职人员违反职责犯罪和其他公民危害国防利益犯罪及其刑罚处罚的法律规范的总和。它以刑法、军事刑事法规、规章、司法解释等形式，规定了军职人员违反职责犯罪和其他公民危害国防利益犯罪的种类、适用法律，以及处罚原则、刑事处罚种类、诉讼程序和执行方式等。

四、公民的国防义务和权利

公民的国防义务，是指宪法和法律规定的公民在国防活动中对国家必须履行的一种责任。这种责任是根据国家和人民的根本利益确定的，并由国家通过法律的强制保证它的实现。公民的国防权利，是指由国家宪法、法律赋予公民在国防活动所享受的权益或资格。国家从法律和物资上保障公民享有这种权利。

（一）公民的国防义务

根据《中华人民共和国国防法》的规定，我国公民的国防义务主要包括兵役义务；接受国防教育的义务；保护国防设施的义务；保守国防秘密的义务；支持国防建设、协助军事活动的义务等。

1. 兵役义务

我国《国防法》第 50 条第 1 款规定："依照法律服兵役和参加民兵组织是中华人民共和国公民的光荣义务。"我国《兵役法》第 3 条规定："中华人民共和国公民不分民族、种族、职业、家庭出身、宗教信仰和教育程度，都有义务依照本法的规定服兵役。"根据我国《兵役法》，公民履行兵役义务主要有三种形式：一是服现役。现役指公民自入伍之日起到退伍之日止，在军队中所服的兵役。这是公民履行兵役义务的一种主要形式。凡在中国人民解放军和人民武装警察部队服兵役的公民称为现役军人。现役又包括军官的现役和士兵的现役。二是服预备役。预备役是公民在军队现役之外所服的兵役。我国预备役包括预备役部队、民兵组织和其他预备役人员。所以，服预备役，是指普通公民参加预备役部队，或参加民兵组织，或进行预备役登记。服预备役分为服士兵预备役和服军官预备役。三是参加军事训练。包括参加预备役人员的军事训练，普通高等学校和高级中学学生的军事训练。

2. 接受国防教育的义务

接受国防教育作为公民的一项义务，是指每一个公民都要按照国家的规定，通过一定的形式，接受国防教育，增强国防观念，并把它当做自己的光荣职责。具体地说，就是我国公民有义务接受国防理论、军事知识、国防法制、国防历史、国防精神、国防体育等内容的教育。对拒绝接受国防教育的义务主体，要视情追究法律责任。我国许多省、市的国防教育条例都明确规定：对不接受国防教育的重点对象，要进行批评教育；批评教育不改的，要强制其接受教育，或给予行政处分。

3. 保护国防设施的义务

国防设施，是指国家直接用于国防目的的建筑、场地和设备。包括：军事指挥机关，地面和地下的军事指挥工程，作战工程；军用机场、港口、码头；部队营区、训练场、试验场；军用洞库、仓库；军用通信、侦察、导航、观测台站和测量、导航、助航标志；军用公路、铁路专用线，军用通信、输电线路，军用输油、输水管道，以及国务院和中央军委规定的其他国防设施。国防设施是国防的物质屏障，在战时，它是打击敌人、抵抗侵略的重要依托；在平时，它具有制约敌对力量的威慑作用。根据国防设施的性质、作用、安全保密的需要和使用效能的特殊要求，可将国防设施分为三类：一是需要划定军事禁区予以保护的国防设施；二是需要划定军事管理区予以保护的国防设施；三是不便于划定保护区域，但同样需要采取有效措施加以保护的国防设施。对此，我国公民对这三类国防设施要履行不同的保护义务。

4. 保守国防秘密的义务

国防秘密，是指关系到国家防卫安全与利益，依照法定程序确定，在一定时间内或只限一定范围的人员知悉的军事或与军事有关的政治、经济、外交、科技、文化等方面的事项。根据我国国防法的规定，公民应当遵守保密规定，不得泄露国防方面的国家机密，不得非法持有国防方面的文件、资料和其他秘密物品。

5. 支持国防建设、协助军事活动的义务

根据我国《国防法》的规定，公民在支持国防建设、协助军事活动方面的义务：一是支持国防建设，包括参与国防宣传、履行兵役义务、协助做好军人及其家属的优抚工作、促进军民团结等。二是为武装力量的军事训练、战备勤务、防卫作战等活动提供便利条件或者其他协助。主要包括：根据需要，主动为武装力量使用档案、资料、设备、交通、通信、场地、建筑等提供方便；为武装力量执行任务的人员，提供必需的饮食、住宿、医疗、卫生保障等。三是支前参战的义务。主要包括：战时踊跃参军、配合部队作战、担负战时勤务、保卫重要目标等。

（二）公民的国防权利

1. 对国防建设提出建议的权利

我国《国防法》第 54 条规定："公民和组织有对国防建设提出建议的权利。"这一规定，是公民依宪法享有对国家事务的建议权在国防建设方面的体现。我国现行宪法规定："中华人民共和国公民对于任何国家机关和国家工作人员，有提出批评和建议的权利。""一切国家机关和国家工作人员必须依靠人民的支持，经常保持同人民的密切联系，倾听人民的意见和建议，接受人民的监督，努力为人民服务。"公民的批评建议权，是国家和社会监督权的形式之一，充分体现了我国人民当家做主的社会主义性质。在我们国家，人民是国家的主人，公民有权关心国家的国防建设，有权对国防建设提出建议。

2. 制止、检举危害国防行为的权利

我国《国防法》第 54 条规定：公民和组织有对危害国防的行为进行制止或者检举的权利。这一规定，是对宪法关于公民有维护国家安全、荣誉和利益的义务和关于公民检举权规定在国防方面的体现。这一权利表现为两个方面：一方面，公民为维护国防利益，有权依法对危害国防的行为，即对行为人违反国家的有关法律、不履行国防义务、超越国防权利的界限、对国防利益造成破坏或侵害的行为，予以制止、检举。另一方面，要求国家对公民为维护国防利益而行使的制止、检举权，予以支持和保护；对检举的危害国防利益的违法犯罪行为，必须查清事实，负责处理，绝不允许对检举人压制和打击报复。否则，将承担法律责任。

3. 在国防活动中因经济损失得到补偿的权利

我国《国防法》第55条规定："公民和组织因国防建设和军事活动在经济上受到直接损失的，可以依照国家有关规定取得补偿。"这一规定，体现了我国一切为了人民利益的社会主义的本质，既保护了公民的经济权利，又有利于调动公民依法积极参加国防建设和军事活动。但是，这种补偿，与公民在民事活动中享有的损害赔偿是不同的。它仅限于公民在国防活动中直接的经济损失，而不包括间接的经济损失和非经济的损失。

第三节　国防建设

中华人民共和国成立后，经过近70年的艰苦努力，我国国防建设取得了举世瞩目的成就。今天的中国之所以能巍然屹立在世界的东方，并享有很高的声誉，主要是因为我国在政治上独立、经济上发展和国防上不断强大。

一、国防领导体制

国防领导体制是指国防领导的组织体系及相应制度。它包括国防领导机构的设置、职权划分、相互关系等。它是国家政权组织形式和机构的重要组成部分。一般设有最高统帅、最高国防决策机构、国家行政机关中管理国防事务的部门、武装力量领导指挥系统。

（一）国防领导体制的历史发展

中华人民共和国成立以来，为使国防领导体制适应国家政治、经济、科技的发展，特别是军事发展和保障国家安全的需要，国防领导体制进行了多次调整改革，在实践中不断发展和完善。

1949年10月，中华人民共和国成立，根据《中国人民政治协商会议共同纲领》和《中华人民共和国中央人民政府组织法》的规定，设立中央人民政府人民革命军事委员会，作为国家最高军事领导机关，统一管辖并指挥中国人民解放军及其他武装力量。人民革命军事委员会下设总参谋部、总政治部、总后勤部。

1954年9月20日，第一届全国人民代表大会通过并颁布的《中华人民共和国宪法》规定，中华人民共和国主席统率全国武装力量，担任国防委员会主席，不再设立中央人民政府人民革命军事委员会。9月28日，中共中央政治局在《关于成立党的军事委员会的决议》中指出，必须同过去一样，在中央政治局和书记处之下成立党的军事委员会，担负整个军事工作的领导。中央政治局、书记处和军事委员会有关军事工作的决定，可用军事委员会（简称军委）的名义由内部系统下达，其需公开发布的命令和指示，则用国务院或国防部的名义下达。同年10月11日，经中央书记处批准，原冠以"中央人民政府人民革命军事委员会"者，一律改称"中国人民解放军"字样，如"中央人民政府人民革命军事委员会总参谋部"改称"中国人民解放军总参谋部"等。至1958年7月以前，中共中央军事委员会领导下的人民解放军总部曾实行总参谋部、训练总监部、武装力量监察部、总政治部、总干部部、总后勤部、总财务部、总军械部等八大总部的体制。

1958年7月，中共中央军委扩大会议通过的《关于改变组织体制的决议》规定，中央军委是中共中央的军事工作部门，是统一领导全军的统帅机关，军委主席是全军统帅，国防部是军委对外的名称。军委决定的事项，凡需经国务院批准，或需用行政名义下达的，由国防部长签署。中央军委领导下的总部体制仍恢复总参谋部、总政治部、总后勤部三总部体制。

1975 年和 1978 年通过的《中华人民共和国宪法》规定，中华人民共和国武装力量由中国共产党中央委员会主席统帅，国家未再设国防委员会。

1982 年 9 月，第五届全国人民代表大会第五次会议通过的《中华人民共和国宪法》规定，设立中华人民共和国中央军事委员会，领导全国的武装力量。中央军事委员会实行主席负责制，主席由全国人民代表大会选举或罢免，对全国人民代表大会和全国人民代表大会常务委员会负责。与此同时，中共中央军事委员会继续存在，其职能和国家中央军委完全相同。这表明中央军委同时有两个名称：一个是中共中央军委，另一个是国家中央军委，从而确立了党和国家高度集中统一的行使领导职权的国防领导体制。

2016 年 1 月 11 日，中央军委机关由原来的总参谋部、总政治部、总后勤部、总装备部等 4 个总部，改为 7 个部（厅）、3 个委员会、5 个直属机构共 15 个职能部门，即：军委办公厅、军委联合参谋部、军委政治工作部、军委后勤保障部、军委装备发展部、军委训练管理部、军委国防动员部、军委纪委、军委政法委、军委科技委、军委战略规划办公室、军委改革和编制办公室、军委国际军事合作办公室、军委审计署、军委机关事务管理总局。

（二）国防领导职权

根据宪法和国防法，中华人民共和国的国防领导职权由中共中央、全国人民代表大会及其常务委员会、国家主席、国务院、中央军事委员会行使。

1. 中共中央的国防领导职权

中国共产党作为执政党，是领导中国社会主义事业的核心力量。中共中央在国家生活包括国防事务中发挥决定性的领导作用。有关国防、战争和军队建设的重大问题，都是由中共中央、中央军委、中央政治局及其常务委员会做出决策并通过必要的法定程序，作为党和国家的统一决策贯彻执行。

2. 全国人民代表大会及其常务委员会的国防职权

中华人民共和国全国人民代表大会是最高国家权力机关，它在国防方面的职权主要有：决定战争与和平的问题；制定有关国防方面的基本法律；选举中央军事委员会主席，根据中央军事委员会主席的提名，决定中央军事委员会其他组成人员，并有权罢免以上人员；审查和批准包括国防建设计划在内的国民经济、社会发展计划和计划执行情况的报告；审查和批准包括国防经费预算在内的国家预算和预算执行情况的报告；改变或者撤销全国人民代表大会常务委员会在国防方面的不适当的决定；应当由全国人民代表大会行使的国防方面的其他职权。

全国人民代表大会常务委员会在国防方面的职权主要有：在全国人民代表大会闭幕期间，如果遇到国家遭受武装侵犯或者必须履行国际间共同防止侵略条约的情况，决定战争状态的宣布；决定全国总动员或者局部动员；制定国防方面的法律；全国人民代表大会闭会期间，审查和批准包括国防建设计划在内的国民经济和社会发展计划，包括国防经费预算在内的国家预算在执行过程中所必须做的部分调整方案；监督中央军事委员会的工作；在全国人民代表大会闭会期间，根据中央军事委员会主席的提名，决定中央军事委员会其他组成人员的人选；根据最高人民法院院长和最高人民检察院检察长的提请，任免军事法院院长和军事检察院检察长；决定同外国缔结的有关国防方面的条约和重要协定的批准和废除；规定军人的衔级制度，决定授予在国防方面国家的勋章和荣誉称号；全国人民代表大会授予的国防方面的其他职权。

3. 国家主席在国防方面的职权

中华人民共和国主席在国防方面的职权主要有：根据全国人民代表大会的决定和全国人民代表大会常务委员会的决定，宣布战争状态；根据全国人民代表大会的决定和全国人民代表大会常务委员会的决定，发布动员令；公布全国人民代表大会及其常务委员会制定的有关国防方面的法律；根据全国人民代表大会常务委员会的决定，授予在国防方面国家的勋章和荣誉称号；根据全国人民代表大会常务委员会决定，批准和废除同外国缔结的有关国防方面的条约和重要协定。

4. 国务院在国防方面的职权

中华人民共和国国务院是最高国家权力机关的执行机关，是最高国家行政机关。它在国防方面的职权是领导和管理国防建设事业，包括：编制国防建设发展规划和计划；制定国防建设方面的方针、政策和行政法规；领导和管理国防科研生产；管理国防经费和国防资产；领导和管理国民经济动员工作和人民武装动员、人民防空、国防交通等方面的有关工作；领导和管理拥军优属工作和退出现役的军人安置工作；领导国防教育工作；与中央军事委员会共同领导中国人民武装警察部队、民兵的建设和征兵、预备役工作以及边防、海防、空防的管理工作；法律规定的与国防建设事业有关的其他职权。

5. 中央军事委员会在国防方面的职权

中华人民共和国中央军事委员会是最高国家军事机关，负责领导全国武装力量。其职权主要包括：统一指挥全国武装力量；决定军事战略和武装力量的作战方针；领导和管理中国人民解放军的建设，制定规划、计划并组织实施；向全国人民代表大会或者全国人民代表大会常务委员会提出议案；根据宪法和法律，制定军事法规，发布决定和命令；决定中国人民解放军的体制和编制，规定总部以及军区、军兵种和其他军区级单位的任务和职责；依照法律、军事法规的规定，任免、培训、考核和奖惩武装力量成员；批准武装力量的武器装备体制和武器装备发展规划、计划，协同国务院领导和管理国防科研生产；会同国务院管理国防经费和国防资产；法律规定的其他职权。

中央军委实行主席负责制，中央军委主席即为全国武装力量的统帅。中央军委组成人员为：中央军委主席，副主席若干人，委员若干人。

二、国防建设成就

国防建设是国家为提高国防实力而进行的各方面的建设。主要包括：武装力量建设，边防、海防、空防、人防及战场建设，国防科技与国防工业建设，国防法规与动员体制建设，国防教育，以及与国防相关的交通运输、邮电、能源、水利、气象、航天等方面的建设等。我们党和国家历来重视国防建设，在党中央、中央军委领导下，我国的国防建设取得了显著成就。

（一）建立了有中国特色的武装力量领导体制

我国的武装力量领导体制，是在长期的革命战争中形成和发展起来的。新中国成立后，根据中央人民政府 1949 年 10 月 19 日的命令，成立了中央人民政府人民革命军事委员会，作为全国武装力量的最高统帅机关。1954 年 9 月，第一届全国人民代表大会第一次会议通过的宪法规定，中华人民共和国主席统帅全国武装力量，并决定设立国防委员会和国防部，由国家主席担任国防委员会主席。与此同时，取消了中央人民政府人民革命军事委员会，在同月召开的中央政治局会议上，决定在中央政治局和书记处之下成立中共中央军事委员会，领导中国人民解放军和其他武装力量。军委下设总参谋部、总政治部、总后勤部，作为军委的工作机关。为加强我军武器装备建设，1998 年，中央军委增设了总装备部。在中央军委的领导下，还设有负责各军种组织建设、军事训练和战备作战的海军、空军、火箭军指挥机关，此外，直接隶属中央军委的还有军事科学院和国防大学等单位，以及负责指挥驻在各大战略区范围内的陆、海、空军部队和民兵的战区领导机关。2016 年 1 月 11 日，中央军委机关由原来的总参谋部、总政治部、总后勤部、总装备部等 4 个总部，改为 7 个部（厅）、3 个委员会、5 个直属机构共 15 个职能部门。

从 1982 年起，党和国家共同设立中央军事委员会。这种体制，既贯彻了党对军队绝对领导的根本原则，又适应我军已成为国家主要成分的实际，进一步完善了国家武装力量的领导体制，体现了党领导军队与国家领导军队的一致性。这种领导体制，便于运用国家机器来加强武装力量的建设，可以使党中央对军事工作的决策、指示具有法律效力，成为国家意志，以保证军队的最高领导权、指挥权高度集中统一。这种领导体制，也符合我国的国情和军情，坚持了党领导军队的传统，体现了四项基本原则这个立国之本的要求，体现了中国共产党作为唯一的执政党在国家政治生活中的领导地位和作用。

（二）中国人民解放军的革命化、现代化和正规化建设有了突破性的进展

新中国成立后，人民解放军在继续加强革命化建设的同时，尤其注重现代化、正规化的建设。特别是改革开放以来，我国国防实力得到进一步加强，国防现代化建设，尤其是军队的现代化建设有了突破性的进展，取得了一系列重大成就。

中华人民共和国成立时，人民解放军基本上是一支单一的以步兵为主的陆军，炮兵、装甲兵等技术兵种所占比例非常小，且海军、空军仅具雏形。经过 60 多年的艰苦努力，人民解放军实现了由单一陆军向诸军兵种合成军队的发展，不仅研制和装备了种类比较齐全的常规武器装备，而且拥有了具有一定威慑力的原子弹、氢弹等尖端武器装备。

20 世纪 90 年代以来，人民解放军继续向着更高的阶段迈进。根据高技术战争的特点和影响，开始把军事斗争准备的立足点放在打赢现代技术特别是高技术条件下的局部战争上面，军队建设正逐步实现由数量规模型向质量效能型，由人力密集型向科技密集型的转变；在发展武器装备方面，根据现代技术特别是高技术条件下局部战争的需要，努力发展高技术“杀手锏”；在改革调整体制编制方面，进一步压缩军队规模，在减少数量的同时，根据优先发展海军、空军、二炮及加强技术兵种建设的原则，优化了诸军兵种的比例结构，完善合成体制，使军队体制编制更能适应联合作战的需要；在改革教育训练方面，为培养掌握现代科技知识和战争知识、精通现代军事科学理论的高层次指挥人才，指挥院校增设了硕士生、博士生教育，部队训练加大了实战力度。

（三）形成了门类齐全、综合配套的国防科技工业体系

国防科技是衡量一个国家综合国力的重要标志之一，也是国防现代化建设的一个重要方面。经过近 60 年的建设和发展，我国的国防科技工业从无到有、从小到大、从落后到先进，建立起了包括电子、船舶、兵器、航空、航天和核能等门类齐全、综合配套的科研实验生产体系，取得了一大批具有国内或国际先进水平的科研成果，为我军现代化建设和切实增强我国的综合国力做出了重要贡献。

在军事电子方面，逐步发展成为具有相当规模、门类齐全的新兴工业部门，特别是在指挥自动化、情报侦察、预警探测、电子对抗和通信等方面，为我军提供了各种新式装备和产品，进一步增强了部队侦察、通信、指挥和作战能力；在船舶工业方面，先后自行研制建造了核动力潜艇、常规潜艇、导弹驱逐舰、导弹护卫舰、导弹快艇等作战舰艇，以及各种辅助船舶和新型鱼雷、水雷、反水雷等新装备；在兵器工业方面，研制生产了一大批性能先进的坦克、装甲车辆、火炮、弹药、轻武器、军用光电器材和综合火控、指挥系统等新型武器装备，为我军现代化做出了重要贡献；在航空工业方面，已累计生产歼击机、轰炸机、直升机、运输机、教练机等 60 多个型号 1 万余架军用飞机，基本满足了海空军作战和飞行训练的需要；在航天科技工业方面，已拥有地地、地空、海空和空空导弹武器系统，运载火箭、各种应用卫星的研制发射和实验能力，在世界航天技术领域占有一席之地；在核工业方面，我国不仅可以生产制造原子弹、氢弹，还掌握了核潜艇技术，形成了我国的核威慑力量，在和平利用核能方面，我国也取得了突破性进展。

(四) 国防后备力量建设取得了长足的发展

我们党和国家历来十分重视国防后备力量建设。我国国防后备力量建设，经过几代人的努力，形成了一整套制度和优良作风，打下了坚实的基础。党的十一届三中全会以来，尤其是从 1985 年，党中央、国务院、中央军委明确提出“精干的常备军和强大的后备力量相结合，是建设现代化国防的必由之路”这一基本指导方针之后，作为一支伟大战略力量的国防后备力量，越来越受到党和国家的高度重视，并在全国范围内形成了一个各级地方党政领导关心后备力量建设、各级军事机关狠抓后备力量建设、社会各界和广大人民群众积极支持后备力量建设的可喜局面。我国国防后备力量建设，经过一系列的调整改革，各项工作均取得了明显的成绩。

一是实现了指导思想的战略性转变，走上了和平时期稳步发展的轨道。当前，更加明确地提出了民兵工作要以更好地适应新时期军事战略方针和适应发展社会主义市场经济的新形势为指导。

二是确立并实行了民兵与预备役相结合的制度，初步形成了具有中国特色的国防后备力量体系，并下大力重点抓了民兵队伍建设和预备役部队建设，加强了训练，更新了武器装备，使我国后备兵员的整体素质有了较为明显的提高。

三是注重了宏观指导，合理布局，边海防、大中城市和重点地区的民兵工作得到加强。

四是民兵、预备役部队在参战支前、保卫边疆、发展生产、扶贫帮困、抢险救灾、维护社会治安等方面发挥了重要作用，为国家的改革、发展和稳定做出了巨大的贡献。

五是健全了国防动员机构。为了保证国家在一旦发生战争的情况下，能很快由平时状态转入战时状态，调动足够的人力、财力、物力应付战争的需要，我国于 1995 年成立了战争动员委员会，下设兵员动员、经济动员等四个办公室，负责指导、协调全国的后备力量建设和动员工作。2016 年，设立中央军委国防动员部，总参动员部撤销。

六是加强了国防教育，恢复并加强了对大学、高中（含相当于高中）在校学生的军训工作，使国防教育逐步纳入整个国民教育体系之中，走上法制化、规范化的轨道。

三、国防政策

国防政策，是国家在一定时期所制定的关于国防建设和国防斗争的基本行动准则，是国家政策的组成部分。由国家依据其军事和政治、经济、科技、文化、地理以及国际环境等条件制定。国家的一切国防活动，以及与国防有关的其他活动都必须以国防政策为依据。

（一）国防的基本目标和任务

国防的基本目标和任务，取决于不同时期国家的发展战略和安全形势。2004 年《中国的国防》白皮书明确指出，中国国防的基本目标和任务是：制止分裂，促进统一，防备和抵抗侵略，捍卫国家主权、领土完整和海洋权益；维护国家发展利益，促进经济社会全面、协调、可持续发展，不断增强综合国力；坚持国防建设与经济建设协调发展的方针，建立符合中国国情和适应世界军事发展趋势的现代化国防，提高信息化条件下的防卫作战能力；保障人民群众的政治、经济、文化权益，严厉打击各种犯罪活动，保持正常社会秩序和社会稳定；奉行独立自主的和平外交政策，坚持互信、互利、平等、协作的新安全观，争取较长时期的、良好的国际环境和周边环境。

（二）国防建设与经济建设保持协调发展

正确处理国防建设与经济建设的关系，服从和服务于国家经济建设大局，保持国防建设与经济建设的协调发展，是国防建设适应新时期国家总体发展战略的必然要求，是中国国防建设一个长期的基本方针。国防现代化需要国家雄厚的经济力量和技术力量的支持，国防现代化水平只能随着国家经济实力的增强而逐步提高。国家坚持以经济建设为中心，坚持全面、协调、可持续发展，这是关系到国家发展与强盛的大局。国防建设必须服从和服务于这个大局，军队要积极支持和参加国家经济建设。国防科技工业坚持军民结合、寓军于民、大力协同、自主创新的战略方针，坚持走新型工业化发展道路，建立健全竞争、评价、监督和激励机制，推进资源优化重组和产业结构升级，加强国防科技工业基础能力建设，全面提高国防科技工业整体素质和可持续发展能力。国家在集中力量进行经济建设的同时，适应国防需求的变化，在国家经济发展和财政收入增长的基础上，连续适度增加国防经费，提高军人待遇，改善武器装备，加强国防建设，促进国防建设与经济建设协调发展。

（三）贯彻积极防御的军事战略方针

中国在战略上实行积极防御、全民自卫和后发制人的原则，坚持“人不犯我，我不犯人，人若犯我，我必犯人”。立足于用现有武器装备作战，继承和发扬以劣胜优、以弱胜强的优良传统。适应国际战略形势和国家安全环境的变化，迎接世界新军事变革的挑战，加速推进中国特色军事变革，充分做好信息化条件下的防卫作战准备。

加强军队建设，提高军队建设质量，是实行积极防御军事战略方针的保证。推进中国特色军事变革，主要是做到“八个坚持”：坚持走复合式、跨越式发展道路。适应世界军事发展的趋势，把信息化作为军队现代化建设的发展方向，逐步实现由机械化半机械化向信息化的转型。坚持以机械化为基础，以信息化为主导推动火力、机动力和信息能力的协调发展，全面提高军队的威慑和实战能力。坚持实施科技强军。依靠科技进步提高战斗力，实现由数量规模型向质量效能型、由人力密集型向科技密集型的转变。坚持深化军队改革。根据现代战争形态的变化和社会主义市场经济发展的要求，在改革创新中谋发展、求突破。坚持创新发展军事理论，探索信息化条件下建军和作战的规律；坚持加紧军事斗争准备。立足打赢信息化条件下的局部战争，突出加强武器装备建设、联合作战能力建设和战场建设。坚持人民战争思想，发展人民战争的战略战术。坚持开展军事交流与合作。贯彻国家对外政策，发展不结盟、不对抗、不针对第三方的军事合作关系。坚持学习和借鉴外军有益经验，有选择地引进先进的技术装备和管理方法，促进军队现代化建设。

（四）独立自主地建设现代化国防

中国的社会制度、对外政策、历史传统和自然地理环境等国情，决定了中国必须独立自主地建设和巩固国防。独立自主，就是依靠自己的力量来保障国家的安全。事实证明，依赖别国，就有可能受制于人，招致国家利益受损、安全不保。中国国防政策的独立自主性表现在：坚持不与任何国家或国家集团结盟，不参加任何军事集团；坚持从国情出发，独立自主地进行决策和制定战略；坚持主要依靠自己的力量建设国防，完善工业和国防科技体系，发展先进武器装备；坚持国家利益高于一切的原则，独立地处理一切对外军事事务。

中国的国防现代化建设，必须从中国的实际情况出发，走有中国特色的国防现代化发展道路。国防现代化有着丰富的内容，其中国防科学技术的现代化是关键，武装力量特别是军队的现代化是重点。实现国防现代化，要求国防科学技术要走在前列，不断提高武器装备的现代化水平，为武装力量的现代化提供先进的物资技术基础。同时，要抓好国防人才、国防体制、国防动员、国防理论、国防法制等现代化建设，全面提高国家的综合国防力量。

（五）实行军民结合、全民自卫

在国防建设和国防斗争中，继承和发扬人民战争的优良传统，坚决地依靠广大人民群众的力量，坚持军民结合、全民自卫的原则。在武装力量建设方面，重视民兵和预备役的建设，搞好学生军训，实行精干的常备军与强大的后备力量相结合。在国防斗争中，发挥民兵和广大群众的威力，在边防、海防前线建立起军、警、民结合的联防体系，并重视发挥民兵在平时打击犯罪分子、维护社会治安和社会稳定的作用。加强公民的国防教育，强化人民群众的国防意识。加强国防动员建设，完善国防动员法规，健全国防动员机制，加强国防动员演练，保证一旦发生战争，能够充分动员广大人民群众实行全民自卫。国防工业和科技的发展，实行军民结合、平战结合、军民兼容的原则。在经济发展规划、工业生产布局、大型工程施工、科技教育事业、交通邮电建设和新兴产业发展等方面都要积极贯彻国防要求，实现寓国防人才于民，寓国防科技于民，寓国防物资于民，把国防事业植根于人民群众社会实践的沃土之中。

（六）走有中国特色的精兵之路

新世纪新阶段，中国人民解放军按照建设信息化军队、打赢信息化战争的目标，深化改革，锐意创新，加强质量建设，走有中国特色的强兵之路，努力建设一支革命化、现代化、正规化的人民军队。中国军队坚持把控制数量、优化结构、理顺关系、提高质量作为现代化建设的一条基本方针。20 世纪 80 年代中期以来，中国已经完成三次大规模裁军，共裁减军队员额 170 万。2015 年 9 月 3 日，习主席宣布裁军 30 万，这是建国后第 11 次大裁军，主要减少非作战部队人员，军队总规模将保持在 200 万人左右。通过裁军，改善了官兵编配比例，完善了领导指挥体制，优化了军兵种结构，深化了联勤保障体制改革，调整了院校体制编制，加强了海军、空军和火箭军建设。坚持把信息化作为现代化建设的发展方向和战略重点。按照应用主导、创新求实、人才为本、跨越发展的总体思路，积极开展了信息化建设的研究和实践。坚持把武器装备作为加速推进中国特色军事变革的重要物质技术基础，依托国家经济发展和科技进步，适应国家安全需要，不断加快武器装备现代化进程。坚持加快实施人才战略工程。力争经过一二十年的努力，拥有一支懂得信息化战争指挥和信息化军队建设的指挥军官队伍，一支善于对军队建设和作战问题出谋划策的参谋队伍，一支能够组织谋划武器装备创新发展和关键技术攻关的科学家队伍，一支精通高新武器装备性能的技术专家队伍，一支能够熟练掌握手中武器装备的士官队伍。

（七）加强国际安全合作、维护世界和平

中国坚持根据《联合国宪章》的宗旨和原则，在和平共处五项原则的基础上开展军事交流与合作，与世界各国发展友好关系，致力于推动各种形式的国际安全对话与合作。注重加强同有关国家在安全与防务领域的双边及多边战略磋商和对话，促进相互信任、交流与协作。注重加强地区安全合作。坚持与邻为善、以邻为伴，奉行睦邻、安邻、富邻的周边外交政策，积极推动亚太地区安全对话合作机制的建设。注重加强非传统安全领域的合作。主张采取综合措施，标本兼治，共同应对非传统安全威胁。注重参与联合国维和行动。一贯支持并积极参与符合《联合国宪章》精神的维和行动，主张联合国维和行动应切实遵守《联合国宪章》的宗旨和原则及公认的维和行动原则。中国支持联合国维和行动改革，希望进一步加强联合国的维和能力。注重加强军事交流，努力形成全方位、宽领域、多层次的军事外交格局。

（八）积极参与军控、裁军和防扩散

中国反对军备竞赛，主张根据公正、合理、全面、均衡的原则，实行有效的军备控制和裁军。中国支持国际社会采取的有利于维护世界和地区和平、安全、稳定的活动，支持国际社会为公正合理地解决国际争端、军备控制和裁军及防扩散所做的努力。

中国重视防扩散问题，奉行不支持、不鼓励、不帮助别国发展大规模杀伤性武器的政策，坚决反对大规模杀伤性武器的扩散，积极参与国际社会解决有关防扩散问题的外交努力。2003 年 12 月，中国政府发表了《中国的防扩散政策和措施》白皮书。已建立起一整套涵盖核、生、化和导弹等各类敏感物项和技术的出口控制法规体系，采用了出口经营登记管理制度、最终用户和最终用途保证制度、许可证管理制度、清单控制方法、全面控制原则等国际通行的出口管制措施，明确了有关违法、违规行为的处罚措施。中国的防扩散控制与国际通行做法基本一致。中国积极发展与有关多边出口控制机制的关系，正式加入“核供应国集团”，并申请加入“导弹及其技术控制制度”。中国注意加强与有关国家的防扩散出口控制情报交流和执法合作。

中国致力于推动国际军控与裁军进程。中国支持国际社会就核裁军问题展开实质性讨论，主张国际社会尽快采取行动，谈判缔结一项防止外太空武器化和军备竞赛的国际法律文书，确保外太空的和平利用。中国主张在多边军控机制内讨论和处理“恐怖主义与大规模杀伤性武器”“放射性武器”及“遵守国际裁军、军控与防扩散条约”等问题。

中国认真履行《不扩散核武器条约》，一贯主张维护条约的权威性，努力促进条约的普遍性。中国支持和参与国际原子能机构的保障监督活动。中国是五个核武器国家中第一个完成保障监督协定附加议定书生效所需国内法律程序的国家。中国政府坚定支持《全面禁止核试验条约》，支持条约尽快生效。中国认真履行《禁止化学武器公约》各项义务。

中国积极参与军控领域的人道主义活动。支持联合国在打击小武器非法贸易方面的决定并发挥主导作用，重视并认真落实联合国小武器大会通过的《行动纲领》，支持谈判缔结“识别和追查非法小武器”的国际文书，并以建设性态度参与谈判工作。

四、武装力量

武装力量是国家或政治集团所拥有的各种武装组织的统称。中国武装力量是由中国人民解放军现役部队和预备役部队、中国人民武装警察部队、民兵组成。这种“三结合”的武装力量体制符合我国的国情、军情，是历史发展的必然结果，是新形势下完成国防使命的必然要求。

（一）我国武装力量的体制和编成

1.我国武装力量的体制

武装力量的体制是构成武装力量战斗力的一个重要因素。体制是否科学将决定着武装力量能否胜任其肩负的使命。《中华人民共和国国防法》和《中华人民共和国兵役法》规定，中华人民共和国的武装力量由以下几部分组成。

（1）中国人民解放军现役部队和预备役部队　中国人民解放军是中华人民共和国武装力量的骨干，是抵抗侵略、保卫祖国、维护国家主权和安全的主要力量。中国人民解放军由现役部队和预备役部队组成。现役部队是国家的常备军，由陆军、海军、空军、火箭军和战略支援部队组成。中国人民解放军预备役部队组建于1983年，是以现役军人为骨干，以预备役军官、士兵为基础，按统一编制为战时实施成建制快速动员而组建起来的部队。其师团已纳入军队建制序列，授有番号、军旗。预备役部队平时隶属省军区，战时动员后归指定的现役部队指挥。在预备役军官中，有些是地方党政领导干部。预备役部队的基本任务是努力提高部队的军政素质，不断增强现代条件下的快速动员和作战能力；切实做好战时动员的各项准备工作，随时准备转为现役部队，执行作战任务；积极参加社会主义建设，在物质文明和精神文明建设中，发挥骨干带头作用。组建预备役部队是实施成建制快速动员的好形式，是提高储备质量的好办法，是节约军费开支和加强国防建设的好措施。

由于解放军主要担负对付外敌入侵的任务，需要统一调动，统一使用。因此对其必须实施高度集中的垂直领导，归中央军委统一指挥。

（2）中国人民武装警察部队　它是国家武装力量的重要组成部分，是保卫社会主义现代化建设的一支重要力量。《中华人民共和国国防法》规定，人民武装警察部队担负国家赋予的安全保卫任务，维护社会秩序。它是人民民主专政的重要工具之一。

2017年12月，中共中央印发《中共中央关于调整中国人民武装警察部队领导指挥体制的决定》（以下简称《决定》），自2018年1月1日零时起，武警部队由党中央、中央军委集中统一领导，实行中央军委－武警部队－部队领导指挥体制。《决定》明确，武警部队归中央军委建制，不再列国务院序列。武警部队建制，按照中央军委规定的建制关系组织领导。中央和国家机关有关部门、地方各级党委和政府与武警部队各级相应建立任务需求和工作协调机制。按照军是军、警是警、民是民原则，将列武警部队序列、国务院部门领导管理的现役力量全部退出武警，将国家海洋局领导管理的海警队伍转隶武警部队，将武警部队担负民事属性任务的黄金、森林、水电部队整体移交国家相关职能部门并改编为非现役专业队伍，同时撤收武警部队海关执勤兵力，彻底理顺武警部队领导管理和指挥使用关系。

（3）中国民兵　民兵是国家的后备武装力量。中国国防法规定，民兵在军事机关的指挥下，担负战备勤务和防卫作战任务，协助维护社会治安。为确保完成这一任务，必须确立有关民兵的各项基本制度。新时期的中国民兵建设已经取得了很大的成绩。以法律的形式确立了在国务院、中央军委领导下的民兵组织领导体制。全国的民兵工作由总参谋部主管；各大军区按照上级赋予的任务，负责本区域的民兵工作；省军区、军分区和县（市）人民武装部是本地区的民兵领导指挥机关；乡、镇、部分街道和企事业单位设有人民武装部，负责民兵和兵役工作。地方各级人民政府对民兵工作实施原则领导、组织和监督。中国民兵的作用主要是积极参加社会主义现代化建设，带头完成生产任务；担负战备勤务，保卫边疆，维护社会治安；随时准备参军作战，抵抗侵略，保卫祖国。

① 民兵制度。民兵区分为基干民兵和普通民兵。28 岁以下退出现役的士兵和经过军事训练的人员，以及选定参加军事训练的人员编入基干民兵组织。其余 18～35 岁符合服兵役条件的男性公民，编入普通民兵组织。女民兵只编基干民兵，人数控制在适当的比例内。陆海边疆、少数民族地区和城市有特殊情况的单位，基干民兵的年龄可适当放宽。民兵必须是身体素质良好、政治可靠的人员。兵役法规定，实行民兵与预备役相结合的制度。一是规定基干民兵为一类预备役，普通民兵为二类预备役；二是把参加民兵组织和服预备役的年龄、政治、身体条件一致起来；三是在有民兵组织的地方，在基层工作上把两者结合起来，使基层民兵组织成为预备役的基本组织形式。对于未编入民兵组织，但符合民兵条件的，进行预备役登记。

② 民兵的编组。民兵一般以乡（镇）、行政村和厂矿企业为单位，按照民兵人数多少，分别编为班、排、连、营、团。基干民兵、男民兵、女民兵应分别编组。行政村一般编民兵连（营），领导本村的基干民兵和普通民兵。县、乡（镇）所属企业单位，凡人员比较稳定，行政、党团组织比较健全，可建立民兵组织，属乡（镇）武装部直接领导。乡镇编基干民兵营或连，领导全乡的基干民兵。城市民兵的编组，大型厂矿企业可以车间或分厂为单位编组，中小企业可实行跨车间或班组编组。

③ 民兵训练。民兵干部和基干民兵的训练原则上由县（市、区）人民武装部组织实施。根据训练大纲的要求，干部训练时间为 30 天，一般在一年内完成；民兵训练时间为 15 天，一次完成。通过训练，干部具备相应的军事技能和组织指挥能力，并提高开展本职工作的能力；民兵学会使用手中的武器装备，掌握基本军事技能；分队能担负一般战斗任务。民兵干部主要进行本级指挥和教学法训练，基干民兵主要进行技术和战术基础训练。专业技术兵的训练时间可根据需要适当延长，一般比步兵训练时间多一些。

2. 中国人民解放军的编成

中国人民解放军由陆军、海军、空军、火箭军和战略支援部队五大军兵种构成。每个军兵种都是一个多系统、多层次有机结合的整体，不仅有战斗兵种、战斗保障兵种及专业部队，而且设有各级领导机构、后勤保障系统和院校培训体系。各军兵种还建有相当规模的预备役部队。

（1）中国人民解放军陆军　中国人民解放军陆军诞生于 1927 年 8 月 1 日。它经历了中国工农革命军、中国工农红军、八路军和新四军等阶段，在 1946 年 10 月改称为中国人民解放军。

陆军是在陆地上作战的军种，是军队的主要组成部分。中国人民解放军陆军担负着在陆地歼灭敌人的任务，既能独立作战，又能与海军、空军联合作战。它由步兵（摩托化步兵、机械化步兵、山地步兵）、装甲兵、炮兵、防空兵、陆军航空兵、工程兵、防化兵、通信兵、电子对抗兵等兵种及侦察兵、测绘兵、汽车兵等专业兵构成。步兵是徒步或搭乘装甲输送车、步兵战车实施机动和作战的兵种，是地面作战的主要力量。装甲兵是以坦克及其他装甲战车、保障车辆为基本装备，遂行地面突击任务的兵种。炮兵是以各种压制火炮、反坦克火炮、反坦克导弹和战役战术导弹为基本装备，遂行地面火力突击任务的兵种。防空兵是以高射炮、地空导弹武器系统为基本装备，遂行对空作战任务的兵种。陆军航空兵装备攻击直升机、运输直升机和其他专用直升机及轻型固定翼飞机，遂行空中机动和支援地面作战的兵种。

中国人民解放军陆军的基本组织层次是集团军、师（旅）、团、营、连、排、班。团以上大多采用合成编组，如集团军通常辖若干个步兵师（旅）及装甲（坦克）师（旅）、炮兵旅、防空旅、直升机大队、工兵团、通信团及各种保障部（分）队等。陆军按任务还划分为野战部队、边防部队、警卫警备部队等。集团军军至团的各级领导机关通常设置司令部、政治部（处）、后勤部（处）、装备部（处）。

(2) 中国人民解放军海军　中国人民解放军海军于1949年4月23日正式成立，现已成为一支兵种齐全，常规和尖端兵器兼备，具有个体攻防能力，能有效地保卫国家领海的战斗力量。

海军是以舰艇部队为主体，在海洋上作战的兵种。现代海军具有在水面、水下、空中对岸上实施攻防作战的能力，有的还具有实施战略袭击的能力。可独立地或与其他军种协同遂行海洋机动作战任务。中国人民解放军海军由水面舰艇部队、潜艇部队、海军航空兵、海军岸防兵、海军陆战队等兵种及专业兵构成。

水面舰艇部队是在水面遂行作战任务的兵种，是海军的基本作战兵力，包括战斗舰艇部队和勤务舰船部队，具有在广阔海域进行反舰、反潜、防空、水雷战和对岸攻击等作战能力。主要用于攻击敌方海上兵力和岸上目标，支援登陆、抗登陆作战，保护或破坏海上交通线，进行海上封锁、反封锁作战，运送作战兵力和物资，参加夺取制海权和海洋制空权斗争等。平时还用于保卫大陆架、专属经济区，保卫和参加海上科学试验与调查作业、开发海洋资源，维护国家海洋权益。其编制层次通常为支队（相当于师级）、大队（相当于团级）、中队（相当于营级），如驱逐舰支队、护卫舰大队、导弹快艇中队等。

潜艇部队是在水下遂行作战任务的兵种。按潜艇动力，分为常规动力潜艇部队、核动力潜艇部队；按武器装备，分为鱼雷潜艇部队、导弹潜艇部队和战略导弹潜艇部队。具有在水下使用鱼雷、水雷、导弹武器对敌方实施攻击的能力。主要用于消灭敌方大、中型运输舰船和作战舰艇，破坏敌方海上交通线，保护己方海上交通线，破坏、摧毁敌方基地、港口和岸上重要目标。还可以遂行侦察、布雷、反潜、巡逻和运送人员物资等任务。其基本编制为支队，辖有若干艘潜艇（团级）。

海军航空兵师是主要在海洋上空遂行作战任务的兵种。通常由轰炸航空兵、歼灭轰炸航空兵、歼灭航空兵、强击航空兵、侦察航空兵、反潜航空兵部队和执行预警、电子对抗、运输、救护等保障任务的部队编成。它是夺取和保持海洋战区制空权的主要力量，海洋的主要突击兵力之一，能对海战的进程和结局产生重大影响。其编制层次为航空兵师、团、大队（营）、中队（连）。

海军岸防兵是海军部署于沿海重要地段、岛屿，以火力遂行海岸防御任务的兵种。通常由海岸导弹部队和海岸炮兵部队组成。其基本任务是封锁海峡、航道，消灭地方舰船，掩护近岸海区的己方交通线和舰船；支援海岸、岛屿守备部队作战，保卫基地、港口和沿海重要地段的安全。其编制有独立团、营、连等，分属于海军基地或水警区。

海军陆战队是海军中担负渡海登陆作战任务的兵种，是实施两栖作战的快速突击力量，通常由陆战步兵、炮兵、装甲兵、工程兵及侦察、通信等部（分）队组成。其基本任务是独立或协同陆军实施登陆作战、抗登陆作战。其编制序列为旅、营（团）、连、排、班。

（3）中国人民解放军空军　中国人民解放军空军于1949年11月11日正式成立，经过半个多世纪的建设，人民空军已经发展成为一支由航空兵、地空导弹兵、高射炮兵、雷达兵、空降兵、电子对抗、气象等多兵种合成，由歼击机、强击机、轰炸机、运输机等多机种组成的现代化的高技术军种。

空军是主要进行空中作战的军种。具有快速反应、高速机动、远程作战和猛烈突击的能力，既能协同其他军种作战，又能独立遂行战役、战略任务。空军是现代立体作战的重要力量，能对战争的进程和结局产生重大影响，在现代国防和现代战争中具有重要的地位和作用。

航空兵是空军的主要组成部分和作战力量，包括歼击航空兵、强击航空兵、轰炸航空兵、侦察航空兵、运输航空兵等。歼击航空兵是歼灭敌空中飞机和飞航式空袭兵器的兵种；强击航空兵是攻击敌地面部队或其他目标的兵种；轰炸航空兵是对地面、水面目标实施轰炸的兵种；侦察航空兵是装备军用运输机和直升机，遂行空中输送任务的兵种。

地空导弹兵是装备地空导弹和执行航空任务的兵种，通常与歼击航空兵和高射炮兵共同行动。

高射炮兵主要用于防空作战，歼灭敌空中目标，协助歼击航空兵夺取制空权。

空降兵是以机降或伞降方式介入地面作战的兵种，由步兵、装甲车、炮兵、工程兵、通信兵及其他专业部（分）队组成，主要任务是夺取敌纵深内的重要目标或地域。

（4）火箭军　中国人民解放军火箭军由第二炮兵更名而来，于2015年12月31日正式成立。火箭军受中央军委的直接领导和指挥，它与海军潜地战略导弹部队和空军战略轰炸机部队构成我国三位一体的战略核力量。火箭军可单独作战，也可与其他军种联合（协同）作战。

中共中央总书记、国家主席、中央军委主席习近平强调，火箭军是我国战略威慑的核心力量，是我国大国地位的战略支撑，是维护国家安全的重要基石。火箭军全体官兵要把握火箭军的职能定位和使命任务，按照核常兼备、全域慑战的战略要求，增强可信可靠的核威慑和核反击能力，加强中远程精确打击力量建设，增强战略制衡能力，努力建设一支强大的现代化火箭军。

众所周知，中国的核常导弹部队如东风系列、巨浪系列一直以来都扮演着威慑潜在对手的重要角色，军事观察人士表示，新成立的“火箭军”如果能统合战略核潜艇以及战略轰炸机部队，甚至空天防御部队，无疑将有效简化实施立体作战任务的流程，极大提高中国整体战略威慑能力，对于打破潜在敌人对我国的战略封锁圈，具有极大的现实意义。

（5）中国人民解放军战略支援部队　中国人民解放军战略支援部队是我国陆、海、空、火箭之后的第五大军种，于2015年12月31日正式成立。中国人民解放军战略支援部队是维护国家安全的新型作战力量，是我军新质作战能力的重要增长点，主要是将战略性、基础性、支撑性都很强的各类保障力量进行功能整合后组建而成的。成立战略支援部队，有利于优化军事力量结构、提高综合保障能力。战略支援部队包括情报、技术侦察、电子对抗、网络攻防、心理战五大领域。战略支援部队属于独立军种部队，按照军种主建的原则，仅负责相关部队的军政管理工作，不具备作战指挥功能。

（二）我国武装力量建设的目标

武装力量建设的目标是指武装力量建设在一定时期内所要达到的程度和标准。它决定着武装力量的革命化、现代化、正规化的建设，增强国防力量。《中华人民共和国国防法》又重申了这一规定。我国《宪法》和《中华人民共和国国防法》把实现“三化”作为整个武装力量的建设目标。这就为加强武装力量建设、增强国防实力提供了最高的法律保障。就武装力量内部而言，军队、武警、民兵在“三化”建设中的内容和手段上各有不同，程度上也有差异，但都必须为实现革命化、现代化、正规化而共同努力。

1. 革命化

我国武装力量的革命化主要是指在中国共产党的绝对领导下，坚持无产阶级的政治方向，坚持全心全意为人民服务的宗旨；掌握革命理论，继承和发扬优良传统；培养严守纪律和自我牺牲精神，培养压倒一切敌人和压倒一切困难的精神，培养爱国主义和国际主义的精神，使我国武装力量永远是党和国家的钢铁长城，永远是国家的捍卫者，永远是社会主义的捍卫者，永远是人民利益的捍卫者。其中最根本的是确保政治上的永远合格，绝对听从党的领导与指挥，为巩固中国共产党的执政地位提供重要的力量保证。

实现武装力量的革命化必须大力加强政治建设。第一，必须认真学习和贯彻党的路线、方针、政策，使武装力量建设的政治方向同党的奋斗目标始终保持一致，保证武装力量永远忠于党，忠于人民，忠于社会主义国家。当前，我们面临新的历史转折，面临十分严峻的反“和平演变”斗争和改革开放的考验。在这种情况下，要实现武装力量革命化的目标，就必须牢记历史经验，与时俱进，认真开展以“三个代表”重要思想和科学发展观为主要内容的教育活动，把贯彻执行党在新时期的路线、方针、政策，变为广大干部战士的自觉行动。第二，必须坚持不懈地用马克思主义、毛泽东思想教育部队，引导广大官兵树立无产阶级世界观。历史上，每逢我党提出一条正确路线，为了提高官兵贯彻执行的自觉性，都伴随着一场普遍的马克思主义、毛泽东思想的教育运动。当前，只有继续深入抓好这一教育，才能确保武装力量坚定不移地贯彻执行党的基本路线，才能挫败国内外敌对势力的阴谋，在思想上筑起抵御和平演变的钢铁长城。第三，加强政治建设，还必须坚持和完善军队政治工作制度，努力把各级党组织建设成统一领导和团结部队的核心。

2. 现代化

我国武装力量的现代化主要是指三个方面的内容：一是武器装备的现代化，即要跟上世界新技术革命的发展，努力缩小同发达国家武装力量在武器装备方面的差距，发展和装备先进的尖端武器，并努力使我们能有几件有效制敌的“杀手锏”。二是人员素质的现代化，即培养能熟练使用现代化武器，能指挥和进行现代战争的人。要求武装力量的广大官兵必须适应现代战争要求，掌握现代科学知识和技能，掌握先进的军事思想和理论，善于全面地研究和运用现代战争条件下的战略战术。三是人和武器的最佳组合，即精简机构，提高效率，简化科学的体制编制，保证人与装备所具有的潜力都能得到最大限度的发挥。

在上述三个方面内容中，武器装备的现代化是武装力量现代化的物质基础和外在标志。它一方面直接促进了军队战斗力的提高，另一方面使现代化战争在一定程度上成为现代化技术的较量和现代武器装备的较量。同时，还进一步推动和导致战争理论、战争方式和作战方法的革命性变革。人员素质的现代化是武装力量现代化的关键所在。武器装备的对抗和较量，毕竟只是现代战争的表现形式，就其实质而言，现在战争仍是人的质量竞争。实现

“物”的现代化与实现人的现代化相比，在一定意义上，可以说后者比前者更重要，也更困难。因此，必须把提高人的素质摆在我国武装力量现代化建设的突出位置，并重点解决。这是因为以下几点。

(1) 武器装备的现代化可以通过阶段性的质变来实现。例如，在科研、生产发展积极的基础上，国家可以集中财力在短时间内实现武器装备的阶段性质变。但人的现代化，特别是与现代战争相适应的现代观念、现代军事技术素质、现代作战理论、战略战术、指挥现代战争的能力等，则只能是一个渐进的过程，不可能一蹴而就。

(2) 提高人的素质必须经过专门、系统的培训。正如邓小平所言：“过去是在战争中训练，从战争中学习，而且那个学习是最过硬的。但是现在，即使有战争，不经过学校学习也不行，因为装备不同了，指挥现代化战争需要多方面的知识。”应该说，这些知识只有经过平时系统的学习和严格的训练才能掌握。

(3) 武装力量有了现代化的武器装备，并不意味着具有了现代作战能力，只有当它为具有现代化素质的人所掌握时，才能转化为现实的战斗力。换言之，武器装备的现代作战能力只有在人的素质现代化的基础上才能最终实现。因此，着力实现人的现代化，也是武器装备不断发展的客观要求。

3. 正规化

我国武装力量的正规化就是要建立起与武装力量现代化建设相适应的科学合理的组织结构和高效周密的运行机制，实行统一的指挥、统一的制度、统一的编制、统一的纪律、统一的训练，增强组织性、计划性、准确性、纪律性。武装力量的正规化建设是一个完善有机的系统工程，各个方面既有独立的内容，又有紧密的联系。

(1) 统一的指挥　就是要统一服从党中央、中央军委的领导与指挥，保证政令军令畅通，维护武装力量的高度稳定和集中统一。

(2) 统一的制度　凡属全国性的军事制度，必须由全国人大及其常委会、国务院、中央军委统一制定。中国人民解放军全军性的制度，必须由军委、总部统一制定，颁发全军执行。中国人民武装警察部队和有关民兵的基本制度，也由国务院和中央军委统一制定。要坚决纠正自立章法的现象和工作上的随意性，建立科学高效的运行机制。

(3) 统一的编制　中央军委、国务院统一颁发的编制，必须坚决执行。任何单位和个人都不得擅自决定超编超配。统一编制并非不分南方北方，不分任务和条件地“一刀切”，相反，体制编制要合理，军兵种的发展比例要科学、协调，就必须照顾到不同战区的具体情况，要认真论证，审慎定编，并保持相对稳定。

(4) 统一的纪律　中央军委和国务院制定的军事法规均有明确规定，武装力量纪律的内容、维护纪律的原则和措施、奖惩的项目、条件和程序等，必须坚持贯彻执行。

(5) 统一的训练　军队、武警和民兵应分别按照统一的训练方针原则、统一的条令条例、统一的训练大纲和训练标准，实行统一的领导，分级管理，从难从严从实战出发进行训练，未经批准，不得改变训练任务、减少训练时间，更不得降低训练标准，以确保训练质量。

(6) 武装力量的组织性、计划性、准确性、纪律性是一个整体，核心是纪律性　科学的计划、严密的组织、准确的行动，都要有严格的纪律做保障。没有严格的纪律，武装力量就不可能达到高度集中统一，就不可能真正实现正规划。加强正规化建设，就是要把我国武装力量的纪律提高到整齐划一、令行禁止的程度。

我国武装力量的革命化、现代化、正规化建设是处于一个有机系统中的三个基本要素。首先，革命化规范现代化的政治方向。革命化表现武装力量的无产阶级性质，表明武装力量属于人民，属于社会主义国家。现代化则表明武装力量的作战水平，即为一定阶级、一定国家服务的能力。离开革命化，现代化就会失去正确的政治方向，失去服务的方向和目标。其次，正规化保障现代化的实现。现代化需要统一的编制、体制和制度，需要良好的战备、训练、工作和生活秩序，需要高度的组织性、纪律性和行动的准确性，还需要健全有序和灵敏高效的组织指挥系统，这一切，都要经过正规化建设才能形成。再次，革命化统帅正规化。正规化只有以革命化作指导，才能保证各项规章制度的贯彻落实。总之，“三化”有着共同的出发点和归宿，最终都是为了全面提高武装力量的战斗力。其中，革命化是统帅，现代化是中心，正规化是保障，三者相辅相成，不容割裂，不能孤立、片面、静止地强调某一个方面，忽视其他方面。

（三）我国武装力量建设与发展的指导原则

从现在起到 21 世纪中叶是中华民族全面振兴的重要时期，也是人民军队发展的重要时期。十九大报告指出，适应世界新军事革命发展趋势和国家安全需求，提高建设质量和效益，确保到 2020 年基本实现机械化，信息化建设取得重大进展，战略能力有大的提升。同国家现代化进程相一致，全面推进军事理论现代化、军队组织形态现代化、军事人员现代化、武器装备现代化，力争到 2035 年基本实现国防和军队现代化，到本世纪中叶把人民军队全面建成世界一流军队。

加速军队的现代化建设，需要坚持以下指导原则。

1. 质量建军的原则

军队是为打仗而存在和进行建设的。对于任何一支军队来说，其战斗力强弱，不但取决于数量多寡，而且取决于质量的高低。在现代战争条件下，数量要素在军队作战能力构成中的比重相对下降，军队战斗力的强弱越来越主要取决于质量的高低。对于中国人民解放军这支过去和将来都立足于以劣势武装打仗的人民军队来说，在全面战争及其临战时期，有必要达到一定的数量和规模。而和平时期，国家以经济建设为中心，军队建设就必须把规模控制在适度水平，把有限的军费用于军队建设最重要、最关键、最急需的地方。在军队建设的指导思想上，实现从数量规模型向质量效能型、从人力密集型向科技密集型的两个根本性转变。

2. 科技强军的原则

军事领域在 21 世纪初期的一个显著特点，就是科学技术的进步对战争形态、军事力量结构、军事力量运用的方式和军事理论的发展都将产生深刻的影响。没有先进的科学技术，既不可能有现代化的武器装备，也不可能有现代化的军事人才和科学的体制编制，因此也就不可能建设成高质量的军队。中国人民解放军是一支攻无不克、战无不胜的军队。然而，毋庸讳言，在这支军队战斗力的总体构成中，也存在着若干薄弱的环节。其中最突出的一点就是科技基础薄弱。因此，在中国人民解放军的建设与发展中，必须增强科技意识，提高用科技强军思想指导质量建设的自觉性。现代技术特别是高技术条件下的局部战争，对军队的科学技术素质提出了更高的要求，只有走科技强军之路，通过不断增强军队战斗力构成中的高科技含量，才能使中国人民解放军成为一支更加适应未来战场环境，并能够在未来战争中立于不败之地的强大军队。

3. 勤俭建军的原则

勤俭建军是中国人民解放军的优良传统，也是建军的基本原则之一。在革命战争年代和相对和平时期的军队建设中，人民解放军依靠勤俭建军和艰苦奋斗的精神，克服了重重困难，取得了战争的胜利和军队建设的巨大进步。在军队跨世纪的发展中，现代化建设任务十分繁重，而军费有限，供需矛盾突出。在这种情况下，继承和发扬勤俭建军、艰苦奋斗的优良传统尤为重要。勤俭建军就要发扬江泽民提出的 64 字艰苦创业精神，以此作为战胜困难和夺得胜利的精神支柱；要坚持勤俭节约办一切事情，坚决反对铺张浪费，注重效益，精打细算，做到少花钱也能多办事，花小钱也能办大事；树立计划的节约是最大的节约思想，搞好军队建设的宏观谋划和长远规划，做到统筹规划，协调发展；要严格执行有关条令条例、规章制度，加强检查、监督，从各个方面堵塞漏洞，防止贪污、盗窃、经济受骗等事故或案件的发生；要通过加强科学管理，运用新的科学技术成果改进工作方法、提高工作效率等，节约人力、物力和财力，丰富勤俭建军的内容和成果。

4. 依法治军的原则

依法治军是贯彻邓小平法制思想和中共中央“依法治国，建设社会主义法治国家”方针的基本要求，是实现新世纪军队建设发展目标的重要保证。随着社会主义市场经济体制的建立和民主法制建设的加强，社会生活、军队活动的各个方面都将逐渐纳入法制轨道，传统的治军方法必将越来越紧密地同法制手段有机地结合起来。人民解放军在长期的革命实践中积累了丰富的治军经验，形成了一系列卓有成效的治军方法和手段。依法治军并不排斥也不取代其他治理军队的方法和手段，而是在这些方法和手段中引入法律机制，使之规范化、制度化，从而更有成效地发挥各种治军方法和手段的综合效益。坚持有法可依、有法必依、执法必严、违法必究，实现军队建设的法制化和规范化。要重点抓好依法行政，通过制定军事组织和军事行政法规，把各级领导和机关的职责、权限、行政责任、监督办法等纳入法制轨道。要在健全军事法规体系的同时，提高军事法规的可操作性，使法规内容具体化。要深入持久地开展法制教育，提高广大官兵特别是各级领导干部守法、执法的自觉性。要加强法律监督，建立有效的监督体系，保证法律制度的全面遵守。

5. 深化改革的原则

军事改革是特定历史时代对军队建设的客观要求，是军队自身矛盾运动的必然结果，也是军队建设的自我完善和发展。因此，大力推进军队质量建设，也就必须顺应潮流，革故鼎新，深化军事改革。时代在发展，历史在前进，军队建设同样在不断地发生着深刻变化，人民军队的一些传统，包括在历史上曾经发挥过作用的东西，将可能与新的形势不再适应，有的甚至被淘汰。这是不以人的意志为转移的客观规律。站在新世纪重要关头的人民解放军，需要以改革创新的精神，迎接世界军事领域深刻变革的挑战，着重研究世界军事发展趋势，研究高技术战争的特点和规律，研究自身建设中的重大现实问题，寻求解决新形势下矛盾的办法，在保持中国人民解放军特色的基础上，博采众长，走有中国特色的精兵之路。

6. 科学决策的原则

加强军队建设的科学决策是时代发展和科学进步提出的必然要求。随着经济、科技和社会的发展，军队建设的系统性特征越来越突出，现代化军队建设越来越成为一个庞大而复杂的系统工程。现代化军队不仅在人、财、物上的投入耗费是巨大的，而且整个军队建设的各个方面又是一个紧密联系的有机整体。例如，武器装备发展战略的确定、军队体制编制的调整、教育训练的发展、后勤保障制度的改革等，都是牵一发而动全身，一项决策的失误，将会带来严重的后果。因此，必须坚持科学决策的原则，借助于现代决策科学、管理科学，采用科学的决策程序和方法，在加强预测研究、系统论证的基础上科学决策；建立健全决策系统、咨询系统、执行系统、反馈系统、监督系统，完善决策机制，最大限度地保证决策的科学合理，保证新时期军队发展战略的实现。

第四节 国防动员

国防动员，亦称战争动员，简称动员，是国家或政治集团由平时状态转入战时状态，统一调动人力、物力、财力为战争服务所采取的措施。通常包括人民武装动员、国民经济动员、人民防空动员和交通战备动员等。动员是国防活动的重要组成部分。动员准备的完善程度，是国防强弱的标志之一。中国坚持全民办国防，着眼于发挥现代人民战争整体优势，加强以综合国力为基础的国防动员建设。

一、国防动员的意义

国防动员是国防活动的重要内容之一，是准备和实施战争的重要措施。无论是古代战争，还是现代战争，无论是全面战争，还是局部战争，无论是常规战争，还是非常规战争，都离不开动员。因此，国防动员在保障赢得战争胜利等诸多方面，都具有十分重要的地位和作用。

（一）国防动员是增强国防实力的重要措施

国防实力，是国家防御外来侵略的力量，是国家军事、政治、经济、科学技术等力量的总和。在和平时期，国家把国防动员准备纳入经济建设和社会发展的总体规划，贯彻军民结合、平战结合的方针，可以增强战争潜力。同时通过动员准备，激发人民的爱国主义和国防观念，使国家政局稳定、经济发达、科技进步，迅速增强综合国力。由于平时奠定了良好的基础，一旦战争爆发，通过战时动员，就能迅速地把战争潜力转变为战争实力。就武装力量建设而言，为了对付敌人的突然袭击和入侵，保持一定数量的常备军是必要的，但在平时要保持一支满足战争需要的庞大军队，任何国家，即使是经济发达国家都无法做到，巨额的军费开支必然加重国家的经济负担，影响国民经济的发展，同时也影响部队武器装备的研制和更新。这就要解决平时养兵少、战时用兵多的矛盾。采用常备军和后备力量相结合的原则，平时保持精干的常备军作为战时动员扩建部队的骨干力量，同时积极训练、储备后备力量，以便战时根据需要组编参战。这样既可以加速国民经济的发展，又可以从根本上增强国防实力。

（二）国防动员是增强国防威慑力的有效手段

一个国家的国防威慑力，不仅取决于常备军的数量和质量，而且还取决于军队后备力量和其他动员潜力，取决于常备军与后备力量动员准备的有机结合，以及动员机制健全完善程度和运行效率。平时充分做好战时动员的准备工作，建立强大的后备力量和健全的动员体制，可以使敌人望而生畏，不敢轻举妄动，贸然发动进攻。现在一些国家主张采取“不战而屈人之兵”的军事战略，就是这个道理。特别是处于防御地位、反对侵略的国家，应该采取积极的对策，以充分有效的动员显示应付战争的能力和拼死抵抗的决心，迫使敌人延缓或放弃侵略战争。我国的后备力量既是潜力又是实力。例如，我国的民兵是现实力量和后备力量的统一体。平时，加强国防后备力量建设，做好战争动员准备，无疑可以增大威慑力量，从而达到制约战争爆发、维护和平的目的。

（三）国防动员是夺取战争主动权的可靠保障

决定战争胜负的因素是多方面的，其中后备力量的强弱、兵员质量的优劣，以及战时动员的准备和实施的好坏，是一个重要的因素。随着现代科学技术的飞速发展及其在军事领域的广泛应用，现代战争的突发性和速决性显著增大，发动战争的一方往往先发制人，迫使对方在无戒备或准备不充分的情况下仓促应战，力求取得速战速决的效果。第二次世界大战以来，突然袭击、不宣而战已成为首先发动战争一方的惯用手法。处于防御地位的国家，如果战时动员工作的准备和实施不好，在战争初期往往处于被动地位，甚至来不及实施动员和完成战略展开，其武装力量和经济命脉就可能陷于瘫痪。历史表明，在现代战争中，谁能保持强大的后备力量，并以最快的速度动员起来投入战争，谁就能取得战争的主动权。

二、国防动员的分类

世界上许多国家，按规模把动员分为总动员和局部动员两个类型（有的国家称等级），按方式把动员分为公开动员和秘密动员，按时间把动员分为初期动员和持续动员。秘密动员是在各种伪装手段掩护下隐蔽进行的动员；公开动员是宣布进入战争状态，公开发布动员令后所实施的动员。初期动员是在战争爆发前和战争初期进行的应急动员，包括整个战争初期的各项动员活动；持续动员是战争进入中后期之后，在初期动员的基础上，为继续满足战争需求所进行的动员。

根据我国国防法的规定，当中华人民共和国的主权、领土完整和安全遭受威胁时，国家将依照宪法和法律规定，进行全国总动员或者局部动员。我国法律主要是从动员的规模这一角度，将动员分为总动员和局部动员。

（一）总动员

总动员亦称全面动员，是国家采取紧急措施，在全国范围内实施的战争动员。即将全国军事、政治、经济、科技、文化以及社会生活的各个方面转入战时轨道。总动员通常在爆发大规模战争需要举国迎敌时进行，时机一般选择在战争初期。决定实施总动员的权限属于国家最高权力机关，总动员令通常由国家元首或政府首脑发布。

总动员由于涉及面广、组织实施复杂，因而最能体现动员的一般规律和原则，与局部动员相比，总动员有如下特征：一是全面性。总动员涉及国家各个地方、各个领域，包括军事、政治、经济、文化等各个部门，“一切为了战争”。就人员而言，总动员可能涉及每一个有能力承担国防义务的公民。为了应付大规模战争，总动员将使国家转入战时体制，全国进入战争状态，一切部门和全体公民，都要服从战争需要，以各种不同的方式支持战争的进行。二是彻底性。由于全面战争往往比局部战争更复杂、更激烈、更残酷，因而总动员的程度也就更为彻底，它将使国家所具有的战争潜力更多地转化为战争实力，使政府的各种机制更多地由平时状态转换为战时状态，并由此导致整个国家的活动中心和社会生活发生根本性的改变。三是持续性。总动员多是为全面战争而反复实施的。一般来说，全面战争比局部战争涉及的范围更广，持续的时间也更长。这就要求总动员也随之持续下去，成为长时间的分批次进行的活动。因此，动员可能持久进行，或者反复进行，甚至整个战争自始至终都贯穿着动员。

（二）局部动员

局部动员，是国家在部分地区或部门进行的动员。通常是动员部分武装力量和人力、物力、财力进行战争。根据战争的发展，局部动员也可能上升为总动员。决定实施局部动员的权限，属于国家最高权力机关。

局部动员是古今中外战争动员中最常见的动员类型。第一次、第二次世界大战及战后的许多次局部战争中，许多国家都进行过这种局部动员。我国在抗美援朝战争、对印自卫反击作战、对越自卫反击作战过程中，都进行过这种类型的动员。与总动员相比，局部动员具有以下特征：一是有限性。局部动员多是为局部战争而实施的。其作用、目的、时间、范围都有限，因此局部动员的规模必须严格控制。这样不仅可以尽量减少国家的负担和损失，还有利于达成政治上的主动。进行局部动员时，国家体制不做根本改变，社会的各个方面和公民也大多保持正常的生产和生活，维持正常的社会秩序。动员是在局部地区和某些部门进行，不涉及国家的总体发展布局和正常的经济建设。二是不稳定性。局部动员的不稳定性主要是说它有多种发展趋势，有可能发展上升为全面动员，也可能只在局部地区或部门进行，不需再发展扩大。这就要求在局部动员之前和实施过程中，必须对战争的发展趋势不断地进行研究，做出科学的预测，以便有所准备，一旦需要，及时向总动员过渡。

实施总动员还是局部动员，是由战争规模和国家战略意图决定的，两者在一定条件下相互转化。随着战争规模的扩大，局部动员有可能升级为总动员。同样，随着战争规模的缩小，原来在全国各行各业进行的总动员，则逐步变为局部动员，国家的大部分地区和部门恢复正常状态。战场情况是不断发展变化的，随着交战双方政治、经济的需要，以及双方力量的消长，战争规模也处在不断的发展变化过程中，动员的指导者应当把握这种变化，适时调整动员规模。

三、国防动员的内容

（一）人民武装动员

人民武装动员，是国家将军队及其他武装组织由平时体制转为战时体制所采取的措施。通常包括现役部队、武装警察部队、预备役部队、民兵和预备役人员，以及相应的武器装备和物资等动员。它是国防动员的核心。搞好人民武装动员，对于战争的进程和结局，特别是战争初期军队的迅速扩编和展开，掩护国家转入战时体制，争取战略主动，具有特别重要的意义。

中国共产党在历次革命战争中，按照全党动员、全民动员的方针，在充分发动群众、组织群众、武装群众的基础上，进行人民武装动员，广泛动员群众参军参战，使人民军队不断发展壮大。中华人民共和国建国初期，在 1950—1953 年的抗美援朝战争中，先后动员 207 万青年参加中国人民志愿军；在东北地区还动员了 74 万多民兵、民工参加运输队和担架队，保障了军队作战的需要。

人民武装动员根据国家发布的动员令，按照动员计划组织实施。主要包括以下措施。

（1）扩编现役部队。临战前使军队迅速转入战时状态，现役军人一律停止转业和退伍，外出军人立即归队；迅速组建扩建新的作战部队和保障部队，实施战略展开。

（2）征召预备役人员，按战时编制补充现役部队。

（3）预备役部队调服现役。

（4）改编和扩充其他武装组织。

（5）动员和组织民兵参战。

（6）征用急需物资。主要是运输工具和工程机械、医疗器械、修理设备等，以满足军队扩编的需要。

（7）健全动员机构，加强组织领导。随着战争的发展，进行持续动员，以保证军队不断补充和扩大，直至战争结束。

现代战争对人民武装动员提出了更高的要求。我国采取平战结合、现役和预备役相结合的办法，在平时做好人民武装动员的准备。一般来说，人民武装动员准备的措施主要包括以下几项。

（1）保持一支精干的、具有快速反应能力的常备军，作为战争初期作战和军队扩编的骨干。

（2）建立健全有权威性的动员机构，平时进行动员准备，战时组织实施动员。

（3）建立健全预备役制度，储备大量训练有素的后备兵员。

（4）进行预备役登记。

（5）拟定武装力量动员计划和军队扩编计划，并根据形势的发展变化及时完善。

（6）组建预备役部队，加强预备役军官和士兵的训练。

（7）划分兵员补充区，以便战时就地出兵员、就地出装备，迅速补充、扩编部队。

（8）做好交通运输和通信保障的准备，以保证部队的扩编、集结，新兵的运输，物资的补充。

（9）储备相应的武器装备和军需物资，对军民通用的机械、车船和工程机械等进行登记统计，做好征用、征购计划。

（二）国民经济动员

国民经济动员，是为保卫国家安全，有计划、有组织地提高国民经济应变能力的活动。平时，它是加强国防经济潜力建设和应付突发事件的重要措施，是调节国防经济常备力量与国民经济比例关系的手段，是遏制战争的强大威慑力量。战时，它是快速、有序地将国民经济体制由平时状态转入战时状态，将国防经济潜力转化为国防实力，赢得战争胜利的重要保证。国民经济动员包括工业、农业、科技、医疗卫生、城市建设、商业贸易、财政金融等领域的动员。国民经济动员能力是国防现代化水平和综合国力的重要体现。

我国的国民经济动员贯彻“兵民是胜利之本”和人民战争的战略思想，是国防建设和经济建设的重要组成部分。国民经济动员工作在国务院、中央军委的领导下，由国家发展和改革委员会承担。办事机构为国家经济动员办公室，其主要职责是：组织实施全国国民经济动员工作，协调国民经济动员工作中军事与经济、政府部门与军队系统、中央与地方的关系，搞好国民经济的平战结合、军民兼容，完善国民经济动员机制，增强平战转换能力。国务院有关部委、各省（自治区、直辖市）、军队各军兵种、各军区设有相应的经济动员机构。

国民经济动员根据国家发布的动员令组织实施。主要做法如下。

（1）根据战争需要，调整军工生产在国民经济中所占的比例，重新分配人力、物力、财力，统筹安排军需民用。

（2）动员生产线启封并投入军工生产，充分发挥军工厂的生产能力；改组民用工业结构和产品结构，扩大军工生产。

（3）搬迁、疏散可能遭到战争破坏的重要工厂和战略物资，加强重要经济目标的保护。

（4）调整科学技术研究机构及任务，加速研制新式武器装备。

（5）调动医疗卫生以及外贸、文教等各行各业的力量为战争服务。

（6）改组农业，提高农业产量，加强粮食生产和储备，保障军民粮食的供给。

（7）加强经济资源的开发利用和管理，扩大生产，厉行节约，保障战争需要。

在平时重视做好经济动员准备工作。一般而言，经济动员准备的主要工作如下。

（1）建立有权威的国民经济动员机构，制定完善的国民经济动员法规和动员计划，实行统一领导，保证国民经济动员工作的全面实施。

（2）合理布局生产力和安排经济建设，对重要工业部门，特别是军事工业部门，采用集中与分散、前沿与纵深、常备与后备相结合的原则进行配置和建设。

（3）实行军事工业和民用工业相结合的生产方针，军工企业平时在保证军品生产的前提下，也生产民用产品；民用企业中建立军工动员生产线，为战时转产军品做好准备。

（4）储备一定数量的武器装备和战略物资。

（5）加强农业、财贸、文教、医疗卫生等建设，以适应战时需要。

（6）国家在财政预算上划出一定的比例，保证有关经费的落实。

（7）加强科研机构建设，研制新式武器装备，为战时大批量生产做好准备。

在新的历史时期，中国的国民经济动员贯彻平战结合、军民兼容、寓军于民的方针，遵循统一领导、分级负责、统筹规划、重点建设、长期准备、逐步发展的原则，国民经济动员建设取得长足发展，国民经济动员能力稳步提高。国家、省（自治区、直辖市）和地（市）三级经济动员管理体系初步形成，注意与处置重大突发事件和紧急情况接轨，为提高国民经济平战转换速度创造了制度条件。充分运用信息技术，初步形成国民经济动员数字化信息平台，提高了平战转换的速度和效率。

（三）科学技术动员

国家战时统一组织调整科学研究部门和专家、工程技术人员从事战争所需要科学技术的开发研究所采取的措施，是战争动员的重要组成部分。其任务是开发应用新兴科学技术，利用科研设施和成果，研制先进的武器设备，为军队培养、输送专业技术人才，使军队在战争中保持科学技术和武器装备方面的优势。科学技术动员的广度和深度，对战争的进程和结局具有重大影响。为适应现代战争的特点，世界许多国家都很重视在平时就做好科学技术动员的准备。平时，要保持精干的国防科研队伍，研究开发现代战争需要的军事装备，储备战时生产技术和工艺。国防科技主管部门要会同国家和地方政府科技主管部门调查登记具有国防科研能力的人才、设备和具有国防用途的科研成果。战时，科学技术动员通常根据国家发布的动员令组织实施，按照科学技术动员计划，有组织、有步骤地将全国科技力量转入战时轨道，强化国家对科技领域人力、物力、财力的投入，将科学技术转化为军事实力和战斗力；充分运用先进的科研成果和各种先进的科技手段，迅速改进和更新现有武器装备，使军队的武器和技术装备在整个战争进程中保持领先地位；加速为军队输送各类专业技术人才，保证战时扩编需要，保持参战人员与武器设备的有机结合，使之发挥最大效能；及时总结战争的经验教训，分析敌我双方的战时态势，针对战争的发展趋势，研究提出新的对策，开拓新的研究领域，充分发挥科学技术在战争中的作用。科学技术人员的主要做法如下。

（1）按照科学技术动员计划，有组织、有步骤地将全国科技力量转入战时轨道，强化国家对科技领域人力、物力、财力的投入，将科学技术转化为军事实力和战斗力。

（2）充分运用先进的科研成果和技术手段，迅速改进和更新现有武器装备，力争军队的武器和技术装备在战争中保持领先地位。

（3）加速为军队输送各类专业技术人才，保证战时扩编需要，保持参战人员与武器装备的有机结合，使之发挥最大效能。

（4）及时总结战时的经验教训，分析敌我双方的战时态势，针对战争的发展趋势，研究提出新的对策，开拓新的研究领域，充分发挥科学技术在战争中的作用。

（四）人民防空动员

人民防空动员，是国家战时发动和组织人民群众防备敌人空袭所采取的措施。有的国家称为民防动员，是国防动员的重要组成部分。主要任务是：依据国家有关法律法令，动员社会力量，进行防空设施建设，组建防空专业队伍，普及防空知识教育，组织掩蔽疏散，配合防空作战，消除空袭后果。目的是保护居民、经济设施和其他重要目标安全，减少国家及人民群众生命财产的损失，保存战争潜力。

我国的人民防空动员严格依据《中华人民共和国人民防空法》的规定，坚持依法建设、依法管理。人民防空实行人民政府和军事机关共同领导体制，县级以上地方各级人民政府和军事机关领导本行政区域的人民防空工作。

战时人民防空动员，根据国家发布的动员令，在统一部署、统一指挥下组织实施。按照防空动员计划，组织居民疏散隐蔽和对重要物资、工厂企业、科研单位、机关进行搬迁疏散；对重要经济目标实施防护，减少经济损失；扩大防空专业队伍，进行防空袭斗争，消除空袭后果，配合城市防卫和要地防空作战；动员人民群众，协助各部门恢复生产和生活秩序。

我国的人民防空坚持长期准备、重点建设、平战结合的方针，立足于做好信息化条件下防空袭斗争准备。一般而言，人民防空动员准备的主要做法如下。

（1）制定和完善人民防空动员法规，建立和健全各级领导机构。

（2）拟制各项防空动员计划，如人口和物资疏散、工业搬迁计划，重要经济目标防护措施和抢修预案，以及各种保障方案。

（3）组织实施人民防空工程的建设与管理。

（4）按照专业对口、平战结合的原则，组织训练抢险抢修、医疗救护、消防、防化、通信、运输等防空专业队伍，提高专业技能。

（5）对人民群众进行防空知识教育和训练，掌握防空的基本知识和技能，提高自救互救能力。

（6）人民防空重点城市，根据战时需要，结合平时周转供应，做好粮食、医疗、油料等必要物资的储备。

（五）国防交通动员

国防交通动员是国家根据国防需要，统制各种交通运输线、设施和运输工具，保障人员、物资、装备运输的措施。其任务是：保障军队机动、兵员和武器装备的补充、军工生产、军品供应、军民疏散、工厂搬迁，以及其他人员和物资的前送后运等。国防交通动员对于保障战争需要、夺取战争胜利具有重要意义。

我国政府高度重视国防交通动员建设。在国务院、中央军委领导下，国家国防交通主管机构负责全国国防交通动员，军区国防交通主管机构负责本区域有关的国防交通动员，县级以上人民政府国防交通主管机构负责本行政区域的国防交通动员，国务院交通管理部门分别负责本行业的国防交通动员。

战时，实施国防交通动员的主要做法如下。

（1）根据国家动员令，将交通运输迅速转入战时体制，统筹安排运输任务和交通线的修复、防护，实行统一计划、统一指挥、统一组织、统一调度。

（2）加强交通运输管制，确保军事运输畅通。

（3）组织综合运输，采用多种运输手段，充分挖掘各种运输潜力，增强快速运输效能，以适应各种复杂情况。

平时，国防交通动员准备中的主要工作如下。

（1）建立交通运输指挥体系，以提高战时运输效能。

（2）加强交通运输线建设，使之立体化、网络化。

（3）发展和储备大型化、高速化的运输工具，改进运输方式，提高综合运输能力。

（4）加强交通运输工程保障力量、防卫力量和技术力量建设，储备各种交通运输保障物资、器材。

近年来，随着国家交通、通信事业的快速发展和交通运输信息化程度的不断提高，我国的国防交通体系更加完善，国防交通动员能力大幅提升。国家和地方交通运输、邮电通信基础设施建设贯彻平战结合原则，充分考虑国防和军事需求。一些具有重要国防意义的铁路、公路和港口码头列入国家重点建设项目。交通、通信保障队伍和保障方案在平时抢险救灾等应急保障中发挥了重要作用。铁路运输实现了在运货物的信息化管理和调度指挥的计算机控制，水路运输实现了远洋货轮的定位跟踪和调度指挥，公路运输实现了部分大型货车的定位跟踪和调度指挥，航空运输实现了订票、离港、航线、货运及安全监控的实时信息处理。全国主要车站、港口、机场、航空公司、运输公司等的基础信息和交通动员信息，初步实现了数据库管理。

（六）政治动员

政治动员是国家为进行战争而开展的宣传、教育、组织工作和外交活动。战时政治动员主要包括国内政治动员和外交舆论宣传。平时政治动员主要表现为国防教育。战时政治动员的主要做法如下。

（1）党、政府、军队的主要领导人，发布政治动员令、训令、宣言、声明、告人民书等，提出鲜明、生动的政治纲领或口号，进行普遍的动员和教育。

（2）进行战争形势和目的教育，讲清敌我双方进行战争的原因，揭露敌人的反动本质和暴行，明确进行革命战争、正义战争的有利条件、不利条件和克服困难、战胜敌人的办法，号召人民和军队准备战争、参加战争、支援战争。

（3）通过通讯社、广播电台、电视台、报刊等宣传工具，运用布告、标语、传单等宣传手段，采取报告会、动员会、演讲会、政治课、文艺演出等形式，对群众进行宣传教育。

（4）进行爱国主义、国际主义和革命英雄主义教育，宣扬英雄模范人物的先进思想和先进事迹，号召军民向英雄模范学习；传播胜利消息，鼓舞士气和斗志，提高胜利信心。

（5）建立统一战线，充分发挥各民主党派、人民团体和群众组织的作用，组织集会、游行、示威等，在全国掀起政治动员的热潮。

（6）制定优抚政策，开展拥军优属和拥政爱民活动。

（7）制定战时法规和战场纪律；制定保护城市设施、名胜古迹以及尊重民族风俗习惯和宗教信仰等规定。

作为平时政治动员的国防教育，是国家为增强公民的国防意识、提高公民的国防行为能力而进行的教育，是国防建设和国民教育的重要组成部分。目的是使公民增强以爱国主义为核心的国防概念，树立居安思危的忧患意识；振奋以民族自尊心、民族自信心和民族自豪感为基础的国防精神，增强建设祖国、保卫祖国的使命感和责任感；掌握基本的国防知识和必要的军事技能；增强自觉履行国防义务的积极性。它不仅对提高受教育者的国防观念和增强国防实力有重要作用，而且是提高全民族素质，增强民族向心力和凝聚力的重要途径，对巩固和加强国防有着培根固本的意义。

目前，我国的国防教育主要分为学校国防教育和社会国防教育。学校国防教育的方法包括以下几方面。

（1）将国防教育纳入有关课程，将课堂教学与课堂活动相结合。

（2）开展以国防教育为主要内容的少年军校活动。

（3）根据需要聘请课外辅导员，协助学校开展各种形式的国防教育。

（4）设置适当的国防教育课程，安排专门的国防教育内容。

（5）由学校负责军事训练的机构或者军事教员按照国家有关规定组织实施学生军事训练。

（6）教育行政部门将国防教育列入工作计划，加强对学校国防教育的组织、指导和监督，并定期进行考核。

（7）学校则将国防教育列入学校工作和教学计划，采取有效措施，保证教育质量和效果。

社会国防教育的办法主要是分系统、按职责实行。例如，国家机关、企事业组织、社会团体、军队系统、城市居委会、农村村民委员会，以及宣传、文化、新闻、出版、广播、电影、电视等部门和单位，根据各自的工作性质和特点，采取多种形式进行国防教育。

四、现代国防动员的要求

现代国防斗争复杂多样，尖锐激烈，对动员工作提出了更高的要求。在现代条件下，特别是要重点做好应付局部战争和突发事件的动员准备。从总体上看，现代局部战争和现代国防对动员的要求主要有以下几方面。

（一）动员速度要快

现代高技术局部战争突发性、短促性、速决性不断增大，从发现战争征候到实施动员的时间十分短暂，可供动员利用的时间越来越短。第一次世界大战中，各参战国军队完成动员的时间为5～21天。第二次世界大战中，各主要参战军队完成首批动员的时间为2～9天。1973年的第四次中东战争中，以色列在战争爆发后15分钟就通过电台向全国发布动员令，1小时后征用了大批民用汽车投入军事运输，48小时内动员了30万人开赴前线。美国在海湾战争爆发前进行了武装力量动员，部队开赴战区的时间只用2～4天，其中，陆军先头部队接到总统命令后 2 天内就抵达沙特阿拉伯。由此可见，战争动员所能利用的时间不断缩短，动员的速度比以往要求更高，即使在战争爆发之前进行动员，其时间也是极其有限的。因此，只有快速完成动员任务，才能获得先机之利。高速度的战争动员可以在一定时期内弥补兵员数量上的不足，改变作战力量的对比，夺取战场主动权；反之，基础再雄厚，力量再强大，也将受到压制、分割而难以发挥作用。

（二）动员数量要多

所谓数量多，就是动员的兵员和物资要有足够的数量，首先要保障战争初期的需要，同时还要保持持续的动员能力，以保障战争中后期的需要。世界近期发生的局部战争，规模虽然有限，但其中一个突出的特点是物力、财力消耗增加。海湾战争仅打了 43 天，美军及多国部队就消耗了 611 亿美元，平均每天消耗 11.2 亿美元。从海湾危机到海湾战争，美国动用了 3132 艘大型舰船昼夜不停地往返于战区至美国本土和欧亚等地运送作战物资，出动军队和民航飞机 11000 万架次向海湾运送武器装备、弹药给养，甚至动用了美国在世界各军事基地的战略储备。在高技术战争中，作战物资处于高强度、高速度的消耗状态，这就要求提高持续动员能力，从而要求在平时打好动员的基础。

（三）动员质量要高

在现代战争中，高技术武器装备的大量使用，使一线直接参战的士兵和指挥人员减少，而后方技术保障、设备维修人员成倍增加，这必然导致军队中专业技术兵员比例不断上升。据有关资料记载，第一次世界大战时军队的技术种类仅有 20 多种，第二次世界大战时发展到 160 多种。现在世界对专业技术兵的需求量越来越大，对后备力量战时动员的质量要求也越来越高。在海湾战争中动员的 1500 名后备役人员，全部是专业技术兵。战争的现代化程度越高，参战的军兵种越多，专业技术兵比例就越大，对动员的整体质量要求就越高。质量重于数量已成为高技术局部战争动员的基本要求。

（四）动员范围要广

局部战争的实践充分证明，在高技术条件下，无论是进行小规模的局部战争，还是进行中等规模的局部战争，动员所涉及的范围非常广泛。海湾战争中，美国在陆、海、空三军都征召了后备役人员，动员的范围几乎涉及全国各个方面。除兵员动员外，还动员征用大批民船、车辆和大型民用运输机，以及作战和生活物资达数万种。伊拉克为对付以美国为首的多国部队，进行了全国总动员，涉及政治、经济、外交、民防等各个方面。可见，现代局部战争虽有所不同，但动员中涉及整个国家的各个方面、各个领域、各种力量，内容和范围十分广泛，组织工作极其复杂。动员涉及的各个对象互相联系，相互制约。任何一个方面发生变化，都会对其他方面带来直接或间接的影响。因此，动员工作必须全面筹划，整体协调，从多方面做好准备，才能适应现代化战争对动员的需要。

（五）动员要力求隐蔽安全

现代侦察情报手段先进，远程兵器精度高，破坏力大。战争初期，敌人必将依仗其先进的技术装备，采取各种手段，对我方进行破坏。因此，在组织实施动员时，特别是兵力的集结与机动，军用物资的储备与运输，应力求做到隐蔽安全。在平时，要根据战时可能出现的情况，进行必要的演练，以适应战时复杂情况下实施快速动员。

五、国防教育

国防教育是国家为了捍卫主权、领土完整和安全，防御外来侵略、颠覆和威胁，对全体公民的意志品质、军事知识和技能等方面有组织、有计划地施以影响的活动。其目的在于增强公民的国防观念，发扬爱国主义和革命英雄主义精神，学会防御武装侵略的军事知识和技能，锻炼适应现代高技术局部战争要求的坚强体质，经受反侵略战争艰苦环境的考验。

（一）开展国防教育的意义

1. 开展国防教育有利于军队现代化建设

加强国防教育，对于加速培养国防人才，促进国防现代化乃至整个国家的社会主义现代化建设都有着非常重要的意义。实现国防现代化，人才是关键，教育是基础。有了充足的、优秀的国防人才，国防的巩固和发展便有了可靠的前提和保证。邓小平同志指出："我们国家国力的强弱，经济发展后劲的大小，越来越取决于劳动者的素质，取决于知识分子的数量和质量。"劳动者的素质包括广泛的内容，概括起来就是邓小平同志讲的"有理想，有道德，有文化，有纪律"。这是国防现代化乃至整个社会主义现代化建设对人才的客观需求，也是现代国防人才的基本条件。通过国防教育，不仅能使受教育者增强国防观念，学习和掌握必要的国防知识和技能，而且能使他们锻炼出保卫祖国、抵抗侵略所需要的强健体魄，成为德、智、体全面发展的国防人才，从而促进我国的国防现代化乃至整个国家的社会主义现代化建设。

2. 开展国防教育有利于增强国民的国防观念

国防教育关系到国防建设的成败和战争的胜负。依照国防教育法对国民进行国防教育，可以使全民增强国防观念，树立居安思危的意识。冷战结束以来，国际形势总体上继续趋向缓和，我国的安全环境相对稳定。长期处于和平的环境中，往往会使一些人的国防观念淡化，甚至产生麻痹思想。然而，天下并不太平，威胁我国国家安全的一些因素依然存在，我们对此绝不能放松警惕。开展国防教育的意义，就在于启发全体公民清醒地认识目前的形势，明确我国所面临的威胁，正确认识战争与和平相互转化的辩证关系，懂得只有居安思危、切实增强国防力量，才能提高威慑、遏制和打赢战争的能力，才能使和平得以实现。通过国防教育可以使全民族的国防精神得以发扬，增强公民的使命感和责任感。国防精神是指与国防需要相适应、以维护国家利益为最高准则的意识、思维和心理状态。它是一个国家保持强大国防能力的思想基础。国防精神作为一种相对独立的意识形态，不可能自生自长，必须通过一定的教育手段进行灌输和培养。只有在全体公民中广泛、深入、持久地开展国防教育，才能使公民树立科学的战争观、安全观；只有掌握必要的国防和军事知识，在全体公民中充分发扬爱国主义、革命英雄主义精神和民族传统美德，才能在整个国家和民族中形成坚不可摧的精神长城。

3. 开展国防教育有利于增强国民的法律意识

国防教育是一项全民性的社会活动。它涵盖的范围极广，上至国家机关团体，下至幼儿园和每个家庭。它持续的时间极长，有国就有国防教育，国家存在一天，国防教育就要进行一天。它的表现形式极其灵活，除了正规的军事训练、国防教育课之外，在许多情况下，是以"爱国尚武""爱军习武"的社会氛围为基础，包含在政治、经济、军事、外交、科技、文化、娱乐等各项社会活动之中的。对于这样一项紧密联系国家安危的宏大社会系统工程，没有一套完整的、严格的法规制度，没有上升为国家意志的具有最高权威性的强制力，是难以实施的。即便是勉强实施，也难以收到满意的社会效果。20 世纪 70 年代以前，特别是解放初期，全国军民牢记毛泽东关于在夺取全国胜利以后“绝对不可以稍微松懈自己的战斗意志，任何松懈战斗意志的思想和轻敌的思想，都是错误的”之告诫，高度警惕。对于任何敢于来犯之敌，对于任何危害国家安全的人和事，“老鼠过街，人人喊打”，取得了一系列国防、军事上的重大胜利。在当时，临战状态下的战备教育作为国防教育的组成部分，有效地抵制了和平麻痹思想的蔓延，国防教育收到良好的实效。那时的国防教育是敌情、敌人帮了我们的“忙”。20 世纪 80 年代以后，敌情起了变化，我国国防建设指导思想实行战略性转移，即由临战状态转移到和平建设轨道上来。“枪声远了”“敌情少了”，天天喊“狼来了”的战备教育效果也没有以前灵了。处于相对和平时期的今天，“太平无事”的和平麻痹思想正好与“安不忘战”的国防教育形成抗衡之势，和平麻痹思想一度抬头，甚至在报刊上、在公开场合中也能听到“无敌国，无外患”之说。事实告诉我们，和平时期的国防教育与临战状态下的战备教育、战备形势教育有所不同。就内容而言，和平时期的国防教育不仅要从政治上、军事上讲清保卫国防、巩固国防的长期性、艰巨性，还要从经济上、科学文化上、思想品德上讲清反渗透、反颠覆、反分裂、反“和平演变”斗争的长期性、艰巨性。就方式方法而言，和平时期的国防教育不仅要强调自我教育、自觉学习，还必须在自觉的基础上行之以法，以法律来保障国防教育的普遍灌输，以国家意志的权威性引起全社会对国防教育的普遍关注，用法律的强制力对任何阻碍和破坏国防教育的行为予以惩处。

（二）国防教育原则

国防教育原则是根据教育的指导思想、方针、目的和教育规律制定的，是国防教育必须遵循的基本原则。我国现阶段实施的国防教育原则是：经常教育与集中教育相结合、普及教育与重点教育相结合、理论教育与行为教育相结合。实施方法是根据《中华人民共和国国防教育法》规定的“国防教育贯彻全民参与、长期坚持、讲求实效的方针”实施的。

1. 经常教育与集中教育相结合

国防教育一般分为经常教育和集中教育两种形式。经常教育是充分利用广播、电视、报纸、书刊结合思想、业务工作所进行的国防教育；集中教育通常是结合部队和民兵训练、征兵、学生军训、举办国防教育学习班以及战争动员等时机所进行的教育。集中教育需要集中一定的人力、物力和时间，进行周密的计划安排，教育效果往往比较明显。

经常教育是集中教育的基础，集中教育是经常教育的深化和提高。如果没有集中教育，就不可能进行系统的国防理论和国防知识教育，国防观念就难以进一步升华。只有坚持经常教育与集中教育相结合，才能使国防教育更好地为国防现代化建设和战争胜利服务。

我国的国防教育在党中央、中央军委和国务院的正确领导下，坚持经常教育与集中教育相结合的原则，经常运用广播、电视、报纸、书刊等宣传工具，宣传党和国家的国防政策、国防法规、国防建设成就，从而增强了全国人民的国防观念，提高了他们参加国防建设的自觉性。

经常教育与集中教育两者互相促进、互为补充、相辅相成又各有侧重。经常教育要突出爱国主义思想和国防观念教育，使公民明确自己的国防义务与责任；集中教育要突出国防理论、国防知识、国防技能和战争准备教育。

2. 普及教育与重点教育相结合

国防教育的对象，通常分为普及教育和重点教育两种类型。普及教育是对全体公民进行的普遍教育，主要进行国防建设和战争的基本理论、基础知识、基本技能教育；重点教育是对重点团体、重点单位和重点地区的教育对象进行较系统的国防建设和战争的专门理论知识及技能的教育。

没有普及教育，国防教育就没有坚实的基础；没有重点教育，那些担任特殊任务的教育对象就不可能得到应有的提高，就不能胜任自己所担负的建设国防和保卫国防的任务。只有把两者紧密地结合起来，才能适应国防建设的需要。

在国防教育中，要牢固树立抓重点的思想，集中人力、物力和时间，搞好重点人、重点单位、重点内容、重点问题的教育。真正做到思想上明确重点，指导上抓住重点，教育内容上突出重点，时间和人力物力上确保重点。

在抓好重点教育的同时，要兼顾普及教育。普及教育是基础教育、共性教育、长期教育，是全体公民都必须接受的教育。没有扎实的普及教育，重点教育也难以搞好。

3. 理论教育与行为教育相结合

理论教育包括国防建设理论、国防知识、国防法规、战争理论、战略战术理论、军事科学技术理论等教育；行为教育包括参加和支持国防建设教育、参军参战和支援战争教育、爱护和保护国防设施教育以及战备训练、战备演习等教育。

理论教育和行为教育是一对紧密相连的统一体。如果国防理论教育离开了行为教育，就会无的放矢，变成空洞的理论；如果国防行为教育脱离了国防理论教育，行为教育就会迷失方向成为盲目的教育，同样达不到教育的目的。只有将理论教育与行为教育紧密地结合，才能使国防教育保持正确的方向，实现理论教育和行为教育的统一。

要实现理论教育与行为教育的结合，首先要处理好两者间的辩证关系。在实施国防教育时，要注意使两者协调发展，充分发挥两方面的作用。两者实际上是理论与实践的关系。理论教育要为行为教育服务，行为教育要以理论教育为先导。无论是理论教育还是行为教育，一刻也离不开国防教育的实际，一旦脱离了实际，国防教育就毫无意义。

（三）国防教育的内容

国防教育作为一门独立的科学，涉及社会科学和自然科学。主要包括与国防密切相关的品德教育、智力教育和体质教育等几个方面。从横向方面看，它主要包括政治思想教育、国防理论教育、国防历史教育、国防科技教育、国防法规教育、军事技术战术训练，还有国防经济、国防外交、国防战略、国防体育等教育。国防教育内容很多，但归纳起来无非是政治思想和军事技术两大方面。为使国防教育方便操作，常常将国防教育内容分成四个方面，即国防理论、国防精神、国防知识和国防技能。

1. 国防理论教育

国防理论是对国防的系统化理性认识，是关于国防的科学理论知识。从理论上搞清国防建设的必要性和国防斗争的规律性，才能引导公民树立牢固的国防意识。在国防理论教育中，要以马列主义军事理论、毛泽东军事思想、邓小平新时期军队建设思想为重点。此外，还应包括国防建设理论、国防斗争特别是战争的理论、国家的防卫方针、政策及其理论原则、国际形势与国际关系理论等。国防理论教育的内容，主要包括国防的地位和作用、国防的本质和构成、国防建设、国防斗争等方面的教育。其中国防地位和作用方面的理论包括马列主义国家政权理论；国防建设方面的理论包括国防建设指导思想、方针、原则、目标和任务，以及国防建设的主要内容及其相互关系；国防斗争的理论包括马列主义军事思想、毛泽东军事思想、邓小平新时期军队建设思想、人民战争战略战术以及党和国家军事战略、防卫方针、原则和政策等理论。

通过国防理论教育，可以使人们深刻认识国防的本质，国防的地位和作用及对国家和民族安危存亡、兴衰荣辱的直接影响，树立和增强建设国防、巩固国防的自觉意识；正确认识和理解“和平与发展是当今世界的两大主题”，强化和平时期以经济建设为中心、建设现代化国防的意识。通过国防教育，应了解马列主义、毛泽东军事思想、邓小平新时期军队建设思想的基本原理，明确国防建设和国防斗争的基本规律，使人民从对国防的感性认识上升到理性认识，提高积极参与国防现代化建设的自觉性。

2. 国防精神教育

国防教育的主要目的是增强全体公民的国防意识，而国防意识中最基本的是国防建设和国防斗争所必需的各种精神，如爱国主义精神、革命英雄主义精神、自我牺牲精神、无私奉献精神、艰苦奋斗精神、民族团结和自强精神等。国防教育中思想教育的内容，主要包括爱国主义教育、爱军尚武教育、革命英雄主义教育、国防理想道德教育等。爱国主义教育包括中华民族悠久历史和优秀传统文化教育、党的基本路线和社会主义现代化建设成就教育、“和平统一，一国两制”方针教育等。爱军尚武教育包括国际政治军事形势和国家周边安全形势教育，居安思危、保持战争警惕性教育，国防现代化和建设现代化、正规化革命军队教育。革命英雄主义教育包括革命精神教育，严守纪律和自我牺牲的精神教育，大公无私和先人后己的教育。国防理想道德教育包括马列主义基本原理和共产主义理想教育，集体主义精神教育，国际主义精神教育，支持正义、反对霸权、维护世界和平教育，以及遵守国防法规、爱护军队、勇于同一切有害于国防建设的行为做斗争的教育等。

3. 国防知识教育

国防的范围很广，内容很多。开展国防教育，要让受教育的人了解有关国家领土、领空、领海和海洋权益的知识，现代战争及现代军事的知识等。搞好国防教育，可以提高国民素质，增强国民的国防意识，提高科技知识水平，培养现代战争需要的国防人才，对于实现新时期建设“现代化、正规化革命军队”的目标和实现国防现代化的总目标，对于贯彻中央军委新时期的战略方针，提高综合国防实力和军队战斗力，遏制和打赢现代技术特别是高技术条件下的局部战争，都具有重要意义。通过国防科技教育，应了解现代科学技术知识，扩大知识领域，提高军事科学技术水平；应在正确认识我国国防科技发展的巨大成就的同时，认识到与发达国家的差距，既要激发民族自豪感又要具有发展国防科技的紧迫感，要激励和提高为实现国防现代化而奋斗的自觉性。

4. 国防技能教育

国防技能教育的具体内容包括“三防”技术、战场救护技术、单兵、分队战术技术等。此外，国防教育的内容还有战备形势教育、国防任务教育、敌情等特定教育。这些教育相互联系、相互渗透、相互促进，其主要内容包括战略战役法、战术、技术、共同科目训练等。军事技术是指操控和使用武器装备、设施、器材的技能的统称。军事技术训练就是为了熟练掌握和使用武器装备、设施和器材而进行的操作技能的训练活动。其中包括理论学习、实际操作和维修保养，如射击、投弹、刺杀、驾驶、通信训练等。战术是指导战斗的方法。战术训练就是为了熟练掌握、组织实施战斗方法和战斗动作而进行的作战技能的训练活动。

军事技术、战术训练，作为军事训练的重点和主体内容是军队经常性的中心工作，具有战略地位。军事技术、战术训练是国防常备军经常性的中心工作，也是国防后备力量建设的一项重要工作，因此，也就成为国防教育的重点内容。只有把军事训练摆在战略地位，加强军事技术、战术训练，才能全面培养国防人才，促进现代化国防建设，增强国防威慑力。

军事技术、战术训练，内容丰富、范围广泛，包括军兵种专业知识及专业部门和技术部门、武器装备和设施器材的理论、操作使用、维修保养知识和技能等。仅陆军合成集团军建制内，就有370多项专业、1200多种技术岗位，而海空军还要复杂得多。

军事技术训练的内容丰富而广泛，在战术训练方面有进攻战术和防御战术两种基本类型。每种类型根据不同的战斗样式区分为各种具体的战术。按战斗编成分，有合同战术、兵种战术、专业战术；按战斗级别分，有部队（师、团）战术、分队（营、连、排）战术、班组战术、单兵战术；按作战对象的性质（装备、状态等）和战斗环境条件（气象、地形、季节等）分，还有各种不同战斗样式的战术。通过军事技术、战术训练，应了解和掌握手中武器、装备、技术器材的构造、工作原理及其战术技术性能，并能熟练操纵使用和维修保养，提高技术水平；应了解掌握本级组织实施战斗的方法，提高干部组织指挥战斗的能力，使战士熟悉相应的战斗动作，提高整体技术战术水平；应磨炼吃苦耐劳的精神和坚强的毅力，培养优良的战斗作风和顽强的战斗意志，增强组织纪律性，全面提高人的素质。随着战争和国防的发展，国防教育的内容也更加丰富，国防教育要面向现代化、面向世界、面向未来，适应现代战争特别是高科技条件下局部战争的特点，符合现代化国防建设斗争的客观要求。

【思考题】

1. 国防的基本类型有哪些？
2. 现代国防的基本特征有哪些？
3. 国防历史的启示有哪些？
4. 什么是国防法规？国防法规的特性有哪些？
5. 公民有哪些国防义务和权利？
6. 我国的国防领导职权有哪些？
7. 我国国防建设的成就有哪些？
8. 我国武装力量建设与发展的指导原则是什么？
9. 国防动员的意义有哪些？
10. 国防动员的内容有哪些？
11. 现代国防动员的要求是什么？
12. 开展国防教育有什么意义？
13. 国防教育的原则有哪些？
14. 国防教育的内容有哪些？

第二章
军事思想

【教学目标】

了解军事思想的形成与发展过程，熟悉我国军事思想的主要内容、地位作用及科学含义，树立科学的战争观和方法论。

第一节　军事思想概述

一、军事思想的基本概念

（一）军事思想的含义

军事思想是关于战争、军队和国防的基本问题的理性认识，是人们长期从事军事实践的经验总结和理论概括，是军事科学的重要组成部分。

军事思想揭示战争的本质、战争的基本规律以及进行战争的指导规律，阐明军队建设的基本理论和原则，从总体上反映研究战争和军事问题的成果。军事思想来源于人类的军事实践，同时又给人类的军事实践以理论指导，并在军事实践中接受检验。同时，军事思想又随着战争和军事实践的发展而发展。军事思想作为一种独立的意识形态是在奴隶社会开始的，它产生于一定的社会物质生产和战争实践基础之上，并且受到其他社会意识形态的制约和影响。军事思想也同样作用和影响其他社会意识形态，军事思想和军事领域所揭示的一些事物的普遍规律，所形成的原则、概念和范畴，常常被用于政治、经济、外交以及商业竞争和体育比赛等方面。

军事思想的内容大体可以分为两个层次：一是军事哲学问题，主要内容有战争观、军事问题的认识论和方法论；二是军事实践基本指导原则问题，主要内容有战争指导基本方针和原则、军队建设基本方针和原则、国防建设基本方针和原则等。

（二）军事思想的特点

军事思想是一种社会意识形态。它产生于一定的社会物质生产和战争实践的基础上，是古今中外一切军事斗争和军事问题经验的总结和提升，同时受其他社会意识形态的制约和影响，反映一定阶级和利益集团的政治观念，同时这些政治观念又决定了军事思想的阶级性质，并制约其发展方向。军事思想具有鲜明的阶级性、时代性和明显的继承性，对战争实践和军队建设实践有超前性和预见性的指导作用。军事思想的特点主要有以下几个。

1. 具有鲜明的阶级性

军事思想来源于社会实践，在阶级社会中，人们为了各自阶级的利益所奉行和推崇的军事思想，必然要反映各个阶级对战争和军队建设的认识和立场。因此，不同阶级、国家或政治集团必然有不同的军事思想。

2. 具有强烈的时代性

军事思想来源于战争实践，不同历史时期的战争有着不同的形态和战略战术，有着不同的军队组织原则和编制。这种不同时代的特征往往最能反映当时的物质生产水平，军事思想所反映的这些特征代表着这一时代的生产力水平和特性。

3. 具有明显的继承性

战争的特征之一，就是强制人们的主观认识同客观实际的一致性。因此，在战争中，人们必须按事物的客观规律办事。古代大军事家孙武说："先知者，不可取于鬼神，不可像于事，不可验于度，必取于人，知敌之情者也。"只有这样才能做到"知己知彼，百战不殆，知天知地，胜乃无穷"。历史上所形成的具有规律性的军事原则、概念和范畴是人们对战争这一客观事实的总结，并在实践中不断地加以丰富和发展。

二、军事思想的发展简史

人类对军事问题的认识随着社会生产力的发展和社会关系的变革，战争规模的扩大及其激烈程度的加剧，以及科学文化和技术水平的不断提高，经历了一个又一个由浅入深的演进过程。军事思想也经历了一个由简单到逐步提高和发展的过程。从社会历史发展阶段的角度讲，军事思想可划分为古代、近代、现代三个发展阶段。

（一）古代军事思想

古代军事思想的产生、发展主要集中在两个相对独立的区域，即中国和地中海一带沿海国家，内容包括奴隶社会和封建社会两个时期的军事思想。至于在此之前的军事思想萌芽，已无文字可以考证。

原始社会末期和奴隶社会初期，战争已开始频繁发生，促使了奴隶主阶级军事思想的萌芽和产生。人类进入奴隶社会后，战争的规模、样式、性质、作用等发生了根本性变化。战争具有鲜明的政治目的，成为政治斗争的工具，并有了专门的军队组织和相应的军事制度，战争的规模也越来越大。与此同时，战争决策已涉及了战前力量的组织与准备，并有了心理战和间谍战等。正是这些客观情况的发展变化，以及历次战争经验的积累，使得人们对战争和军队建设的认识由感性逐渐上升到了理性，从而产生了最早的军事思想，即奴隶阶级军事思想。其主要代表著作有《军政》《军志》和《周易》等。

随着生产力的发展和社会制度的变革，战争的频繁发生和改朝换代的加剧，军事方面的许多因素发生了变化。铁制兵器代替了石兵器和铜制兵器，实行了征兵制和募兵制，由单一兵种发展到了步、车、骑、水军并进。与此同时，反映军事思想的一大批兵书相继问世。其中最杰出的代表著作就是被称为世界兵书"鼻祖"的《孙子兵法》。这些杰出的军事著作基本上概括了冷兵器时代一般战争的战略战术、战争理论和原则。对战争的本质、起源，战争与政治、经济、外交、自然条件等因素的关系等，都有了相当的认识，体现了朴素的辩证法和唯物主义思想。对战争起源的认识，已从"自然存在"上升为由"争名、争利、仇恨、内乱、饥荒"（《尉缭子》）等社会现象原因而引起的层次，具有朴素的唯物思想。对战争的性质有了正义与非正义之分，提出了战争是镇压暴乱和制止不义行为的有利手段。对战争和军队的重要性，有了"兵者，国之大事，死生之地，存亡之道，不可不察也"（《孙子兵法》）的认识，提出了"慎战"的思想。揭示了战争的本质，指出"兵者，以武为植，以文为种，武为表，文为里”（《尉缭子》）。还提出了“以战养战”和“用兵攻战之本，在乎重民”（《司马法》）的思想。

在军队建设方面，揭示了“以治为胜”和“以教为先”的思想，重视军队的作战训练，重视选拔“将才”。例如，对组织军队士兵的训练指出：“不教民战，是谓弃之”“士不生教，不可用也”（《司马法》）。对选拔将帅，《孙子》提出了“智、信、仁、勇、严”五条标准。诸葛亮则对选拔标准有了进一步的解释，指出“善将者，不恃强、不怙势、宠之不喜、辱之不惧、见利不贪、美色不淫、以身殉国、一意而已”。

在作战指挥方面，提出“知己知彼，百战不殆”“不战而屈人之兵”“兵贵胜，不贵久”（《孙子兵法》）以及“多算胜，少算不胜”（《孙子兵法》）的思想，要求做好充分的战前准备。同时，还提出“致人而不致于人”（《孙子兵法》）的争取主动力避被动的作战思想。

在后勤保障方面，初步建立了经济是战争的物质基础的思想。例如，《孙子兵法》提出“军无辎重则亡，无粮食则亡，无委积则亡”。《孙膑兵法》提出“垒无其资，众恐，可败也”。同时，还提出了多备财物的最好办法是使用敌人的所有财物，丰富和发展了“以战养战”的思想。《孙子兵法》提出“善用兵者，役不再籍，粮不三载。取用于国，因粮于敌，故军食可足也。”“食敌一钟，当吾二十钟；萁杆一石，当吾二十石。”

在古代，世界其他国家的军事思想，尤其是古代希腊军事思想和古代罗马军事思想有了显著发展。例如，古希腊军事统帅埃帕米农达、马其顿国王亚历山大三世、迦太基军事统帅汉尼拔等人的军事活动和这一时期的军事代表作：希罗多德的《历史》、修昔底德的《伯罗奔尼撒战争史》、色诺芬的《远征》等，都反映出古代欧洲一些国家的军事思想。在他们的军事活动和军事著作中，对战争与政治、外交的关系，作战谋略、指挥艺术、战略战术以及军队建设等，都有较明确的论述，对军事思想的发展做出了贡献。

（二）近代军事思想

近代军事思想发展的总体特征：一是资产阶级军事思想体系得到确立；二是以马克思主义军事理论为代表的无产阶级军事思想宣告诞生。

从 1640 年英国资产阶级革命至俄国十月革命为世界近代史。此时西方走向资本主义，并向帝国主义发展。由于以下几个原因，外国军事思想一改中世纪时期低迷不前的状况，取得了长足的发展进步。这一时期，封建与反封建的战争、资本主义与反资本主义的战争、帝国主义国家之间的战争、殖民与反殖民的战争，各种不同性质的战争交织在一起，频繁发生，为人们研究军事思想提供了实践依据。工业文明和科学技术的进步，使军队装备发生了较大的变化，热兵器被广泛使用（火药为主），从而产生了与之相适应的军事思想。

外国近代军事思想可划分为两大体系，即资产阶级军事思想和无产阶级军事思想。

1. 资产阶级军事思想

资产阶级军事思想产生于欧洲，形成于 17 世纪中叶至 19 世纪中叶，大约经过 3 个世纪的时间，随着资产阶级革命战争实践而逐步形成，并随着战争的发展而发展。15 世纪和 16 世纪之交的文艺复兴时期，欧洲军事思想领域出现了近代化的萌芽。主要代表作是意大利思想家马基雅弗利于 1521 年发表的《论军事艺术》专著。马基雅弗利提出：为了巩固自己的统治，必须致力于战争，真正掌握军事实力，要普遍实行义务兵役制。17 世纪，英国发生的资产阶级革命具有世界影响。资产阶级革命打破了封建地主阶级的生产关系，极大地解放了生产力，使经济得到很大发展。资本主义制度建立后，大英帝国实力倍增，开始在北美、亚洲、非洲进行野蛮掠夺殖民地的战争。欧洲的葡萄牙、西班牙、荷兰甚至法国都成了英国的殖民地。英国经济上的发展、科学技术上的进步、社会思想的前进，极大地推动了资产阶级军事思想的发展。

17 到 18 世纪，欧美各国资本主义迅猛发展，发达的工场手工业生产出大量新式火器，文艺复兴和资产阶级革命风暴造成的阶级关系和民族关系，促使战争和军队建设从形式到内容发生了巨大变化，欧美军事思想的近代化过程随之达到高潮。18 世纪末到 19 世纪前期，法国爆发了资产阶级革命和拿破仑战争；19 世纪中叶，德国、奥地利等国也爆发了资产阶级革命；1861 年，俄国废除农奴制。在资产阶级革命过程中，一批资产阶级的军事思想家和军事思想变革的成果涌现出来，集中体现在拿破仑的战争艺术中，以及克劳塞维茨的《战争论》和若米尼的《战争艺术概论》等著作中。克劳塞维茨在《战争论》中提出了“战争无非是政治通过另一种手段的继续”的著名论断，比较系统地探讨了战争的目的、战争的本质、战争与政治的关系、军队建设、战争艺术、消灭敌人和保存自己的关系、民众战争的作用与使用原则、精神和物质的关系、集中兵力和积极防御的思想等。若米尼在《战争艺术概论》中，论证了军事领域的许多基本原理和规则，提出了决定战争胜败的各种因素，指出全民参加的民族战争具有最可怕的力量。这两部著作均是在总结拿破仑战争经验的基础上产生的，标志着欧洲和世界近代资产阶级军事思想体系的基本确立。

这一时期的军事思想主要表现在：反对战争认识问题上的不可知论，提出军事科学的概念；军事科学包括战略与战术两个重要组成部分；主张探讨战争的本质、规律，研究军队、装备、地理、政治和士气等因素在战争中的作用；重视对战史的研究，认为战争无非是政治通过另一手段的继续，是迫使敌人服从己方意志的一种暴力行为，具有必然性和偶然性，是政治的工具；认识到民众武装在战争中的重要作用，但民众武装不是万能的，使用要有条件；重视建立一支反映资产阶级利益的部队；重视和平时期军队建设和战争准备，以随时应对战争；认识到新发明对于军队的组织、武器装备和战士的影响，装备的变化必然引起战术变化；认识到作战中士气的作用，因而把思想教育训练放在重要位置；认为海权是推动国家以至历史发展的决定因素；控制了海洋就控制了整个世界；树立歼灭战思想，军事行动的目的是在不设防的野战中消灭敌人的军队，而不是占领敌人的领土和要塞；与歼灭战相适应，大多数军事家都强调进攻，认为只有进攻才能消灭敌人；防御不能是单纯的防御，而是由巧妙地打击组成的盾牌；要在主要方向和重要时刻集中兵力，快速机动是集中兵力的重要途径；认为作战应确立打击重心、保持预备队等。

2. 无产阶级军事思想

无产阶级军事思想作为一种崭新的军事思想体系，也是在近代确立的。无产阶级军事思想的主要代表是马克思、恩格斯和列宁，马克思、恩格斯所处的时代是自由资本主义高度发展并开始走向反动的时代，无产阶级登上历史舞台。1848—1849 年，无产阶级以特殊身份参加了欧洲资产阶级革命。在这场大革命中，无产阶级一方面与资产阶级一道反对封建地主阶级的统治，推翻封建制度；另一方面，在革命中举行反对资产阶级的大规模起义。例如，巴黎六月起义、柏林三月起义、维也纳三月和十月起义、德国西南地区五月起义，以及意大利和匈牙利等国的民族解放运动。上述起义为无产阶级斗争奠定了基础。马克思和恩格斯及时总结了无产阶级斗争的经验，并发表文章和评论。在这些文章和评论中，对人民战争、战争与政治的关系、战略战术和武装起义的思想进行了阐述，体现了马克思和恩格斯早期的军事思想。19 世纪中后期，世界各地的战争和武装起义频繁发生。例如，东方战争（1853—1865 年）、西班牙革命（1854—1856 年）、中国太平天国革命运动（1851—1856 年）、美国内战（1861—1865 年）、普法战争（1870—1871 年）、巴黎公社革命（1871 年）等。为适应当时工人运动发展的需要和迎接即将到来的无产阶级革命，马克思和恩格斯针对这些战争和起义撰写并发表了数百篇文章及评论，系统地阐述了关于战争、军队和作战指导方面的基本思想。例如，战争的产生与消灭、战争与经济的关系、无产阶级对待战争的态度、无产阶级在战争与革命问题上的理论和策略等基本理论，形成了马克思主义关于战争、军队和作战理论的军事思想体系。他们应用辩证唯物主义和历史唯物主义确立了军事问题的认识论和方法论的科学原则，创立了马克思主义军事理论，建立了关于城市工人武装起义、无产阶级军队和人民战争及其战略战术原则的学说，为无产阶级军事科学奠定了理论基础。

这一时期军事思想的主要内容包括：认为战争和军事是一个历史范畴，随着私有制和阶级的产生而产生，消灭而消亡；战争是政治通过另一种手段的继续，要反对非正义战争，拥护正义战争；在帝国主义阶段，帝国主义是战争根源；无产阶级必须用暴力推翻资产阶级建立自己的统治；以组织城市工人武装起义为中心，先占领城市，夺取国家政权；无产阶级夺取政权、巩固政权都必须要有自己的新型的军队；无产阶级代表人民利益，有能力有条件把人民武装起来实行人民战争，并强调军队与人民群众相结合；认识到科学技术的进步必然引起战略战术的变革；战争的奥妙在于集中兵力，主张积极防御，主动进攻，慎重决战，灵活机动。

1840 年的鸦片战争之后，中国的传统兵学受到了西方军事思想的严重打击。林则徐、魏源是变革传统军事思想的先驱。随着中国近代军事工业的建立，国防建设思想、作战指导思想和作战方式又向近代化迈进了一步。以孙中山为代表的资产阶级革命党人，在共产国际和中国共产党的帮助下，提出以党治军、军队与国民相结合，在军队中建立党代表和政治工作制度，在建军思想上又迈出了一大步。1927—1949 年，蒋介石及国民党政府引进西方和日本的一些军事技术、体制编制和资产阶级军事思想，按其所需承袭了一些中国古代军事思想，并与法西斯的军事思想掺杂混用，从而形成其军事思想的政治特征。

（三）现代军事思想

1917 年俄国十月社会主义革命的成功，标志着人类文明跨入现代史时期。19 世纪中叶之后，世界各国竞相利用产业革命所提供的新技术和物质手段，在全球加剧争夺势力范围，相应的军事理论开始产生。德国首相俾斯麦提出，德国的一切重大问题只能通过“铁与血”的手段解决。日本首相山县有明宣布，以朝鲜和中国等邻国国土为日本的“利益线”。此外，还有英国斯宾塞的“社会达尔文主义”、德国拉采尔的“强存弱汰”国际生活“自然法则”论、美国马汉的“海权论”等。这些军事理论促进了资本主义的侵略扩张，发展到垄断资本主义进行全球扩张，终于爆发了第一次世界大战。第一次世界大战结束后，科学技术突飞猛进，武器装备发生巨大变化，巨炮、雷达、坦克、飞机、航空母舰、远程导弹、精确制导武器层出不穷，热兵器能量的运用从火药转为炸药，进而是原子释放，武器破坏力大大增加，作战效能成倍增长，对战争的进程乃至结局影响越来越大，各种新的战争理论也应运而生。例如，麦金德的“大陆心脏论”、鲁登道夫的“总体战”理论、古德里安的“闪击战”理论等。这些理论又在后来的第二次世界大战中得到一定程度的应用和发展。

从 19 世纪后期到第二次世界大战结束，是资产阶级军事思想丰富和发展时期。19 世纪末和 20 世纪初，资本主义经济得到了迅速发展，许多新技术应用于军事。新技术的运用必然导致作战理论和作战原则的重大变革。与此同时，战争的规模越来越大，战争对经济的依赖程度越来越大，卷入战争的人员也越来越多，国际政治、经济、外交斗争也日益复杂和激烈。这些重大变化推动了资产阶级军事思想的发展，相继出现了“制空权”理论、“小型职业军队理论”、“机械化战争”、“坦克制胜”理论等。尤其是“总体战”理论为希特勒发动第二次世界大战奠定了军事理论基础。

1.“空中战争”理论，又称空军制胜论

意大利的杜黑、美国的米切尔、英国的特伦查德被认为是这一理论的先驱，特别是杜黑在其著作《制空权》中对这一理论叙述较为细致，主要观点有：由于飞机的广泛应用，将出现空中战争，空中战争的胜负决定战争结局，为此要建立与海军、陆军并列的独立空军。夺得制空权是赢得战争的必要条件，空军的首要任务是夺取制空权。空中战争是进攻性的，空军的核心是轰炸机部队，要对敌国纵深政治、经济、军事目标实施战略轰炸，迫其屈服。

2.“机械化战争”理论，又称坦克制胜论

英国的富勒、奥地利的艾曼斯贝格尔、法国的戴高乐、德国的古德里安、英国的利德尔·哈特是这一理论的倡导者，主要内容是：装甲坦克是战争的决定性力量，是陆军的主体；大量集中使用坦克和航空兵，实施突然有力的突击，可以迅速突破对方主要集团的防线，深入敌纵深，摧毁一个战备不足的国家；主张军队改革，建立少而精的机械化部队；机械化包括补给和战斗机械化。

3.“总体战争”和“联盟战争”理论

德国的鲁登道夫在其著作《总体战》中提出的理论，其主要观点是：现代战争是总体战，它既针对军队，也针对平民，战争具有全民性，强调民族的团结在战争中的重要性；主张实行国民经济军事化；要建设好一支平时就准备好的军队；重视统帅在总体战中的作用；战争的突然性意义重大，力求闪击对方。经过两次世界大战后，资产阶级军事理论家都认为，今后战争的胜利不但取决于整个国家和全体国民的参加，还取决于有许多国家结成的联盟的参加。战争的胜利取决于联盟国家的政治、经济、精神和军事的综合力量。在这种理论指导下，资本主义国家相继成立了“北大西洋公约”“东南亚条约”“里约热内卢条约”“美澳新条约”“美日条约”组织等，使资本主义国家结成了空前规模的世界性军事同盟。

4. 火箭核战略思想

第二次世界大战期间，德国研制了 V-1、V-2 火箭。第二次世界大战后期，美国研制成核武器，并投入使用，造成了战争史上的最大悲剧之一。核武器的出现使资产阶级军事思想发生了更为显著的变化，对战争的样式、作战行动和作战原则都提出了相应的理论。例如，他们认为未来的世界大战必然是核战争；核武器成为完成战略任务的基本手段；所有作战行动将围绕核突击而展开；把核力量的建设放在军队建设的首位等。第二次世界大战战后至1991 年苏联解体的冷战时期，霸权主义成为局部战争的根源，高技术在作战中逐步运用，世界处在核阴影之中，美苏两霸动辄进行核恫吓。此时军事理论研究往往围绕核武器及高技术展开，从美苏两国的军事思想可以清楚看到这一点。如美国，就以核实力确定军事战略，在杜鲁门时期，美核力量处于绝对优势，提出遏制战略，对苏及其他社会主义国家实施核讹诈；朝鲜战争后，为以最小的军事代价取得最大的威慑力量，采取大规模报复战略。

5. 重点准备“核威慑条件下的常规战争”

随着核武器的储量趋于饱和，世界上拥有核武器国家的增多，资产阶级军事家认为，“核战争没有胜利者”，核战争已经没有意义，它只不过是互相残杀，交换自杀而已，核武器已经不是推行政治的工具。认为核战争会造成灾难性后果，核时代的战争必然是有限战争。因此，出现了“核威慑条件下的常规战争”和“有限战争”理论。人类进入20世纪80年代以来，大批高新技术的出现及其在军事上的应用，已经取得了替代核武器的作用，特别是海湾战争后，资产阶级的军事思想提高到了一个崭新的阶段。资产阶级军事思想非常活跃，军事著作大量涌现，在对战争规律的认识，战争与政治、经济、科技、精神、文化等关系方面的认识，以及军队建设、战略战术理论等方面，都取得了令人瞩目的成就。

与各自的国家战略相适应，西方各国军事思想呈现不同的特点。美军军事思想的特点是：以遏制、预防潜在“全球性竞争对手”为目的，加大常规核、太空优势，建立导弹防御系统，确保自身绝对安全；重视质量建军，加强数字化、信息化建设；重视非对称作战，确保自身绝对安全；重视非对称作战、非接触作战，实施远距离精确打击，力求零伤亡；进一步发展空地一体战理论，提出“空地一体化运筹作战”的思想（又称“空地海天联合作战”）；“9·11”事件后，美国总统布什认为陆军的作用越来越低，有强调海空的作战趋势。

英、法、日、德等国家军事思想的共同点是：采取以维护自身利益为出发点的战略方针；增强军事实力，逐步摆脱对美军事依赖（英国除外），或以其他联盟的方式挑战美国的军事地位；重视发展高技术以带动军事技术的进步；依据各自国情、军队现况走质量建军的道路，确立与国家和军事战略相适应的军队规模。

俄罗斯认为，核战争的可能性大大降低，主要威胁是局部战争和武装冲突；在经济、军事力量弱于美国的情况下，提出了“纯防御”“积极防御”和“现实遏制”战略；走质量建军之路，明确建军原则、目标，发展太空技术，确保合理够用的核攻击力量等。

中国国防战略思想也发生了阶段性变化。首先，在20世纪60年代核武器试验成功后就宣布，中国发展核武器完全是为了自卫，决不首先使用核武器，承诺不向无核国家使用核武器。70年代末，邓小平继承和发展了毛泽东军事思想，提出和平与发展是世界两大主流；霸权主义是现代战争的根源；并把中国在指导思想上从准备“早打、大打、打核战争”的临战状态，转到和平时期的经济建设轨道上，明确提出建设一支强大的现代化正规化革命军队的军队建设总目标。江泽民就军队建设作了一系列重要论述，提出“政治合格、军事过硬、作风优良、纪律严明、保障有力”这一军队建设的总要求。胡锦涛明确指出，要坚持把科学发展观作为加强国防和军队建设的重要指导方针，推进我军的“三化”建设。习近平在十九大报告中指出，要全面贯彻党领导人民军队的一系列根本原则和制度，确立新时代党的强军思想在国防和军队建设中的指导地位，坚持政治建军、改革强军、科技兴军、依法治军，更加注重聚焦实战，更加注重创新驱动，更加注重体系建设，更加注重集约高效，更加注重军民融合，实现党在新时代的强军目标。毛泽东军事思想、邓小平新时期军队建设思想、江泽民论国防和军队建设思想和胡锦涛关于国防和军队建设的重要论述和习近平强军思想，是当今中国军队建设、国防建设和未来反侵略战争的理论基础与行动指南。

在这一阶段，无产阶级军事思想在世界范围内蓬勃发展。列宁在领导俄国十月革命和反对帝国主义武装干涉及国内战争中，创立了关于战争与革命、武装起义和建设工农红军、实行全民战争等无产阶级的军事理论和军事思想。斯大林在反对法西斯侵略、捍卫无产阶级政权和国家现代化建设中，继承和发展了马列主义的军事理论，建立了苏联军事思想体系。世界其他一些国家的无产阶级政党在领导本国人民的革命武装斗争中，创立了各具特色的军事思想。毛泽东把马列主义军事理论与中国革命实践相结合，创立了具有中国特色的毛泽东军事思想，成为指导中国革命战争、军队建设、国防建设不断走向胜利的理论武器和行动指南。毛泽东军事思想中的人民战争思想、人民军队思想、人民战争的战略战术思想、国防建设思想和关于战争论、方法论的学说，不但深刻揭示了中国革命的特殊规律，而且反映了军事领域的一般规律，是无产阶级军事思想史上的一个里程碑。

三、军事思想的作用及其发展规律

（一）军事思想的地位和作用

军事思想是各种军事理论、军事原则的理论基础，对军队建设、作战行动和国防建设起着根本性的指导作用。

1. 军事思想为认识军事问题提供基本观点

人们总是基于一定思想观念去评判军事问题，进而确定对其采取何种态度和行动。采用不同阶级的军事思想去分析战争，所得的结果是完全不同的。如果用形而上学的观点去看待战争，其结果是：要么是为侵略而战，要么是否定一切战争暴力的和平主义，要么是“强存弱汰”的社会达尔文主义。只有运用马克思主义科学的战争观分析战争，才能全面正确地认识战争在人类社会生活中的作用，正确判断战争的性质，坚持以正义的、进步的、革命的战争去反对非正义的、反动的、反革命的战争。

2. 军事思想为进行军事预测提供思想方法

科学的军事思想揭示了军事领域各种矛盾运动的规律，为人们正确地认识战争、进行军事预测提供了科学的认识论和方法论。恩格斯和列宁关于资本主义列强之间的争夺将导致世界大战的预见，毛泽东关于中国抗日战争进程与结局的论断，是科学地进行宏观预测的范例。这种科学预测为无产阶级和被压迫民族争取自由和解放提供了科学的理论依据。非科学的军事思想则不能揭示甚至歪曲军事领域事物矛盾运动的规律，必然导致错误的预测结果。例如，古代战争中，各朝代的帝王将相在战前拜佛占卜，战后烧香纳贡，把战争的胜利寄托在鬼神佛士之上，其结果是不言而喻的。反动阶级都过分地夸大了自己的力量，过低地估计了人民的力量，最后只能是“搬起石头砸自己的脚”，以失败告终。

3. 军事思想为研究各门具体军事学科提供理论基础

军事思想研究的是战争和军事领域的一般规律，而各门具体的军事学科所研究的是各自领域的特殊规律。如果只研究各自领域的特殊规律，而不懂得战争和军事领域的一般规律，脱离一般规律的指导，就不能从总体上把握战争。军事思想为各门具体军事学科的研究提供方法论。譬如，军事思想关于保存自己、消灭敌人的论述，深刻地揭示了两军相争的战争目的和战争本质，它是一切战争行动的根据，从技术行动到战略行动，都要贯彻这个目的和本质，它普及于战争的全体，贯彻战争的始终。

4. 军事思想为从事各种军事实践提供全局性指导

军事思想是军事实践的能动反映、理论概括，揭示了军事领域的一般规律，所以能对军事实践起指导作用。军事思想对军事领域的规律反映得愈深刻、愈正确，它对军事实践的指导作用也就愈大，人们就可以在战争中掌握主动，少犯错误，多打胜仗。在战争史上，每一次取得伟大胜利的战争，都有正确的军事思想作指导。毛泽东军事思想，在中国半殖民地半封建社会性质的条件下，指导中国人民以弱胜强，逐步壮大，取得了革命战争的伟大胜利。如果没有正确的军事思想作指导，即使具备取得战争胜利的物质条件，也难以赢得战争的胜利。战争实践证明，在客观物质条件许可的范围内，军事思想正确与否决定着战争的胜败。

（二）军事思想发展的基本规律

1. 军事思想的发展以新的生产力和新的社会关系为前提

首先，军事思想的发展史证明，社会生产力和科学技术的水平是军事思想发展的物质和技术基础。当社会生产力和科学技术的进步，尤其是新技术成果运用到军事上时，带来的是一场军事上的革命。例如，人类冶炼技术的成熟和应用，使战争进入了铜兵器和铁兵器时代，从而促进了我国先秦和古希腊、古罗马时代军事思想的繁荣。人类现代大工业和核技术的发展，确立了机械化战争和核战争的理论。而 20 世纪的新技术革命风靡全球时，又使军事思想得到了新的发展和突破，进入了高能战争理论的时代。

其次，社会制度的变革促进了一种新的军事思想代替旧的军事思想。在阶级社会中，人们的社会关系主要表现为阶级关系，而这种阶级关系的变化将对军事思想的发展起着巨大的推动作用。我国春秋战国时期，新的封建社会取代了奴隶社会，新型地主阶级成为政治舞台上的主导力量，他们为争夺和扩大统治权进行了长期战争。以《孙子》为代表的先秦军事思想就是这种社会条件的产物。欧洲无产阶级革命产生了马克思主义的军事理论。列宁主义军事思想是俄国十月社会主义革命的产物。而毛泽东军事思想则是中国几十年新民主主义革命的结晶。因此，研究军事思想必须特别注意研究社会关系，尤其是阶级关系的变化对军事思想发展的影响。

2. 军事思想的来源与发展依赖于军事实践，特别是战争实践

军事思想随着战争的产生、战争实践的发展以及人们对战争实践在认识上的飞跃而产生和发展，是人们对战争这一特殊社会现象在认识上不断深化的结果。古今中外的军事家和军事理论家的军事思想，或是自身军事实践经验的总结和概括，或是从间接的军事实践经验中抽象提炼，或兼而有之。孙武的《孙子兵法》就是其对前人的战争经验和自身军事实践的高度概括和总结。毛泽东军事思想，是毛泽东和中国共产党人领导中国人民进行革命武装斗争经验的科学总结，同时也大量吸收了古今中外军事实践的有益经验。军事实践是不断发展的，新的军事实践又需要新的理论去指导，从而又推动了军事思想的不断发展。军事思想本身也需要经过军事实践来检验，而战争实践具有最高的权威性，通过战争实践可以对军事思想进行完善和补充。这种检验不能仅靠一两次军事行动，而是要实践、认识、再实践、再认识，不断循环往复，才能使军事思想不断向前发展。当然，军事思想的形成和发展还需要通过人们的加工，特别是需要个别天才人物的总结加工。离开了这些条件，军事思想难以向前发展。

3. 军事思想在激烈尖锐的相互对抗竞争中发展

军事思想源于战争实践，而战争是对抗双方大展各自军事思想的舞台。在战争中为了取得胜利，敌对双方总是竞相抢占军事思想的制高点，以便在军事实践的主观指导上高于对手，从这个意义上说，军事思想就是在激烈的相互对抗中发展起来的。在我国革命战争时期，以毛泽东为代表的共产党人与以蒋介石为代表的反动阶级进行了殊死的阶级大搏斗。在这场大搏斗中，毛泽东等老一辈革命家始终站在科学的马列主义军事思想的高度上指导中国人民革命战争。而蒋介石等所代表的反动阶级自始至终都采用了落后的军事思想。决战的结果是，人民革命的胜利取代了反动阶级的黑暗统治；先进和科学的军事思想取得了胜利并得到了新的发展。战争实践的历史说明，在敌对双方激烈的对抗中，谁的军事思想落后，谁就会在军事斗争中处于被动的地位，甚至招致失败。因此，对于一切爱好和平的国家来说，在和平时期也应高度重视军事思想研究，善于随着情况的变化及时提出新的军事思想，为正确进行军事斗争提供理论指导。

4. 军事思想在继承和借鉴优秀成果中发展

任何思想理论的产生或发展都具有历史的继承性，存在着一个由浅入深的认识过程。尽管各种军事思想都带有强烈的阶级性和明显的时代性，揭示了本阶级和当时军事领域的一些特征，但要取得军事活动中最高斗争形式战争的胜利，其行动必须符合事物的客观规律，其主观指导必须与客观实际保持一致，即其军事思想除揭示本时代、本民族、本阶级军事活动的特殊规律外，还必须揭示军事领域中的一般规律和具有稳定性的普遍性矛盾。这些军事活动中一般事物的普遍规律是没有阶级性的，具有普遍的指导意义。例如，《孙子兵法》所揭示的“知己知彼”“致人而不致于人”“以正合、以奇胜”等，至今仍被军事家、商家、教练、战略家等采用。因此，继承前人优秀的军事成果，借鉴和汲取军事思想中的合理成分，对促进军事思想的发展具有重要的作用，军事思想也是在这种继承和借鉴中得到了创造和发展。

5. 军事思想在与哲学思想的相互促进中发展

自从人类社会出现军事活动以来，军事就按照其自身固有的辩证规律发展。由于战争的胜负直接关系着阶级、国家、民族和政治集团的生死存亡，所以人们远在军事辩证法这个概念之前就已经辩证地思考军事问题。孙武在其兵法中就揭示了许多具有一般意义的哲理。军事家为了战争的胜利常常寻求哲学的指导。欧洲资产阶级革命后，战争理论获得了新的表现。克劳塞维茨的著作《战争论》的产生，就得益于黑格尔的古典哲学辩证方法。无产阶级革命导师马克思、恩格斯创立的科学的辩证唯物主义哲学，指导了无产阶级的革命实践，创立了无产阶级的军事思想。列宁、斯大林、毛泽东在领导国内战争和粉碎帝国主义的武装干涉和侵略的斗争中，撰写了大量军事理论著作，又极大地丰富了马克思主义的军事理论，并把辩证哲学推向了一个新的高潮。

第二节 毛泽东军事思想

毛泽东是伟大的马克思主义者，是伟大的无产阶级革命家、战略家、军事家和著名的军事理论家，是中国共产党、中国人民解放军和中华人民共和国的主要缔造者和领导者。在长期的革命战争和国防建设的实践中，毛泽东运用他的聪明和才智，凝聚了全党全军的集体智慧，创造性地形成了毛泽东军事思想。

一、毛泽东军事思想的科学含义

毛泽东军事思想是以毛泽东为代表的中国共产党人关于中国革命战争、人民军队和国防建设问题的科学理论体系。毛泽东军事思想是毛泽东思想的重要组成部分，是马列主义普遍原理与中国革命战争具体实践相结合的产物，是古今中外优秀军事文化遗产的批判继承，是中国革命战争和国防建设实践经验的科学总结，是全党全军集体智慧的结晶。

（一）毛泽东军事思想是马列主义的基本原理与中国革命战争具体实践相结合的产物

毛泽东军事思想来源于中国革命战争的伟大实践。马克思指出，无产阶级要取得革命的胜利，只能走武装斗争的道路。列宁实践了马克思的理论，并发展为无产阶级革命，可以在一个资产阶级统治比较薄弱的国家中首先取得胜利。中国是一个以农民为主体的半封建半殖民地国家，无产阶级的政党怎样组建军队、如何进行革命战争、如何按照中国革命战争的客观规律将革命引向胜利，这是摆在中国共产党人面前的一个特殊而又困难的任务。要完成这个任务，需要解决许多特殊而又复杂的问题，在马列主义的经典著作中不可能找到现成的答案，照抄照搬别国的经验也是无法取得成功的。毛泽东继承和发展了马列主义军事思想，创造性地应用马列主义原理，结合中国半封建半殖民地社会的状况，积极开展武装斗争，以农村包围城市，最后夺取政权，形成了具有鲜明中国特色的马列主义军事理论，即毛泽东军事思想。

（二）毛泽东军事思想是中国人民革命战争和国防建设实践经验的总结

毛泽东军事思想具有鲜明的实践性。中国共产党在领导全国各族人民为完成民主革命而斗争的过程中，经历了国共合作的北伐战争，独立地领导了土地革命战争、抗日战争和全国解放战争，推翻了帝国主义、封建主义和官僚资本主义三座大山在中国的反动统治，建立了新中国。这场革命战争，其时间之长、规模之大、情况之复杂、道路之曲折、内容之丰富、形式之多样、歼敌数量之多，在中国历史上都是空前的，在世界历史上也是罕见的。这是一场代表人民利益的、得到人民群众广泛参加和支持的人民战争。新中国成立后，又进行了将近三年的抗美援朝战争，以及数场边境和海疆的自卫反击作战，并从各方面进行了以现代化为中心的国防建设，积累了丰富的实践经验。毛泽东军事思想就是这些实践经验在理论上的科学概括和总结。

（三）毛泽东军事思想是中国共产党集体智慧的结晶

毛泽东作为一名杰出的统帅和军事家，有着过人的才智。但天才来自实践，智慧源于群众，毛泽东军事思想不是他一个人的独创，是毛泽东和他的战友们共同创造的。亿万人民群众和广大指战员的斗争经验和首创精神，全党、全军和全国各族人民在规模空前的人民战争中发挥出来的聪明才智，成为毛泽东军事思想最宝贵的源泉。中国革命战争是从若干个彼此分割、互不相连的地区发生和发展起来的。从土地革命战争时期的“红色割据”区域，发展到抗日战争时期的各抗日民主根据地，再发展到解放战争时期的各解放区，基本上都是处于被敌人分割的状态。在这种斗争环境中，各革命根据地不仅独立地创造了适应本地区特点的各种斗争手段，而且造就了一大批能够独当一面的革命领袖人物，他们对毛泽东军事思想的形成和发展做出了重要的贡献。遵义会议后，党中央逐步形成了以毛泽东为核心的领导集体，但毛泽东提出的许多路线、方针、政策和其他重大决策，也都经过了党中央的集体讨论，凝聚着老一辈无产阶级革命家的集体智慧。能把集体智慧凝聚成宝贵的结晶，有赖于最高领导人的正确引导和科学总结。我党在领导中国革命战争的过程中，涌现出不少的军事家，但真正熟读兵书、精通兵法、用兵如神的当首推毛泽东。他善于博采众长，进行科学的归纳和总结，并在一系列军事论著中加以理论升华，发挥了别人所不能起到的最重要的主导作用。所以，把中国共产党人以集体智慧形成的光辉的军事思想冠之以毛泽东的名字，他确实当之无愧。

（四）毛泽东军事思想是毛泽东思想的重要组成部分

在取得全国政权以前的28年里，我们党的历史实际上是一部武装斗争的历史。军事斗争是我们党的工作重心，占有最突出的地位。毛泽东和他的战友，不得不以极大的精力关注战争，研究军事。毛泽东的军事活动，是他一生中最辉煌、最成功的部分。他的军事著作在其全部著作中占有大量篇幅，他的军事思想在其整个思想体系中占有重要地位。因此，毛泽东军事思想是毛泽东思想的重要组成部分。

二、毛泽东军事思想的形成和发展

毛泽东军事思想产生于中国革命战争的实践，又反过来能动地指导革命战争的实践，并随着革命战争实践的发展而不断地受到检验和发展。毛泽东军事思想的形成和发展，是同中国革命战争的发生、发展和胜利以及同党内“左”、右倾错误的斗争紧密联系在一起的。新中国成立后，毛泽东军事思想适应国防建设和军事斗争的需要，继续得到了丰富和发展。

（一）毛泽东军事思想的产生时期

从中国共产党成立到党的遵义会议，是毛泽东军事思想的产生时期。在俄国十月革命的影响下，中国共产党从接受马克思列宁主义关于暴力革命的学说开始，逐渐认识到军事工作在中国革命中的重要性。

1921 年，在中国共产党第一次全国代表大会所通过的第一个纲领中，原则申明用革命手段推翻旧政权的历史任务。表明我党从成立的第一天起，就接受了马列主义关于暴力革命和建立无产阶级军队的学说。

1924 年，国共第一次合作期间，我党掌握了一批工人武装和黄埔军校的国民革命军第 4 军、第 1 军。1924 年 11 月，周恩来遵照党的决定出任黄埔军校政治部主任，负责指导党在黄埔军校和国民革命军中的政治工作。在周恩来积极努力的工作下，国民革命军的一、二、三、四、六、八军的政治部主任和党代表都由我党党员担任。

1927 年春夏，蒋介石、汪精卫相继发动反革命叛变和反革命政变，使大革命遭到彻底失败。在中国革命的紧要关头，毛泽东于 1927 年 7 月 4 日在中共中央常委扩大会议上，针对党的负责人的右倾主张，提出“不保存武力则将来一到事变，我们即无办法”的意见，主张“上山”，“上山可造成军事势力的基础”。同月，中共中央制定了在湘、鄂、赣、粤四省区发动武装起义的计划。1927 年 8 月 1 日，我党在南昌发动了武装起义，打响了武装反对国民党反动派的第一枪。这标志着中国共产党独立领导武装斗争和创建革命军队的开始。1927 年 8 月 7 日，中共中央在武汉召开紧急会议，正式确定实行土地革命和武装起义的总方针。毛泽东在发言中强调，全党“要非常注意军事，须知政权是由枪杆子中取得的”。毛泽东军事思想就是在这样的时代背景下，为适应指导中国革命战争的历史需要而产生和逐步发展起来的。

1927 年 9 月 9 日，毛泽东领导发动了湘赣边界的秋收起义。在起义遭受挫折时，毛泽东毅然放弃了攻打长沙的计划，率领余部沿罗霄山脉南下，向反动统治薄弱的农村进军。1927 年 9 月 29 日，毛泽东率领起义队伍来到江西永新县的三湾，进行了具有伟大历史意义的“三湾改编”，提出了“支部建在连上”的党指挥枪的原则；成立了“士兵委员会”。从此，这支人民武装在政治上有了方向和保障，开创了建立一支新型人民军队的新篇章。1927 年 10 月底，毛泽东率领这支队伍上了井冈山，在井冈山开展游击战争，发动农民进行土地革命，建立工农民主政权，成功地创建了我党第一个革命根据地。这一系列行动揭示了我国无产阶级革命的基本特征：经过长期的武装斗争，走农村包围城市的道路，最后夺取全国政权。1928 年 4 月，朱德、陈毅率领南昌起义余部和湘南农军上了井冈山与毛泽东会师，开创了井冈山革命根据地的全盛时期。在这期间，朱德提出了红军的行动原则：分兵以发动群众，集中以应付敌人。到 1928 年 5 月，毛泽东总结出以“敌进我退、敌驻我扰、敌疲我打、敌退我追”为核心的游击战争的作战原则。规定了红军的任务是打仗消灭敌人、打土豪筹款子、做群众工作。制定了三大纪律（行动听指挥；不拿工人农民一点东西；打土豪要归公）和六项注意（上门板、捆稻草、说话和气、买卖公平、借东西要还、损坏东西要赔）。

根据党中央的指示，1929 年 12 月 28 日，毛泽东在福建上杭县古田镇主持召开了红四军党的第九次代表大会，并在会上做了重要的政治报告，强调要从政治上、思想上和组织上把红军建成为新型的人民军队。毛泽东指出“红军是一个执行革命的政治任务的武装集团……红军的打仗，不是单纯地为了打仗而打仗，而是为了宣传群众、组织群众、武装群众、帮助群众建设革命政权才去打仗的，离开了对群众的宣传、组织、武装和建设革命政权等项目标，就失去了打仗的意义，也就失去了红军存在的意义”。这次党代会解决的中心议题是建立一支什么样的军队。毛泽东指出，我们要建立一支全心全意为人民服务的新型的无产阶级军队；要保证军队的无产阶级性质就一定要坚持党指挥枪的原则，在党的绝对领导下，开展军事斗争、土地革命和建立革命政权；必须从思想上克服各种非无产阶级思想，特别是要改造旧军队的军阀作风，要克服流氓无产者的习气，反对平均主义、主观主义、个人主义、宗派主义，坚持民主集中制和无产阶级的铁的纪律。古田会议的召开，从根本上划清了无产阶级的新型军队与其他各阶级的旧式军队的界限，形成了我军的建军原则。从此，红四军走上了一条健康发展的道路。

1930—1931 年，在中央革命根据地第一、二、三次反“围剿”作战中，毛泽东提出了诱敌深入于根据地、在运动中各个歼灭敌人的作战原则，接连粉碎了敌人的“围剿”，巩固和发展了根据地。1934 年 1 月，毛泽东提出“革命战争是群众的战争，只有动员群众才能进行战争，只有依靠群众才能进行战争”的关于人民战争的著名论断。这些建军、作战、进行人民战争、建设革命根据地的理论和原则，奠定了毛泽东军事思想的基础。在这期间，毛泽东还写下了《中国的红色政权为什么能够存在》《井冈山的斗争》《关于纠正党内的错误思想》《星星之火，可以燎原》等光辉著作，为中国革命指出了正确的方向。然而这些正确的思想，却遭到了当时在党内占统治地位的王明“左”倾冒险主义的否定，使红军丧失了大好的革命形势，红军被迫长征。1935 年 1 月，遵义会议纠正了王明的“左”倾思想，重新确立了毛泽东所建立起来的一整套作战原则。

这一时期，以毛泽东为主要代表的中国共产党人，从中国的实际情况出发，不断地探索和总结武装斗争和军队建设的经验，提出了中国革命战争的总方针，创造性地解决了中国革命的道路问题，提出了人民战争思想及一系列人民战争的战略战术原则。至此，毛泽东军事思想的基本内容已经产生，为其科学体系的形成奠定了坚实的基础。

（二）毛泽东军事思想的形成时期

从遵义会议到抗日战争胜利，是毛泽东军事思想的形成时期。遵义会议纠正了王明“左”倾冒险主义在军事领导上的错误，重新肯定了以毛泽东为代表的正确军事路线，确立了毛泽东在红军和中共中央的领导地位。这是中国革命由挫折走向胜利的一个伟大的历史转折点，也是毛泽东军事思想由产生到形成发展的起点。

1935 年 10 月，党中央和中央红军长征胜利到达陕北。此时，正值日本帝国主义加紧侵略中国，中国民族矛盾上升为主要矛盾，全国抗日民主运动出现新的高潮。12 月，党中央政治局在陕北瓦窑堡召开会议，并提出：以坚决的民族革命战争反对日本帝国主义进攻的总任务。制定了抗日民族统一战线的政治策略和军事战略方针。在党中央和毛泽东的努力下，促成了抗日民族统一战线的建立，实现了全民族的抗日战争。为了指导抗日战争，为了从理论上系统地回答中国革命战争的战略问题，毛泽东进一步深入研究了哲学，阅读研究了大量的古今中外的军事理论著作，特别是马列主义的军事理论著作，运用辩证唯物主义和历史唯物主义的理论和方法，总结了红军创建以来正反两方面的经验和教训，写出了《中国革命战争的战略问题》。毛泽东精辟地分析了中国革命战争的特点和规律，系统地阐述了中国革命战争中战略问题的各个方面，如无产阶级的战争观和方法论；中国革命战争的特点、规律及其战略指导问题，特别是积极防御战略的基本原理；同时还论述了战争的起源和本质、战争的性质及应采取的态度；消灭战争的途径和方法；战争中认识发展的辩证过程；战争规律的客观性和辩证法及其科学的研究方法等，为指导中国革命战争走向胜利奠定了坚实的理论基础。

为解决抗日战争中的战略战术问题，毛泽东于1938年相继发表了《抗日战争的战略战术问题》《论持久战》《战争和战略问题》等著作，全面分析了抗日战争的特点和规律，批判了“亡国论”和“速胜论”，丰富和发展了研究战争和指导战争的理论。毛泽东指出：“抗日战争是持久战，最后的胜利是中国的。”预见抗日战争要经过战略防御、战略相持和战略进攻三个阶段。阐述了人民战争思想，指出“战争的伟力之最深厚的根源，存在于民众之中”。通过对战争进程的分析，毛泽东指出，人是战争胜负的决定因素，武器是重要因素；战略战术和技术原则与行动的依据，是“保存自己，消灭敌人”。毛泽东要求八路军、新四军实行“基本的是游击战，但不放松有条件下的运动战”的方针。强调作战指导上的主动性、灵活性和计划性；尽可能乘敌之隙，执行有利的决战；号召“全党要注重战争，学习军事，准备打仗”。

抗日战争的实践证明，毛泽东在抗战初期为我军制定的战争指导路线、战略方针和作战原则是正确的。同时，经过战争实践，毛泽东军事思想也得到进一步丰富。1942年开始的整风运动，是一场马列主义的思想教育运动，它使全党全军进一步懂得和掌握了马列主义和中国实践相结合的原则。1944年，毛泽东又发表了《关于军队的政治工作》，对我党、我军在北伐战争、土地革命战争和抗日战争三个时期的政治工作进行了历史性的总结，并以马列主义的观点，从理论上进一步阐明了我军政治工作的性质、方向、任务、地位和方法。1945年党的六届七中全会做出的《关于若干历史问题的决议》，总结了革命战争的历史经验，对人民军队的建设和军事战略的理论做了系统的阐述。

1945年，在党的第七次代表大会上，毛泽东在《论联合政府》的报告中，全面阐述了人民军队、人民战争和人民战争的战略战术。并指出全心全意为人民服务是我军唯一的宗旨，它包含自觉遵守纪律和一整套政治工作原则；我军实行主力兵力与地方兵团、游击队及民兵相结合，武装群众与非武装群众相结合，军事斗争与政治、经济、文化等各条战线的斗争相结合的真正的人民战争，从实际出发的灵活机动的战略战术。至此，毛泽东军事思想的科学体系已经建立起来了。

这一时期毛泽东深刻分析了中国革命战争，特别是抗日战争的特点和规律，确立了指导战争的方针和原则及战略和策略问题，把游击战提高到战略地位，创立了系统的游击战争理论；还全面阐述了人民军队的建军宗旨、原则和人民战争的基本内容。至此，毛泽东军事思想所涉及的无产阶级战争观和方法论、人民军队、人民战争的战略战术等方面都已发展成为系统的理论，形成了比较完整的军事科学体系。

（三）毛泽东军事思想在解放战争时期达到了全面成熟

抗日战争胜利后，国内阶级矛盾上升为主要矛盾。毛泽东同朱德、周恩来等组织指挥了一系列大规模战役。这样，毛泽东军事思想不但有了战略防御的系统理论，而且有了关于战略进攻、战略决战和战略追击的系统理论，标志着毛泽东军事思想有了重大发展，进入了全面成熟时期。

解放战争是我军和全国人民在中国共产党领导下，同帝国主义、封建主义和官僚资本主义三大敌人进行的一场大决战。在这场大决战中，我军经历了战略防御、战略进攻、战略决战和战略追击等阶段，采取了以运动战为主并配以攻坚战、阵地战等多种形式，进行了数以千计的战斗。战争开始时，形势十分严峻，敌人在军事力量和经济力量上都占有绝对优势。面对这一情况，毛泽东及时指出："决定战争胜败的是人民，而不是一两件新式武器"，提出了"一切反动派都是纸老虎"的著名论断，并断言，我们的"小米加步枪"必将战胜蒋介石的"飞机加大炮"。同时号召全党对敌人要敢于斗争和善于斗争，"在战略上我们要藐视一切敌人，在战术上我们要重视一切敌人"。当蒋介石发动全面内战后，毛泽东指出，战胜蒋介石的作战方法，一般的是运动战。因此，若干地方、若干城市的放弃，不但是不可免的，而且是必要的。暂时放弃若干地方、若干城市，是为了取得最后胜利，否则就不能取得最后胜利。

1946 年 9 月 16 日，毛泽东又要求我军"应以集中兵力打运动战为主，以分散兵力打游击战为辅。而在蒋军武器加强的条件下，我军必须特别强调集中优势兵力，各个歼灭敌人的作战方法"。经过一年的解放战争，全国形势发生了重大变化，我军消灭敌军 112 万。国民党反动派在军事上遭到失败的同时，在政治上、经济上也陷入了严重危机。毛泽东针对敌人将战争继续引向解放区，企图破坏我解放区的人力、物力的阴谋，及时地审时度势，紧紧抓住战局发展的有利形势，于 1947 年 6 月 30 日及时指挥中国人民解放军由战略防御转入战略进攻，实行以主力打到外线去，把战争引向国民党区域的方针，指示刘邓大军千里跃进大别山创建新的革命根据地，并取得了成功，将中国革命推向了新的高潮。1947 年 12 月，在我军转入战略进攻后，毛泽东提出了著名的"十大军事原则"，全面地总结和概括了我军打歼灭战的特点和规律。1948 年 9 月在东北发起了辽沈战役，把战争推进到了决战阶段。辽沈战役歼敌 47 万，解放了东北全境。此战役的胜利使全国的军事形势发生了一个根本的变化，我军在数量和质量上首次占了优势。接着，毛泽东又指挥了淮海、平津战役，消灭了敌人的重兵集团。1949 年夏季的渡江战役后，对敌人实施战略追击时，为防止敌人逃往海上和国外，毛泽东又创造性地实行了远距离的大迂回、大包围的战略追击，迅速地将国民党军队消灭于大陆。

这一时期，毛泽东军事思想得到了极大的发展，不仅战略防御和运动战理论有了发展，而且还创立了战略进攻、战略决战和战略追击的系统理论。在建军方面，为适应战略进攻的需要，毛泽东提出了军队正规化建设的方向，进行了炮兵、工程兵、装甲兵等技术兵种的建设，强调了组织纪律性，规定了城市政策，加强了司令部工作和后勤工作等。为了适应进攻城市和夺取全国胜利的需要，毛泽东还开展了新式整军运动，在进一步发扬三大民主的同时，强调了政策和纪律的教育。在解放战争中，毛泽东以其雄才大略和高超的军事艺术，统率千军万马，运筹于帷幄之中，决胜于千里之外，创造了战争史上的奇迹。

（四）毛泽东军事思想在社会主义革命时期有了新的发展

解放战争胜利后，我们急需一个和平的国际环境和安定的国内环境进行大规模的经济建设，发展生产力，改善人民的物质生活。然而，摆在我党我军面前的却是另外两大任务：一是清剿盘踞在深山老林的国民党潜留下来的大批武装特务、土匪；二是抗美援朝。在清匪作战中，我军遵照党中央和毛泽东的指示，各剿匪部队在当地党委统一领导下，积极广泛地发动翻身后的人民群众，紧紧依靠人民群众，贯彻执行军事清剿与政治争取相结合，镇压与宽大相结合，以及"首恶必办，胁从不问，立功受奖"的方针政策，经过几年的剿匪作战，至 1953 年取得了歼灭匪特 200 余万人的重大胜利，在全国范围内基本肃清了股匪和散匪，平息了匪患，保卫了胜利果实，加强了人民民主专政。

1949 年，新中国的成立，沉重打击了美帝国主义企图称霸世界的野心。1950 年 10 月，美军披上了“联合国军”的外衣，悍然越过“三八线”，大举进攻朝鲜，企图以朝鲜为跳板，进而侵略中国。为保卫世界和平和来之不易的胜利果实，应朝鲜党和政府的请求，中国在百业待兴的情况下，于 1950 年 10 月 19 日，派志愿军入朝作战。抗美援朝战争是一场反侵略的正义战争，也是同当时具有世界第一流武器装备的美国侵略军及其仆从国军队进行的一场现代化战争。在这场战争中，我军仍然是以劣势装备战胜了武装到牙齿的敌军，初步取得了现代条件下作战的新经验。毛泽东根据这场战争的新特点，提出和解决了现代条件下进行国际主义行动的局部战争方针、政策和作战原则。例如，志愿军出国作战的政策纪律；军事打击与政治斗争紧密配合；利用初战的突然性，夺取先机之利；对战斗力较强的美军实行战术的小包围和打小歼灭战；讲究打坦克、反空袭、反空降、反登陆作战的战法；以“零敲牛皮糖”的原则，不断歼灭和消耗敌人有生力量；依托坑道工事进行坚守防御；以战术、战役的反击，大量歼灭敌人；重视兵力、火力对比和军队的伪装隐蔽；建立强大的后勤保障等。

夺取全国政权后，毛泽东根据新的历史条件，及时地提出了建设现代国防、抵御外国入侵的战略任务，并领导我军进行正规化、现代化建设，发展尖端国防科技和全民皆兵的思想，指出要在大力发展国民经济、增强国家经济实力的基础上，建立完整的国防工业体系，发展现代化的技术装备，独立自主地建设强大的国防，使我军进入了建军的高级阶段。1949 年 9 月 21 日，毛泽东指出：“我们将不但有一个强大的陆军，而且有一个强大的空军和一个强大的海军。”在国防现代化建设的问题上，毛泽东强调指出，我们的陆军、空军和海军都必须有充分的机械化装备和设备。要在大力发展国民经济、增强国家经济实力的基础上，建立完整的国防工业体系，发展现代化的技术装备，独立自主地建设强大的国防。在加强我军现代化正规化建设的同时，毛泽东领导并制定了积极防御的战略方针；强调后备力量建设；强调现代条件下的人民战争；强调帝国主义是现代战争的主要根源；提出了三个世界划分的理论和建立反帝统一战线的策略；要求平战结合，加强三线建设，做好长期反侵略战争的准备等。

党的十一届三中全会后，以邓小平为核心的党的第二代领导集团，以江泽民为核心的党的第三代领导集体和以胡锦涛为总书记的领导集团，党的十八大以后，以习近平为总书记的中央领导集体继承和发展了毛泽东军事思想，在建设现代化国防，制定新时期军事战略方针和打赢现代技术特别是高技术条件下局部战争等方面均有新的建树和发展。

三、毛泽东军事思想的主要内容

毛泽东军事思想揭示了中国革命战争和国防现代化建设的客观规律，是具有中国特色的发展了的马克思主义军事理论，是一个完整的科学体系。它的主要内容包括无产阶级的战争观和方法论、人民战争、人民军队、人民战争的战略战术、国防建设理论五个部分。这五个部分的内容是一个互相联系的整体。无产阶级的战争观和方法论，是毛泽东研究和指导战争的基本立场、观点和方法，揭示了中国革命战争的指导规律，是毛泽东军事思想的理论基础；人民军队建设理论是建设人民军队的指南，人民军队生存、发展于人民战争，是实行人民战争的骨干力量；人民战争思想是我党从事革命战争的根本指导思想，是毛泽东军事思想的核心；人民战争的战略战术是适应人民战争需要的战略原则和作战方法，是人民战争取得胜利的保证；国防建设理论是毛泽东军事思想在建国后新的历史条件下的开拓性发展，阐明了和平时期国防建设的重要性，提出了国防建设的指导思想、方针、原则，是实现国防现代化的指南。

（一）战争观和方法论

1. 无产阶级的战争观

以毛泽东为代表的中国共产党人，在指导中国革命的实践中，创造性地运用马克思主义的辩证唯物论和历史唯物论，观察和分析战争的基本问题，认识和运用军事领域的辩证规律，深刻阐明了战争起源、战争性质、战争目的、战争与政治、战争与经济、现代战争的根源，对无产阶级对待战争的态度等问题作了精辟的阐述。

（1）精辟地概述了战争的起源、实质和形式　毛泽东继承和发展了马克思主义关于战争理论的学说，总结了古今中外一切战争和中国革命战争的经验，对战争下了一个科学的定义："战争是从有私有财产和有阶级以来就开始了的，用以解决阶级和阶级、民族和民族、国家和国家、政治集团和政治集团之间，在一定发展阶段上的矛盾的一种最高的斗争形式。"这一定义，对战争的起源、实质、形式做了精辟的概括。首先，它指明了战争的起源是私有财产和阶级，说明战争是一个历史范畴，结论是只要人类存在私有制和阶级，就有发生战争的土壤。其次，揭示了战争的本质是解决阶级之间、民族之间、国家之间、政治集团之间矛盾的一种最高斗争形式。最后，它明确了战争的表现形式是一种暴力行为。

（2）科学完整地阐述了战争与政治的关系　毛泽东指出，"战争是政治的继续"，在这点上说，战争就是政治，战争本身就是政治性质的行为，从古以来没有不带政治性的战争。同时还指出，战争有其特殊性，在这点上，战争不等于一般的政治。"战争是政治的特殊手段的继续。"政治发展到一定阶段，再也不能照旧前进，于是爆发了战争，用于扫除政治道路上的障碍，政治是不流血的战争，战争是流血的政治。

一方面，战争从属于政治，为政治服务，政治决定战争，战争从属于政治、服从政治，战略必须服从于政略，战争的各个方面必然受到政治的制约和影响。在战争的具体目标、战争的规模、强度和时间上，必须服从政治需要；在军人行为的制约上，不同的政治对军队行为的准则有不同的要求；在战争胜败的结局上，政治往往起着决定性的作用。战争是为了达到政治目的的一种手段；战争又不等于一般的政治，当使用经济、外交、文化等手段达不到政治目的时，就采用了战争的方式，去扫除政治道路上的障碍，于是和平转化为战争；当经过战争达到了政治目的之后，战争便告结束，战争又转化为和平；既然战争是政治的继续，那么，从战争的性质来分析就有正义与非正义之分。马列主义者认为：凡符合人民根本利益，推动社会向前发展的战争是正义的；一切违背人民的根本利益，阻碍社会向前发展的战争都是非正义的。我们的态度是"拥护正义战争，反对非正义战争"。

另一方面，战争对政治具有反作用。其主要表现在战争结局对政治产生的正负作用上。胜利一方可以按照自己的意志改造国家、改造社会，以适合本阶级的利益。失败一方则相反，往往部分地或全部地丧失原来的利益。

（3）准确地说明了战争与经济的关系　马克思主义认为，战争与经济的关系有三方面的含义：一是战争作为一种暴力行为，起源于一定的生产方式；二是战争的目的是为了一定的经济利益；三是以暴力为特征的战争依赖于社会的经济力量。

毛泽东认为，革命战争的出发点和目的，其最终原因都是经济原因，都是为了解放生产力、发展生产力和改变生产关系。战争对经济具有反作用。一方面，战争对经济具有巨大的破坏作用，战争极大地消耗着社会物质财富，造成生产力的严重破坏，往往造成经济停滞不前或向后倒退。另一方面，战争对经济也有促进作用。战争可以破坏旧的生产关系，建立新的生产关系，缓和社会政治矛盾，对生产力发展起刺激作用。为了满足战争的需要，各国还会加大投入发展军用技术，从而促进科学的发展。就革命战争自身而言，经济是革命战争的物质基础，是国力、军力强弱的重要标志，是决定战争进程和结局的重要因素之一。在井冈山斗争时期，毛泽东就把“有足够给养的经济力”作为工农武装割据的存在和发展的最主要条件之一，并规定，打仗除了要消灭敌人外，还有一个重要任务是筹款。毛泽东强调，只有开展经济战线方面的工作，发展红色区域的经济，才能使革命战争得到相当的物质基础，才能顺利地开展我们军事上的进攻，给敌人的“围剿”以有力的打击；才能使我们有力量去扩大红军……也才能使我们的广大群众都得到生活上的相当的满足，而更加高兴地去当红军，去做各项革命工作。可见，战争离不开经济，经济力量是进行战争的物质基础。

（4）指出了人与武器的关系　“武器是战争的重要因素，但不是决定的因素，决定的因素是人不是物。力量对比不但是军力和经济力的对比，而且是人力和人心的对比。军力和经济力是要人去掌握的。”毛泽东的这一论述，科学地阐明了人和武器在战争中的不同地位及其辩证统一的关系。

“人是决定的因素”是指在战争全体上，对战争的胜负经常地、长远地、普遍地起作用的因素。它包括人力、人心和人的主观能动性。人力是物质力量，人心和能动性是精神力量；人既有物质的属性，又有精神的属性，是物质和精神的统一体。

“武器是重要的因素”是指武器是构成军队战斗力的要素之一，对战争的进程和胜负有着重大影响，是取得战争胜利的不可缺少的条件，没有武器不可能进行战争，当然也就没有战争的胜利。

（5）阐明了战争的目的　战争既不是从来就有的，也不是永远存在的。列宁曾经指出：“无产阶级现在和将来都要始终不懈地反对战争，但它一分钟也没有忘记只有完全消灭社会划分为阶级的现象，才可能消灭战争。”毛泽东继承和发展了列宁的思想，明确指出，战争——这个人类相互残杀的怪物，人类社会的发展终究要把它消灭的。我们研究和进行战争的最终目的是为了消灭一切战争，实现人类永久和平。这是区别我们共产党人和一切剥削阶级的界限。消灭战争是同彻底消灭阶级、消灭剥削、消灭国家，最终实现共产主义的伟大目标紧密联系在一起的。在阶级社会，阶级之间的战争产生于阶级剥削和阶级压迫。民族之间、国家之间、政治集团之间的战争，也总是与阶级斗争紧密联系在一起的。因此，消灭战争的方法只有一个，“就是用战争反对战争。用革命战争反对反革命战争，用民族革命战争反对民族反革命战争，用阶级革命战争反对阶级反革命战争”，以求得国家的和平，世界的和平，人类永久的和平。

2. 研究和指导战争的认识论和方法论

战争问题的认识论和方法论是要解决如何认识和运用战争规律，正确指导战争，使主观指导符合客观实际的问题。它同战争观是统一的，并受一定的战争观的指导。无产阶级关于战争问题的认识论和方法论是以辩证唯物主义和历史唯物主义为理论基础的，是马克思主义的认识论和方法论在战争问题上的体现。毛泽东创造性地运用马克思主义辩证唯物论和历史唯物论的立场、观点和方法，系统地阐明了关于战争问题的认识论和方法论。

（1）研究和指导战争必须认识和把握战争规律　研究和指导战争的基本方法是如何认识和掌握战争规律。战争是一种特殊而复杂的社会现象，由于交战双方都是活生生的人，而且注意保密，因此，战争与别的社会现象相比具有较多的不确定性。但是，战争又同其他事物一样，又有其自身的规律。这就是战争双方互相矛盾着的政治、经济、军事、自然条件等基本因素的本质的、必然的联系，及其一般的发展趋势。它具有客观性、重复性、必然性和普遍性的属性，是不以人们的主观意志为转移的，也是不可抗拒的。人们只能认识它，不能取消它；只能运用它，不能违背它，但是，人们可以认识它、掌握它和利用它。毛泽东指出："战争的规律——这是任何指导战争的人不能不研究和不能不解决的问题"，因为，"不知道战争的规律，就不知道如何指导战争，就不能打胜仗"。研究战争规律，既要研究战争的一般规律，更要研究战争的特殊规律。毛泽东指出"我们不但要研究一般战争的规律，还要研究特殊的革命战争的规律，还要研究更加特殊的中国革命战争的规律"。研究和认识战争规律的目的在于正确指导战争。战争规律是发展变化的，一切战争指导规律都依照历史的发展而发展，依照战争的发展而发展。战争指导者为了正确地指导战争，不但要研究战争的客观规律，还必须研究基于战争客观规律之上的战争指导规律。

（2）认识和掌握战争规律的基本方法　首先，应着眼于特点和发展。毛泽东指出："我们研究在各个不同历史阶段、各个不同性质、不同地域和民族的战争的指导规律，应着眼于其特点和着眼其发展。"所谓着眼其特点，就是研究和把握战争的一般和特殊的规律，尤其要把握战争的特殊规律，从而揭示战争的特殊规律。所谓着眼其发展，就是对战争的认识，要随着时代的发展、科技的发展、战略战术和作战方式的发展、武器装备的发展以及时间、地域、性质上的差异而发展，制定正确的战争指导策略。

其次，要立足全局，掌握重要关节。战争的全局与局部的关系是辩证的统一。在一定场合为全局性的东西，在另一场合则有可能变为局部性的东西。反之亦然。战争全局是战争的整体和发展的全过程，战争的局部是战争全局的一个部分、一个阶段。全局由各个局部构成，没有局部就没有全局。任何局部都离不开全局而独立存在，全局统率局部，决定局部，局部隶属全局，服从全局。战争指导者必须把自己的主要精力放在战争全局上，全面考虑战场形势，客观分析敌我，关照好各局部情况，把战争全局中的各个局部和阶段周密地组织和衔接起来，以达成总的战略目的。战争的胜败，首要的问题是对全局关照好或不好。如果对全局关照得好，战略指导正确，战争就可能取得胜利，反之就一定失败。当战争的全局和局部之间发生矛盾时，都应该自觉牺牲局部的利益，无条件服从全局的需要。掌握关节就是抓主要矛盾和矛盾的主要方面的原理在战争指导上的运用。战争指导者要关照好各个局部，特别要注重把握好影响战争全局的重要关节，把自己注意的重心放在那些对全局最重要最有决定意义的问题和动作上。抓住和解决了关节问题，就可以带动全局的发展。

再次，要做到"知己知彼"。这是正确解决主观和客观之间的矛盾，认识战争规律和应用这些规律于作战行动的必要前提。毛泽东指出："指挥员的正确部署来源于正确的决心，正确的决心来源于正确的判断，正确的判断来源于周密的和必要的侦察，以及对各种侦察材料的连贯起来的思索。"战争指导者必须从战争的实际出发，对双方的政治、经济、军事、地理等各方面的情况，进行认真而周密的调查，从中找出规律，并确定自己的战略战术和军事行动。这种行动不但存在于战争之前，而且存在于战争开始以后，贯穿于整个战争的全过程。

最后，要善于学习，勇于实践。学习军事和战争，除了在书本上汲取古今中外的先进军事理论和有益经验外，更重要的是从战争中学习战争，在战争中总结自己的战争经验，认识战争规律，提高军事理论水平。毛泽东指出："读书是学习，使用也是学习，而且是更重要的学习。从战争中学习战争——这是我们的主要方法。没有机会进学校的人，仍然可以学习战争，就是从战争中学习战争……"战争时期，主要的方法是从战争中学习战争。和平时期，主要靠教育训练提高战争艺术。

(3) 尊重战争的客观规律，充分发挥主观能动性　毛泽东指出，军事家不能超过物质条件许可的范围企图战争的胜利，然而军事家可以而且必须在物质条件许可的范围内争取战争的胜利。军事家活动的舞台建筑在客观物质条件的上面，然而军事家凭着这个舞台，却可以演出许多有声有色威武雄壮的活剧来。毛泽东明确指出了正确指导战争的两个基本条件，即取胜的物质条件和取胜的主观条件。物质条件是作战双方的政治、经济、军事、自然诸条件等，它是实施正确指挥的物质条件。离开一定的客观条件奢谈战争的胜利，那是战争的唯心论者。然而在客观条件具备时，战争指导者不发挥主观能动性去实施正确的指挥，也就不可能把战争胜利的可能性变成现实性。但是，充分发挥主观能动性，必须建立在实事求是的基础上。正确解决主观符合客观的问题是战胜敌人的关键，是人的因素在战争指导者身上的主要体现。要解决指导者的主客观一致需要着重解决好三个问题：一是要熟识敌我双方的客观情况；二是要善于学习，用于实践；三是要在客观物质基础上充分发挥主观能动性。这里的关键是发挥主动，力避被动，把科学态度与斗争胆略、智慧和勇气紧密结合起来。

（二）人民军队思想

人民军队是人民群众自发地或在先进阶级领导下建立的并为人民群众利益而战斗的军队。毛泽东在领导中国革命战争实践中，运用马克思主义的原理，系统地解决了把一支以农民为主要成分的队伍，建设成为无产阶级性质的，同人民群众保持密切联系的，具有严格组织纪律和高度军事素养的，新型人民军队的理论、方针和原则问题。

1. 确立了中国共产党对军队的性质

毛泽东从“军队是国家政权的主要成分”“是阶级压迫的工具”的原理出发，指明我军是中国共产党领导下的执行无产阶级革命政治任务的武装集团。坚持党对军队的绝对领导，是确保人民军队的无产阶级性质的根本原则，是毛泽东人民军队建设思想的核心内容，是中国共产党领导军事工作的特色和优势。

中国人民军队从诞生之日起，就置于中国共产党的绝对领导之下。早在井冈山和中央苏区时，毛泽东就指出：“我们感觉无产阶级思想领导的问题，是一个非常重要的问题。认为军队中存在的机会主义、盲动主义、地方主义、单纯军事观点、极端民主化、非组织观念、绝对平均主义、流寇思想等都是非无产阶级思想，是对军队的腐蚀剂，并对其表现、根源和危害，以及纠正方法都做了系统说明。”1927 年 9 月底，毛泽东在“三湾改编”中，根据斗争的实际情况就设立了党代表制度，规定了班有党员，排有党小组，连有党支部，营团有党委，使起义军从一开始就置于中国共产党的绝对领导之下。1928 年 12 月，毛泽东在古田会议上又一次强调，一定要加强党对军队的绝对领导。1938 年 11 月 6 日，毛泽东在延安指出：“我们的原则是党指挥枪，而绝不容许枪指挥党。”只有坚持和实施党对军队的绝对领导，才能保证人民军队的无产阶级性质，才能坚持全心全意为人民服务，才能完成党交给的各项艰巨任务，才能捍卫我们的国家。

2. 规定了全心全意为人民服务是这支军队的唯一宗旨

人民军队是为无产阶级利益服务的工具，由此决定了这支军队的无产阶级性和人民性的统一。毛泽东指出，紧紧地和中国人民站在一起，全心全意地为人民服务，就是这个军队的唯一宗旨。全心全意为人民服务的宗旨，是我军建军原则的核心，是我军区别于其他任何军队的本质特征。毛泽东指出，我们的共产党和共产党所领导的八路军、新四军，是革命的队伍。我们这个队伍完全是为着解放人民的，是彻底地为人民的利益工作的。在井冈山斗争时期，毛泽东就指出，要教育我们军队的士兵明确为人民去打仗。在古田会议决议中，毛泽东又指出："红军的打仗，不是单纯地为了打仗而打仗，而是为了宣传群众，组织群众，武装群众，并帮助群众建立革命政权才去打仗的，离开了对群众的宣传、组织、武装和建设革命政权等项目标，就失去了打仗的意义，也就失去了红军存在的意义。"在1945年4月党的七大报告中，毛泽东对我军的宗旨做了最完整的概括："为着广大人民群众的利益，为着全民族的利益，而结合，而战斗。紧紧地和中国人民站在一起，全心全意地为中国人民服务，就是这个军队的唯一宗旨。"我军在战争年代、和平年代和捍卫国家利益的长期实践中，始终遵循这一宗旨，从而赢得了人民群众的拥护和爱戴。

3. 制定了服从于人民根本利益的铁的革命纪律

中国共产党领导的人民军队是为了维护人民群众的根本利益而建立而战斗的，为了保证完成党的任务，就必须要有铁的纪律作保证。毛泽东在红军初创时期，就要求部队对待群众说话和气、买卖公平、不拉夫、不打人、不骂人。1927年10月，毛泽东制定了三大纪律六项注意。1930年，在瑞金又把六项注意改为十项注意（增加了洗澡避女人、大便找厕所、不搜俘虏腰包、进出要做宣传工作）。1947年10月10日，重新颁布了三大纪律八项注意（一切行动听指挥、不拿群众一针一线、一切缴获要归公。说话和气、买卖公平、借东西要还、损坏东西要赔、不打人骂人、不损坏庄稼、不调戏妇女、不虐待俘虏）。它是毛泽东亲自为我军制定的基本纪律，它通俗易懂，言简意赅，融各种纪律为一体，体现了我军的性质，是人民军队建设原则的具体化。人民军队的纪律，是围绕党对军队的绝对领导而制定的军中一系列方针原则、条令、条例和规章制度的总称。这种纪律代表了人民的根本利益，也体现了广大指战员的自身利益，从而奠定了自觉执行的基础，它是人民军队完成各项任务提高战斗力的重要保证。

4. 实行了军队内的民主主义

毛泽东把群众路线系统地运用于军队建设的各个方面，成功地建立了有领导的民主制度，实行政治民主、军事民主、经济民主，保证了官兵一致、上下一致。毛泽东在《井冈山的斗争》中写道："红军的物质生活如此菲薄，战斗如此频繁，仍能维持不敝，除党的作用外，就是靠实行军队内的民主主义。官长不打士兵，官兵待遇平等，士兵有开会说话的自由，废除繁琐的礼节，经济公开……中国不但人民需要民主主义，军队也需要民主主义。军队内的民主主义制度，将是破坏封建雇佣军队的一个重要武器……同样一个兵，昨天在敌军中不勇敢，今天在红军中很勇敢，就是民主主义的影响。"

5. 坚持"官兵一致、军民一致和瓦解敌军"的政治工作三原则

毛泽东为人民军队创立了无产阶级的政治工作三原则。即：第一，官兵一致的原则，这就是在军队中肃清封建主义，废除打骂制度，建立自觉纪律，实行同甘共苦的生活，因此全军是团结一致的，体现了我军内部上下级之间政治上平等的关系；第二，军民一致的原则，这就是秋毫无犯的民众纪律，宣传、组织和武装民众，减轻民众的经济负担，打击危害军民的汉奸卖国贼，是人民军队本色的体现，因此军民团结一致，到处得到人民的欢迎；第三，瓦解敌军和款待俘虏的原则，我们的胜利不但依靠我军的作战，而且依靠敌军的瓦解，做到从精神上征服敌人，是促进敌人从内部瓦解的有效武器，是加速敌人崩溃的战略性原则。

6. 规定了人民军队的任务

在井冈山时期，毛泽东就规定了我军的三大任务：打仗消灭敌人；打土豪筹款子；做群众工作。抗日战争时期，毛泽东把我军的三大任务称为：打仗；做群众工作；生产。解放战争时期，三大任务发展为：战斗队、工作队、生产队。打仗以消灭敌人；工作以组织、宣传、武装群众，帮助人民群众建立政权；生产以改善部队生活、减轻人民负担。新中国成立后，这支人民军队既是祖国的保卫者，又是精神文明和物质文明的建设者。

7. 确定了人民军队的建设方向

毛泽东指出，我们的国防将获得巩固，不允许任何帝国主义者再来侵略我们的国土。在英勇地经过了考验的人民解放军的基础上，我们的人民武装力量必须保存和发展起来。我们不但有一个强大的陆军，而且有一个强大的空军和一个强大的海军。要求军队不断加强正规化、现代化建设，不断用现代化的武器装备和新的技术装备部队，提高战斗力。人民军队要不断加强教育训练，全面提高指战员的军政素质。人民军队要加强军事科学研究，注重把自己的战争经验上升为理论，批判地接受古今中外军事思想的有益成分，发展中国现代的军事科学。

（三）人民战争思想

人民战争是指被压迫阶级或被压迫民族为谋求自身的解放，发动和依靠广大人民群众所进行的战争。人民战争具有三个明显的特点，即群众性、正义性、组织性。

在中国革命的过程中，以毛泽东为代表的中国共产党人，以辩证唯物主义和历史唯物主义为基础，继承中国历史上的优秀军事遗产，总结中国近百年革命战争的经验和教训，发展了马克思主义关于人民战争的理论，形成了一整套具有中国特色的人民战争思想。

1. 人民战争思想的含义

毛泽东人民战争思想的基本含义是：从广大人民的利益出发，在中国共产党的领导下，以人民军队为骨干，充分依靠和动员人民群众，建立农村革命根据地，实行主力兵团与地方兵团相结合，正规军与游击队和民兵相结合，武装斗争与非武装斗争相结合，并使武装斗争与各种斗争形式紧密配合的全面彻底的人民战争。

人民战争具有两个基本特征：一是战争的正义性，在毛泽东看来，战争的性质既取决于它的政治目的，又取决于它的社会效果，就是能否促进历史的进步，而其根本标志在于是否符合广大人民群众的根本利益。战争的正义性是实行人民战争的首要条件和政治基础。二是战争的群众性。战争的群众性是指战争必须有广大人民群众的支持和参加，这是人民战争的重要标志。历史上凡是具备这两个特征的战争都被称作人民战争。但是我党领导的人民战争，较之一般意义上的人民战争，群众性更广泛，革命性更彻底，组织性更严密。

人民战争思想的基本精神是：在中国共产党的领导下，以人民军队为骨干。坚决依靠广大人民群众，实行主力兵团与地方兵团相结合，正规军、地方武装、民兵与游击队相结合，武装斗争与非武装斗争相结合的人民战争。总之，它是中国历史上最完全、最彻底的人民战争，是“真正的人民战争”。

2. 人民战争思想的理论基础

以毛泽东为代表的中国共产党人，在领导中国革命战争的实践中，创造性地发展了马列主义关于人民战争的理论，对实行人民战争的必要性和可能性以及如何实行人民战争问题做了系统的论述，阐明了人民战争的理论基础和政治基础，实行人民战争的指导原则，创立了具有中国特色的人民战争思想。

（1）人民群众是战争胜负的决定力量　战争是力量的抗争，人民战争的主体是人民群众，人民群众是社会发展变革的决定力量，也是战争胜负的法定力量。要准确地理解和把握人民战争思想，就必须首先认识人民群众在战争中的作用。毛泽东曾说：“人民，只有人民，才是创造世界历史的动力。”这就是毛泽东人民战争思想的根本出发点和理论基础。

早在土地革命战争时期，毛泽东就指出，革命战争是群众的战争，只有动员群众才能进行战争，只有依靠群众才能进行战争。中国革命战争的历史和实践证明，人民群众是人民军队赖以生存和发展的条件，是战争中一切力量的源泉，是战争胜负的决定力量。

（2）战争的正义性是实行人民战争的政治基础　战争是政治的继续，是为一定的阶级、政治集团的利益服务的。历史上的战争，虽然千差万别，但按其性质，不外乎两大类：一类是正义战争，另一类是非正义战争。正义战争是进步的，符合人民群众根本利益，人民群众不但真心拥护，积极支持，而且踊跃参加。相反，非正义战争是退步的，必然要遭到人民群众的坚决抵制和反对。战争的正义性是实行人民战争的政治基础，只有正义的革命战争，才能实行最广泛的人民战争。

（3）战争胜负的决定因素是人不是物　人和武器是构成战斗力的两个基本要素，正确处理人与武器的关系，是人民战争思想的一个重要理论问题。毛泽东根据历史唯物主义的基本原理，批判了“唯武器论”的观点，科学地阐明了人在战争中的地位和作用。他指出，武器是战争的重要因素，但不是决定的因素，决定的因素是人不是物。力量对比不但是军力和经济力的对比，而且是人力和人心的对比。“决定战争胜败的是人民，而不是一两件新式武器。”这是毛泽东在战争问题上对人与武器关系的精辟论述和高度概括。人是战争胜负的决定因素，在一定的物质基础上，谁充分发挥了人的能动作用，谁就能赢得战争的胜利。武器是战争胜败的重要因素。毛泽东在强调人是战争胜败决定因素的同时，决不否定武器的重要作用。

（4）马克思主义政党的正确领导是实行人民战争的必要条件　人民战争作为战争的指导思想，不是群众就可以自发形成的，它必须有战争的领导条件。人民战争领导者必须具备两个条件：一是真正代表人民群众的利益，反映人民群众的根本愿望，全心全意为人民群众谋取利益；二是懂得和掌握群众路线的指导方法，善于制定有利于调动群众积极性的方针和政策。这两个条件，唯有马克思主义的政党才能具备。毛泽东的人民战争与一般意义下的人民战争有着本质的区别。中国共产党的正确领导是实行人民战争的必要条件。

3. 人民战争思想的主要内容

（1）中国革命斗争的主要形式是武装斗争　毛泽东指出，革命的中心任务和最高形式是武装夺取政权，是战争解决问题。这个马克思列宁主义的革命原则是普遍的、对的，不论在中国还是在外国，一概都是对的。在中国，离开了武装斗争，就没有无产阶级的地位，就没有人民的地位，就没有共产党的地位，就没有革命的胜利。中国革命的中心任务和最高形式是发动人民群众武装夺取政权。由武装的革命反对武装的反革命，这是半封建半殖民地的中国取得革命胜利的唯一正确的道路。当然，坚持武装斗争是中国革命的主要形式。但是，并不排除其他的斗争，如政治的、经济的、文化的、外交的等。只有把武装斗争同其他形式的斗争直接或间接地配合起来，形成全国的人民战争，才能最大限度地发挥人民战争的威力，孤立和打击敌人。

（2）坚决依靠人民群众进行武装斗争　马克思主义的历史唯物论认为：历史是人民创造的，人民群众是历史的主人。毛泽东指出，战争的伟力之最深厚的根源，存在于民众之中；革命战争是群众的战争，只有动员群众才能进行战争，只有依靠群众才能进行战争。这是毛泽东人民战争思想的理论基础。毛泽东人民战争思想的实质就是在革命战争中实现彻底的群众路线，一切为了人民，坚决依靠人民，充分动员人民，把人民组织和武装起来，进行人民战争。同时，革命的正义性是实行人民战争的政治基础。一切进步的正义战争，代表了人民群众的利益，能够得到人民群众的积极拥护和参加，一定能取得最后胜利。

（3）建立一支以农民为主体的人民军队　人民军队是实行人民战争的骨干力量。中国共产党人从中国社会和中国革命的特点出发，把创建新型人民军队作为中国革命的首要问题。1926年，毛泽东就提出了建立农民自己的武装的思想。经过三湾改编和古田会议，毛泽东从根本上解决了把一支以农民为主体的军队建设成一支新型人民军队的一系列理论、路线和原则问题。这支人民军队自创建开始就在中国共产党的绝对领导下，以全心全意为人民服务为宗旨，具有高度的政治觉悟和强有力的政治工作，这支军队与人民紧密地团结在一起，由小到大，由弱到强，在几十年的艰苦卓绝的斗争中，为全国人民夺取政权和巩固无产阶级专政做出了巨大贡献。

（4）建立巩固的革命根据地　革命根据地是实行人民战争的依托，是进行人民战争的战略基地。建立巩固的革命根据地，军队就能有备战和训练的基地，供养生息的良好环境，建立有利的战场，能提供必要的人力、物力、财力以利长期坚持战争，同时也能广泛地组织人民群众开展多种形式的对敌斗争。有了革命根据地，才能形成人民战争，才能积蓄力量、发展力量并夺取革命的最后胜利。

在经济落后的中国，毛泽东根据半殖民地半封建中国的经济发展的不平衡性，创造性地提出了建立巩固的农村革命根据地，以农村包围城市，最后夺取城市的伟大理论，并付诸实践。当全国处于一片白色恐怖之中时，毛泽东就提出了要“上山”，要“当革命的山大王”。起义失败后，毛泽东毅然决然地率队上山，建立了井冈山革命根据地，并使在井冈山燃起的星星之火形成了燎原之势，波浪式地向全国推进，逐步夺取全国的胜利。

（5）建立最广泛的统一战线　实行人民战争必须团结一切可以团结的阶级、阶层和社会集团，利用一切可以利用的矛盾，结成最广泛的统一战线，最大限度地孤立和打击最主要的敌人。

（四）人民战争的战略战术思想

毛泽东在指导中国革命战争的长期实践中，创立了一整套具有中国特色的人民战争的战略战术，成为人民军队在战争力量敌强我弱、武器装备敌优我劣的条件下克敌制胜的法宝。其基本精神是：一切从敌我双方的实际情况出发，你打你的，我打我的，有什么枪打什么仗，对什么敌人打什么仗，在什么时间地点打什么时间地点的仗；灵活机动，不拘一格，扬长避短，力争主动，利用矛盾，各个击破；进攻时反对冒险主义，防御时反对保守主义，退却时反对逃跑主义，有效地达到保存自己、消灭敌人的战争目的。

1. 战略上藐视敌人，战术上重视敌人

毛泽东指出，从战略上看，必须如实地把帝国主义和一切反动派看成纸老虎。从这点上建立我们的战略思想。另外，它们又是活的铁的真的老虎，它们会吃人的。从这点上建立我们的策略思想和战术思想。

毛泽东关于帝国主义和一切反动派既是“纸老虎”，又是“真老虎”的论断，奠定了人民战争战略战术的基本原则。在战略上，敌人是纸老虎，我们要藐视它，树立敢打必胜的信心。在战术上，敌人又是真老虎，我们要重视它，讲究斗争策略和斗争艺术。

2.“保存自己，消灭敌人”的战争目的

毛泽东指出，战争最直接的军事目的就是“保存自己，消灭敌人”。“保存自己，消灭敌

人”是同一战争目的的两个方面。首先，二者是对立统一的，它们紧密联系，相互制约。其次，二者的关系并非并列。战争目的中，消灭敌人是主要的，保存自己是第二位的，因为只有大量地消灭敌人，才能有效地保存自己。第三，二者的主次关系并不是固定不变的，在一定条件下也会发生转化。因此，作为战争指导者，必须通观全局，适时地灵活变换消灭敌人与保存自己的主次关系，这样才能掌握战场的主动权。

“保存自己，消灭敌人”是战争的基本原则。毛泽东指出：“一切军事行动的指导原则，都根据于一个基本的原则，就是尽可能地保存自己的力量，消灭敌人的力量。”一切技术的、战术的、战役的、战略的原理，都离不开“保存自己，消灭敌人”这个原则。它普及于战争的全体，贯彻于战争的始终。

3. 积极防御的战略指导思想

毛泽东在讲到攻防辩证统一这一积极防御战略思想的基本精神时说：“积极防御，又叫攻势防御，又叫决战防御。消极防御，又叫专守防御，又叫单纯防御。消极防御实际上是假防御，只有积极防御才是真防御，才是为了反攻和进攻的防御。”这一论述深刻揭示了积极防御的实质和消极防御的要害，指明了积极防御的目的和必然进程。

积极防御的战略思想，是把积极防御的一般原理、原则作为战略指导思想，用于指导战争全过程的一种战略理论。它要求在敌强我弱和敌优我劣的情况下，首先经过战略防御，采取各种不同形式的作战，不断削弱和消耗敌人，逐步改变力量对比，摆脱战略上的被动局面，争取战争的主动权。而后适时地也转入战略反攻或进攻，在有利情况下实施决战，稳步地实现整个战争的目标。

毛泽东对待防御的根本主张是“承认积极防御，反对消极防御”。毛泽东指出：“消极防御实际上是假防御，只有积极防御才是真防御，才是为了反攻和进攻的防御。”毛泽东积极防御战略思想的基本精神主要包含以下几个基本观点。

（1）充分准备　毛泽东指出，凡事预则立，不预则废，没有事先的计划和准备，就不能获得战争的胜利。历史经验证明，战争准备的程度，直接影响着战争的主动与被动、胜利与失败。

（2）后发制人　战略上的后发制人是指不首先挑起战争，战略上不打第一枪。而一旦敌人挑起了战争，就应依据具体情况，采取相应的军事行动，去努力争取战争的胜利。这是积极防御战略的基本指导原则。战略上坚持后发制人，从根本上说，是由革命战争的政治性质所决定的。

（3）攻防结合　毛泽东一再强调：要把战略上的防御与战役战斗上的进攻、战略上的内线作战与战役战斗上的外线作战有机地结合起来。要做到防中有攻。同时，要适时地将战略防御导向战略反攻和进攻。毛泽东指出：“全战略的决定关键，在于随之而来的反攻阶段之能不能取胜”；“所谓积极防御，主要的就是指这种带决战性的战略反攻。”

（4）持久胜敌　即在敌强我弱、举国迎敌的条件下，坚持持久战。通过持久战，不断消耗敌人的力量，转变敌我力量对比，扭转战争形势，最后战胜敌人。战略上的持久战与战役战斗上的速决战是辩证统一的。实行战略上的持久战，必须坚持战役战斗上的速决战。毛泽东指出：“‘外线的速决的进攻战’，这对于我之战略方针‘内线的持久的防御战’来说，是相反的；然而，又恰是实现这样的战略方针之必要的方针。”

4. 歼灭战的作战方针

毛泽东明确指出，我军作战的基本的方针是歼灭战。击溃战对于雄厚之敌不是基本上决定胜负的东西；歼灭战，则对任何敌人都会立即起到重大的影响。他还形象地比喻说："对于人，伤其十指不如断其一指；对于敌，击溃其十个师不如歼灭其一个师。"

歼灭战是实现战争目的的最有效手段。它能有效地达到保存自己，消灭敌人的战争目的；能极大地打击敌人的士气，鼓舞我军斗志；能大量利用敌之人力物力资源，补充、发展、壮大自己的力量。实行歼灭战方针，并不排斥消耗战。毛泽东认为，歼灭战与消耗战是相辅相成、相互转化和辩证统一的。因此，注重歼灭战并不意味着消耗战全无意义而可以忽视甚至排斥它。

5. 集中优势兵力，各个歼灭敌人的作战法则

毛泽东一贯重视集中兵力，并指出，这是我们制胜敌人的根本法则之一。在解放战争中，毛泽东代表中央军委专门发出"集中优势兵力，各个歼灭敌人"的作战指示，集中优势兵力反映了克敌制胜的普遍规律。首先，集中优势兵力，各个歼灭敌人是争取和掌握战场主动权的关键。毛泽东指出，主动地位不是空想的，而是具体的、物质的。这里最重要的，是保存并集结最大且有活力的军队。其次，集中优势兵力，各个歼灭敌人是实现战争目的最有效的方法。歼灭战是实现战争目的的主要手段，而集中兵力是达成歼灭战的前提。最后，集中优势兵力，各个歼灭敌人体现了战略上藐视敌人，战术上重视敌人的思想。

在战场上，集中优势兵力各个歼灭敌人：一是要集中兵力于主要作战方向，反对军事平均主义；二是要拣弱的打，先弱后强，再及其余；三是要采取围攻部署。毛泽东认为，每战必须集中数倍于敌的兵力，形成四面包围态势，才能使敌人陷入完全孤立而无法逃脱的境地，以利于我聚而歼之。

战略战术的内容除以上五项外，还包括运动战、阵地战、游击战三种作战形式密切配合。运动战是正规兵团在长的战线和大的战区内进行战役和战斗的外线速决进攻战的作战形式。其特点是：正规兵团，战役和战斗的优势兵力，进攻性和流动性；运动战是大量歼灭敌人和决定战争命运的主要作战形式。阵地战是军队依托阵地进行防御或对据守阵地之敌实施进攻的作战形式。其特点是：作战线相对稳定，准备充分，各种保障比较严密，是消耗敌人和歼灭敌人的重要作战形式。游击战是分散流动的作战形式。其特点是：具有更大的主动性、灵活性、进攻性、速决性和流动性，是从战略、战役和战斗上配合正规战不可缺少的作战形式。运动战、阵地战、游击战尽管各有其不同的特点和作用，但在实现战争目的这一点上则是完全一致的。三者是相辅相成、互为作用的统一整体。毛泽东十分注重三种作战形式的巧妙结合，他指出，我们从来就主张运动战、阵地战、游击战三者的配合。

总之，人民战争战略战术的内容十分丰富，我们在学习和运用时，必须坚持实事求是的科学态度，着眼于现代战争的特点和发展。既要反对无视发展地把原则当成教条，又要反对借口客观条件的变化而全盘否定人民战争战略战术的基本原则对未来的指导作用。我们需要从实际出发，按照情况活用原则，在继承的基础上发展，在运用中创新。

（五）国防建设理论思想

新中国成立以后，毛泽东等老一辈无产阶级革命家从实际情况出发，适应新的形势和任务的需要，总结了国防建设和军事斗争的实践经验，创立了国防建设的理论。它对国防现代化建设的重要性，对人民军队的革命化、正规化、现代化建设，对坚持独立自主的方针，对国防建设指导思想的战略转变，对军事改革的思想和原则，以及对战争准备等问题做了系统的阐述。这是毛泽东军事思想在新中国成立以后的重大发展和重要组成部分。其主要点有以下几方面。

（1）根据国家安全利益的需要，以积极防御的战略方针为指导，从国际形势和我国的具体情况出发，确立国防建设的目标和方针。

（2）国防建设必须与国家经济建设相适应，必须服从和服务于国家经济建设大局，军队要积极参加、支援国家经济建设，使国防建设和经济建设协调发展。

（3）国防建设必须以现代化建设为中心，这是现代战争的必然要求，也是我军向高级阶段发展的必由之路。国防现代化的最主要标志是武器的现代化、高科技化。

（4）国防建设必须坚持独立自主、自力更生的方针。我们希望并争取外援，但我们不依赖外援。国防建设的现代化必须放在自己力量的基点上，自力更生地解决军队现代化建设所需的武器装备，建设具有中国特色的国防。

（5）国防建设必须坚持改革开放，坚持四项基本原则，坚持建设具有中国特色的社会主义。要实行精干的常备军与强大的后备力量相结合，搞好军队体制改革和精简整编，加强军队的法制建设，保持武装力量的高度统一和集中。

（6）努力做好工作，避免或推迟世界大战的爆发，保持和平的国际环境和稳定的国内政治局面。国防建设要走军民兼容、平战结合、寓兵于民的道路，加强全民国防教育，提高全民的国防观念。发展军事科学，发挥先进的军事理论在国防建设中的先导作用。

（7）坚持共产党对军队的绝对领导，不断加强和改进思想政治工作，保持无产阶级军队的性质，把教育训练摆到战略地位，努力提高部队的战斗力，建设一支具有中国特色的现代化、正规化、革命化军队。

（8）加强战略后方和战场建设；加强国防后备力量建设；坚持现代条件下的人民战争，立足现有装备战胜优势装备的入侵之敌。

四、继承和发展毛泽东军事思想

（一）毛泽东军事思想的历史地位

毛泽东军事思想是马列主义军事思想宝库中一颗璀璨的明珠，它在中国军事思想发展史上具有划进代的意义，在世界军事思想发展史上独树一帜，具有重要的历史地位。

1. 毛泽东军事思想极大地丰富和发展了马列主义军事理论，树立了无产阶级军事理论发展的新的里程碑

（1）系统地论述了关于研究和指导战争的认识论和方法论　马克思恩格斯的军事理论没有专门系统地论述过关于战争问题的认识论和方法论。毛泽东却把马克思主义的辩证唯物主义和历史唯物主义创造性地引入军事领域，深刻地揭示了战争的本质，系统阐明了战争指导者认识战争运动的辩证过程，提出了一系列革命性与科学性相统一的军事辩证法。毛泽东的军事哲学思想，是毛泽东军事思想体系中极为光彩的部分，是马克思主义哲学在军事领域创造性地运用和重大发展。

（2）发展了马克思主义关于武装夺取政权的理论　马克思、恩格斯提出了武装夺取政权是无产阶级革命的最高形式。列宁、斯大林开创了无产阶级发动城市起义夺取全国政权的道路。毛泽东将马列主义的普遍原理与中国革命的具体实践相结合，创造性地解决了无产阶级在半殖民地半封建的中国夺取政权的道路问题，即农村包围城市，最后夺取全国政权。这个理论的创立丰富和发展了马列主义关于武装夺取政权的革命理论。

（3）科学地提出了人民军队的建军原则　马克思、恩格斯提出了建设无产阶级军队的重要性。列宁、斯大林创建了苏联红军，提出了无产阶级建军的基本理论。毛泽东把马列主义建军理论同中国实际情况相结合，提出了一整套无产阶级政党以军队的政治、思想和组织为核心的建军原则，系统地解决了把一支以农民为主要成分的革命军队，建成为一支无产阶级性质的人民军队的问题。

（4）丰富和发展了马列主义的人民战争思想　马克思和恩格斯科学地论证了人民群众在战争中的地位和作用，第一次提出了人民战争的思想。毛泽东等老一辈无产阶级革命家在领导中国革命战争的实践中，把人民战争作为根本指导路线，广泛宣传、组织和武装群众，以人民军队为骨干，实行主力兵团与地方兵团，正规军与游击队、民兵，武装群众与非武装群众相结合，各种斗争形式相配合，实现了全面的人民战争，从而丰富和发展了马克思列宁主义人民战争的学说。

（5）制定了适合中国特点的人民战争的战略战术　马克思、恩格斯根据巴黎公社等仅有的几次武装起义，提出了重要的作战思想，为世界革命人民留下了宝贵的精神财富。列宁、斯大林总结了十月革命和红军的作战经验，丰富和发展了马克思主义的战略战术理论。毛泽东根据中国革命战争的特点，为我军系统地制定了在敌强我弱的形势下，实行战略的持久战和战役战斗的速决战，把战略上的劣势转变为战役、战斗上的优势，各个歼灭敌人等人民战争的战略战术，它不仅正确地反映了中国革命战争的特殊规律，而且深刻地反映了战争的一般规律。

2. 毛泽东军事思想的产生，标志着中国无产阶级军事理论的确立

《孙子兵法》是古代军事理论的一颗明珠。然而，孙武毕竟是两千年前的军事家，他的思想自然带有历史与阶级的局限性，存有唯心史观和形而上学的思想。在中国近代史上，始终没有形成一个适于中国人民进行武装斗争并把这场斗争引向胜利的军事理论。毛泽东运用无产阶级世界观，科学地考察和指导战争，批判地吸收古今中外有价值的军事理论成果，总结自己的丰富战争经验，创立了毛泽东军事思想。中国人民在它的指引下，打败了国内外敌人，创建了人民的新中国。毛泽东军事思想的理论价值和历史地位，已被中国革命战争的伟大胜利所肯定。毛泽东军事思想的产生，是中国军事思想史上的根本变革，它把中国军事思想的发展推进到一个全新的历史阶段。

3. 毛泽东军事思想在世界上有着广泛的影响

毛泽东军事思想受到世界各方面人士的重视，许多人对它进行探索和学习，称颂毛泽东是当代最伟大的军事家、战略家和军事理论家。毛泽东军事思想的影响远远超出了中国的国界和产生的时代。首先，毛泽东军事思想在第三世界广泛传播，成了许多国家被压迫民族和人民争取民族独立和解放的强大思想武器。毛泽东军事思想正确地揭示了革命战争的规律，对民族和阶级解放战争有着现实的指导意义，因而受到了为民族独立和解放而斗争的第三世界国家人民的重视，他们十分注意吸收和运用毛泽东军事思想。其次，毛泽东军事思想对世界军事的发展做出了重大贡献。毛泽东军事思想所揭示的军事规律达到了前所未有的深度和广度，是一座博大精深的军事理论宝库，特别是它的军事辩证法思想，为人民科学地认识军事领域的各种矛盾运动规律，正确地指导军事斗争和军事建设的实践，提供了最基本的立场、观点和方法，具有普遍的真理性意义。有的国家成立了毛泽东思想研究会，出版了《毛泽东思想》月刊，要求军官晋升时必须撰写毛泽东军事思想的论文。毛泽东的军事著作已成为各国军事家必读的经典，甚至成为一些国家首脑人物的案头书。毛泽东军事思想已经成为世界人民共同的财富，在世界军事思想史上占有重要的地位。

（二）坚持和发展毛泽东军事思想

1. 毛泽东军事思想是我党我军建军和作战的指导思想

毛泽东同志的重要著作有许多是在新民主主义革命时期和社会主义改造时期写的，但仍然是我们必须经常学习的。这不但因为历史不能割断，如果不了解过去，就会妨碍我们对当前问题的了解；而且因为这些著作中包含的许多基本原理、原则和科学方法，是有普遍意义的，对现在和今后都具有重要的指导作用。因此，我们必须继续坚持毛泽东思想，认真学习和运用它的立场、观点和方法来研究实践中出现的新情况，解决新问题。

2. 正确处理坚持和发展的关系

按照马克思主义的观点，对历史遗产的继承与发展是推动社会进步的必不可少的两个方面，彼此相辅相成，缺一不可。对于毛泽东军事思想的坚持和发展，必须在坚持中发展，在发展中坚持。坚持是发展的基础；发展是坚持的必然趋势。毛泽东军事思想是科学的、先进的军事理论，如果离开坚持毛泽东军事思想谈论发展，必然偏离正确的方向。要坚持毛泽东军事思想，就要完整地、准确地学习和理解毛泽东军事思想。在坚持中发展是马克思主义理论自身发展规律的要求。战争实践向前发展了，如果军事理论还停留在原地，就不能适应新情况和战胜新敌人，毛泽东军事思想也会变成空洞、僵化的教条。战争经验告诉我们，军事理论需要不断创新，否则，任何先进的军事理论都会丧失其活力。

3. 发展毛泽东军事思想的途径

（1）认真学习毛泽东军事思想，完整、准确地掌握毛泽东军事思想的科学体系。

（2）注重研究国内外军事活动的现状。

（3）注重研究战争史，特别要注重研究革命战争史和第二次世界大战以来的世界战争史，尤其是现代高技术战争的特点，探讨现代条件下建军作战的新问题，探索未来反侵略战争的客观规律和与之相适应的战争指导规律。

（4）努力提高我军指战员的军事、政治、文化素质，以适应现代高技术战争的需要。

（5）邓小平新时期军队建设思想，是发展了的毛泽东军事思想。1989 年后，以江泽民为核心的领导集体，认真贯彻毛泽东军事思想和邓小平新时期军队建设思想，领导军队建设和国防建设取得了新的进展。以胡锦涛为总书记的新的领导集体，贯彻毛泽东军事思想、邓小平新时期军队建设思想和江泽民国防和军队建设思想，在科学把握当前世界军事发展的总体趋势和客观规律的基础上提出了国防建设和军队建设的系统性思想理论。党的十八大以来，以习近平同志为核心的党中央围绕国防和军队建设作出一系列重要论述，与毛泽东军事思想、邓小平新时期军队建设思想、江泽民国防和军队建设思想、胡锦涛国防和军队建设思想，既一脉相承又与时俱进。

第三节　邓小平新时期军队建设思想

邓小平在领导全党和全国人民努力开辟社会主义改革开放和现代化建设事业的伟大进程中，不仅创立了建设有中国特色社会主义理论，而且在领导新时期我军建设的伟大实践中，运用马列主义军事理论、毛泽东军事思想的基本原理，创造性地回答了新形势下军队建设、国防建设亟待解决的一系列重大理论和现实问题，提出了一整套具有中国特色的、符合新时期军队建设和国防建设需要的科学理论，形成了系统的邓小平军队建设思想。这一理论，是毛泽东军事思想在新时期的继承和发展，是当代中国的马克思主义军事理论。

一、邓小平军队建设思想的科学含义

邓小平军队建设思想，是邓小平在中国社会主义建设的新的历史时期，关于军队建设及有关军事问题的科学理论体系。

（一）邓小平军队建设思想，是马列主义军事理论、毛泽东军事思想与新时期军队和国防建设实践相结合的产物

邓小平在领导军队和国防建设的伟大实践中，以马列主义的巨大勇气和求真务实的态度，运用马列主义军事理论，毛泽东军事思想的立场、观点和方法，研究新情况，解决新问题，创造性地提出了一系列理论、原则、方针和政策，形成了一个完整的科学体系。它是在新的历史条件下对毛泽东军事思想的继承和发展。

（二）邓小平军队建设思想，是邓小平理论的重要组成部分

我军建设和改革是整个国家建设和改革的重要组成部分。“四个”现代化就有国防现代化的问题。邓小平军队建设思想，就是邓小平理论与中国军队建设实际相结合的产物。其一，解放思想，实事求是，是邓小平理论的精髓，也是邓小平军队建设思想的理论基础。其二，关于时代主题的理论，既是邓小平理论的一块重要理论基石，是我们正确认识国际战略环境，做出一系列战略决策的重要依据，同时，也是邓小平军队建设思想的重要内容。其三，以经济建设为中心，坚持改革开放，坚持四项基本原则“一个中心，两个基本点”的基本路线，是邓小平理论的核心，而正是这一点构成了邓小平军队建设思想的灵魂，规定了我军以现代化建设为中心，建设一支强大的现代化、正规化、革命化军队的总目标、总任务。并强调，在服从国家经济建设大局的同时积极搞好自身建设。

（三）邓小平军队建设思想，是新时期中国军队和国防建设实践的科学总结

邓小平作为党的第二代领导集体的核心，亲自领导了新时期军队和国防建设的伟大实践，具体研究和解决了军队和国防建设实践中遇到的一系列重大现实问题：他的许多重要论述都是针对实际问题做出的，是对新时期军队和国防建设实践经验的科学总结。

（四）邓小平军队建设思想，是以邓小平为杰出代表的全党全军集体智慧的结晶

邓小平军队建设思想，不仅指邓小平本人，而是以邓小平为代表、为核心的党的第二代领导集体。邓小平许多重要思想都是在实践中集中了党中央、中央军委和广大指战员的集体智慧而提出的，这就使邓小平军队建设思想具备了坚实的实践基础和群众基础。

二、邓小平新时期军队建设思想的形成过程

任何一种理论都是随着实践需要而产生的，又随着实践的发展而发展。邓小平新时期军队建设思想的形成大体经过了以下几个阶段。

（一）第一阶段：1975 年 1 月到 1976 年 10 月

1975 年 1 月 6 日，邓小平任党中央副主席、国务院副总理、军委副主席兼总参谋长。1975 年 1 月 25 日，邓小平在总参团以上干部会上发表了题为《军队要整顿》的重要讲话。邓小平说：“我们这个军队有好传统，从井冈山起，毛泽东同志就为我军建立了非常好的制度，树立了非常好的作风。我们这个军队是党指挥枪，不是枪指挥党……可是从 1959 年林彪主管军队工作起，特别是在他主管的后期，军队被搞得相当乱。现在，好多优良传统丢掉了，军队臃肿不堪。”（《邓小平文选》第二卷 1 页）针对这种情况，邓小平强调，要按照毛

泽东提出的“军队要整顿”对军队加以整顿，“要按照毛泽东制定的军事路线、建军原则，好好地清理一下”。(《邓小平文选》第二卷3页)上述的实质，就是邓小平要恢复我军优良传统，使军队的各项工作重新回到毛泽东军事思想的正确轨道上来。这次整顿在短时间内就收到了明显效果，但由于受到“四人帮”的破坏与干扰，整顿被迫中止。

(二)第二阶段：1976年10月到1981年6月

1976年10月，“四人帮”被粉碎。1977年7月，党的十届三中全会决定恢复邓小平1975年初担任的全部职务。邓小平恢复工作的第一件事就是抓具有决定意义的思想路线上的拨乱反正。邓小平指出，“两个凡是”不符合马列主义，一定要坚持实事求是的正确路线。

1977年8月28日，邓小平在军委座谈会上提出了解决林彪、“四人帮”对军队破坏问题的思路，首先调整各级领导班子，然后抓教育训练，接着学习现代战争知识，通过办院校，解决干部指挥现代化战争能力不够的问题。这本身就是在坚持恢复毛泽东军事思想的前提下，着眼于发展。1977年12月28日，邓小平又向全军提出了十项任务，即揭批“四人帮”；做好战争准备；加强干部队伍建设；加强党的建设；把教育训练提到战略地位的高度；大抓国防科技；继续精简整编；加强后勤建设；坚持三结合武装力量体制；恢复和发扬我军的优良传统。同时通过了《关于加强部队教育训练的决定》等9个决定和条例。

1978年9月，邓小平提出，理论要通过实践来检验(《邓小平文选》第二卷128页)。同时，邓小平还说：“世界天天发生变化，新的事物不断出现，新的问题不断出现，我们关起门来不行，不动脑筋永远陷于落后不行。”(《邓小平文选》第二卷128页)

1978年12月，我党十一届三中全会召开，这是我党历史上的又一个伟大转折。在这次大会上，邓小平发表了《解放思想，实事求是，团结一致向前看》的重要讲话。其主要观点包括：全党工作的重心要转到四化建设上来，这是一场新的长征。实现四化是一场伟大的革命，革命的阻力就是干部中间不少人的思想处于僵化半僵化状态。因此，首要的任务是解放思想，坚持实践是检验真理的唯一标准。如果一切从本本出发，思想僵化，迷信盛行，那它就不能前进，事物的生机就会停止，这就要亡党亡国。所以，实事求是是无产阶级世界观的基础。

1979年7月，邓小平又指出，思想路线政治路线的实现要靠组织路线来保证(《邓小平文选》第二卷190页)。要求中央党政机关要选好接班人，军队高级机关也要吸纳一些比较年轻的干部。1980年1月，邓小平提出了20世纪80年代的三件事：反对霸权主义、台湾回归祖国、加紧经济建设。核心是现代化建设，再次要求军队“要消肿”。

(三)第三阶段：1981年6月到1985年6月

1981年6月，在十一届六中全会上，邓小平当选为中央军委主席。1981年9月19日，邓小平在华北某地阅兵时，发表了《建设强大的现代化正规化的革命军队》的讲话，提出了一系列重大决策和重要理论原则；实现我军装备现代化的途径和方法；军队调整的方针；第三世界是维护和平、反对霸权主义的主力；我国20世纪80年代的三大任务；台湾回归祖国，一国两制；我国的对外政策；加强国防建设等。邓小平在这一时期对毛泽东军事思想的发展做了提纲挈领的概括和归纳。

(四)第四阶段：1985年6月军委扩大会议以后

这一时期，邓小平新时期建军思想得到了进一步深化和完善。主要表现在：进一步辩证地论述了战争与和平；重申了解决两种社会制度矛盾的“一国两制”；谁搞霸权主义就反对谁；在国际关系中，我一向关心的是和平与发展；一要改革开放，二要坚持四项基本原则；为建设现代化、正规化、革命化的军队而奋斗；应该建立国际政治新秩序等。

三、邓小平新时期军队建设思想的主要内容

邓小平新时期军队建设思想是一个完整的科学体系，它以“实事求是”为总的指导原则，以马克思的战争与和平的理论、社会主义初级阶段的理论、国防建设和军队建设与国家经济建设关系的理论为依据，明确提出了建设一支具有中国特色的强大的现代化、正规化、革命化的军队，阐明了新时期军队建设的一系列基本原则。邓小平新时期军队建设思想主要内容包括：无产阶级战争观的新拓展、现代条件下的人民战争、新时期人民军队建设、中国特色的国防。

（一）战争与和平理论

及时地回答历史和时代所提出的问题，是马克思主义军事理论丰富和发展的重要契机。邓小平从世界全局出发，科学地回答了当代战争提出的新问题。

1. 霸权主义是当代战争的根源

早在 20 世纪 80 年代初期，邓小平就果断提出：当今世界的不安宁来源于霸权主义的争夺，霸权主义是战争的根源。经过多年的冷静观察与审慎思考，邓小平又进一步完善为：无论是世界性霸权主义，还是地区性霸权主义，都是当代战争的根源。邓小平的这一新论断，丰富了马克思主义战争观。

在马克思主义战争观中，战争起源和战争根源是两个既相互联系，又相互区别的概念。战争起源侧重于揭示战争是社会发展到一定阶段经济矛盾的产物。战争根源是揭示引发战争的主要矛盾。前者的内涵相对稳定，后者随着时代变化和矛盾特殊性的变化而有所变化。因此，在马克思主义军事思想史上，战争起源于私有财产和阶级的出现，这是就人类社会整体发展而言的。而列宁的“帝国主义就是战争”，季米特洛夫的“法西斯主义就是战争”，则都是针对引起当时战争主要矛盾而言的。邓小平关于“霸权主义是当代战争根源”的论断全面深刻地揭示了当代局部战争频繁不断，而世界大战虽迟迟未爆发但其危险却依然存在的现实。

邓小平关于“霸权主义是当代战争根源”的思想具有丰富的内涵，是对马克思主义战争根源理论的重大发展。第一，任何社会制度的国家只要推行霸权主义，都可以成为战争的根源；第二，霸权主义既有世界霸权主义，又有地区霸权主义，两者侵略扩张本质相同；第三，苏联解体，两霸相争消失，但绝不意味着霸权主义消失。

2. 世界大战是可以避免的

在世界大战问题上，邓小平研究了军事活动的历史和现状，得出了一个新的结论：如果工作做得好，世界大战是可以避免的。这是邓小平对世界军事运动的新趋势的基本判断。邓小平做出这一判断的根据是：第一，20 世纪 80 年代以前，有资格打世界大战的只有美苏两个超级大国，别人没有资格。但是美苏两家原子弹多，远程战略武器多，都有毁灭对手的力量，因此谁也不敢动手。进入 90 年代，苏联解体，冷战结束，有资格打世界大战的重要一极不存在了，一时还形不成新的打世界大战的对立面。第二，世界和平力量的增长超过了战争力量的增长。尤其是占世界人口 3/4、占世界领土 1/3 的第三世界，大都贫穷落后，要和平不要战争，迫切希望有个和平环境来发展经济。第二世界国家也都不希望爆发世界战争，苏联和美国人民也都反对战争。如邓小平所说，世界很大，复杂得很，但你细分析起来，真正支持战争的没有多少。第三，经济、科技日益成为世界各国竞争的重点。世界新技术革命蓬勃发展，经济、科技在世界竞争中的地位日益突出，世界主要大国都进行战略调整，将经

济、科技的地位更加突出出来。

科学分析国际形势，正确判断我国安全环境，是我军建设指导思想实行战略性转变的基本依据。邓小平以辩证唯物主义的观点分析世界战争与和平的形势，既指出了世界大战可以避免，但又反复强调战争的危险仍然存在，要求人们警惕战争的危险。邓小平讲战争可以避免，主要指的是世界大战可以避免。同时，他也强调了局部战争的不可避免性。他说："大战固然可推迟，但是一些偶然的、局部的情况是难以完全预料的。"20 世纪 80 年代和 90 年代的历史进程完全证实了邓小平的论断，局部战争的战火一次又一次被点燃，从而成为当今战争的主要形态。

邓小平关于世界大战是可以避免的论断向我们指明：大战可以避免不是无条件的，而是有条件的，主要条件就是"如果我们搞得好"，就是要"争取"。一句话，就是要使和平力量不断发展，阻止霸权主义全球战略部署的完成。大战可以避免，绝不是说小战也不会发生。因此，不能笼统地说现在是战争转化为和平，从而放松对一切战争的警惕性。大战可以避免，也不是说战争根源已不复存在，不要把战争的根源与战争现实等同，但也不要忽视"世界战争的危险依然存在"。

3. 和平与发展是时代主题

在阶级社会中，战争尽管被亿万人所痛恨，但它绝不会自动退出历史舞台。战争总是以流血的方式去贯彻政治的意志。但是，人类社会的前进，使科学技术迅猛发展，国家间的利益冲突，不一定必然导致战争。因为只有当争端一方诉诸武力，战争才可能爆发，而双方如果都选择政治解决方式，战争就可避免。也就是说，在解决国际争端问题上，军事手段与政治手段都是可能的选择。但问题在于，过去的时代各国在选择解决问题的方式上，更偏重于军事手段，而仅仅把政治手段作为军事手段的补充。因此，政治解决争端没能构成主要的手段。邓小平在对世界形势及其发展规律趋势做了科学的观察和分析后，提出了世界范围内仍然存在着战争危险，霸权主义是现代战争的主要根源，但是要求和平与发展的力量已超过了战争的力量，和平与发展已成为当今世界的时代主题。

在党的十一届三中全会前，我们党和世界共产党人对时代特征的基本判断是帝国主义与无产阶级革命。结论是：不是战争引起革命，就是革命制止战争。也就是说，时代主题是战争与革命。进入 20 世纪 80 年代后，国际形势出现了一些新情况：第一，资本主义国家之间经济上的相互依存性越来越大，合作协作得到加强，其矛盾远未达到引发战争的程度；第二，两大社会制度体系之间，以美苏为首的两大集团之间，力量大体平衡，尽管存在着激烈的军备竞赛和意识形态斗争，但也没发展到爆发世界大战的地步；第三，资本主义国家加强了对经济的国家干预和自我调节能力，生产力得到很大提高，从而缓和了国内无产阶级与资产阶级的矛盾，因而革命的条件还不成熟；第四，广大发展中国家与发达国家之间的差距越来越大，已经影响到世界经济的进一步发展；第五，国际竞争的重点已经由军事竞争转向经济科技的竞争，各国都在制定新的经济发展战略，推行新的科技发展计划，以在国际竞争中占据有利地位；第六，随着苏联的解体，以美苏对抗为特征的两极格局已经结束，世界开始多极化格局发展。邓小平以伟大战略家的眼光，及时洞察了这些重大变化，提出了和平与发展是时代主题的科学论断。

1985 年 3 月，他在会见日本外宾时指出，现在世界最大的问题，带全球性的战略问题，一个是和平问题，一个是经济问题或者说发展问题。和平问题是东西问题，发展是南北问题。概括起来，就是东西南北四个字。南北问题是核心问题。"和平与发展是时代主题"的论断，表明了和平与发展具有全球战略性意义，是全人类的重要战略任务。但是，这并不意味着世界已经进入了太平盛世，相反，和平还面临着种种威胁，发展还面临着巨大障碍。霸权主义是世界最危险的战争策源地，是危害世界和平、安全和稳定的根源。1992 年邓小平视察我国南方时指出："世界和平与发展这两大问题，至今一个也没解决。"这说明，要实现世界的持久和平和人类的共同繁荣，任重道远，还需要进行长期的艰巨斗争。

邓小平对国际形势和我国安全环境进行科学分析，做出正确判断后，告诫全党、全国要抓住机遇，以经济建设为中心进行四化建设。果断地决定军队和国防建设指导思想实行战略性转变。其转变的实质是：军队和国防从过去"立足于早打、大打、打核战争的临战准备状态"，转向和平时期加强军队建设的正确轨道上来，充分利用今后一个较长时间里大仗打不起来的和平环境，在服从国家经济建设大局的前提下，有计划、有步骤地加强以现代化为中心的"三化"建设，全面提高军队和国防建设的水平。

邓小平针对新的现实指出：维护世界和平，应当放弃用暴力解决国家间冲突和争端的方式，而代之以政治解决。冲突双方应互相克制，求同存异，灵活地通过协商、对话等一系列政治方式加以和平解决。邓小平认为，国家间的利益冲突、领土争端和历史遗留的许多问题，都应当本着双方受益、合情合理的原则化解"热点"，同时还主张加强联合国调解和仲裁国际争端的功能。邓小平还成功地运用了"一国两制"的和平方式，解决了香港、澳门回归祖国的问题，为国际争端的和平解决做出了典范。

（二）新时期人民军事战略理论

邓小平强调，在现代条件下，"坚持人民战争""用劣势装备打败优势的敌人"，仍然是我们重要的战略思想。

1. 现代条件下仍然要坚持人民战争

在新的历史条件下，由于高科技的发展特别是高新技术武器装备的大量问世，国内外环境与战争年代相比发生了很大变化，这些变化也使得产生于革命战争年代的人民战争思想面临着许多新情况和新问题。为此有人对毛泽东人民战争思想是否因客观情况的某些变化而失去生机与活力提出怀疑。邓小平指出，我们的战略是毛泽东主席制定的，毛泽东主席的战略思想就是人民战争，现在我们还是要坚持人民战争，毛泽东人民战争的基本精神和主要原则并没有过时，仍然是我们克敌制胜的锐利武器。邓小平说："只要我们坚持人民战争，敌人就是现在来，我们以现有武器也可以打，最后也可以打胜，我们有这样多人口，军民团结一致，敌人要消灭我们的人民是不可能的。"（《邓小平文选》第二卷 77 页）

邓小平对人民战争思想在现代条件下的发展问题主要体现为四个方面：一是将无产阶级夺取政权为主要目标的人民战争，发展为捍卫国家领土和主权完整的人民战争。二是把阶级和意识形态冲突为主导因素的人民战争，发展成为维护国家利益和地区稳定而进行的人民战争。三是把准备举国迎敌的人民战争，发展为局部方向、局部地区使用局部力量，进行以有限目的和规模为主的人民战争。四是把以"小米加步枪"对付"飞机、坦克加大炮"的人民战争，发展成为以现代化的武器装备对付现代技术特别是高技术装备之敌的人民战争。正是这些发展，使邓小平现代条件下人民战争思想对我国当前和今后的军事斗争实践具有更高更强的指导意义。

人民战争，是我们过去在历史革命战争中战胜国内外强大敌人的法宝，也是我们与任何强敌相比的最大优势。邓小平在继承毛泽东人民战争思想的同时，又结合新的历史条件，强调要坚持"现代条件下的人民战争"，丰富和发展了毛泽东人民战争的思想。

2. 现代条件下人民战争思想的新发展

邓小平强调指出，现在的人民战争与过去不同，装备不同，手段也不同，条件不同，人民战争的表现形式也不同。邓小平对毛泽东人民战争思想的发挥与发展，主要体现在以下几方面。

（1）强调人民战争要与时代发展的脚步相适应　邓小平非常注重高科技在军事领域的应用给人民战争带来与以往人民战争不相同的地方。邓小平多次指出，霸权主义是现代战争的根源，今后我们进行的人民战争，将是反对大小霸权主义的侵犯；在战争规模上，不排除大规模的反侵略战争，但可能性更大的是边境局部战争和武装冲突；在战争样式上，将是高技术、高性能兵器的对抗。

（2）强调人民战争的内容要与现代军事斗争和国防建设的任务相一致　当今世界，爆发战争的可能性依然存在，尤其在我国周边地区，还存在一触即发的战争热点。因此，做好直接的战争准备，保卫祖国，反抗一切侵犯我国主权的斗争是我们的首要任务。但是，现代条件下的人民战争，不仅仅是武装力量的对抗、战争中人民作用的发挥，更普遍、更重要的体现是在平时的、持久的、全面的国防建设上，是国家与国家综合国力的对抗。

（3）强调人民战争的形式要与现代战争的特点相吻合　邓小平指出，在现代条件下如果敌人打来，我们仍然要发挥野战军、地方军和民兵相结合的威力，陷敌人于人民战争的汪洋大海之中。同时，邓小平又指出，未来战争将是建立在高技术基础上的现代化战争，人民战争只有同现代军事技术紧密结合起来，同先进的武器装备结合起来，才能形成足以使敌人畏惧的战斗力，达到克敌制胜的目的。

（4）强调从事现代战争条件下人民战争的人必须具有很高的素质　未来战争将是现代科学技术激烈竞争的领域。人把高技术战争推上历史舞台，反过来高技术战争又要求有与之相适应的人来驾驭。在勇敢精神、牺牲精神和严格的纪律等政治思想因素不失其意义的同时，知识、智能及现代科学技术和现代军事技能武装起来的现代军事人才，将比以往发挥更巨大的威力。因此，邓小平再三强调："在军队中，科研和教育也要一起抓，进行现代战争没有现代战争知识怎么行。"（《邓小平文选》第二卷41页）

3. 坚持积极防御的军事战略方针

军事战略是指导武装力量建设和运用的基本依据。军事战略的基本类型分为进攻战略和防御战略两种。我国的军事战略是积极防御战略。我国是中国共产党领导的社会主义国家，永远不称霸，永远不扩张，在军事上坚持后发制人；在处理国际关系上，我国一贯坚持和平共处五项原则，积极发展睦邻友好关系，对历史遗留问题，力求通过政治、外交途径解决；我国社会主义经济建设，需要稳定的国际和平环境，我们真心实意地希望避免战争，不打仗。但是，对于霸权主义的侵略扩张，对于企图以武力侵略我国领土、领海主权的行为，我们将给予坚决还击。坚持积极防御的军事战略方针，能更加突出军事斗争的争议性、积极性和防御性，进而取得和保持战略上的主动地位。采取有效的防御性措施，积极地做好战争准备，就能够防患于未然，始终立于不败之地。因此，新时期，我们仍然要实行积极防御的军事战略方针。

（三）新时期人民军队建设

建设一支强大的现代化、正规化、革命化的军队，是邓小平对国际形势、我国现代化建设以及我军军情实际进行科学分析后提出的，是新时期我军建设的纲领和实际工作的指南。

1. 建设一支现代化、正规化的革命军队

（1）要始终不渝地坚持人民军队的性质　建设一支强大的现代化正规化革命军队，必须把革命化建设放在第一位，始终不渝地坚持人民军队的性质。坚持人民军队的性质，关系军队建设的全局，决定军队发展方向，是军队革命化建设需要解决的根本问题。新的历史时期，军队建设的大环境已经出现前所未有的深刻变化，既给军队建设增添了新的活力，又给军队建设带来了新的考验。处在这样的大背景下，邓小平不仅以高度的政治敏锐性十分关注军队性质问题，而且深刻揭示了人民军队性质的科学含义。他明确指出："我确信，我们的军队能够始终不渝地坚持自己的性质。这个性质是党的军队，人民的军队，社会主义国家的军队。这与世界各国的军队不同，就是与别的社会主义国家的军队也不同，因为他们的军队与我们的军队经历不同。我们的军队始终忠于党，忠于人民，忠于国家，忠于社会主义。我确信，我们的军队能够做到这一点，几十年的考验证明军队能够履行自己的责任。"邓小平正是紧紧抓住新时期我军建设这一根本问题，提出了关于新时期我军革命化建设的思想。可以说，坚持人民军队的性质，做到政治上永远合格，这是贯穿于邓小平新时期军队建设思想中的基本精神，也是新时期军队革命化建设的根本出发点和落脚点。

（2）现代化是我军"三化"建设的中心　新时期我军建设面临的主要矛盾是现代化水平与现代战争不相适应的矛盾，邓小平指出："要承认我们军队打代化战争的能力不够。要承认我们军队的人数虽多，但素质比较差。"以现代化为中心是解决我军建设主要矛盾的根本途径，是时代对军队建设的必然要求。邓小平提出军队现代化的主要内容包括：军事人才的现代化、武器装备的现代化、体制编制的现代化和军事理论的现代化。

大力培养现代化的军事人才。邓小平强调，人才是现代化建设的关键，是建军之本。不造就一大批现代化的军事人才，就谈不上军队现代化。他明确指出："靠空讲不能实现现代化，必须有知识、有人才。"必须把教育训练提高到战略位置；必须坚持"面向现代化，面向世界，面向未来"的教育方针；必须从严、从难、从实战需要出发，严格训练，严格要求；必须采取院校培养和在职训练相结合的方法。这些论述充分反映了军队现代化建设的客观规律。在现代条件下，人的素质仍然是军队战斗力的核心。军队的战斗力是由人的素质、武器装备、体制编制、战略战术、后勤保障等诸要素构成的。在这些要素中，人是具有主观能动性的最活跃的要素。提高人的素质，是提高战斗力的重要条件，而且它影响和制约着其他要素作用的发挥。因此，在新技术革命迅猛发展、高技术在军事领域广泛运用的今天，人的素质在军队战斗力中更具核心作用和主导作用。

在发展国民经济的基础上，逐步实现武器装备现代化。邓小平十分重视军队的武器装备现代化建设，指出："我们一定要在国民经济不断发展的基础上，改善武器装备，加速国防现代化。"他从我国国情、军情和军队现代化建设的需要出发，提出了发展武器装备的重要思想。主要有：服从经济建设大局，在国力允许的条件下加快武器装备的发展，根据战略需要，确保重点项目；坚持科研先行，质量第一；既要坚持独立自主，又要引进国外先进技术。这些论述，对于加强军队现代化建设具有重要指导作用。武器装备现代化是军队现代化的主要标志和物质基础。一方面，武器装备现代化是军队现代化的重要内容，武器装备的发展，本身就是军队现代化水平的提高。另一方面，武器装备现代化对军队其他方面的现代化建设具有重要促进作用。例如，武器装备的发展制约着军队体制编制的改革。任何新的军兵种的出现都是以新的武器装备的出现为前提的，军队的结构变革与调整离不开武器装备这个物质基础。再如，武器装备的水平决定着军事理论的发展。技术决定战术，任何一种新的战略战术总是伴随着新的武器装备的产生而产生的，要发展现代条件下人民战争的战略战术，不发展相应的武器装备不行。所以，武器装备的现代化，是军队现代化的主要标志。武器装备现代化又是赢得现代化战争的重要条件。

建设适应现代化战争的科学的体制编制。搞好体制改革和精简整编，建立现代化战争的科学的体制编制，是邓小平关于军队现代化建设思想的重要内容。在邓小平的领导和组织下，我军于1980年、1982年、1985年进行三次精简整编。特别是1985年，军队员额裁减100万，并相应地改革了军队的体制编制和一些制度，使我军在现代化道路上迈出了重要一步。体制编制是否科学，与军队现代化、正规化建设有着密切关系，科学的体制编制是加强军队现代化建设的重要前提。一是建立科学的体制编制是加强军队现代化建设的客观要求。构成军队战斗力的诸要素不仅包括人和武器装备，还包括把人与武器装备结合起来的体制编制。体制编制科学合理，才能最大限度地发挥人和武器的作用，提高诸军兵种的整体作战效能。二是建立科学的体制编制是推进军队现代化建设的重要途径。军队的战斗力以武器装备、人的素质为基础，但是，在这两个要素不变的情况下，也可以通过军队结构的调整和改革，达到系统功能优化的目的。邓小平明确提出要把我军建设成一支机构精干、指挥灵便、装备精良、训练有素、反应快速、效率很高、战斗力很强的军队，为我军建立科学的体制编制指明了方向。

发展现代军事理论。军事科学，是研究战争的本质和规律，并用以指导战争准备和实施的科学体系。先进的军事理论，能够揭示战争的特点和规律，从而使我们正确认识和运用军事规律，把握军队发展的趋势，正确选择军队建设的目标和途径。因此，现代军事科学理论，是军队现代化建设的先导。邓小平非常重视现代军事科学的发展，把它看做是加强我军现代化的重要内容。他在为军事科学院建院20年的题词中指出："继承毛泽东军事思想，研究现代条件下人民战争，发展我国军事科学。"这为我们加强现代军事科学理论研究，发展我国军事科学指明了方向。

(3) 提高军队正规化建设水平　正规化建设是军队建设的重要方面。主要是指军队的组织、管理和军制等规范化建设。通过正规化建设，实现军队的高度集中统一。正规化建设的主要内容：坚持依法治军，加强组织纪律，加强管理；全面建立战备、工作、生活等正常秩序；建立适应现代战争要求的科学体制编制，使部队适应未来作战任务、武器装备发展、部队训练和管理的需要；强化体制编制的科学性和权威性等。正规化建设是军队发展的客观要求，也是军队建设向高级阶段发展的重要标志。没有正规化，军队就不能形成一个整体，不能凝聚成强大的战斗力，也就不可能赢得战争的胜利。邓小平对此进行了科学总结和高度概括，把它作为新时期我军建设总任务、总目标的一项重要内容提出来，并采取了一系列措施，大大提高了我军正规化建设水平。

建设一支强大的现代化正规化革命军队，是新时期我军建设的总目标、总任务，是军队建设由低级阶段向高级阶段发展的历史必然。革命化是现代化、正规化的灵魂；现代化为革命化和正规化规定了具体的任务和落脚点，规定了检验标准；正规化是革命化和现代化的重要保障。革命化、现代化、正规化是辩证的统一，三者相互依赖，互相促进，缺一不可。

现代化、正规化、革命化是互相联系、互相促进，缺一不可的。革命化体现人民军队的本质、军队的政治素质和传统作风；正规化体现军队组织、管理和军制水平；现代化体现军队的武器装备、指挥、作战和协同等方面适应现代高技术战争的能力。"三化"不是并列的，而是以现代化为中心。以现代化为中心，就是要建设一支现代化的合成军队。这支合成军队不仅需要按照正规的编制体制将各类人员和武器装备加以科学组合和配备，还需要在正规的教育训练中提高协调行动的能力，建立有序、高效的组织指挥系统。显然，正规化保证着现代化，现代化离不开正规化。革命化是现代化、正规化建设的灵魂和方向，是人民军队的革命性质和正确方向的根本保证。

2. 走有中国特色的精兵之路

（1）走精兵之路是我军建设的根本方针　军队战斗力的生成与发展，包括数量与质量两个方面。现代高技术广泛运用于军事领域的一个必然结果，就是人与武器装备在结构关系上发生了变化：军队员额的作用下降，武器装备的作用上升。对战斗力的形成乃至战争结局，军队质量要素显得越来越重要，越来越突出，越来越具有决定性意义。邓小平强调："质量问题是影响战争胜败的问题。"只有数量，不讲质量，会耽误大事，要正确处理数量和质量的关系，要把质量建设作为军队建设的根本方针长期坚持下去。

（2）实现精兵之路的途径——注重质量建设　兵贵精，不贵多，精兵为古今中外治军之道。冷战结束后，世界各国调整建军方针，为争夺 21 世纪战略优势，普遍注重军队质量建设。表现为军队从人力密集型转向技术密集型，通过提高质量增强军事实力。美国国防部早在 1993 年的财政报告中指出："在军队员额不断减少的情况下，要使美军保持作战能力，就必须全面提高军队质量建设。"我国地域辽阔，科技水平从总体上讲与发达国家还有较大的差距，需要把军队数量保持在适当的水平上，但也必须适应世界潮流，做到注重质量建设，适当减少数量，优化结构，提高效能；把教育训练提高到战略地位，提高军队素质。

首先，注重质量建设的四大原则如下。

第一，"精兵"原则，即减少军队数量，提高质量。邓小平说："我们存在的一个大问题，就是军队很臃肿。真正打起仗来，不要说指挥作战，就是疏散也不容易。现在提出'消肿'，主要是要解决军队机构重叠、臃肿，以及由此带来的各级指挥不灵等问题。"（《邓小平文选》第二卷 284、285 页）从这一原则出发，1985 年，中央军委决定减少军队员额 100 万，并努力在建军质量上下工夫。

第二，合成原则，即调整军队编组，组建陆军集团军。现代战争已由过去单一兵种作战或小规模、小范围的协同作战，发展到了诸兵种大规模范围的合成作战，是高技术的、立体的、综合性的对抗，合成是编组现代化军队的重要原则。在邓小平合成思想的指导下，通过 1985 年的精简整编，组编了兵种基本齐全的陆军合成集团军，并从战略上提高了陆、海、空三军与战略导弹部队之间的协同作战能力，使我军在建设现代化的合成军队的道路上迈出了具有历史意义的一步。

第三，平战结合的原则，即区别情况，组建不同类型的常备军。军队是为了应付可能发生的战争，军队的编制体制首先是要适应战争的需要。但必须看到，一个国家不可能长期处于战争状态。因此，军队的编制体制就不可能只顾战时而不顾平时，否则，就会加重国家的经济负担。所以，制定军队的编制体制时必须坚持平战结合的原则；坚持经济建设与战时作战相结合；坚持常备军与后备力量相结合；坚持正规部队与半正规的预备役相结合，从而形成精干的常备军对敌产生威慑作用，应付随时可能发生的局部战争。

第四，有利于人才成长的原则，即建立干部退休制度，提拔新生力量。编制体制改革的目的在于增强军队的活力。为了使这一改革获得成功，邓小平把人才问题与编制体制问题紧密结合起来，强调建立健全军队干部退休制度，大胆提拔新生力量。邓小平说："现在的庙很多，每个庙的菩萨也很多，老同志盖住了，年轻人上不来。所以，我们要改革现行的干部工作制度，建立有利于提拔年轻干部的制度。”（《邓小平文选》第二卷 226 页）军人职业与其他职业不同，作为军队干部是要带兵打仗的，不仅要求具有良好的军政素质，而且要有强健的体魄。至于年轻干部的经验问题，邓小平强调经验靠积累，如果年轻干部不上来，就永远没有经验。而对于指挥现代战争，可以说谁都没有经验，都是全新课题。正是邓小平的倡导、支持和关心，我军各级干部顺利地实现了新老交替，从而使我军各级领导班子的年龄结构、知识结构日趋合理，更加符合现代战争的要求。

其次，把教育训练提高到战略地位，提高军队素质才能实现精兵。提高军队的素质靠什么？邓小平说：“战略要研究的问题，不仅是作战问题，还包括训练。要把训练放在战略问题的一个重要位置上。”（《邓小平文选》第二卷 21 页）军队的战斗力是人和武器的结合力。随着人对科学技术的创造和运用，人的作用在更广阔的领域和更高的层次上得到发展。战争年代靠“从战争中学习战争”来提高人的能力，和平时期则主要通过教育训练来实现。邓小平说：“现在不打仗，你根据什么来考验干部，用什么来提高干部，提高军队的素质，提高军队的战斗力？还不是要从教育训练着手。”（《邓小平文选》第二卷 60 页）通过教育训练可提高干部、考验干部；继承和培养我军的优良传统和作风；提高军队的作战本领；强化部队的战备意识；发现部队工作的薄弱环节，并对其加强；考核军队的编制体制等。邓小平把教育训练视为军队在和平时期的基本军事实践活动，视为军队所有活动中最基本、最基础的活动，是起根本的、决定作用的具有战略意义的活动。

邓小平指出：在没有战争的条件下，提高部队的素质，提高军队战斗力，主要靠教育训练。第一，教育训练是牢固树立战斗队的思想、落实战备工作的实践基础；第二，教育训练是实现人与武器最佳结合的基本途径；第三，教育训练是提高诸军兵种联合作战能力的主要渠道和方式；第四，教育训练是加强作风纪律培养，增强部队凝聚力的重要手段。这些重要论断，抓住了和平时期实现精兵的关键，部队不打仗，就要靠训练。

（四）中国特色的国防

国防建设的指导思想直接关系着国防建设的成效。邓小平通过对国际形势的长期观察和深思熟虑，做出了国防建设包括军队建设的指导思想实行战略性转变的重大决定，从而揭开了我国国防建设和军队建设的新篇章。

1. 国防建设必须服从国家经济建设大局

邓小平以他战略家的眼光和胆略，通过对战争与和平的分析，明确指出，战争的危险仍然存在，但和平力量的发展超过了战争力量的发展，世界大战至少在 20 世纪末打不起来，我们有可能争取到一个较长时期的和平环境。我们要充分利用大仗一时打不起来的这段和平时期，放心大胆地、一心一意地搞现代化建设。为此，邓小平多次号召全军要服从国家经济建设这个大局。

军队建设要服从国家建设的大局，是和平时期军队和国防建设的基本规律，也是我国目前所处的社会主义初级阶段的主要矛盾所决定的。国民经济建设是军队建设的基础，军队建设依赖国民经济建设，这是马克思主义的一个基本观点。毛泽东曾形象地比喻说：农业是一个拳头，国防工业是一个拳头，要使拳头有劲，屁股就要坐稳，屁股就是工业基础。由此可以看出：第一，经济基础决定着军队建设的规模、速度和水平。只有经济基础雄厚，才能为军队建设提供足够的人力、物力和财力支援，军队建设才能扩大规模，加快速度。第二，经济基础决定军队建设质量。首先，没有强大的经济实力，军队难以装备先进的武器装备。其次，军人素质的提高也受经济条件的制约。一般来说，一个国家经济越发达，人民文化水平越高，军人素质也越高。再次，经济发展水平还决定着军队的体制编制和作战方式的变化。恩格斯说：没有任何东西比军队的编制、装备、战略战术行动更加依赖于经济条件了。一个国家采取什么样的军事战略，受多种因素制约，其中决定因素是经济实力。第三，经济条件还决定着军队建设总体目标的实现程度。军队建设目标是通过综合国力来保障的，而构成综合国力的诸因素中，最基本的是经济实力。经济实力越强，军队现代化建设可能达到的目标就越高。

邓小平根据马克思主义关于经济建设是军队建设基础的观点，依据当前相对和平的国际战略环境、我国现阶段的国情、古今中外军队建设的历史经验和我军建设的现实需要，明确提出了“军队要服从国家建设的大局”的重要思想。其基本观点：一是经济建设是我们的大局；二是经济建设为军队建设奠定物质基础；三是军队在大局下积极行动。邓小平指出：“军队各个方面都和国家建设有关系，都要考虑如何支援和积极参加国家建设。”“军队装备现代化，只有国民经济建立在比较好的基础上才有可能。所以，我们要忍耐几年。”当然，军队也不能被动等待，必须积极创造条件，力所能及地搞好自身建设。

经济建设与军队和国防建设是相互依存和协调发展的关系，而不是彼此取代的关系。邓小平指出，我们的四个现代化，其中就有一个国防现代化。如果不搞国防现代化，那岂不是三个现代化？很明显，四个现代化是一个有机的整体，缺一不可。国防现代化必须与其他“三化”互相配合，协调发展。这是因为，经济实力是综合国力的基础，但国防力量也是综合国力不可缺少的组成部分，而国防力量的增强主要依赖坚持不懈的国防建设，其中主要的是军队建设。绝不是说军队和国防建设在“四化”建设中无足轻重；也不是说国家经济建设搞好了，国防自然就巩固，军队自然就强大。应当清醒地看到，没有军队和国防现代化的成功，中国特色的社会主义肯定是残缺不全的，而且是不巩固的。因此，只有在以经济建设为中心，大力发展国民经济的同时，不断加强军队和国防建设，才能保证富国强兵，也才能保证我国四化建设的顺利发展。

2. 军民兼容、平战结合发展国防工业

邓小平说：“国防工业设备好，技术力量雄厚，要充分利用起来，加入到整个国家建设中去，大力发展民用生产。”（《邓小平文选》第三卷 99 页）1979 年，中央军委、国务院制定了“军民结合、平战结合、以军为主、以民养军”的发展国防科技和国防工业的方针。1982 年，邓小平将其中的“以军为主”改为“军品优先”，从而使这一方针更加具体化。在这一方针的指引下，国防科技和国防工业改革产品结构，发挥军事工业设备和技术上的优势，积极为民用工业的技术改造做贡献，挖掘军事工业的生产潜力，生产民用工业品，为城乡人民服务，成为促进经济建设和科学技术发展的一支重要力量。

3. 引进技术与自力更生相结合来发展国防科技

邓小平强调，过去也好，今天也好，将来也好，中国都必须发展自己的高科技，在世界高科技领域里占有一席之地（《邓小平文选》第三卷 279 页）。他主张“在国民经济不断发展的基础上，改善武器装备，加速国防现代化。”（《邓小平文选》第二卷 395 页）并提出了一系列新时期发展国防科学技术的方针原则。

邓小平说：“关起门来搞建设是不能成功的，中国的发展离不开世界。当然，像中国这样大的国家搞建设，不靠自己不行，主要靠自己。但是，在坚持自力更生的基础上，还需要对外开放，吸收外国的资金和技术来帮助我们发展。”（《邓小平文选》第三卷 78 页）独立自主、自力更生，是从中国的实际出发，依靠群众进行革命和建设的必然结论。邓小平在

1982 年 6 月接见外宾时说："从 50 年代中期到 70 年代，即在建国 32 年多的时间里大体有二十几年，我们完全或基本上处于没有外援的状况，主要靠自力更生。没有外援也有好处，迫使我们奋发努力。在这种精神的激励下，我们在这个时期搞出了原子弹、氢弹、导弹，发射了人造卫星，等等。"（《邓小平文选》第二卷 406 页）邓小平又说："独立自主不是闭关自守，自力更生不是盲目排外。"（《邓小平文选》第二卷 91 页）我国的革命和建设，包括国防现代化建设在内，不是也不可能独立于世界之外，我们在任何时候都需要争取外援，特别需要学习外国一切对我们有益的先进事物。但是，同样重要的是，在任何时候，我们都要保持清醒的头脑，不能抱不切实际的幻想。因为，国防科学技术牵涉战争胜负、国家安危，是国家最高利益之所在，当前国际形势虽然趋于缓和，但并没有改变西方国家企图垄断和把持高技术以及敏感技术的实质，这已成为他们推行强权政治乃至对社会主义国家实行"和平演变"战略的重要手段。因此，要立于不败之地和尽快地发展国防科技，就一定要始终如一地坚持引进技术与自力更生紧密结合起来的方针，并且把基点建在艰苦奋斗、自力更生的基础上，只有这样我们才能胜利。

四、邓小平新时期军队建设思想的地位和现实意义

邓小平新时期军队建设思想，在无产阶级军事理论中占有十分重要的地位，对指导新时期我军建设和军事斗争具有重大的现实意义。

（一）邓小平新时期军队建设思想的历史地位

1. 邓小平新时期军队建设思想是毛泽东军事思想的继承和发展，是最富有时代精神的马克思主义军事理论

在新的历史时期，邓小平作为我们党第二代领导集体的核心，以马克思主义实事求是的科学态度、无产阶级革命家的创新精神和战略家的远见卓识，对国内外大势和新的历史条件进行了深谋远虑的思考，在实践中探索和规划了我国新时期国防建设和军队建设发展的总体战略。他把个人创造与集体智慧融为一体，把毛泽东军事思想与新时期的客观实际结合起来，提出了新时期国防与军队建设的一系列新论断，极大地丰富和发展了毛泽东军事思想。

邓小平对丰富和发展毛泽东军事思想的理论贡献主要体现在以下几个方面。

（1）对战争与和平问题提出了新的论断。

（2）与社会主义现代化建设的要求相适应，确定了国防建设的总目标是实现现代化。

（3）提出并实行国防与军队建设指导思想的战略性转变，使国防与军队建设真正走上和平时期建设的轨道。

（4）贯彻党在社会主义初级阶段的基本路线，确定了国防建设、军队建设要服从国家建设大局的基本原则。

（5）根据新的历史条件，提出了军队建设的一系列新观点、新原则。

（6）提出军事改革是国防现代化的根本出路，是社会主义国家制度自我完善的重要方面。

（7）根据现代科学技术的发展和国际战略形势的变化，重新明确了我军在新的历史时期要继续坚持积极防御的战略方针。

邓小平的上述理论贡献是一个有机的整体，它进一步揭示了相对和平时期国防与军队建设的规律，创造性地阐述了新时期我国国防与军队建设的基本理论问题，是毛泽东军事思想在新的历史条件下的重大发展。

2. 邓小平新时期军队建设思想是邓小平理论的重要组成部分

邓小平新时期军队建设思想作为邓小平建设有中国特色社会主义理论的重要组成部分，其历史地位是与邓小平理论的整个科学体系历史地联系在一起的。它的产生、形成和发展与邓小平理论体系的形成和发展具有共同的实践基础。邓小平作为党和国家的领导核心，始终站在国家发展的高度，将四个现代化建设作为一个整体来思考。邓小平新时期军队建设思想是邓小平理论的基本内容在军事领域的延伸和具体化。

邓小平理论是当代中国的马克思主义，具有普遍的指导意义。“一个中心，两个基本点”的基本路线是邓小平理论的核心内容，也是新时期军队建设思想的灵魂，按照基本路线来建设军队，全军指战员执行和捍卫党的基本路线，就成了我军历史性的任务；以经济建设为中心，解放和发展社会生产力是邓小平理论所规定的根本任务，正是这一点规定了军队建设要服从服务于国家建设这个大局，而在这个大局下行动，就能为建设现代化正规化的革命军队提供充分的保障。

邓小平新时期军队建设思想是邓小平理论所坚持的科学世界观和方法论在军事领域的贯彻和运用。解放思想、实事求是是邓小平理论的精髓，也是新时期军队建设思想的精髓。正是在这一思想的指导下，我们恢复和发展了党的建军传统，冲破了世界大战不可避免的观点，提出了和平与发展的时代主题，实现了军队建设指导思想的战略性转变，突破了各种旧的传统观念的束缚，认识到高技术对军队建设的影响，在战略方针上提出了立足于打赢现代技术特别是高技术条件下的局部战争问题，开辟了建设有中国特色的精兵之路。

3. 邓小平新时期军队建设思想是新时期军事斗争和军队建设的科学指南

邓小平新时期军队建设思想揭示了相对和平时期国防和军队建设的基本规律，具有鲜明的中国特色和强大的生命力。邓小平坚持把当今世界各国国防和军队建设的一般规律和原则同我国我军特殊情况有机结合，把我军传统的经验和原则同新时期的新情况有机结合，紧紧抓住我军建设的主要矛盾，创造性地回答和解决了新时期我军建设亟待解决的一系列重大理论和实际问题，为我军建设指明了方向。

邓小平新时期军队建设思想符合当代和未来战争的客观要求，具有普遍的指导意义。邓小平在确定把建设有中国特色的现代化、正规化革命军队作为我军建设的总任务、总目标，并强调要以现代化为中心时，实际上就把按照现代和未来战争的客观要求，全面加强军队建设作为我军建设的基本着眼点和落脚点。同时，他在指导我国国防和军队建设的过程中，自始至终贯穿着要全面提高我军实行现代条件下人民战争能力的重要思想，这也从根本上进一步奠定了邓小平新时期军事理论对我国新时期军事斗争和军队建设的指导地位。

（二）邓小平新时期军队建设思想的现实意义

邓小平新时期军事思想代表了我军军事思想发展的一个新阶段，是先进军事思想的具体体现。因此，研究邓小平新时期军事思想不仅具有重大的现实意义，而且具有深远的历史意义。

1. 研究邓小平新时期军事思想以指导新的军事实践

现代军事科学理论是军队现代化的先导。我们之所以要研究邓小平新时期军事思想，目的就在于指导现代军事领域中的各个实践问题。一是指导国家和武装力量的国防发展战略和军事战略，邓小平新时期军事思想根据国际形势的发展趋势和特点、世界军事战略态势和军事战略格局，以及我国在国际军事战略格局中的地位和奉行的对外政策，科学地分析和论证了敌我双方的政治、经济和军事实力，可能面临的主要威胁，以及未来战争可能出现的新情况、新特点，并做出了正确的判断和预测。这是我们认清国际形势，制定我国国防发展战略和军事战略的依据。研究邓小平新时期军事思想，就是为了科学预测国际形势的发展趋势，把握时代的基本特征，正确制定我国边防发展战略和军事战略，并对实施过程中可能出现的新情况、新问题进行滚动跟踪研究和论证，以跟上时代的步伐，掌握战略上的主动权。二是指导国家军队建设。邓小平新时期军事思想是我军在新的历史时期进行现代化建设的指南。研究邓小平新时期军事思想，就是根据国家战略方针，针对敌人国家武装力量和武器装备的发展以及建军方向、规模、编成、军事训练、诸年兵种发展比重等，进行科学论证和科学预测，提出适合本国军队建设特点的理论和原则，用以指导我军建设，使我军在新的历史条件下朝着正确的方向发展。三是指导我军武器技术装备的发展。研究邓小平新时期军事思想，就是要在其指导下，根据已经制定的国防发展战略、经济实力和科学技术水平，对敌国武器技术装备的现状和发展趋势进行研究、论证和预测；提出我国武器技术装备的发展方向和改进措施，发展适合于不同地形、不同气候条件下作战的武器技术装备，缩短与世界发达国家军队武器技术装备现代化水平的差距。四是指导我军的战争准备和战争实施。研究邓小平新时期军事思想，就是要以此为依据不断研究总结以往历次战争经验，尤其是研究总结现代高技术条件下局部战争的经验教训，揭示战争规律和战争指导规律，从中得到启迪，以正确预测未来战争可能出现的形式和样式，提出相适应的对策。我们要根据邓小平新时期军事思想，及时掌握国际形势发展特点和军事战略动向，进行科学分析，做出正确的战略判断，为国家和军队做好战争准备，包括战争动员体制、民兵和预备役建设、战略物资储备、军事训练、武器装备的生产、战略后方建设等，提出行之有效的措施，以正确指导战争准备与实施，有把握地取得战争的胜利。

2. 研究邓小平新时期军事思想以指导我国武装力量的发展

研究邓小平新时期军事思想的立足点是要全面发展我国的武装力量。一方面，当前国际形势趋于缓和，世界和平力量增长超过了战争力量的增长。在一个较长的时间内，至少在20世纪内不发生世界战争是可能的，是邓小平同志对未来战争所做的科学预测。正是在这一科学预测的基础下，中央军委对我军的发展提出了总体构想，不失时机地实现我军建设指导思想的战略性转变，卓有成效地改变我军的规模、结构、素质以及我军建设的途径和方式；另一方面，由于局部战争一直在打，我们必须拥有一支精悍的、能够应变的，并在军事、经济、外交等方面获得最佳效益的军队。为此，必须按照邓小平新时期军事思想加强我国武装力量建设，按具体问题具体对待的要求，不同规模、不同强度、不同对象、不同地区的战争，应该由不同装备、不同编制的部队去对付，才能收到事半功倍的效果。而这些问题的解决，都是以邓小平新时期军事思想为理论依据的。

3. 研究邓小平新时期军事思想以解放思想，发展我国的军事科学

现代化，说到底就是科学化。只有具备科学观念、科学精神，才会克服唯书、唯上等弊端。科学文化知识是新观念的催化剂，现代化观念的确立，只有在提高科学文化水平，更新知识结构、开阔知识视野、改善思维方式的基础上才有可能。研究邓小平新时期军事思想，就是为了解放思想，按照新的思维方式，打破传统的僵化的旧观念，发展我国的军事科学。在新的历史条件下，我国的国防现代化建设和军队改革的实践均是以邓小平新时期军事思想为先导的。当前，随着整个社会改革步伐的加快，特别需要我们发展军事理论，努力开拓创新，以敏锐的眼光，以科学的态度，认真研究国防现代化建设和军队现代化建设中出现的新情况、新问题，从理论上做出科学的回答。邓小平在新历史时期，对军队建设做出了一系列战略决策，把建设的重点重新转到现代化上来，从而使我军建设回到了马克思主义、毛泽东思想的正确轨道。认真研究和贯彻实施邓小平新时期军事思想，是加快我军现代化建设进程的关键，这一点，已经被军队建设的实践所证明。邓小平新时期军事思想，是现代化的军事思想，它对我国国防建设和军队建设的指导作用越来越重要和突出。因此，我们必须深入研究邓小平新时期军事思想，掌握它的基本理论，并用其来指导我军面临的新的实践，这是时代的要求，也是历史的必然。

第四节　江泽民论国防和军队建设思想

江泽民国防和军队建设思想是指江泽民根据新形势新情况，解决新时期我军建设、国防建设和军事战略等基本问题的科学理论体系；是以江泽民为核心的党的第三代领导集体，继承和发展毛泽东军事思想、邓小平新时期军队建设思想的体现；是第三代领导集体根据时代发展的新要求、新任务，创立的新时期我军建军学说；是第三代领导集体智慧的结晶。实践证明，江泽民国防和军队建设思想，是新形势下对毛泽东军事思想、邓小平新时期军队建设思想运用的科学结晶，是对毛泽东军事思想、邓小平军队建设思想的坚持、丰富和发展，是我军革命化、现代化、正规化建设的纲领，是我军新时期建设的指导思想。

一、江泽民国防和军队建设思想的科学含义和产生的时代背景

（一）江泽民国防和军队建设思想的科学含义

江泽民国防和军队建设思想，是以江泽民同志为核心的中国共产党第三代领导集体，在领导国防和军队现代化建设的实践中，按照“三个代表”重要思想所体现的时代性和先进性的要求，围绕解决“打得赢、不变质”两个历史性课题而创立的军事指导理论。

（二）江泽民国防和军队建设思想产生的时代背景

1989 年 11 月 19 日，在党的十三届五中全会上，江泽民当选为中央军委主席。江泽民主持中央军委工作后明确指出，经济建设、国防建设两头都要兼顾。军队应该由国家养起来，人民军队靠自己发展是不行的，全党和各级政府都要积极关心和支持军队建设，军队应该吃“皇粮”。江泽民指出，我们的社会主义建设是在国际、国内仍然存在敌对势力妄图颠覆破坏的情况下进行的，全党和全国人民在集中力量进行社会主义建设的同时，要十分重视和加强国防建设。

1. 国际战略格局发生了重大变化

20 世纪 90 年代以来，我国国防和军队建设所处的历史条件出现了新的变化，在和平与发展仍然是时代主题的背景下，国际战略格局出现重大转变。1990 年，东欧剧变，苏联内部发生大动荡，冷战后形成的两极格局趋向分化瓦解。根据这种情况，江泽民及时指出，我们的战略要随着国际形势的变化而变化，要跟国家的政治、外交、经济密切协调；提出了新时期军队建设的一系列方针原则，为军队现代化指明了方向；并强调，要加强党对军队的绝对领导，无论任何情况下，这个根本原则是不能动摇的。1991 年，海湾战争后，江泽民多次出席军队举办的海湾战争研讨会，并严肃地指出，要注意从海湾战争研究现代战争的特点，军队现代化建设要重视和依靠科学技术进步。要清醒看到我们的差距，大力发展国防科技，要有迎头赶上去的紧迫感和信心。同时还指出，我们在加强军队建设的同时，必须重视

国防后备力量的建设。

江泽民在1993年12月的一次会议上用四句话精辟地概括了当时的国际形势特点：走向多极格局，局势有所缓和，矛盾复杂多变，世界并不安宁。国际战略格局的演变，既为我国的经济发展提供了难得的机遇，也使我国面临严峻的挑战。国家安全仍然面临着一些现实和潜在的威胁。一是虽然在较长时间内不会爆发新的世界大战和针对我国的全面战争，但是霸权主义和强权政治还存在，诱发局部战争、武装冲突的因素还存在，我国周边的不安全因素还存在，战争的威胁并没有根本解除。二是西方国家加紧对我国实行“西化”“分化”和遏制政策，并通过培植、鼓动和支持政治的、民族的、宗教的各类分裂势力，对中国“分而治之”。三是在西方国家暗中或公开的怂恿和支持下，“台独”分裂势力和“东突”恐怖势力活动猖獗，严重地威胁着国家的安全稳定、领土完整和主权统一。处于这样复杂的战略环境，我军打赢现代战争能力不足的问题更加突出，履行维护国家主权和安全利益职能面临着更大的压力和挑战，必须以新的姿态迎接挑战，不断提高我国的国防实力和军队的现代化水平，以更有效地担负起捍卫国家安全和领土完整、为社会主义现代化建设提供安全保障的重任。

2. 市场经济体制对军队建设带来巨大影响

随着我国改革开放的不断扩大，市场经济体制对军队建设带来的影响是巨大的。所有制结构、分配制度和国有企业改革，都会触及军人或其亲属的切身利益；改革开放的扩大和深化，趁机而入的资本主义腐朽思想文化，以及我国历史上遗留下来的剥削阶级腐朽思想文化和腐朽生活方式，也给官兵带来消极影响，从而使官兵的人生观、价值观、道德观出现新的变化，军队思想政治工作面临着新的考验；在市场经济条件下，军队的体制编制、教育训练、后勤保障、战场准备、兵员补充等方面，也面临着一些新情况、新问题；对外交流机会的增多，外军许多新的军事思想不断涌入，我军军事思想也在新形势下发生着一系列的变革。这些情况和影响，要求军队的体制编制、教育训练、后勤保障、战场准备、兵员补充等必须与社会主义市场经济体制相适应，特别是在加强军队思想政治工作的针对性、保证全军官兵政治上的坚定性和思想道德的纯洁性等方面采取相应措施，保持和提高军队战斗力。

3. 高技术战争成为现代战争的基本样式

20世纪90年代以后世界上发生的几场局部战争特别是海湾战争和伊拉克战争，比较全面地展现了当代高技术的最新成果和高技术作战方法，高技术局部战争已成为现代战争的基本形态。世界各主要国家纷纷把高新技术用于军事领域，武器装备体系、军队体制编制、作战方式、战场环境等都发生了较为深刻的变化，高技术战争成为现代战争的基本形态。世界新军事变革迅猛兴起，取得高技术质量优势已成为国际军事竞争的主要标志，军事斗争准备在军事战略全局中的地位更加突出。这些，给国防和军队建设带来新的机遇，也带来严峻挑战，提出了一系列前所未有的崭新课题。如何在战争形态发生重大转变，信息化成为军队现代化的核心和本质的情况下实现我军现代化建设的跨越式发展，这就要求军队必须把军事斗争准备的基点放在打赢可能发生的现代技术特别是高技术条件下的局部战争上，并确立适应时代需要的国防和军队建设的指导思想。

以江泽民为核心的党的第三代领导集体全面推进了我国国防和军队现代化建设的发展进程，与时俱进地制定了我国军事战略、军队建设和国防建设的方针原则，丰富了无产阶级军事思想的宝库。

二、江泽民国防和军队建设思想的主要内容

江泽民作为我国国防和军队现代化建设的第三代领导核心，对新时期军事实践活动的各个方面都有着高屋建瓴、深刻精辟的论述，形成了一个指导性强、内容丰富的科学理论体系。这一理论体系主要由以下三方面组成。

（一）军事战略思想

在新时期，以江泽民为核心的党的第三代领导集体根据国际形势的发展变化，制定了我国新时期军事战略方针。这一战略方针的本质仍然是积极防御，同时又根据新时期军事斗争的实践，对军事领域的一系列重大问题做了新的科学阐述和明确规定，科学地回答了新时期战争与和平一系列重大的理论与现实问题，揭示了现代军事运动的新的趋势和基本规律，从而丰富了无产阶级战争观的内容。

1. 和平仍是主流，战争危险依然存在

冷战结束后，世界总的形势趋于缓和，大战在较长时间内可能避免，但天下并不太平，各种矛盾和斗争错综复杂，地区性动荡加剧，局部战争和军事冲突明显增多。在新的历史时期，江泽民以敏锐的目光，辩证的思维，对国际环境进行了冷静的观察和科学分析，就战争与和平问题做出了准确的判断。

江泽民指出，世界并不太平，导致武装冲突和引发战争的不合理的政治、经济旧秩序还没有得到根本改变，作为现代战争根源的“霸权主义和强权政治依然存在，领土、民族、宗教矛盾错综复杂，世界一些地区发生局部战争和武装冲突不可避免。”（《基层军官理论读本》514 页）因此，我国的国防和军队建设既要着眼于和平时期的长远发展，又要防止和平麻痹、“建和平军”、“当和平兵”的思想。

1993 年 9 月，江泽民指出，我们当前是处在这样一个总的国际形势之下，世界大战一下子打不起来，有可能争取一段较长时间的和平环境。但是，世界和平问题并未根本解决，战争危险产生的根源仍然存在。在总体稳定的和平环境下，必须做好两手准备，一方面要不断本着维护国家主权、维护世界和平的宗旨进行我国的国防和军队建设；另一方面就是要不断通过经济的、政治的、外交的国际沟通与协调，积极争取和不断切实促成世界的真正和平，不断壮大和平与发展的因素。同时也要应付现代条件特别是高技术条件下的局部战争，不断提升国防动员能力和军队的正规化、现代化水平，使中国军队成为维护世界和平的坚定力量。

以江泽民为核心的第三代领导集体准确判断，出于对国际形势的科学分析，承接了邓小平“和平与发展是当今世界的两大主题”的科学论断，在新时期制定了正确的军事战略方针。这个战略方针的提出是对马克思列宁主义军事思想、毛泽东军事思想、邓小平新时期军队建设理论的运用和创造性发展，使我国国防和军队建设进入了一个崭新的阶段。

2. 立足打赢一场高技术局部战争

把未来军事斗争准备的基点放在打赢可能发生的现代技术特别是高技术条件下的局部战争上，是以江泽民为核心的党的第三代领导集体在邓小平国防思想的正确指导下，把积极防御战略同当代军事斗争的最新发展趋势结合起来，提出的新时期军事战略方针的基本精神。它反映了当今世界形势和战略格局所发生的重大变化，反映了高技术条件下的局部战争成为主要作战形式的发展趋势，符合我国国情及面临的主要威胁和周边安全的实际情况。

江泽民说：“世界军事发展的强劲势头，对我军的质量建设和军事斗争准备提出了严峻

的挑战。海湾战争后，经过几年酝酿，我们制定了新时期军事战略方针，把军事斗争准备的基点放在打赢现代技术特别是高技术条件下的局部战争上。在这个战略方针指导下，又提出实现我军由数量规模型向质量效能型、由人力密集型向科技密集型的转变……全军的各项建设和一切工作，包括军事训练、政治工作、后勤保障、国防科研等，都要在新时期军事战略方针的指导和统揽下，立足于未来打赢现代技术特别是高技术条件下的局部战争，周密规划、全面部署和深入展开。也就是说，全军的各项建设和一切工作，都要服从和服务于这一战略方针的需要，都要为确保这一战略方针的胜利实现做好各方面的充分准备。"（《论科学技术》83～84页）新时期军事战略方针的提出，确立了我国新时期军事斗争准备的基点，为我军未来作战提供了基本依据。

从国际关系全局和国家发展大局，谋划"打得赢"。首先，科学分析国际战略形势，正确把握战争与和平的关系。对世界局势的科学判断和正确把握，是我们党谋划国防和军队建设的基本依据。江泽民经过冷静观察和深刻分析，对国际战略形势的发展以及战争与和平问题做出了基本判断，指出"总体和平、局部战乱，总体缓和、局部紧张，总体稳定、局部动荡，将是今后一个时期国际局势发展的基本态势"。针对国际战略形势的发展变化和我国安全环境面临的复杂态势，江泽民告诫我们必须把维护国家安全统一和发展利益摆在更加突出的战略位置，确保有效维护国家安全统一和发展利益。当代中国军队建设既要努力提高打赢战争的能力，又要努力提高遏制战争的能力。遏制战争，是相对和平时期军队的重要职能，也是维护国家安全统一和发展利益的最佳战略选择。军队要达到遏制战争的目的，必须增强国防实力。保持强大的威慑力，具备打赢战争的能力。其次，加强军队建设，提高国家战略能力。早在1990年，江泽民就曾指出，我们不仅在战争环境下要重视和加强军队建设，在相对和平时期，同样要重视和加强军队建设。有了一支与我们国家地位相称的强大的军队，无论出现什么突发事件，都能从容应付，立于不败之地。他后来还指出，没有一个人民的军队，便没有人民的一切，这仍然是一个颠扑不破的真理。在新的历史时期，军队的地位和作用更加重要，国防和军队建设只能加强，不能削弱。这充分表明了新时期加强国防和军队建设对于保证打赢高技术局部战争的极端重要性。维护国家安全，保障国家发展利益，必须提高国家战略能力。

国家战略能力是江泽民提出的一个重要的国家安全战略思想，既是指国家在非战争状态下，营造和形成有利的安全战略态势的能力，也是指国家在战争状态下，进行战争、赢得战争的能力。从维护国家安全的角度讲，国家的综合国力也就是国家战略能力，主要包括经济实力、国防实力和民族凝聚力。提高国家的战略能力，必须在加快发展经济的基础上，进一步增强国防实力。我国作为世界上最大的发展中国家，只有不断提高国家的战略能力，才能从容应对国家安全所面临的各种挑战和考验，始终处于战略主动地位。

执行新时期军事战略方针，必须坚持军事战略服从和服务于国家发展战略。江泽民指出，当前和今后一个时期，军事战略指导的中心问题，是要维护国家的领土、海洋权益和社会秩序，保障国家经济建设和开放有一个安全稳定的内外环境。这是对军事战略服从和服务于国家发展战略的基本要求。军事战略是国家总体战略的有机组成部分，军事战略从属于国家总体战略，服从和服务于国家的总体战略，因此，维护和实现国家的最高利益是军事战略的最高原则。

执行新时期军事战略方针一定要坚持平时遏制战争与争取打赢战争相统一的原则。江泽民指出，做好打赢一场现代技术特别是高技术条件下的局部战争的准备，正是为了尽可能防止和避免战争的发生，也是确保一旦发生高技术战争我们能够夺取胜利的根本性措施。我国进行社会主义现代化建设迫切需要一个长期稳定的和平环境。新时期军事战略要求军队把遏制战争爆发作为一项重要的职能，并结合政治、经济、外交等各种手段和种种斗争形式，努力遏制局部战争和武装冲突的爆发，使国民经济建设免遭战争的冲击。同时，随着综合国力的提高，国防力量也将越来越强大。威慑力是以强大实力作后盾的，军事实力是遏制战争的客观基础，遏制战争必须具有打赢战争的能力，打赢战争是遏制战争的重要前提。

执行新时期军事战略方针，还必须坚持灵活正确的战略指导。以江泽民为核心的党的第三代领导集体鉴于我军长期革命战争实践的丰富经验，以及对现代高技术战争特点的科学认识，深知实行灵活正确的战争指导对夺取战争胜利的重大作用。因此，江泽民要求全党全军要全面贯彻邓小平“冷静观察，稳住阵脚，沉着应付，韬光养晦，善于藏拙，决不当头，有所为有所不为”的战略方针，力求站在时代发展前沿，密切关注国际战略形势发展变化的各种动向，预测战争可能的发生和发展，正确处理国际间的各种关系，及时对国际上的各种关系到我国安全的事件做出必要的有力反应。

3. 坚持高技术条件下的人民战争

人民战争思想是毛泽东军事思想的核心，也是邓小平新时期军队建设思想的核心内容。作为马克思主义政党领导的军事力量，必须体现无产阶级革命的本质特征，要体现社会主义制度的属性和政治优势，也是我国军事力量具有合法性的和军事活动具有正义性的根本保证。一切依靠人民，一切为了人民，中国的军事力量之所以能够不可战胜，取决于这是一支为人民利益而战斗的力量。人民战争思想，是无产阶级政党和社会主义国家在军事斗争中必须始终坚持的基本原则和光荣传统。在现代社会条件下，在科技强军的现代战争中，能够达到高速的动员和战争准备，以及战争中的人心向背，最终还是取决于广大人民的支持和配合。

人民战争是我们以劣胜优、克敌制胜的法宝，是我们的传统优势。在新的形势下，江泽民特别强调，应付现代技术特别是高技术条件下的局部战争，现阶段我们确有困难，但我们也有自己的优势，我们真正的优势还是人民战争。江泽民要求全军树立立足现有装备作战的思想，发扬人民战争的优良传统，研究和演练以劣胜优的战法，增强战胜敌人的信心。从目前的情况看，我们以劣对优的状况在短期内还不能改变。但我们必须看到，我国地域广阔，人口众多，特别是我们进行的是保卫国家主权和人民利益的反侵略战争，它符合国家和人民的根本利益，这就在政治上为赢得战争胜利获得了有巨大优势的深厚根源；我国国民经济的发展和民众科学技术素质的提高，又为我们赢得高技术条件下的局部战争奠定了必要的物质和科技基础；全民国防意识的增强，党政军民大团结的巩固，为克敌制胜赋予了坚实的力量源泉。这样，在现有物质基础上，加速改进我军的武器装备；大力提高人员素质，科学解决人与武器的结合；注重高技术条件下局部战争的战略战术和战法研究，努力探讨以劣胜优的新特点、新方法。结合发挥这些优势，就一定能赢得未来反侵略战争的胜利。

开展国防教育，增强国防意识。江泽民指出，要重视在全体人民中进行国防教育，增强国防意识。国防教育要作为公民的终身教育，要坚持不懈地抓下去。坚持全民办国防的方针，依靠人民建设军队、建设国防。要深入持久地开展国防教育，增强全民国防观念，完善国防动员体制，加强国防后备力量建设。按照人民战争的战略思想，必须实行精干的常备军与强大的国防后备力量相结合，在加强军队建设的同时高度重视后备建设，做到平时少养兵，战时多出兵。新形势下的国防后备力量建设，完善组织体制以及相关的政策制度。预备役部队和民兵要保持适度规模，优化结构，提高快速动员能力和训练水平，真正做到招之即来，来之能战。进一步调整和完善国防动员体制，提高国防动员能力。

紧紧依靠最广大的人民群众建设军队、建设国防，是我国国防和军队建设必须始终遵循的一个根本原则。国防和军队建设，是全党和全国各族人民的共同事业。在高技术条件下，人民战争的地位不是降低了，而是更高了。无论武器装备如何发展，战争形态如何变化，人民战争都是我们克敌制胜的法宝。我们要结合新的历史条件和新的实践，坚持和创造性地发展人民战争的思想。

（二）军队建设思想

在新的历史条件下，军队建设的总目标和总方针是什么，这关系到军队建设的方向性问题。江泽民明确提出，军队要按照“政治合格、军事过硬、作风优良、纪律严明、保障有力”的总要求进行建设。这“五句话”的总要求思想深刻，内容丰富，意义深远。它体现了毛泽东的建军思想，特别体现了邓小平新时期军队建设思想的要求，是对毛泽东建军思想和邓小平新时期军队建设思想的继承与发展。

1.“五句话”总要求的基本含义

（1）政治合格，其核心是要解决我军永不变质的问题　政治合格的根本含义就是要坚持和接受中国共产党的绝对领导，保证我军人民军队的性质和宗旨，确实履行党和人民所赋予的神圣使命。要做到政治合格，一是要始终不渝地坚持和接受党对军队的绝对领导，保证枪杆子永远听从党的指挥；二是要努力贯彻和实践全心全意为人民服务的宗旨；三是要坚定不移地用科学的思想武装全军官兵，引导官兵树立正确的人生观、价值观，与党中央和中央军委保持一致；四是坚持党管干部的原则，努力建设一支高素质的干部队伍。

（2）军事过硬，其关键是要解决我军打得赢的问题　军队是国家的武装力量，是执行国家对内对外的暴力工具。他的根本任务是保卫人民和国家的生命安全、经济利益和国家的主权与领土完整。为此，针对新形势的要求，江泽民对军队再三强调，一是必须坚持毛泽东军事思想和邓小平新时期军队建设思想的科学指导地位，深入研究高技术战争的指导规律，务求军事理论建设的优势地位；二是贯彻积极防御的新时期军事战略方针；三是以科技为先导，不断改善我军的武器装备，确保我军掌握具有世界先进水平的“杀手锏”；四是用科学知识武装全军官兵，不断提高我军官兵的军事素质；五是实行科学的编制体制，走科技质量效能型之路；六是以训代战，努力提高高技术条件下的防卫作战能力；七是牢固树立战斗队的思想。

（3）作风优良，其重点就是要解决我军永葆本色的问题　优良的光荣传统和特有的政治优势，是我军性质宗旨的集中体现，也是构成我军战斗力的重要因素和克敌制胜的法宝。其主要内容是实事求是、言行一致、公道正派、廉洁奉公、艰苦奋斗、勤俭节约、尊干爱兵、拥政爱民、雷厉风行、英勇顽强等。江泽民反复强调，在新的历史条件下，更要大力加强我军的作风建设，发扬我党我军的光荣传统，发扬老红军的优良传统，特别要发扬邓小平倡导的“五种革命精神”，永葆人民军队的本色。

（4）纪律严明，其重心就是要解决新时期军队指挥到位的问题　江泽民根据新的历史条件强调指出，必须“以加强纪律建设为核心内容，依法从严治军”。（《军队高中级干部理论学习读本》964页）因为“在长期的和平环境中，部队容易松懈，坚持从严治军很不容易，但正因为如此，治军就更要严格，丝毫懈怠不得”。（《军队高中级干部理论学习读本》964页）为此，一要严格政治纪律，坚决维护政令军令的权威性、严肃性，确保党中央、中央军委决策的贯彻落实；二要树立高度自觉的组织观念，无论客观环境如何变化，都必须按组织原则行事；三要严格遵守条令条例和各项规章制度；四要严格执行群众纪律，自觉接受群众的监督，维护人民的利益。

（5）保障有力，其要害就是要解决我军在高技术战争条件下供得上的问题　现代技术条件下的作战，消耗大，技术保障复杂，时效性要求高，对后勤和技术保障的依赖性大。实现保障有力，就是要根据高技术条件下的作战需要，加强后勤和技术保障建设。主要抓好应急综合保障能力的提高，后勤建设的改革，建立平战结合、军民兼容的后勤保障体系，加强后勤保障技术的训练等，以适应高技术战争的需要。

2. 坚持和加强党对军队的绝对领导

坚持中国共产党对军队的绝对领导，是毛泽东等老一辈无产阶级革命家创立的根本建军原则。新的历史时期，江泽民用极大的精力坚定不移地贯彻了这一原则。江泽民主持军委工作以来，结合新的建军实践，把这一问题的重要性提到新的理论高度。江泽民指出，坚持党对军队的绝对领导，这是我们建军的根本原则，是我们党的优良传统，是我们军队特有的政治优势，必须继续保持和发扬。江泽民特别强调，一个军队要有军魂，我们军队的军魂就是党的绝对领导。

军队要筑牢"军魂"意识。江泽民把党对军队的绝对领导作为军队建设和发展的首要问题，始终予以高度关注，明确指出，"一个军队要有军魂。我看，我们军队的军魂就是党的绝对领导。"他还多次强调，"党对军队的绝对领导是我军永远不变的军魂"。这是对我军建军根本原则的丰富和发展。面对国际风云变幻和国内改革开放的新形势，江泽民把党对军队的绝对领导作为军队建设和发展的首要问题，把党对军队的绝对领导提到军魂的高度加以强调，内涵非常丰富，意义重大而深远。这一科学论断，深刻揭示了我军作为党的军队、人民的军队、社会主义国家的军队的本质所在；深刻揭示了永远听党指挥是我军发展壮大，从胜利走向胜利的根本保证，是我军立军之本；深刻揭示了无论时代怎样发展，社会环境怎样变化，我军都必须始终不渝地坚持党对军队的绝对领导，丝毫也不能动摇。党对军队的绝对领导，要靠军队各级党委的核心领导作用、党支部的战斗堡垒作用和党员的先锋模范作用来具体贯彻和体现。

这一点在新的历史时期尤为重要。毛泽东同志作为我军的主要缔造者，为确立党对军队的绝对领导做出了巨大的历史性贡献。他在三湾改编时提出"支部建在连上"这一建军原则，把党的组织建立在基层，从而使党得以切实掌握部队。他主持起草的古田会议决议，提出了党对军队领导的根本原则、措施和方法，明确规定党不仅要管党员、管政治工作，而且要管军事、管打仗。毛泽东同志还从政治原则高度明确了党同军队的关系，鲜明地提出"我们的原则是党指挥枪，而决不容许枪指挥党"。毛泽东同志创立的党对军队绝对领导的理论及其一整套制度，对于消除一切旧式军队的影响，把我军这支以农民为主要成分的军队建设成为新型的无产阶级军队，起到了决定性作用。邓小平同志历来十分重视军队在国家政治生活特别是维护国家稳定中的重要作用，他从来都是从政治上思考和处理军队问题的。这也是邓小平同志新时期军队建设思想最显著的特色。邓小平同志指出，我们国家所以稳定，军队没有脱离党的领导轨道，这很重要。他强调：党要管军队，军队任何时候都要听党中央的话，选人也要选听党的话的人。军队不能打自己的旗帜。（江泽民《论党的建设》196、197 页）

近几年来，军委狠抓了军队党的建设，军队中各级党组织较好地发挥了核心领导作用和战斗堡垒作用，部队的思想政治建设得到了加强。保证党从思想上政治上掌握军队。始终坚持党对军队领导地位的绝对性，一个根本要求就是保证党从思想上政治上掌握军队。江泽民强调，保持党对军队的绝对领导，必须首先从思想上政治上掌握军队。只有从思想政治上掌握部队，才能使广大官兵凝聚在党的旗帜下，做到任何时候、任何情况下都忠于党，跟党走，听党指挥；才能使广大官兵保持坚定的政治立场和正确的政治方向，在重大原则问题上分清是非界限，提高鉴别能力，才能使广大官兵具有先进的思想觉悟和高尚的道德情操，始终保持革命军人的政治本色。

我军在政治上是合格的，党中央是信赖的。同时必须看到，西方敌对势力为实现其“西化”“分化”中国图谋，正在伺机对我军进行渗透和破坏，他们鼓吹的“军队非党化”和“军队非政治化”那一套，就是妄图改变我军的性质，使我军脱离党的领导。军队同志特别是高中级干部，对此必须高度警惕，始终保持政治上的清醒和坚定。（江泽民《论党的建设》196～197 页）为了把党对军队的绝对领导落到实处，江泽民特别强调，一要严守政治纪律；二要加强思想政治教育；三要搞好军政军民关系和官兵关系，加强军政军民团结和军队内部的团结；四要加强各级领导班子建设。

3. 走科技强军和精兵之路

大力加强军队质量建设，坚定不移地走有中国特色的精兵之路，是以江泽民为核心的中央军委在新时期做出的一个最重要的战略决策。江泽民主持军委工作后，反复强调军队必须加强质量建设，走精兵之路。从 1990 年到 1992 年，江泽民多次指出，加强国防不能在增加军队数量上打主意，不但不能在数量上打主意，我们还应该使军队更精干，政治质量更高，军事素质更高；要从严治军，走精兵之路，进一步收缩摊子，优化结构，加强管理，通过提高部队质量来提高部队战斗力；部队要严格训练，严格管理，加强教育，把质量建设的方针落实到各项工作中去，不断提高部队的战斗力和作战指挥能力。为此，1995 年年底，在中共中央、国务院提出科教兴国战略的同时，中央军委明确提出在军队建设上要逐步实现由数量规模型向质量效能型、由人力密集型向科技密集型的转变，这标志着我军科技强军战略的正式形成。

走科技强军和精兵之路，必须实现“两个转变”。

（1）依靠科技强军，把我军的质量建设搞上去　随着科学技术的迅猛发展及其在军事领域的广泛应用，军事力量的要素构成、军事力量的运用方式等都发生了很大变化，军队的质量对战争胜负越来越具有决定性意义。提升军队质量，是世界新军事变革的显著特征；争夺质量优势，是世界军事竞争的重要发展趋势。能否适应这一趋势，把我军的质量建设搞上去，关系我国在世界格局中能否占据更加有利的战略地位，关系我军能否打赢未来可能发生的高技术局部战争。江泽民把加强军队质量建设，依靠科技强军，走有中国特色的精兵之路，加快我军的现代化建设，提高我军在现代技术特别是高技术条件下的作战能力，作为今后一个时期军队建设的重要指导思想。江泽民丰富和发展了邓小平的“精兵”思想，为世纪之交我军的建设和改革指明了方向。

（2）全面提高军队建设的科技含量　加强军队质量建设的关键是实施科技强军战略。实施科技强军战略，核心内容是把依靠科技提高战斗力摆在国防和军队建设的战略位置，增强国家的军事科技实力，全面提高军队建设的科技含量。在指导思想上，“由应付一般条件下的局部战争，向打赢高技术条件下的局部战争转变”；在军队建设上，实现“由数量规模型向质量效能型、由人力密集型向科技密集型的转变”。这“两个转变”的实质，就是把提高战斗力的重点转到依靠科技进步的轨道上来。

（3）开展科技练兵，抓好军事训练　开展科技练兵，推动军事训练向更高层次发展。现代战争特别是高技术局部战争的一个显著特点，就是知识和技术高度密集，要求军人必须具备现代科学技术知识。江泽民强调，要把军事训练作为部队经常性的中心工作，切实摆在战略位置。军事训练是和平时期军队战斗力生成的基本途径。把人和武器结合起来，要靠训练；培养部队英勇顽强的战斗的作风，要靠训练；提高指挥员组织指挥现代战争的能力，也要靠训练。部队要做到政治合格、军事过硬、作风优良、纪律严明、保障有力，都要通过严格的训练。要适应高技术战争的主要特点和样式，抓好战略、战役和战术各个层次的诸军兵种联合作战训练，提高联合作战能力。

走科技强军和精兵之路，必须正确处理军队数量与质量的关系。江泽民指出，我国幅员辽阔，地形复杂，由于装备性能比较落后，机动能力比较低，军队需要保持一定的规模。（《基层军官理论学习读本》516 页）但是规模过大，又会影响整个国家的经济建设，从而最终影响军队的现代化建设。江泽民说："随着世界科学技术日新月异的进步，以及由此带来的世界军事变革的加速发展和武器系统效能的空前提高，加强我军的质量建设显得愈来愈重要，愈来愈紧迫。军队质量在现代战争中具有决定性的意义。我们必须把质量建设作为实现我军现代化的基本指导方针，摆在更加突出的位置。"（《基层军官理论学习读本》516～517 页）减少数量，提高质量，争夺质量优势，就是我军实现现代化的必然选择。要积极稳妥地进行编制体制的调整改革。军队编制体制是实现人与武器有机结合的组织形式，科学的编制体制是战斗力的倍增器。目前，在广泛采用高技术的情况下，军队编成的科学性、结构的合理性、指挥的灵便性、运转的协调性、构成作战体系的密切性等，直接关系到军队战斗力生成与发展。

走科技强军和精兵之路，关键是要科技强军。走有中国特色的精兵之路，核心是一个"精"字。江泽民指出，精，既是对"量"的要求，更是对"质"的要求。减少数量，并不等于质量会自然而然地提高。加强质量建设的关键，是实施科技强军的战略，提高军队现代化建设的各个方面的科学技术含量，增强现代技术特别是高技术条件下的防卫作战能力。面对世界军事发展的新形势，我们必须更加自觉、更加坚定地贯彻科技强军战略，争取实现我国国防和军队现代化建设的跨越式发展，尽快缩短同世界主要军事强国的差距。武器装备现代化是军队现代化的物质基础，也是科技强军的突出标志。因此，必须把国防科技发展和武器装备建设放在优先的位置，"千方百计把我军武器装备搞上去"。（江泽民《论科学技术》86 页）

4. 加强和改进新时期思想政治工作

加强人民军队的思想政治建设，是人民军队的一个极其显著的特点。江泽民指出，搞好军队的思想政治建设，是搞好军事训练、后勤保障以及整个军队现代化建设的重要基础。思想政治建设是革命化建设的核心，是引导全军干部战士拒腐蚀、永不沾，永葆人民军队革命本色的可靠保证。所以，我们必须高度重视军队的思想政治建设，必须把他摆在全军各项建设的首位。（《军队高中级干部理论学习读本》886 页）这个要求，体现了人民军队建设的内在规律，对新形势下加强我军建设具有根本的指导意义，也是在国防和军事领域贯彻落实"三个代表"重要思想的具体体现。思想政治建设是军队革命化建设的核心，是我军立于不败之地的重要前提和可靠保证。

江泽民指出，对于新时期的军队建设，有两个最重要的问题是我始终加以关注的：一个是在复杂的国际环境中，我军能不能跟上世界军事发展的趋势，打赢未来可能发生的高技术战争；一个是在社会主义市场经济和对外开放条件下，我军能不能保持人民军队的性质、本色和作风，始终成为党绝对领导下的革命军队。江泽民说："社会主义市场经济的发展，对外开放的扩大，为军队发展注入了强大的活力，有力地促进了军队的革命化、现代化、正规化建设。但是，在发展社会主义市场经济和对外开放的过程中，不可避免地会出现一些消极腐朽的东西，而这些东西对官兵思想的侵蚀和影响，对部队作风、纪律的冲击，就其广泛性和严重性来说，也是前所未有的……我之所以一再强调要把思想政治建设摆在全军各项建设的首位，强调军队讲政治应该标准更高、要求更严，就是着眼于在思想政治上切实掌握部队，使广大官兵拒腐蚀、永不沾，始终保持政治上的坚定和思想道德上的纯洁。"（《军队高中级干部理论学习读本》962～963页）"如果不能在新形势下做到拒腐蚀、永不沾，我们这支人民军队就有改变性质的危险，就会丧失战斗力。"（《军队高中级干部理论学习读本》885页）军队坚持战斗力标准，需要强有力的政治工作。只有通过强有力的思想政治工作，将党的方针政策、强烈的革命事业心与政治责任感和进步的思想贯注于干部战士的头脑中，才能把干部战士身上蕴藏的力量充分激发出来，成为部队凝聚力的重要因素，成为推进军队现代化建设的强大动力，成为我军克敌制胜的战斗力。

随着编制体制的调整，大批中、青年干部走上领导岗位，一批批有知识、有文化的青年进入部队。但是，他们大都没有经历过战争的考验和艰苦环境的锻炼，对军队的奋斗历史缺乏了解，对党和军队的优良传统体会不深。在新世纪军队建设进程中，如何使年轻官兵的思想适应社会主义市场经济和改革开放的新形势，把自己培养成懂军事、懂政治、能打仗、会建设的高素质人才，认清自己的神圣职责和历史使命，这些都离不开强有力的思想政治教育。另外，加强和改进新时期的思想政治工作，必须抓好共产主义的理想信念教育、优良传统的教育，要用先进文化教育官兵，要使思想政治教育与时俱进。江泽民说："军队的思想政治教育一定要适应改革开放和军队革命化、现代化、正规化建设的新形势，紧密联系干部战士的思想实际，加强针对性、系统性和创造性。"（《军队高中级干部理论学习读本》916页）政治教育对症下药，要有针对性，只有找准了问题的核心、本质、主要矛盾，才能揭示事物的内在规律。

思想政治建设是永葆人民军队革命本色的可靠保证。新时期军队思想政治建设的使命，是为打赢未来高技术战争提供强大的精神动力，为保持人民军队的性质、本色和作风提供可靠的政治保证。在国际国内环境发生大变动的时期，在高技术对军事领域的影响越来越广泛深刻的情况下，我军思想政治建设只能加强不能削弱，只能抓紧不能放松。推进军队的现代化建设，必须充分发挥政治觉悟、奋斗精神的作用。"靠钱是堆不出一支现代化的革命军队来的"，打赢未来高技术条件下的局部战争，需要大力加强武器装备建设，但坚定的革命理想信念、自觉的牺牲奉献精神所产生的巨大力量，是任何物质的东西都无法替代的。有了现代化的武器装备，加上我军特有的政治优势，我们就能无往而不胜，另外，加强思想政治建设，是引导全军官兵拒腐蚀、永不沾、永葆人民军队革命本色的可靠保证。要确保官兵政治坚定性和思想道德纯洁性，必须充分发挥思想政治建设的这个优势。

5. 以训代战，把教育训练提高到战略高度

建设现代化国防，打赢高技术战争，关键是要有现代化人才。未来的军事竞争，说到底是人才的竞争。在武器装备处于敌优我劣的情况下，更需要抓好官兵素质的提高。和平时期军事人才的培养，主要是通过部队和院校的教育训练。把人和武器结合起来，要靠训练；培养部队英勇顽强的战斗作风，也要靠训练；提高指挥员组织指挥现代战争的能力，同样靠训练。军事理论的研究成果、武器装备的发展和新型武器的性能状况、部队编制体制的改革成果等，均需要通过训练才能形成现实的战斗力。因此，“必须坚持把教育训练摆在战略地位”。（江泽民《论科学技术》88 页）紧紧抓住教育训练这根主线，必须从两个方面入手。一是加大军事院校教育内容和教学方法的改革力度，使其与时代接轨，与世界接轨；加强高科技知识、新型武器装备知识和现代军事指挥知识的含量，着力培养既懂政治又懂军事，既懂指挥管理又懂专业技术的复合型人才。二是改革部队军事训练的内容、训练方式和训练手段，大力开展科技练兵，努力提高部队在现代技术特别是在高技术条件下的战术技术水平。科技练兵的主要特点是要以高技术对手为主要对象，用高科技知识武装官兵的头脑，用科技方法改进训练手段，用最佳的组合增强武器装备的效能，用科学的和实事求是的方法与精神研练以劣胜优的战法。江泽民指出，立足于现有装备战胜高技术装备的强敌，这是我军训练的基本出发点。我们常讲，要增强立足于现有装备克敌制胜的信心。信心从哪里来呢？归根到底是要通过训练提高战术、技术水平，找到对付高技术对手的办法。（江泽民《论科学技术》88 页）

（三）国防建设思想

1. 正确处理国防建设与经济建设的关系

以江泽民为核心的第三代领导集体，结合新的形势，对正确处理和平时期国防建设与经济建设的关系，继承和发展了毛泽东、邓小平关于国防建设的思想和理论，为我国国防现代化建设进一步指明了方向。

马克思主义认为，国力是军力的基础，经济力量对国防力量具有决定性的作用。经济条件决定着国防建设的规模和水平，决定着武装力量的编组形式和作战方式。在新形势下，江泽民指出，国防建设和军队建设必须以经济建设为依托，服从国家经济建设的大局。国民经济发展了，才能为国防现代化提供必要的物质技术基础。江泽民的重要论述，丰富和发展了毛泽东、邓小平关于国防建设与经济建设的辩证关系，同时，也是我国在新世纪发展过程中，正确处理经济建设与国防建设关系的指导原则。

当今国际社会的竞争，归根结底是经济实力和以经济实力为基础的综合国力的竞争，在矛盾复杂的现代国际关系中，要争取有利的国际地位，争取竞争的战略主动权，制约战争爆发，维护世界和平与稳定，必须有强大的综合国力为基础和后盾。如果没有强大的以科学技术为基础的综合国力，在世界舞台上就没有发言权。随着科学技术的飞速发展，国防建设对经济基础的依赖程度越来越大，高技术战争的实质就是国家与国家间的经济与科学技术的总体较量。

目前，我国还是一个发展中国家，仍处在社会主义初级阶段，尽管经过了半个世纪的发展，生产力水平有了很大的提高，但总的来说生产力水平不发达的状况没有根本改变，经济落后、科学技术不发达仍制约着我国综合国力。基于这样的分析，江泽民反复强调，经济建设是国防建设的基础，国防建设的发展最终取决于经济的发展；强调军队要服从国家经济建设的大局，这是我们在处理经济建设与国防建设关系上必须始终遵循的一个重要指导思想；强调军队必须积极支持和参与改革开放和现代化建设，为国家的发展和繁荣贡献力量。近年来，我国国防建设自觉服从国家经济建设的大局，努力减轻国家的负担，积极支援国家经济建设，对于推动我国经济的发展和综合国力的增强起到了积极的效果，这也从根本上增强了我国的国防实力。随着国民经济的发展，国防科研和装备建设计划也较好地得到了落实，有些领域得到了突破性进展，从总体上看我军的武器装备水平迈上了一个新的台阶，使我军的常规作战能力、空海作战能力、核打击能力和后勤保障能力都有了很大的提高。强调国防建设要服从国民经济建设的大局，绝不是说国防建设就可以无足轻重了，也不意味着国防建设就可以停一停，甚至放在可有可无的地位，而是强调国防建设要与国民经济建设协调发展、相互促进。江泽民指出，国防现代化是我国社会主义现代化的重要组成部分，加强国防建设是国家安全与经济发展的基本保证；国家要根据需要和可能，支持和加强国防建设。对经济建设和国防建设，实行两头都要兼顾的方针。国防和军队建设只能加强，不能削弱。努力实现“两个建设相协调，两个战略相配套，两个进程相一致”，即国防和军队建设必须与国家经济建设相协调，国防和军队发展战略必须与国家经济发展战略相配套，国防和军队现代化发展进程必须与国家现代化建设发展进程相一致。同时，还要保持我国国防建设与世界军事的发展相同步。

2. 建设具有中国社会主义特色的现代化国防

国防现代化是国家战略目标之一，四化建设其中一个重要的内容就是国防现代化，这既是三代领导集体共同的心愿，也是全国人民的心声。中国特色社会主义国防现代化建设道路，就是既要看到我国国防与世界军事强国存在的差距，通过投入与经济发展相符合的国防经费来换取较高国防效益，又不失时机地切实推进国防和军队现代化建设进程，走出一条符合中国国情和政治诉求的道路，坚定地走和平发展和维护世界和平的国防、军事发展道路。

建设具有中国社会主义特色的现代化国防，首先必须建立现代化的军事理论。要建立现代化的军事理论，就必须正确处理继承与创新的关系。江泽民指出，马克思主义的发展史告诉我们一个深刻的道理：社会实践是不断发展的，我们的思想认识也必须不断前进，不断根据实践的要求进行创新。思想解放、理论创新，是引导社会前进的强大力量。我们始终要坚持以马列主义、毛泽东思想特别是邓小平理论为指导，这一点丝毫不能动摇。同时，我们也必须根据新的实践不断进行新的探索，不断为实践提出新的理论指导。（江泽民《论“三个代表”》50 页）军事理论来源于军事实践，科学技术的发展强制性地改变了战争的形态、方式和方法，有了新的战略战术。我们必须根据新的时代条件的变化和军队建设、国防建设的现实需要，努力发展具有中国特色的军事指导理论。江泽民指出，当前和今后一个时期，主要是抓好两大课题的研究。一是研究现代技术特别是高技术条件下仗怎么打的问题；二是研究在对外开放和发展社会主义市场经济条件下怎么治军的问题；要集中全军的智慧，共同完成时代赋予我们的这一历史任务。（《接见军事科学院干部时的讲话》，1998 年 3 月 18 日）

其次，国防现代化的重要内容是实现武器装备的现代化。江泽民强调指出，我们不是唯武器论者，相信最终决定战争胜负的是人而不是物，但是先进的武器毕竟是重要的，科学技术是不能忽视的；必须把国防科学技术发展和部队装备建设放在突出地位，我们有信心、有能力战胜任何敌人，但武器装备落后，特别是高技术条件下的对抗能力不强，夺取战场主动权就比较困难，赢得胜利就要付出较大代价，因此必须尊重科学，重视武器的作用。把武器装备建设的着力点放在自主创新上。坚持自力更生为主、引进为辅。拥有自主知识产权，才能将祖国的发展与安全的命运牢牢掌握在我们手中。在大力推进高科技自主创新、发展有自主知识产权技术的同时，利用一切可利用的资源，学习一切可以借鉴的经验，有选择地引进关键的装备和技术，努力实现国防科技事业和武器装备建设的新突破、新发展、新跨越。要把国防科技发展和武器装备建设放在突出地位，必须坚持国防建设与经济建设相互促进、协调发展，使国防科技发展与武器装备建设适应新时期军事战略以及整个国家现代化建设事业发展的需要。江泽民从新时期的形势、任务和实际情况出发，指出，把经济搞上去和建立强大的国防，是我国现代化建设的两大战略任务。（《基层军官理论学习读本》515 页）一方面，把经济建设搞上去，是发展国防科技、改善武器装备的前提条件。雄厚的经济基础，是推动武器装备上质量、上台阶、上水平的根本保证。另一方面，要在国家财力增加的基础上，逐步加大国防科技发展和武器装备建设的投入，努力提高武器装备的现代化水平。“如果不随着经济的发展而努力加强国防建设，提高军队武器装备的现代化水平，一旦发生战争，我们就可能陷于被动，就难于有效地维护国家安全。”（《基层军官理论学习读本》515 页）

最后，建立具有中国社会主义特色的现代化国防工业体系。我国的国防工业体系是在以毛泽东为核心的老一辈无产阶级革命家关心、支持，并亲自过问和指挥下建立起来的。国防工业在保卫国家主权、反对外国入侵、维护世界和平、反对霸权主义和强权政治的斗争中，做出了巨大的贡献，捍卫了国家的尊严。江泽民指出，我国“两弹一星”事业不断取得辉煌的发展，这极大地鼓舞了中国人民的志气，振奋了中华民族的精神，为增强我国的科技实力特别是国防实力，奠定我国在国际舞台上的重要地位，做出了不可磨灭的巨大贡献。在发展社会主义市场经济的新形势下，具有中国社会主义特色的现代化国防工业体系应如何发展呢？江泽民指出，在发展社会主义市场经济的新形势下，我们不断探索和完善国防建设与经济建设相互促进、协调发展的机制，坚持寓军于民，推动国防科技工业走“军民结合、平战结合、军品优先、以民养军”的发展道路。“第一，坚持寓军于民”。“寓军于民，是把这两项战略任务有机统一起来的重要举措。关键要坚持按照经济规律和科学规律办事，发挥市场配置资源的基础性作用，建立和完善适应新形势的新体制，把各方面的积极性、主动性和创造性充分发挥出来。”（江泽民《论科学技术》210 页）“第二，坚持大力协同，形成推动国防科技建设的社会大协作体系。搞国防科技建设，必须坚持大力协同的原则，绝不能搞成过去那种自成体系、自我封闭、分工过细、军民分割的局面。”（江泽民《论科学技术》211 页）“第三，坚持自力更生，瞄准实现技术发展的跨越，加强自主创新。推进国防科技建设要两条腿走路。一是要坚定不移地发扬自力更生、奋发图强的精神，坚持自主创新，不断攀登科技高峰；二是抓住有利时机，有选择地引进先进的技术装备和管理方法，提高我国的武器装备水平。”（江泽民《论科学技术》212 页）

3. 加强全民国防教育，增强全民国防观念

国防现代化包括十分丰富的内容，国防精神和国防观念是其中不可忽视的重要方面。在加强国防建设的诸项工作中，国防精神和国防观念建设是重要的一项。但在长期的和平环境和发展社会主义市场经济的条件下，一方面人们容易淡化国防意识，产生和平麻痹思想。另一方面，市场经济的利益主体多元化，容易使局部利益或个人主义倾向得到强化。因此，我们必须紧紧抓住发展市场经济给人们的思想观念、利益关系、价值取向、精神状态带来的负面影响，切实加强国防教育，大力增强全民的国防观念。通过国防教育来提高全体公民的思想道德素质和组织纪律素质，使公民的综合素质能够适应现代战争和国防现代化的需要，切实增强我们的国防实力。江泽民指出，越是在和平时期，越要宣传国防建设的意义，克服和平麻痹思想，增强人们的国防观念。

开展和加强国防教育，增强全民的国防观念的原因如下。

首先，战争的根源仍然存在。从根本上讲，战争是私有制和阶级压迫的产物。只要有阶级和私有制的存在，就不可避免地发生压迫与反压迫、侵略与反侵略的战争。历史发展到今天，霸权主义成为当代战争的总根源。奉行霸权主义和强权政治的国家，倚仗其军事、经济实力，总是企图把自己的意志强加给别人，干涉他国内政、侵犯别国主权，从而构成了对世界和平的严重威胁。江泽民指出，霸权主义、强权政治的存在，始终是解决和平与发展问题的主要障碍。世界的发展也决不能长期建立在广大发展中国家贫穷落后的基础上。（《基层军官理论学习读本》347 页）

其次，世界局势并不安宁。国际局势总体上趋向缓和，但是，昔日被超级大国争霸所掩盖的某些国家或地区的民族矛盾、宗教纠纷和边界领土争端日益突现出来，世界地区性的局部战争和武装冲突呈上升趋势。江泽民指出，当今世界正处在大变动的历史时期，两极格局已经终结，各种力量重新分化组合，世界正朝着多极化方向发展。新格局的形成将是长期的、复杂的过程。在今后一个较长时期内，争取和平的国际环境，避免新的世界大战，是有可能的。同时也要看到，目前国际形势仍然动荡不安。世界各种矛盾的深入发展，不少国家和地区的民族矛盾、领土争端和宗教纷争突出起来，甚至酿成流血冲突和局部战争。国际经济竞争日趋激烈，许多发展中国家经济环境更加恶化，南北差距进一步扩大。海湾战争、科索沃战争、阿富汗战争、巴以冲突等就是上述矛盾的一个个缩影。

再次，我国周边安全环境仍存在着某些复杂的不安定因素。我国与周边少数国家的边界问题尚未解决。特别是南中国海海域和南沙群岛的争端，成为本地区引人注目的问题。我国周边一些国家和地区，军备竞赛轮番上演，局势随时可能激化为严重的武力对抗。种种情况都表明，我们仍然生活在一个并不安宁的现实环境之中，诱发局部战争和武装冲突的危险依然存在。因此，居安思危，保持警惕，加强国防教育就成为一种必然。

最后，提高全民思想道德素质的需要。实现国家现代化、国防现代化，固然要依赖发达的现代经济、先进的科学技术等物质因素，但这些物质因素的实现，最终离不开人的努力，取决于人的素质。现代的国际竞争，在军事、政治、经济和科学技术的背后，都伴随着国民素质的全面较量。强国必先强民，强民必先强心。在国际上，许多国家都把国防教育作为统一国民思想、振奋民族精神和提高竞争能力的一项战略性措施。我们要在国际竞争中不落伍，也必须通过国防教育，改造不良心理，增强国防观念和爱国主义精神，提高国民素质，大力培养和弘扬现代国防观念，自觉为中华的振兴、国家的繁荣昌盛竭尽全力，自强不息。

在进行国防教育中，必须全面落实江泽民关于“抓好全民国防教育，广泛深入持久地开展拥政爱民、拥军优属活动，发扬军政军民相互团结、相互支持的大好局面（《基层军官理论学习读本》346 页）”的指示，树立常备不懈的观念，全面认识我国疆土的概念，要有大国防和海洋国土的意识，深入开展以爱国主义为核心的国防教育，建立国家、军队、社会、学校、家庭“五位一体”的国防教育系统工程网络，促进我国社会主义市场经济的健康发展，捍卫我国社会主义建设的伟大成果。

三、江泽民国防和军队建设思想的历史地位和指导作用

江泽民国防和军队建设思想，继承、坚持、丰富和发展了毛泽东军事思想、邓小平新时期军队建设思想，是新时期我军建设、国防建设的理论和行动指南，具有深远的历史意义和现实指导作用。

经济全球化，世界战略格局的变化，高科技的迅猛发展，军事领域革命性的变化，对我军建设提出了新的挑战，客观上为毛泽东军事思想、邓小平军事理论的发展提供了新的历史条件和时代机遇。江泽民指出，经济全球化，是社会生产力和科学技术发展的客观要求和必然结果，有利于促进资本、技术、知识等生产要素在全球范围内的优化配置，给各国各地区

提供了新的发展机遇，同时也提出了新的挑战。（《人民日报》2000 年 11 月 15 日）中国作为一个世界上最大的发展中国家在参与全球化过程中，如何运用军事力量维护国家主权是一个全新的问题。面对国内外形势的深刻变化和军队建设面临的挑战，江泽民从历史的高度和时代的要求出发，正确地回答了新世纪我国国防建设和军队建设的历史性课题，提出了一系列关于国防建设、军队建设和军事战略的思想、方针、原则，形成了新世纪把我军建设成为一支现代化、正规化革命军队的指导思想。主要体现在以下几个方面。

（1）高举邓小平理论旗帜，坚持用毛泽东军事思想和邓小平新时期军队建设思想指导军队的全面建设。江泽民反复强调，邓小平军队建设思想继承和发展了毛泽东军事思想，是新的历史条件下搞好军队建设的根本依据和科学指南。坚持以毛泽东军事思想和邓小平新时期军队建设思想为指导，是我军革命化、现代化、正规化建设不断发展的根本保证。江泽民国防和军队建设理论，不仅全面系统地探索了和平时期建设现代国防和职业化军队的特点及规律，还比较完整地解决了新形势下中国国防和军队建设的基本理论和基本实践问题，划时代地开创了中国国防和军队建设的新局面。

（2）始终坚持党对军队的绝对领导，永远保持我军不变质。江泽民再三强调，党对军队的绝对领导是我军根本的建军原则，是人民军队永远不变的“军魂”，党的旗帜就是军队的旗帜，党的方向就是军队的方向。全军各级干部特别是高级干部，要旗帜鲜明地抵制“军队非党化”“军队非政治化”“军队国家化”的论调，保证军队在任何时候都坚决听从党中央、中央军委的指挥，保证枪杆子永远掌握在忠于党的人手中。

（3）强调把思想政治建设摆在全军各项建设的首位，保证我军政治上永远合格。江泽民指出，坚持党对军队的绝对领导，必须首先从思想上政治上掌握军队。在对外开放和发展社会主义市场经济的社会环境中，确保官兵政治上的坚定性和思想道德上的纯洁性，是新时期军队建设必须解决好的一个重大现实课题。要把思想政治建设摆到党、国家和军队工作战略全局的高度来对待，要把思想政治建设摆在军队各项建设的首位。对我们军队而言，讲政治是最重要的一条，是我军优良传统的精髓和军队建设的灵魂，领导干部一定要讲政治，在政治方向、政治立场、政治观点、政治纪律、政治鉴别力、政治敏锐性等方面具有良好的素质。要努力实践“三个代表”。

（4）提出“五句话”的总要求，全面加强我军革命化、现代化、正规化建设。“政治合格、军事过硬、作风优良、纪律严明、保障有力”五句话总要求的提出，使我军建设总目标与全军上下经常性的实践活动有机结合起来，使总目标具体化为全军官兵的行动准则。按照“五句话”的总要求，使我军革命化、现代化、正规化建设的目标贯彻到军队各项工作中去，把我军建设成为一支能够经得起任何风浪考验的、无论在什么情况下都能完成自身使命与任务的人民军队。

（5）科学论述现代战争形态，适时制定新时期军事战略方针。海湾战争结束后，江泽民和中央军委及时地对现代科学技术、高技术局部战争和可能的对手进行了深入的研究，认为现代技术特别是高技术条件下，局部战争将成为今后战争的主要形态，我军的建设、战略战术的研究、军事斗争的准备，其基点都应放在打赢现代技术特别是高技术条件下的局部战争上。根据这一判断和我国国情、军情，江泽民和中央军委制定了新时期积极防御的军事战略方针，并要求军队建设所有工作都必须在新时期军事战略方针的统揽下进行，所有的工作都必须紧紧围绕打赢现代技术特别是高技术条件下的局部战争进行。

（6）实施科技强军战略，加强军队质量建设，实行两个“根本性转变”。江泽民强调，军队要实现现代化，走精兵之路，必须依靠科学技术的进步，提高军队的科学技术水平，适时提出了新时期军队建设必须贯彻“科技强军”的战略思想。与此同时，江泽民和中央军委做出了“军队建设逐步由数量规模型向质量效能型、人力密集型向科技密集型转变”的重大决定，使我军建设从此走上了一条健康发展的道路。

（7）坚持国防建设与经济建设协调发展。江泽民主持中央军委工作后不久，就主持确定了国防建设与经济建设两头兼顾的方针，并强调指出，经济建设与国防建设是我国社会主义现代化建设的两大战略任务，处理好两者关系，事关国家发展和安全大局；提出国防建设与经济建设要相互促进、协调发展；军队要吃“皇粮”，不能经商、不能走自己养自己的道路，不能搞什么自我发展，必须坚持以经济建设为中心，国防建设必须服从国家经济建设大局；必须在集中力量进行经济建设的同时，加强国防建设，使国防建设在国家财力增长的基础上不断有所发展；必须充分利用国家改革开放和现代化建设创造的有利条件，逐步形成国防建设与经济建设相互促进、协调发展的机制等。

江泽民通过自己创造性的实践，坚持、继承和发展了毛泽东军事思想和邓小平新时期军队建设思想，极大地丰富了无产阶级军事思想宝库。在军事领域提出了与国家现代化建设进程相适应的发展目标和步骤；提出了新时期军队建设以政治为主要内容的具有崭新时代特征的重要论述。江泽民国防和军队建设思想是我军新时期军队建设的指导思想和行动指南，是我军走有中国特色精兵之路的强大的理论武器。

第五节　胡锦涛关于国防和军队建设重要论述

胡锦涛关于新世纪新阶段中国军事战略、军队建设和国防建设的思想理论体系，是以胡锦涛为总书记的党中央，根据新世纪新阶段的国际战略格局、国家安全形势和经济全球化趋势，而制定的中国国防建设和军队建设的纲领、路线、方针、政策的集中体现，是继承、发展毛泽东军事思想、邓小平新时期军队建设思想和江泽民国防与军队建设思想的成果，是党中央新的领导集体智慧的结晶。其主要内容有新世纪新阶段军事战略思想、军队建设思想和国防建设思想。

一、胡锦涛国防和军队建设重要论述的科学含义和历史背景

（一）胡锦涛国防和军队建设重要论述的科学含义

胡锦涛国防和军队建设的重要论述，是新世纪新阶段用科学发展观统筹国防和军队现代化建设，打赢信息化战争的军事指导理论。是毛泽东、邓小平和江泽民国防与军队建设思想的丰富和发展，是科学发展观在国防和军事领域的展开和延伸，是当代中国马克思主义的创新军事理论。

（二）胡锦涛国防和军队建设重要论述的历史背景

1. 世界多极化和经济全球化的趋势进一步凸显，影响国家可持续发展的外部制约因素增加

新世纪新阶段，国际形势呈现总体和平、缓和、稳定的基本态势，和平、发展、合作是时代的主流；世界多极化和经济全球化的趋势进一步凸显；各国利益相互依存、相互交织，对话合作意愿不断增强。但是，随着国际形势的发展和变化，我国可持续发展面临的外部制

约因素也在增加。表现在：西方敌对势力加紧对中国实施西化、分化和遏制政策，千方百计对中国加以牵制；我国周边安全环境存在诸多隐患，围绕海洋权益的斗争加剧；随着国家利益的拓展，保护海外利益的任务更加艰巨。

2. 国家社会和经济发展形势总体良好，影响国家安全和稳定的不确定因素增多

我国经济、社会、国防和军队建设进入新世纪新阶段以后，给国家的安全和发展形势带来了有利的机遇。表现在：我国政治安定、民族团结、经济发展、社会和谐的局面得到进一步巩固；我国对世界的影响力在增长；国家社会和经济发展形势总体良好，但影响国家安全和发展的不稳定、不确定因素增多。表现在："台独"等分裂势力猖獗；恐怖势力、宗教极端势力等邪恶势力加紧勾连聚合，不断组织策划渗透、瓦解和破坏活动；我国人口、就业和"三农"等问题凸现；社会矛盾和犯罪的问题增多；国内安全与国际安全的互动性增强，一些国内问题如果处理不当，可能会演变为国际问题，一些国际问题也可能影响我国诱发社会稳定问题；国家传统安全威胁和非传统安全威胁因素相互交织。

3. 我军所处环境和面临的任务发生了重大变化，国防和军队建设面临时代性挑战

由于我军所处环境和面临的任务发生了重大变化，国防和军队建设需要解决诸多具有时代性的课题。如何在国际上单边主义和强权政治仍然存在，多极化趋势日渐呈现，区域化和全球化经济机遇与挑战并存，竞争大于合作的复杂形势下，坚决有效地维护国家的战略利益；如何在我国改革发展进入关键时刻，特别是"台独"分裂势力严重威胁祖国和平统一大业的背景下，更好地履行好人民赋予军队的神圣使命，有效维护国家主权、统一和稳定；如何在世界新军事变革加速推进，战略主动权竞争日趋激烈的形势下，大力推进国防和军队现代化建设，不断增强应对危机、维护和平、遏制战争、打赢信息化战争的能力；如何在我国经济实力、科技实力、国防实力和民族凝聚力不断增强，国防和军队取得巨大成绩的基础上，继续抓住机遇、乘势而上，推动国防和军队建设迈上新的台阶。这些都给我国国防和军队现代化建设带来了时代性的挑战。

二、胡锦涛国防和军队建设重要论述的主要内容

（一）新世纪新阶段军事战略思想

坚持以人为本、全面协调可持续发展的科学发展观指导国家现代化建设，是以胡锦涛为总书记的党中央，从新世纪新阶段党和国家事业发展全局出发提出的重大战略思想。

1. 用科学发展观统领国防和军队建设

胡锦涛明确指出，要坚持把科学发展观作为加强国防和军队建设的重要指导方针。党的十六大以来，提出以人为本、全面协调可持续发展的科学发展观，极大地丰富了马克思主义理论。在科学发展观的指导下，中国经济社会进入了一个健康发展的新阶段。国防和军队建设是社会主义现代化建设的重要组成部分。胡锦涛指出，实现国防建设和经济建设协调发展，就是要使国防和军队发展战略与国家发展战略相适应。要做到这一点，我们就必须依据科学发展观的要求，站在国家发展战略的高度，考虑和设计国防和军队发展战略，把国防和军队现代化建设融入国家现代化建设的战略全局之中，使国防和军队现代化进程与国家现代化进程相一致。

用科学发展观认识国防和军队建设规律。科学发展观是辩证唯物主义和历史唯物主义在新的历史条件下的运用，充分体现了尊重规律、认知规律、驾驭规律的科学精神，为把握国防和军队建设新的特点和规律开启了认知之门。新世纪新阶段我军要加速推进中国特色的军

事变革，实现军队由半机械化、机械化向信息化的跨越式发展，必须坚持科学发展观指导实践，不断探索国防和军队建设与发展的新规律新特点，更加科学地把国防和军队建设推向前进。胡锦涛指出，我们要坚持以科学发展观为指导，全面、系统、深入地研究军队建设的阶段性特点，把军队建设的基础和现状搞清楚，把影响和制约军队建设的重点难点问题搞清楚，把军队建设的发展方向和主要任务搞清楚，不断深化对军队建设规律的认识，正确解决军队建设发展中的深层次矛盾和问题，把军队建设切实转入科学发展轨道，使我军建设发展始终充满生机和活力。

用科学发展观凝聚官兵的智慧和力量。科学真理的巨大力量，在于说服、动员和凝聚群众为真理而奋斗。科学发展观体现了广大人民群众的根本利益，反映了广大官兵的愿望和要求，成为凝聚广大官兵意志力量的重要思想基础。胡锦涛指出，科学发展观的本质是坚持以人为本。军队要把以人为本作为重要的建军理念。军队讲以人为本，最重要的是必须始终坚持人民军队的根本性质，坚持维护人民群众的根本利益。坚持以人为本，对军队建设来说，就是要尊重官兵的主体地位，发挥他们在军队建设中的主体作用。军队讲以人为本，必须把推动部队建设与促进官兵全面发展结合起来。要坚定地相信和依靠广大官兵，增强他们的主人翁意识和使命感、责任感，把广大官兵中蕴藏的巨大积极性和创造性充分挖掘出来，调动起来，凝聚到军队现代化建设上来。

2. 和平是主流，安全形势严峻

胡锦涛指出，我们分析判断安全形势，不仅要看到有利的一面，还要看到不利的一面。随着国际形势的深刻变化和中国社会的深刻变革，中国对世界的影响力在增长，但中国发展面临的外部制约因素也在增加。传统安全威胁和非传统安全威胁因素相互交织，影响中国安全的不稳定不确定因素增多，国家安全问题的综合性、复杂性、多变性进一步增强。中国依然面临着军事安全威胁，同时政治安全、经济安全、信息安全、能源安全、海上通道安全等方面面临的威胁也不容忽视。西方敌对势力加紧对中国实行西化、分化的政治战略，千方百计从各个方面对中国加以牵制和遏制。美日加强军事同盟关系，联合协调台湾问题，与台湾加紧构建联合军事机制，企图联手军事干预台海冲突。目前，世界主要大国在中国周边的地缘战略竞争不断加剧，中国周边安全环境存在着许多隐患。有关邻国与中国之间的岛屿归属和海洋权益之争越来越突出。“台独”分裂势力及其活动也越来越嚣张，仍是中国面临的主要威胁。“藏独”“东突”“法轮功”等分裂势力加紧勾结，不断渗透和破坏。

国家安全问题的综合性、复杂性、多变性进一步增强的态势，对国防和军队建设提出了新的更高的要求。胡锦涛指出，我们根据时代发展和国家安全形势的变化，提出了新世纪新阶段我军历史使命，进一步明确了我军在新的历史条件下的地位、作用，进一步拓展了我军职能，赋予了我军更加光荣而艰巨的任务。我们要从国际国内大局出发，用更加宽广的战略眼光来审视国防和军队建设问题、确立国防和军队建设的目标和任务，以增强打赢信息化条件下局部战争的能力为核心，不断提高应对多种安全威胁、完成多样化军事任务的能力，确保我军能够在各种复杂形势下有效应对危机、维护和平、遏制战争、打赢战争。

3. 反对“台独”，做好打赢信息化战争的准备

“台独”就是分裂，“台独”就意味着战争，制止“台独”势力分裂国家，是国家武装力量的神圣职责。“台独”分裂势力及其活动已经成为国家安全面临的最大威胁，成为某些国家遏制中国发展的主要着力点之一。围绕台湾问题进行的斗争，既是为保证国家安全统一进行的反分裂斗争，也是为保障国家发展进行的反遏制斗争。维护国家主权独立、领土完整的军事斗争准备是我军长期的主要战略任务，只要祖国统一问题没有解决，这一战略任务就一天也不能放松。

在反对“台独”、反对分裂、实现祖国统一大业的斗争中，要与做好打赢信息化战争准备结合起来。当前，我军最重要、最现实、最紧迫的战略任务是做好军事斗争的各项准备。必须充分认清中国安全问题的综合性、复杂性、多变性进一步增强的态势，充分认清军事斗争准备在中国安全和发展战略中的重要地位，从而树立强烈的忧患意识、责任意识和使命意识；引导官兵克服和平麻痹思想，只争朝夕，聚精会神，全力以赴投入谋“打赢”、干“打赢”之中；引导官兵积极投身中国特色军事变革的伟大实践，高标准地做好以军事斗争准备为龙头的各项工作，坚决履行好捍卫国家主权、安全统一和领土完整的神圣职责。

（二）新世纪新阶段军队建设思想

1. 我军在新世纪新阶段的历史使命

一支军队应该履行什么样的使命，从根本上说是由这支军队的性质决定的。我军是党绝对领导的人民军队，是执行党的政治任务的武装集团，是通过军事斗争为实现党的纲领和任务服务的。新世纪新阶段，党要团结带领全国各族人民全面建设小康社会，实现继续推进现代化建设、完成祖国统一、维护世界和平与促进共同发展三大历史任务，在中国特色社会主义道路上实现中华民族的伟大复兴。我军也已经从革命战争时期在党领导下为夺取全国政权而进行武装斗争的重要力量，发展成为社会主义建设时期巩固人民民主专政的坚强柱石、保卫社会主义祖国的钢铁长城和建设社会主义的重要力量。

在这一伟大历史进程中，胡锦涛指出了我军应肩负的历史使命。

（1）为党巩固执政地位提供重要的力量保证　我们党成为执政党，是历史的选择、人民的选择。进入新世纪新阶段，我们既面临难得的发展机遇，也面临严峻挑战。国际国内敌对势力相互勾结、相互呼应，他们的最终目的，就是颠覆我们党的执政地位，颠覆人民民主专政的国家政权，推翻中国的社会主义制度。因此，必须把坚持党对军队绝对领导的根本原则和制度，加强军队的革命化、现代化、正规化建设作为党执政的一项重要战略任务抓紧抓好，确保我军能够经受住各种斗争任务和各种复杂环境的考验，始终成为党巩固执政地位的中坚力量。

（2）为维护国家发展的重要战略机遇期提供坚强的安全保障　抓住机遇促进发展，对全面建设小康社会、加快推进社会主义现代化至关重要。维护和用好战略机遇期，就要维护国家安全、捍卫国家主权和领土完整，为国家发展创造和平的国际环境。军队要把国家主权和安全放在第一位，履行好维护国家主权的神圣职责，为创造一个有利于全面建设小康社会、加快推进社会主义现代化的长期安全环境做出应有贡献。

（3）为国家利益的拓展提供有力的战略支撑　时代的进步和中国的发展，使我们的国家安全利益逐渐超出传统的领土、领海、领空范围，不断向海洋、太空、电磁空间扩展和延伸。这就使我们必须拓展安全战略和军事战略视野，不仅要关注和维护国家的生存权益，还要关注和维护国家发展利益；不仅要关注和维护领土安全、领海安全、领空安全，还要关注和维护海洋安全、太空安全、电磁空间安全以及其他方面的国家安全。

（4）为维护世界和平与促进共同发展发挥重要作用　经济全球化趋势不断发展，使世界各国的经济联系空前紧密，任何国家都难以脱离世界经济而孤立地发展。现在，中国经济和世界经济总体上形成了一种“你中有我、我中有你”的局面。中国的发展离不开世界，世界的发展也离不开中国。中国的发展强大是不可阻挡的，但我们必须正确把握世界发展趋势，根据我们社会主义国家的性质，坚持走和平发展道路，高举和平、发展、合作的旗帜，坚持依靠自身力量独立自主地建设中国特色社会主义。同时积极通过合作共赢的方式充分利用国外资源和市场，争取和平环境来发展自己，又以自身发展来维护世界和平。但也要看到，中国要实现和平发展，要维护国家安全和利益，要维护世界和平与促进共同发展，必须要有强大的军事实力作后盾，以便更好地履行维护国家安全、捍卫国家主权和领土完整的职责，发挥维护世界和平的积极作用。

2. 推进我军“三化”建设

胡锦涛指出，加强我军全面建设，是贯彻落实科学发展观的基本要求。总结长期以来的历史经验，军队全面建设的基本内容是革命化、现代化、正规化。革命化是军队建设的政治方向，现代化是军队建设的中心任务，正规化是军队建设的重要基础。革命化、现代化、正规化建设相互联系、相互促进，构成一个有机的统一整体。为了建设一支正规化现代化的革命军队，三代领导人精心设计、不断创新，极力提高这支人民军队的战斗力水平。早在20世纪50年代，毛泽东就提出要建设一支现代化军队，并为此奋斗了一辈子。20世纪80年代，邓小平提出了建设现代化、正规化的革命军队总目标，并进行了一系列的改革和创新。20世纪90年代，江泽民在建设这支人民军队实践中，提出了“五句话”的总要求。胡锦涛指出，要遵循邓小平同志提出的建设一支强大的现代化、正规化的革命军队的总目标，落实江泽民同志提出的政治合格、军事过硬、作风优良、纪律严明、保障有力的总要求，紧紧围绕履行好新世纪新阶段我军历史使命，紧紧围绕解决打得赢、不变质两大历史性课题，全面加强、协调推进革命化现代化正规化建设，推动军事、政治、后勤、装备等领域的工作密切配合、共同进步。

我军作为执行党的政治任务的武装集团，必须始终把革命化建设放在第一位，革命化是我军建设中长期的重大任务。胡锦涛指出，思想政治建设是革命化建设的核心，是军队最根本的建设，任何时候都不能放松。因此，要坚持不懈地用马克思主义科学理论特别是党的理论创新成果武装全军，深入开展思想政治教育，引导官兵树立坚定的理想信念和正确的世界观、人生观、价值观，保持旺盛的战斗精神。

推进国防和军队现代化建设，要从中国的国情和军情出发。胡锦涛指出，要按照国防和军队现代化建设“三步走”的战略构想，以建设信息化军队，打赢信息化战争为战略目标，坚持以机械化为基础，以信息化为主导，推进机械化和信息化的复合发展，实现部队火力、突击力、机动能力、防护能力和信息能力整体提高，增强我军信息化条件下的威慑和实战能力。

要加强我军正规化建设，必须要加深对新形势下治军特点和规律的认识，推动正规化建设向更高水平发展。胡锦涛指出，要把依法治军作为正规化建设的基本要求，加强军事法制建设，把革命化、现代化建设和部队管理中创造的成功治军经验及时用法规的形式确定下来，完善军事法规体系，依照条令条例和规章制度规范军队各项建设和工作，使军队建设进一步走上法制化轨道。

3. 坚持以人为本，加快转变战斗力生成模式

战斗力是军队履行根本职能的能力。它由物质因素和精神因素构成。按科学方法编组的、有一定数量和质量的人，能反映时代特定科技水平的、具有一定战术技术性能和数量的武器装备，是战斗力的物质因素。指战员的政治素质、军事素质、文化素质是主要的精神因素。坚持把科学发展观作为加强国防和军队建设的重要指导方针，必须依靠科技进步和自主创新，必须高度重视武器装备和国防科技的发展，加快战斗力生成模式的转变。这是贯彻落实科学发展观与推进中国特色军事变革有机结合的关键所在，也是建设信息化军队、打赢信息化战争的必然要求。

在战斗力生成模式的诸要素中，人是最活跃、最具决定性的因素。随着现代科学技术大量应用于军事领域，人的因素在战斗力生成中的作用不但没有降低，反而更加突出。在未来信息化战场上，具备信息素质的新型军事人才将发挥越来越重要的决定性作用。为此，一方面应增加军队院校信息化教育内容的比重，增大信息化专业建设人才和信息战专业人才的培训员额；另一方面应增加信息对抗训练的课题和内容，以信息知识的学习和信息技能的掌握作为主课，下大力提高官兵的信息化素质，推动部队信息化建设的整体发展。同时，要从战略高度系统规划信息人才队伍建设，谋求其与部队建设的协调发展，以超前发展的观念开启工作思路，提前培养未来所需的各类信息化军事人才。胡锦涛指出，坚持以人为本，对军队自身建设来说，就是要尊重官兵的主体，发挥他们在军队建设中的主体作用。马克思主义战争观认为，人是战争中的决定性因素，最终决定战争胜负的是人而不是物。人是战争中武器装备的使用者、作战方法的创造者、军事行动的实践者，人的素质和精神状态，对战斗力的形成和发挥具有重要影响。只有坚持以人为本，充分尊重广大官兵的主体地位和创新精神，军队才能充满活力，不断增强战斗力。胡锦涛要求各部队，要坚定地相信和依靠广大官兵，不断提高官兵的思想政治素质、科学文化素质、军事专业素质和身体心理素质，大力培育战斗精神，充分调动官兵练兵积极性，充分发挥官兵在军队建设中的主人翁作用。军队建设贯彻以人为本，要符合军队作为武装集团的特殊性，要适应遂行作战任务的要求，要有利于提高战斗力。

4. 加强科学管理，落实从严治军，不断提高军队建设质量

在军队建设中要全面落实科学发展观，必须加强科学管理，不断提高国防和军队现代化建设的质量和效益。胡锦涛指出，中国正处于并将长期处于社会主义初级阶段，国家尚不富裕，要解决好军队建设需求和国防投资不足的矛盾，把有限的资源最大化地转换为国防实力和战斗力，必须加强科学管理，走一条投入少、效益高的国防和军队现代化建设路子。全军各级要强化质量效益观念，切实转变传统的人力密集型、数量规模型的管理模式，向科学管理要效益、向科学管理要战斗力。

世界军事变革不仅是一场军事技术和军队组织体制的革命，也是一场军事管理的革命。科学高效的管理，对于降低军队建设成本、提高军事系统运行效率、增强部队战斗力，具有非常重要的作用。胡锦涛就如何加强科学管理，提高我军现代化建设的效益这一问题指出，要加强战略筹划，统筹军队各方面建设，着眼全局和长远确定科学可行的发展目标和思路，有计划有步骤、快速高效地推进部队的建设和改革。要运用综合集成的方法对各种作战要素进行系统整合，防止和克服条块分割、重复建设的问题，提高部队信息化条件下整体作战能力。要充分发挥社会主义制度能够集中力量办大事的优势，抓住对全局具有重要影响的关键问题和建设项目进行重点突破，通过局部跃升带动整体发展。必须大力发扬艰苦奋斗精神，始终贯彻勤俭建军方针，坚持勤俭办一切事业，坚决反对大手大脚、铺张浪费、盲目攀比的风气，真正把有限的经费用在刀刃上，用出效益来。胡锦涛要求军队各级管理干部、要下工夫学理论、学科技、学管理。加强军队建设的科学管理要做到以下几方面。

（1）必须大兴求真务实之风　要充分认识求真务实的极端重要性，要把求真务实精神贯彻到军队建设的全过程。要坚持理论联系实际。军队是要打仗的，我们抓各项工作，任何时候都要硬、实打实，来不得半点虚假和漂浮，否则一旦打起仗来就要吃大亏，就会付出惨痛代价。

（2）要坚决贯彻从严治军的方针　从严治军是军队建设的铁律，治军不严，祸患无穷。要把从严治军作为全局性、基础性、长期性工作紧抓不放，在军事、政治、后勤、装备工作的各个领域加大从严治军力度。各级领导干部要端正工作指导思想，要把对上级负责和对下级负责一致起来，要把工作重心放在基层，要克服形形色色的官僚主义和形式主义，把从严治军落到实处。

（3）要树立正确的政绩观　要把树立和落实科学发展观与正确的政绩观紧密结合起来。科学发展观引导着正确的政绩观的树立，正确的政绩观又保证着科学发展观的落实。各级领导干部要忠实履行实践“三个代表”重要思想，坚持为民、务实、清廉，坚持按客观规律办事，兢兢业业地干好工作，实实在在地创造业绩。

（4）要坚持科学决策、民主决策、依法决策　党委领导工作的主要内容之一就是做决策，各级党委必须高度重视决策工作，要树立现代决策理念，掌握和运用现代决策方法，努力提高科学决策、民主决策、依法决策的水平。准确理解和把握党的路线方针政策是科学决策的前提，只有把党中央、中央军委的精神吃透，才能保证决策的正确方向。

（5）要努力学习现代科学技术知识　在世界科技革命和新军事变革推动下，军事领域已经成为科学技术高度密集的领域，如果不懂得现代科学技术特别是高新科学技术知识，就谈不上领导部队建设的科学发展，更谈不上对部队进行科学管理。因此，各级军队领导干部要进一步增强学习现代科学技术的紧迫感，抓紧更新知识储备，优化知识结构，提高信息化条件下组织部队建设、指挥部队作战、科学管理部队的水平。

（6）必须始终坚持党对武装力量绝对领导的原则　军队是国家或政治集团实行其阶级统治和执行其意志的专政力量与暴力工具，只有坚持党的领导，才能保证军队的性质和任务的完成，才能保证军队永远执行党的意志和命令。

（三）新世纪新阶段国防建设思想

1. 国防与经济建设一定要协调发展

党的十六大提出的国防建设和国民经济建设协调发展的方针，是我们党对国防建设和经济建设内在规律的科学总结。集中精力把经济建设搞上去，不断增强经济实力，是解决包括国防和军队建设在内的所有问题的重要前提和物质基础。国防实力是综合国力的重要组成部分，强大巩固的国防是国家安全和经济发展的重要保障，尤其是在当今世界形势复杂多变，各国之间综合国力竞争日趋激烈的情况下，国家的安全和发展必须有强大的军事实力作后盾，我们一定要统筹好国防建设和经济建设的关系。胡锦涛指出，要在经济发展的基础上，努力建设一支同中国地位相称、同中国安全和发展利益相适应的军事力量，有效维护国家安全统一，确保全面建设小康社会的顺利推进。这是落实科学发展观的必然要求，也是在新世纪新阶段抓住战略机遇期，全面推进社会主义经济建设、政治建设、文化建设和社会主义和谐社会建设，实现全面建设小康社会宏伟目标的需要。

要正确贯彻执行国防建设与经济建设协调发展的方针，就必须正确认识和把握国防和军队建设服从服务于经济建设这个大局的辩证关系。从国家讲，要在经济发展的基础上，逐步增加国防投入，保障和促进国防和军队现代化建设的顺利进行。从军队讲，要坚决服从服务于国家经济社会发展的大局，为经济建设保驾护航。

胡锦涛指出，经过改革开放二十多年的发展，中国的经济实力上了一个大台阶，国防和军队现代化建设的物质技术基础明显加强。新世纪新阶段中国经济社会的不断发展，必将为国防和军队现代化建设创造更加有利的条件。可以说，21 世纪前 20 年，既是国家经济社会加快发展的重要时机，也是国防和军队现代化建设加快发展的重要时机。我们应该也有可能把国防和军队现代化建设搞得更好。要依托国家经济社会发展，把国防建设融入现代化建设全局之中，统筹国防资源和经济资源，注重国防经济和社会经济、军用技术和民用技术、军队人才和地方人才的兼容发展，进一步形成国防建设和经济建设相互促进、协调发展的良好局面。

2. 军民结合、寓军于民

实现国防和军队现代化建设又快又好地发展，必须坚持军民结合、寓军于民的方针，把国防和军队现代化建设深深融入经济社会发展体系之中。新中国成立以来，我们党在领导国防和军队建设中始终坚持人民战争的战略思想，致力于探索军民结合、寓军于民发展国防和军队建设路子，认识不断深化，实践不断拓展。当代科技革命、产业革命和新军事变革的发展，使国防经济与社会经济、军用技术与民用技术的结合越来越广、融合度越来越深，信息化战争呈现军民一体、前后方一体的趋势，信息化军队建设和作战对经济、科技和社会的依赖性空前增强。新世纪新阶段，中国高新技术产业和社会信息化的迅速发展，对中国特色军事变革的影响和支撑也不断深入，因此，对军民结合、寓军于民地发展国防和军队建设提出了新的更高的要求，也提供了更加有利的条件，利用国家经济社会资源加快国防和军队的建设与发展的前景也更加广阔。胡锦涛指出，我们要认真总结自己的成功经验，借鉴国外有益经验，积极探索新形势下军民结合、寓军于民的新途径新方法，全面推进经济、科技、教育、人才等各个领域的军民融合。

军民结合、寓军于民，需要党和国家从经济社会发展全局通盘考虑，制定相应的法规政策和军民通用技术标准，要强化军民结合、寓军于民意识，建立军民结合、寓军于民的经济社会体系。胡锦涛指出，能利用民用资源的就不自己铺摊子，能纳入国家经济科技发展体系的就不另起炉灶，能依托社会保障资源办的事都要实行社会保障。要尽可能把国防科学技术研究纳入国家科学技术中长期发展规划，广泛吸纳成熟的民用技术，提高武器装备的创新发展能力。胡锦涛特别强调，要加大依托国民教育培养军事人才和从社会引进专业技术人才工作力度，更好地满足军队建设日益增长的高素质人才需求。国防动员是实现军民结合、寓军于民的重要组织形式和桥梁，要通过国防动员推进军队后勤保障和其他社会保障的社会化，大力加强民兵和预备役部队建设，突出抓好高新技术武器装备动员和综合保障动员建设，巩固军政军民团结，切实增强打赢信息化条件下的人民战争的整体实力。

三、胡锦涛国防和军队建设重要论述的地位和意义

（一）胡锦涛国防和军队建设的重要论述，是当代中国马克思主义的创新军事理论

21 世纪，中国的发展跨入了一个重要的战略机遇期，并出现了许多新情况和新问题。新世纪新阶段，国际战略格局的发展变化、世界军事变革的挑战、我国安全形势的新情况、对台斗争的严峻形势，对我国国防和军队现代化建设应如何建设和发展提出了新的历史性课题。胡锦涛以伟大的马克思主义者的巨大政治勇气和理论勇气，把毛泽东、邓小平、江泽民国防和军队建设思想创造性地运用于新的实践，用科学发展观指导国防和军队建设的重要论述，指明了新时期新阶段国防和军队现代化建设的方向，确定了坚持以人为本的战斗力生成模式的有效途径，明确了我军新时期新阶段的历史使命，规范了国防和军队建设的基本要素，是实施新军事变革提高信息化作战能力，维护国家安全环境，加强国防和军队现代化建

设的纲领，极大地丰富了三代领导人军事思想的内容。胡锦涛国防和军队建设的重要论述的精髓突出表现在：解放思想、实事求是、科学发展。胡锦涛国防和军队建设重要论述，着眼于时代的发展变化，对我国国防建设、军队建设和军事斗争准备的重大课题做出的科学回答，是马克思主义军事理论的基本原理同新世纪新阶段国防和军队建设具体实践相结合的产物，是科学发展观重要思想在我国国防和军事领域的集中体现，是科学发展观重要思想的“军事篇”，是当代中国马克思主义的创新军事理论。

（二）胡锦涛国防和军队建设的重要论述，是新世纪新阶段国防和军队建设实践经验的科学总结

胡锦涛同志以深邃的历史眼光、强烈的忧患意识、深远的前瞻思维，以战略家的远见卓识与战略智慧，总结历史，放眼未来，筹划和指导国防和军队建设。他始终高度关注世界军事发展的态势，敏锐洞察20世纪末21世纪初发生的一系列高技术局部战争的新特点，立足于新世纪新阶段国防与军队建设的客观实际，提出国防和军队建设必须跟上世界军事变革和发展的潮流，积极借鉴各国特别是发达国家国防和军队建设的有益经验。胡锦涛同志还强调，必须进一步解放思想，在实践中不断丰富和发展我国的军事理论，为军事斗争准备服务，为我国国防和军队现代化服务。他尊重官兵、深入部队、调查研究、总结经验，提出要有时不待我的紧迫感，认真履行新世纪新阶段军队的历史使命，积极推进中国特色军事变革，加快我军由机械化向信息化转变，全面提高我军的威慑和实战能力，为国家的安全统一和全面建设小康社会提供坚强有力的安全保障。胡锦涛国防和军队建设的重要论述，深刻揭示了新世纪新阶段国防建设和建军治军的特点与规律，是新世纪新阶段国防和军队建设实践经验的科学总结。

（三）胡锦涛国防和军队建设的重要论述，是新世纪新阶段加强国防和军队建设的指导方针

国防和军队建设是一项宏大的系统工程，必须系统思考、整体筹划，有计划、有步骤地重点突破、全面推进。这是胡锦涛同志谋划国防和军队建设的最具特殊的指导原则和领导艺术。新世纪新阶段是中国国防和军队现代化建设的关键时期，中国特色军事变革和军事斗争准备面临的任务非常繁重和艰巨。国防和军队建设存在的规模、结构、效益等方面的问题迫切需要解决。胡锦涛国防和军队建设的重要论述，为国防和军队建设转变发展观念、创新发展模式、提高发展质量提供了新思路和新方略。只有在国防和军队建设中，全面落实科学发展观，坚持面向未来，着眼全球，解放思想，更新观念，才能解决国防和军队建设中面临的现实问题和矛盾，保证国防和军队建设健康、有序、高效的发展。胡锦涛同志提出的国防和军队建设要贯彻“五个统筹”的要求就充分体现了这种系统性思想。与此同时，胡锦涛同志特别善于抓关键、抓重点、抓枢纽，始终仅仅抓住“三个提供一个发挥”的历史使命不放。在系统谋划的基础上，抓住国防和军队建设的主要矛盾、关键环节和重大问题实施重点突破，实现了国防和军队现代化建设的跨越式发展和部队战斗力水平的整体跃升。胡锦涛国防和军队建设的重要论述，是新世纪新阶段加强国防和军队建设的指导方针。

（四）胡锦涛国防和军队建设的重要论述，是我军履行新世纪新阶段历史使命的重要保证

用科学发展观指导国防和军队建设，就要明确新世纪新阶段我军肩负的历史使命。胡锦涛正是在深刻洞察国际战略形势与中国安全环境、科学判断国家发展和军队建设所处历史方位的基础上，提出了我军新世纪新阶段的历史使命。“三个提供、一个发挥”的历史使命，深刻揭示了军队的职能和任务必须与党的历史任务相一致，军事战略必须与国家战略相协调，军队建设和改革必须与世界军事发展趋势相符合的客观规律。胡锦涛国防和军队建设重要论述进一步指明了国防和军队建设的发展方向，为我军履行历史使命提供了重要保证。

新世纪新阶段我军要加速推进中国特色军事变革，完成机械化和信息化双重任务，实现军队现代化的跨越式发展，不断探索国防和军队建设与发展的特点与规律，更加科学地把国防和军队建设推向前进。胡锦涛国防和军队建设的重要论述深刻揭示了军队建设的主体和动力源泉，提出了一定要充分调动广大官兵的积极性、创造性，坚持以人为本，尊重官兵的主体地位，创新培养人才，增强官兵的科技素质、战略素质和思想政治素质，维护官兵的合法权益，不断改善官兵的物质文化生活，促进战斗力生成模式的转变，凝聚巨大的战斗力，为打赢信息化局部战争做准备。

胡锦涛国防和军队建设重要论述，对开创国防和军队建设的新局面，实现国防和军队现代化建设的全面协调可持续发展，全面落实科学发展观，指导国防和军队现代化建设具有重大的现实意义和历史意义。

第六节 习近平关于国防和军队建设重要论述

习近平关于新形势下中国军事战略、军队建设和国防建设的思想理论体系，是以习近平为总书记的党中央，把握时代特征和当代中国军事实践，围绕强军兴军提出一系列重大战略思想、重大理论观点、重大决策部署，深刻阐述了国防和军队建设是根本性、方向性、全局性的重大问题，丰富发展了党的军事指导理论，是新形势下加快推进国防和军队现代化的科学指南，是继承、发展毛泽东军事思想、邓小平新时期军队建设思想、江泽民国防与军队建设思想和胡锦涛新世纪新阶段国防与军队建设思想的成果，续写了马克思主义军事理论中国化的新篇章。

一、习近平国防和军队建设重要论述的科学含义和历史背景

（一）习近平国防和军队建设重要论述的科学含义

习近平国防和军队建设重要论述是深入学习贯彻党的十八大精神，高举中国特色社会主义伟大旗帜，以邓小平理论、“三个代表”重要思想、科学发展观为指导，坚持国防和军队建设主题主线，加强部队全面建设和军事斗争准备，为建设巩固国防和强大军队提供了强大的思想武器和根本遵循。

（二）习近平国防和军队建设重要论述的历史背景

1. 应对当前复杂国际环境的迫切需要

当今世界并不太平，我国安全和发展的国际环境更加复杂。首先，世界进入国际体系加速演变和深度调整的历史转折时期，处于前所未有的大变局之中。全世界经济、贸易都处于持续低迷状态，对世界政治、安全形势产生深刻影响。大国关系进入全方位角力新阶段，霸权主义、强权政治和新干涉主义有所上升，局部动荡频繁发生，小战不断，冲突不止，世界依然面临着现实和潜在的战争威胁。

其次，美国战略关注点向亚太地区转移，我国安全环境面临的压力增大。美国在中国的东面、东南面、南面和西面都加强了渗透。近年来，美国提出“亚太再平衡战略”，战略重心东移亚太，战略目标从聚焦反恐转向应对新兴大国；美国两任国防部长都提出，在2020年前将把美军60%的军舰部署到太平洋地区，把其本土以外60%的空军力量部署到亚太。美国还强化与日本、韩国、菲律宾、澳大利亚等传统军事盟友的关系，积极发展与新伙伴的关系，对与中国传统友好的国家进行拉拢；利用朝鲜半岛局势，加大在东北亚的军事存在。

最后，我国周边局势紧张动荡有所加剧。我国周边是大国利益交汇、各种矛盾交织、诸多热点问题汇聚的地区。随着国际战略竞争加剧，亚太地区政治、经济和战略格局加速调整，这些热点、焦点地区有可能成为世界经济发展和大国战略博弈的重要舞台。在东北方向，朝鲜半岛和东北亚地区局势充满变数，一旦朝鲜拥核，将会刺激日本等国家的核野心。在西北方向，中亚地区暴力恐怖主义、民族分裂主义、宗教极端主义活动猖獗，对我国的渗透破坏和影响上升，给我国边防稳定和地区安全带来不利影响，并造成了实质性伤害。在西南方向，中印边境领土争端成为困扰中印关系发展的一个难题。可以说，我国周边特别是海上面临的现实威胁呈上升趋势，发生各种突发事件甚至武装冲突的可能始终存在，而且不同战略方向的相互联动性倾向更加明显。

2. 维护祖国统一和确保国内安全的必然要求

当前，我国统一大业仍然面临着复杂局面。台湾局势虽有所缓和，但祖国统一的前景仍不容乐观。“台独”分裂势力及其分裂活动仍然是两岸关系和平发展的最大威胁。习近平同志指出：“无论是实现祖国完全统一问题还是维护我国海洋权益问题，现在看，都不是短期内能够解决的，这里面恐怕就蕴含着我们很长一个时期都要面临的重大政治、外交、安全、军事风险。”国内环境也不容乐观。近年来，暴力恐怖势力、民族分裂势力、宗教极端势力“三股势力”活动日趋猖獗，使我国国内安全形势也不容乐观。新疆接连发生有组织有预谋的严重暴力恐怖事件，暴徒滥杀无辜群众、围攻党政机关，其恐怖行径已经达到丧心病狂、令人发指的地步。特别是2013年10月30日在北京天安门发生的由新疆分裂分子制造的爆炸事件更是引起了全球的瞩目，受到世人的谴责。

对此，广大官兵必须始终保持清醒头脑，牢固树立这三种意识，深刻领会实现祖国和平统一必须要有强大的军事实力作后盾，要毫不动摇、扎实有效地做好军事斗争准备各项工作，维护国家核心利益，确保一有情况就能迅即行动，随时能战，战之能胜，决不辜负党和人民的重托。

3. 实现中国梦这个国家和民族最高利益对军队提出的必然要求

经过鸦片战争以来170多年的持续奋斗，中华民族伟大复兴展现出光明的前景。现在，我国发展仍然处于可以大有作为的重要战略机遇期，我们比历史上任何时期都更接近中华民族伟大复兴的目标，比历史上任何时期都更有信心更有能力实现这个目标。对于实现中华民族伟大复兴的光荣历史任务，习近平同志强调：“中华民族伟大复兴绝不是轻轻松松、顺顺当当就能实现的，我们越发展壮大，遇到的阻力和压力就会越大，面临的外部风险就会越多。这是我们由大向强发展进程中无法回避的挑战，是实现中华民族伟大复兴绕不过的门槛。”

实现中华民族伟大复兴，既有来自国内经济、政治、文化、社会、生态等方面建设发展的压力，也有国际安全环境不稳定不确定因素的增多、周边安全挑战多元复杂的风险。历史与现实告诉我们，决定世界政治经济格局的，归根结底是大国力量对比，最终靠的还是实力。一个国家要自立于世界民族之林，既要以雄厚的经济实力为基础，又要以强大的绝对力量做后盾。没有一个和平稳定的发展环境，没有一直能打仗、打胜仗的强大军队，实现中国梦就没有保障。只有紧紧围绕国家核心安全需求，加快推进国防和军队现代化，切实提高军队打胜仗能力，才能为实现中国梦提供坚强的力量保证。

二、习近平国防和军队建设重要论述的主要内容

习近平同志关于国防和军队建设的重要论述，明确了加快推进国防和军队现代化的行动纲领。新时代孕育新理论，新理论指引新征程。习近平同志关于国防和军队建设的重要论述，清晰勾画强军兴军的“目标图”，明确了加强军队建设的聚焦点着力点；科学规划强军兴军的“总布局”，阐明了加快推进国防和军队现代化的阶段步骤；精准提供强军兴军的“金钥匙”，开阔了破解矛盾问题的视野思路；日益成为强军兴军的“强磁场”，凝聚了实现中国梦强军梦的意志力量。

（一）建设一支听党指挥、能打胜仗、作风优良的人民军队

2013 年 3 月 11 日，习近平同志在十二届全国人大一次会议解放军代表团全体会议上提出，建设一支听党指挥、能打胜仗、作风优良的人民军队，是党在新形势下的强军目标。这是新形势和任务对军队建设的新要求，为在新的历史起点上加快推进国防和军队建设指明了努力方向，提供了根本遵循，必将对军队建设起到有力的领导和推动作用。

1. 听党指挥是灵魂

军队听谁领导、听谁指挥，是军队建设首要的根本问题，关系着军队建设的方向。南昌起义一声炮响，我党有了自己的武装力量，“三湾改编”确立了“党对军队绝对领导”的原则，《古田会议决议》将“营团建立党委、连设党支部、班设党小组”作为军队中党组织的重要原则之一。从此，“党对军队的绝对领导”根本原则伴随着人民军队从无到有，从弱到强，并形成了比较完善的科学制度。

听党指挥是党对军队的最高政治要求。国内外敌对势力大肆鼓吹“军队非党化、非政治化”和“军队国家化”，用所谓的西方“民主”来丈量我国的国情，企图改变我军的性质进而破坏社会主义建设事业和国家稳定安宁。我们只有坚持党对军队的绝对领导，才能从根本上保证人民军队的性质、宗旨和本色，才能从根本上保证党从思想上政治上组织上牢牢掌握军队，才能始终保持旗帜鲜明、坚定正确的政治方向。

听党指挥是提高战斗力的源泉。邓小平曾说过：“一个连队有百分之三十的党员，这个连队一定好，战斗力强。为什么？就是党员冲锋在前，退却在后，生活上吃苦在先，享受在后。”在 80 多年的革命、建设和改革实践中，我军之所以能够始终保持无坚不摧、无往不胜的强大战斗力，经受住各种考验，最根本的就是坚持党的绝对领导。实现强军目标，对我军的组织领导提出了新的更高要求，要充分发挥各级领导的创造力和凝聚力，发挥领导干部的模范带头作用和共产党员的先锋模范作用，把党对军队绝对领导的一系列制度原则贯彻落实到末端，引领和带动部队战斗力的巩固提高。

现在，社会思想文化多元，意识形态领域斗争暗潮汹涌，庸俗、低俗、媚俗之风有所蔓延，拜金主义、享乐主义、个人主义有所抬头，社会上的不良风气也一定程度上影响到了部队，占领思想、铸牢军魂的任务难度加大。新形势下做到听党指挥，就是要始终忠于党、忠于社会主义、忠于祖国、忠于人民、坚定党对军队绝对领导的政治自信和政治自觉；要铸牢

听党指挥这个强军之魂，坚持党对军队绝对领导的根本原则和人民军队的根本宗旨不动摇，确保部队绝对忠诚、绝对纯洁、绝对可靠，一切行动听从党中央和中央军委指挥。

2. 能打胜仗是核心

军队是为打仗而存在的，能打胜仗是军队存在发展的价值所在，中国人民解放军（以下简称我军）是在战火中诞生，从战争中走来的英雄部队，虽然在不同历史时期担负的具体任务不同，但“能打仗、打胜仗”是其履行使命任务的一贯要求。

能打胜仗反映了新时期军队的根本职能和军队建设的根本方向，我军在战争年代创造了许多以少胜多、以弱胜强的战争奇迹，原因之一就是能够始终保持一种敢打必胜的信心和锐气，并转化为官兵爱军习武的强大功力和英勇顽强的战斗作风，最终夺取了新民主主义革命的胜利。如今，经过 80 多年的建设和发展，我军的职能使命发生了历史性的变化，但作为战斗队的根本职能始终没有变。随着信息化建设的加速发展，我军现代化条件下的防卫作战能力大幅跃升，体制编制不断调整优化，武器装备水平跨越式发展，全国建设现代化后勤步伐不断加快，一切建设和工作都在努力提高打赢能力，在向能打胜仗聚焦。

新形势下部队要做到能打胜仗，必须充分认清新时期确保军队“能打仗、打胜仗”所蕴含的时代要求，切实用打赢标准来衡量和推动各项工作和建设。习近平同志强调：“要坚持用打仗的标准推进军事斗争准备，不断强化官兵当兵打仗、带兵打仗、练兵打仗思想，坚持从实战需要从难从严训练部队，坚持以军事斗争准备为龙头带动现代化建设，全面提高部队以打赢信息化条件下局部战争能力为核心的完成多样化军事任务能力。”总参谋部在 2013 年和 2014 年颁发的《军事训练指示》，都要求按照能打仗打胜仗的核心要求，牢固树立随时准备打仗的思想，深化军事训练改革，大力加强实战化训练，推进训练与实战一体化，不断增强信息条件下威慑和实战能力。

3. 作风优良是保证

作风反映形象，作风影响成败。一支革命军队，必须具有优良的作风，才能执行革命的政治任务，保护自己，消灭敌人。我军自成立起，就不同于其他旧式军队，重要的一点就在于具有过硬的作风。这些作风伴随我军经历了波澜壮阔的斗争年代，经受住了历史和时代的考验，并贯穿渗透于军队建设的各个方面和环节中，这是人民军队的鲜明特色和政治优势，也是我军坚决听党指挥、能打胜仗的重要保证。

新时期在实现“强军梦”的伟大进程中，我们只有始终保持和发扬优良作风，不断从中汲取经验、智慧和力量，进一步强化职能使命意识，不断激发革命斗志，并将其转化为创新发展的精神动力，才能永葆我军的性质、本色和正确的发展方向。

现在，受长期和平环境的影响，部分官兵慢慢滋生了形式主义、官僚主义、弄虚作假、享乐奢靡等不良风气。有的官兵战斗意识和牺牲精神弱化，备战的弦松了，训练的劲减了，怕流血受伤，缺少胆气杀气；有的见危险就躲，遇困难就绕，有责任就推，缺少勇气霸气，出现了消极保安全、避难就易、偏训漏训等现象，严重影响了部队战斗力的提升。习近平同志指出，古往今来，作风优良才能塑造英雄部队，作风松散可以搞垮常胜之师。如果低估了这些不良风气对部队的侵蚀影响，我军的建设将会受到极大的破坏，就会失去人民军队的优良传统和政治本色，军队就不成其为军队，就会自毁长城。

习近平同志指出，加强作风建设，是党的建设、军队建设的一个重要方面，直接关系军队形象和战斗力建设，军队抓作风建设，最重要的是聚焦能打仗、打胜仗，贯彻和体现战斗力这个唯一的根本的标准，为实现强军目标提供坚强作风保证。新时期加强作风建设，就是要结合新的形势任务，把人民军队优良作风继承好、发扬好，使之成为强军兴军的珍贵滋养。要自觉践行全心全意为人民服务的根本宗旨，巩固同人民群众的血肉联系；坚持依法治军、从严治军，做到纪律严明、令行禁止，确保政令军令畅通；坚持尊干爱兵、纯正风气，巩固发展团结友爱和谐纯洁的内部关系；坚持艰苦奋斗、求真务实，坚持反对形式主义、官僚主义、享乐主义和奢靡之风，做到信念不动摇、思想不松懈、作风不涣散；把作风建设作为一项基础性长期性工作抓紧抓实，贯彻到军队建设，改革每个环节，常抓不懈。

（二）确保部队招之即来、来之能战、战之必胜

习近平同志提出："要把战斗力标准贯穿到军队建设全过程和各方面，强化官兵当兵打仗、带兵打仗、练兵打仗的思想，使部队始终保持招之即来、来之即战、战之必胜。"我军作为执行党的政治任务的武装集团，"招之即来"意味着军队始终做到听党指挥，"来之即战"意味着军队能做好各项军事斗争准备，"战之必胜"则意味着军队能够履行自己的职能使命，做到这三个"必"，是党和人民对军队的根本要求，也是军事斗争准备的根本出发点和落脚点。

1. 推进军事工作全面发展的根本依据和遵循

古今中外，"不战而屈人之兵"，莫不是以"能战能胜"为前提。如果不能战，和平就只能是一种奢求。习近平同志强调，能战方能止战，准备打才有可能不必打，越不能打越可能挨打，这就是战争与和平的辩证法。"招之即来、来之能战、战之必胜"就是要求在深入分析国防和军队建设的历史方位、阶段性特征、有利条件和发展难题等情况下，搞好战略筹划和顶层设计，理清发展方向、发展思路，发挥军事战略对于推动军事斗争准备和军队建设的统揽作用，从宏观上确保军队能做到打胜仗。

要做到"招之即来、来之能战、战之必胜"，就是要坚持把拓展和深化军事斗争准备作为基本途径。要坚持军事斗争准备龙头地位不动摇，立足应对复杂困难局面，统筹推进各方面各领域军事斗争准备，保持战略全局平衡和稳定；坚定不移把信息化作为军队现代发展方向，把加强新型作战力量建设作为战略重点，把培养高素质新型军事人才作为有力支撑，积极稳妥地推进军事领域改革。要紧贴作战需要，强化实战先实训的观念，不断拓展训练领域和范围，坚持仗怎么打兵就怎么练、打仗需要什么就练什么、部队最缺什么就专攻什么。坚持全部信息向打仗聚焦、各项工作向打仗用劲，以改革创新精神深化实战化训练，切实肩负起当兵打仗、练兵打仗的重要责任。

2. 以推进中国特色军事变革为核心牵引

军事领域是竞争和对抗最为激烈的领域，也是最具创新活力、最需创新精神的领域。一部世界战争史，一定意义上讲，就是适应时代要求的进取型军队战胜落后于时代要求的守成型军队的历史。发轫于 20 世纪 70 年代的新军事变革，现在仍在加速前进，信息制导成为制胜关键，体系对抗成为基本形态，网络空间成为崭新战场，精确作战、立体作战、全域作战、多能作战、持续作战成为新式战斗力的重要体现。世界主要国家都在加紧推进军事转型，他们具有广泛的共同特征，都是对军队进行全面彻底的变革，都是对军队的技术、人员、组织和作战方式等要素进行深刻的创新性整合，都聚集于核心军事能力的提升。美军在总结近几年局部战争经验教训基础上推动"二次转型"；俄罗斯围绕建设"职业化、常备化、精干化"军队深入推进"新面貌"军事改革；英国、法国、德国、印度、日本等国也不断采取新的重大军事举措。当前，我军正处于机械化建设尚未完成、信息化建设加速发展阶段，现代化水平与国家安全需求和世界先进军事水平相比还有较大差距，我们要保持清醒头脑。

紧紧抓住和用好战略机遇期，深入推进中国特色军事变革。

党的十八届三中全会提出了全面深化国防和军队改革的重大课题，我军改革面临前所未有的重要机遇。面对世界新军事变革的大潮，我们要围绕“招之即来，来之能战，战之必胜”的具体要求，紧跟世界军事发展潮流，加快推进中国特色军事变革，坚持以国家核心安全需求为导向，按照信息化的要求，努力推进军事理论、武器装备、组织体制、军事训练以及保障方式的创新，逐步实现国防和军队建设各个领域的整体性、革命性变革，完成机械化和信息化建设双重历史任务，坚持以创新发展军事理论为先导，构建中国特色现代军事理论体系，为加快推进中国特色军事变革提供指导；立足自主创新加快武器装备发展，坚持走中国特色自主创新道路；加快重要领域和关键环节改革步伐，不断增强军队建设的生机活力。

3. 坚持用战斗力标准衡量和检验各项军事工作

习近平同志强调，军队首先是个战斗队，必须坚持一切建设和工作向能打胜仗聚焦。这深刻阐明了强军的要义是战斗力，离开这一点，军队就失去了存在的价值和意义。我们要牢固树立战斗力这个唯一的根本的标准，大力强化部队当兵打仗、带兵打仗、练兵打仗思想，坚持不懈拓展和深化军事斗争准备。

当前，我国国家安全发展形势严峻复杂，军队的使命任务更加繁重，但我军已很多年没有打过仗，缺乏信息化条件下作战的经验，各项建设也缺乏实战检验，能否做到能打仗、打胜仗是对我们履行职能使命的现实考验。在维护国家主权、安全和领土完整的斗争中，党和国家动用军事力量是最后手段、最后选择；而对军队来讲，则是唯一手段、唯一选择，必须做到招之即来、来之能战、战之必胜。习近平同志强调：“军队建设必须把提高战斗力作为出发点和落脚点，向能打胜仗、打胜仗的要求聚焦。”对军队建设来说，战斗力就是唯一的根本的标准；讲“根本”，是指战斗力对于军队建设最为重要，起着决定性的作用。无论在什么时候、什么情况下，这一条始终都不能变。坚持战斗力标准，要与时俱进加强军事战略指导，坚持不懈和深化军事斗争准备，坚定不移地把信息化作为军队现代化建设发展方向，全面建设现代后勤，大力发展信息化武器装备，着力提高军事训练实战化水平；坚持战斗力标准，要确立发展思路、实施决策指导、配置力量资源、选拔任用干部、评定工作成效、培树先进典型，努力使各项建设都经得起实战的检验。

（三）努力实现富国和强军的统一

习近平同志指出，经济建设是国防建设的基本依托，只有国家经济实力增强了，国防建设才能有更大的发展，国防建设是我国现代化建设的战略任务，只有把国防建设搞上去了，经济建设才能有更加坚强的安全保障，同时加强国防建设对经济社会发展也具有重要作用。这一重要战略思想，把军民融合提升到了国家发展战略层面，为在更广范围、更高层次、更深程度上实现国防建设和经济建设协调发展指明了方向。

1. 正确认识经济建设和国防建设的关系

“国家贫弱，其民必辱；国家富强，其民必荣。”历史一再告诉我们，一个国家要自立于世界民族之林，不仅要有雄厚的经济实力，更要有强大的国防力量作为保障。加强国防和军队建设不仅是单纯的军事任务，而是中国特色社会主义事业的重要组成部分。党的十八大明确提出，建设与我国国际地位相称，与国家安全和发展利益相适应的巩固国防和强大军队，是我国现代化建设的战略任务，这是坚持和发展中国特色社会主义、实现中华民族伟大复兴的内在要求，也是实现强国梦的必然选择。没有国家的富强，强军就无从谈起；没有强大的军队，国家安全和发展也就无法保障。同时，社会经济越发展，国家利益越拓展，安全需求越迫切，强军要求越紧迫。我们要实现中华民族伟大复兴，必须坚持富国和强军相统一，把经济建设和国防建设有机统一起来，努力建设巩固国防和强大军队。我们要抓住现有条件，从国家发展的总体战略出发，正确把握国防建设与经济建设的关系，把国防和军队现代化建设融入国家现代化建设的战略全局之中，努力推动国防实力与经济实力同步发展。

2. 走军民融合式发展路子，是实现富国和强军相统一的重要途径

在全面建设小康社会的进程中实现富国和强军相统一面临诸多问题，而最根本和全局性的问题是如何充分认识和正确解决富国与强军“双重攻坚”的战略性课题。兵不强不可以摧敌，国不富不可以养兵。军民结合、寓军于民，是我们党处理经济问题建设和国防建设关系一贯坚持的重要指导方针，随着当代科技革命、产业革命和世界新军事革命加速发展，国防经济与社会经济、军用技术与民用技术的结合面越来越广。走军民融合式发展路子，有利于国防和军队现代化建设从国家经济建设中获得更加有力的安全保障。将富国和强军有机统一于发展中国特色社会主义之中，统一于维护国家安全和促进国家发展之中，这个路子，既是兴国之举，又是强军之道。习近平同志指出：“走军民融合式发展路子，是实现富国和强军相统一的重要途径。”十八大以来，我国军民融合产业整体深入推进，其中最重要的举措之一是针对军民融合产业专项法律的制定进程不断加快。在习近平同志重要指示的引领下，在军地双方的共同努力下，一个全方位、全要素、深层次、多领域军民融合深度发展格局正在形成。

3. 军政军民团结是实现富国和强军相统一的重要政治保障

从现实需要看，坚强的军政军民团结，在实现“强国梦”与“强军梦”的统一中具有重要的桥梁作用。纵观国际国内大势，我国进入改革发展“深水区”，西方国家对我国进行牵制和遏制，国内各种不安全不稳定因素必然随之增加和升温，更加需要亿万军民携手奋进。习近平同志指出：军政军民团结是实现富国强军的战略高度，进一步阐明了加强军政军民团结是加快实现国防和军队现代化的重要保证，也是和谐稳定、凝聚力量、实现中国梦的坚实基础。新时期加强军政军民团结，需要把全面建成小康社会和实现强军目标有机结合起来，不断增进军民在共同政治基础和经济基础上的坚强团结。军队要利用自身资源和优势，积极做好扶贫帮困、援建新农村、医疗救助、助学兴教和生态环境建设，大力援助地方经济社会建设。地方各级要把支援部队做好军事斗争准备作为主要努力的方向，普及和深化全民国防教育，大力支持民兵和预备役部队建设，为部队搞好基础设施、战备训练和重大演习提供有力支持，并扎实做好拥军优属工作。

三、习近平国防和军队建设重要论述的地位和意义

（一）习近平国防和军队建设的重要论述，是当代中国马克思主义的创新军事理论

习近平同志关于国防和军队建设的重要论述，赋予了马克思主义军事理论新的时代内涵。我们党历来重视从理论上解决军事斗争实践一系列重大问题。建军 80 多年来，先后形成了毛泽东军事思想、邓小平新时期军队建设思想、江泽民国防和军队建设思想、胡锦涛国防和军队建设思想，有力指引人民军队不断阔步前进。新形势下，习近平同志准确把握时代特征和当代中国军事实践，对我军所处历史方位和阶段性特点做出新定位，明确了筹划推进国防和军队建设的战略基点；对军队建设目标做出新概括，拎起了国防和军队建设的总纲；对推进军队建设、改革和军事斗争准备提出新要求，揭示了新的历史条件下建军治军的特点

规律；清晰勾画强军兴军的“目标图”，明确了加强军队建设的聚焦点着力点；科学规划强军兴军的“总布局”，阐明了加快推进国防和军队现代化的阶段步骤；精准提供强军兴军的“金钥匙”，开阔了破解矛盾问题的视野思路；日益成为强军兴军的“强磁场”，凝聚了实现中国梦强军梦的意志力量。习近平同志关于国防和军队建设的重要论述，以一系列新思想新观点新论断，科学阐明了加快推进国防和军队现代化的重大理论和现实问题，丰富发展了党的军事指导理论，续写了马克思主义军事理论中国化的新篇章。

（二）习近平国防和军队建设的重要论述，是国防和军队新征程的行动指南

深入学习贯彻习近平同志关于国防和军队建设的重要论述，是军队建设方向性、全局性、根本性的重大战略问题，必须作为首要政治任务和长期战略任务抓紧抓实。我们要坚持学以致用、至诚笃信、务实践行，切实统一思想和行动，凝聚起强军兴军的磅礴力量。进一步坚定强军信念。强军目标振奋军心，强军兴军催人奋进。深入学习贯彻习近平同志关于国防和军队建设的重要论述，必须把实现强军目标作为建设发展的鲜明主题和基本实践始终牢记于心，矢志不渝推进，坚定不移落实。坚持用中国特色社会主义理论体系武装头脑，深入学习领会习近平同志系列重要讲话精神，特别是关于国防和军队建设的重要论述，坚定道路自信、理论自信、制度自信，打牢实现中国梦、强军梦的共同思想基础。深化强军目标学习教育，紧紧围绕强军目标深入开展主题教育活动，大力加强核心价值观培育，繁荣发展强军文化，引导官兵勤学修德明辨笃实，激发精神动力，汇集强军力量。

（三）习近平国防和军队建设的重要论述，是我军履行新形势下历史使命的重要保证

习近平同志关于国防和军队建设的重要论述，明确了加快推进国防和军队现代化的大方向大思路，蕴含着马克思主义立场观点方法，为筹划推进部队各项建设和工作提供了基本依据和科学指导。学习这些重要论述，必须善于运用科学理论之“矢”射部队建设发展之“的”，形成符合本单位本部门实际的建设理念、工作思路和具体举措。自觉站在时代前沿、军事前沿、科技前沿，破除守旧守常守成思想，牢固树立前瞻谋划、打仗思想、问题导向、实干精神等与强军目标相适应的思想观念。紧紧围绕强军目标想问题做决策抓建设，始终着眼铸牢强军之魂、扭住强军之要、夯实强军之基，共同下好强军兴军这盘棋。坚持以破解矛盾问题为切入点，深入研究解决制约强军的深层问题、影响打仗的瓶颈问题、官兵关切的实际问题，在攻坚克难中取得新突破新进展。注重掌握科学思维方法，以战略眼光观察形势，以辩证方法分析事物，以系统观念谋划全局，以创新思想推动发展，以底线思维应对挑战，增强工作的科学性主动性预见性，以更高标准推动各项建设和工作。

进一步强化使命担当。现在，强军的责任落到了我们这一代革命军人肩上，这是党和人民的期望和重托。深入学习贯彻习近平同志关于国防和军队建设的重要论述，一定要落实到岗位职责上，体现在实际行动上。必须强化忧患意识、危机意识和使命意识，心头时刻想着国家安危，肩上时刻扛着强军责任，把当兵打仗作为主课主业，做到聚焦强军不走神、勤勉工作不懈怠、敢作敢为不推诿、关键时刻不退缩。激发锐意进取、争创一流的奋斗精神，始终保持开拓之勇、昂扬之气，越是困难越向前，不断创造新业绩。弘扬真抓实干、埋头苦干的作风，大力发扬钉钉子精神，求实务实落实，始终保持一抓到底的狠劲、毫不放松的韧劲、燕子垒窝的恒劲，一步一个脚印向强军目标迈进，切实为实现中华民族伟大复兴提供坚强力量保证。

【思考题】

1. 如何理解军事思想的含义、特点和作用？
2. 军事思想的发展规律有哪些？
3. 如何理解毛泽东军事思想的含义？
4. 如何理解战争与政治、经济的关系？
5. 无产阶级对待战争的态度是什么？
6. 如何认识战争的规律？
7. 为什么要坚持党对军队的绝对领导？
8. 如何理解人民战争思想的基本精神？
9. 如何坚持和发展毛泽东军事思想？
10. 如何理解“世界大战可以避免”这一命题？
11. 邓小平在哪些方面发展了毛泽东军事思想？
12. 试述邓小平新时期军队建设思想的主要内容。
13. 江泽民军事战略思想的主要内容是什么？
14. 江泽民“五句话”总要求的具体含义是什么？
15. 试述江泽民国防建设思想的主要内容。
16. 胡锦涛国防和军队建设重要论述的主要内容是什么？
17. 习近平国防和军队建设重要论述的主要内容是什么？
18. 习近平国防和军队建设重要论述具有什么重大意义？

第三章 国家安全

【教学目标】

正确把握和认识国家安全的内涵，理解我国总体国家安全观，提升学生防间保密意识；深刻认识当前我国面临的安全形势。了解世界主要国家军事力量及战略动向，增强学生忧患意识。

第一节 国家安全概述

冷战结束后，国际安全形势发生了深刻变化，大国之间关系日益复杂与不确定，地区冲突依然此起彼伏与难以控制，非传统安全问题愈加突出与泛滥。国家安全是安邦定国的重要基石，国家发展、人民幸福的前提是国家的安全与稳定，重视国家安全、建设国家安全与维护国家安全具有重大的作用于意义。

一、国家安全的内涵

《中华人民共和国国家安全法》明确，国家安全是指国家政权、主权、统一和领土完整、人民福祉、经济社会可持续发展和国家其他重大利益相对处于没有危险和不受内外威胁的状态，以及保障持续安全状态的能力。国家安全工作应当坚持总体国家安全观，以人民安全为宗旨，以政治安全为根本，以经济安全为基础，以军事、文化、社会安全为保障，以促进国际安全为依托，维护各领域国家安全，构建国家安全体系，走中国特色国家安全道路。

（一）国家安全的含义

对于国家安全的含义，应从以下三个方面来理解：

国家安全既是一种客观状态，也是一种主观感觉。国家安全，既指一个国家免于被攻击乃至被消灭的恐惧、担心，没有严重内外危险和威胁的状态，也指国人普遍存在的安全感觉，即，国家客观上不存在威胁，国人主观上不存在恐惧的状态。

维护国家安全的核心是维护国家核心利益和其他重大利益的安全。各国对“国家安全”的内涵和外延的认识并不统一，应该说甚至存在很大的差异，但不管差异有多大，维护国家安全的核心是维护国家核心利益和其他重大利益的安全，有的国家把它称为“生死攸关的利益”“极端重要利益”，包括国家的生存、独立和发展等利益。2011 年 9 月 6 日中国政府发布的《中国的和平发展》白皮书对国家的核心利益作了明确阐述，国家安全法对此予以重申，即明确我国的“国家安全”首先是指核心利益的安全，包括国家政权、主权、统一和领土完整、人民福祉、经济社会可持续发展，其次包括国家其他重大利益的安全。

国家安全既包括安全状态也包括维护国家安全的能力。安全威胁的因素永远不可能根除，国家安全是一种相对安全。我们强调相对“处于没有危险和不受内外威胁的状态”，就是要通过不断加强自身安全能力建设，不断克服和防范不安全因素对国家造成实质性危害。我们既强调国家安全的状态，也强调不断提升维护国家安全的能力，加强维护国家安全的能力建设。

（二）国家安全的时代内涵

随着国家安全由主权安全日益扩展到经济、科技、文化、社会、环境、资源等诸方面，必然引起国家安全观念的变化。国家安全内涵的扩展，使原有的仅仅局限于政治、军事安全的传统维护国家安全观念在当今全球化条件下难以维护国家安全。当今时代，政治安全、国土安全、军事安全、经济安全、文化安全、社会安全、科技安全、网络安全、生态安全、资源安全、核安全成为当今我国国家安全的重要内容。

1. 政治安全

就是政治主体在政治意识、政治需要、政治内容、政治活动等方面免于内外各种因素侵害和威胁而没有危险的客观状态。政治的核心是国家政权，政治安全直接涉及国家政权的稳固。因此，政治安全在国家安全体系中居于核心地位和最高层次，具有根本性的战略意义。维护政治安全的主要任务包括：坚持中国共产党的领导，维护中国特色社会主义制度，坚持马克思主义的指导地位，发展社会主义民主政治，健全社会主义法治，强化权力运行制约和监督机制，保障人民当家作主的各项权利。政治安全是国家安全的根本，经济、社会、网络、军事等领域安全的维系，最终都需要以政治安全为前提条件。其他领域的安全问题，也会反作用于政治安全。

2. 国土安全

国土即领土，是构成国家的基本要素，是国家生存发展的必要前提。国土安全的基本内涵是指领土与领土主权不受侵犯和威胁，领土不被侵占、不被分裂、不被分割或兼并；其外延包括国际法规定的专属经济区和大陆架的自然资源所有权与管辖权不受侵犯和威胁。国家领土是国家生存的基石，是国家主权的物质载体，是国家物质财富的主要源泉，是国家经济发展的基础，是国家政治安全和建立独立平等国际关系的基础。国土安全是整个国家安全体系的依托和基础，在国家安全中具有十分重要的地位和作用。

3. 军事安全

是指国家不受外部军事入侵和战争威胁的状态，以及保障这一持续安全状态的能力。维护我国军事安全直接关系到国家领土和主权完整，关系到国家生死存亡，是其他安全的重要保证；在传统国家安全观中，军事安全是整个国家安全体系的核心内容，处于首要位置、支柱地位。冷战结束以来，世界各国的竞争由军事实力竞争转向综合国力竞争，国家安全的内涵也随之不断扩大，军事安全在国家安全中的角色有所调整，但仍然处于极其重要、不可替代的地位，军事手段始终是维护国家安全的保底手段。新形势下维护我国军事安全，要有效应对国家面临的各类安全威胁，筹划和推进国防和军队建设，平时营造态势、预防危机，战时遏制战争、打赢战争。

4. 经济安全

是指一国经济整体免受各种因素尤其是外部因素冲击，或即便遭遇冲击也能保持经济利益不受重大损害的状态。经济安全是国家安全的核心指向，保证经济安全是一切安全的出发点和落脚点，维护国家安全必须以经济安全为基础。冷战结束后，随着世界范围的竞争从军事实力转向以经济实力和高科技为基础的综合国力的较量，经济因素在国际关系中的地位不断上升。热战和冷战逐渐转化为经济战和贸易战，经济安全在国家安全中的地位凸显，成为国家安全的核心内容。维护经济安全，不仅要保障我国自身的经济制度安全、金融体系安全、国家能源资源安全等，而且要对可能的外部经济冲击有应对之策，确保国家经济发展不受侵害，促进经济持续稳定健康发展，提高国家经济实力，为国家安全提供坚实的物质基础。

5. 文化安全

是指保护本国优秀文化和价值观免遭异国有害文化的渗透和侵犯。文化是一个国家和民族的精神和灵魂，文化安全是确保一个民族、一个国家独立和尊严的重要精神支撑。现代科学技术特别是信息技术为西方发达国家通过大众信息传播进行文化侵略提供了强有力的工具，而发展中国家在科学技术上的落后导致其反文化侵略的不利。西方发达国家在文化侵略上的这一技术优势，使包括中国在内的发展中国家经常处于被动接受者的地位。随着文化在综合国力竞争中的地位和作用不断凸显，尤其信息社会多元文化相互激荡、相互交融，维护文化安全的任务更加艰巨，增强国家文化软实力、文化国际影响力要求更加紧迫。

6. 社会安全

是国家安全的重要内容，包括防范、消除、控制直接威胁社会公共秩序和人民群众生命财产安全的治安、刑事、暴力恐怖事件，以及规模较大的群体性事件等。社会安全工作涉及打击犯罪、维护稳定、社会治理、公共服务等各个方面，涉及生产、工作、生活各个环节，与人民群众切身利益息息相关。在经济全球化的今天，一个国家的社会安全已不单单是本国内部的事务，而越来越受到国际社会的影响和干预。有的国家为了达到不可告人的政治目的，支持他国内部的敌对势力进行颠覆和破坏活动是对社会安全的最大威胁。

7. 科技安全

是指科技体系完整有效，国家重点领域核心技术安全可控，国家核心利益和安全不受外部科技优势危害，以及保障持续安全状态的能力。当今时代，科学技术作为第一生产力和国防领域的至关重要的因素，其对国家安全的影响已经不再仅仅通过其他安全要素来发挥作用，科学技术自身也成为影响国家安全的一个直接的、独立的要素。国家科学技术实力对国家整体竞争力的影响越来越大，科技安全是国家安全体系的重要组成部分，是支撑国家安全的重要力量和物质技术基础，是实现其他相关领域安全的关键要素。

8. 网络安全

当今世界，以互联网为代表的信息技术日新月异，对人类社会的发展进程产生深刻影响。互联网让世界变成“地球村”，网络空间成为与陆地、海洋、天空、太空同等重要的人类活动新领域。同时，网络安全问题也相伴而生，世界范围内侵害个人隐私、侵犯知识产权、网络犯罪等时有发生，网络监听、网络攻击、网络恐怖主义活动等成为全球公害。网络安全与政治安全、经济安全、文化安全、社会安全、军事安全等领域相互交融、相互影响，已成为我国面临的最复杂、最现实、最严峻的非传统安全问题之一。

9. 生态安全

是指生态系统完整性和健康的整体水平，尤其是指生存与发展的不良风险最小以及不受威胁的状态。生态安全强调保障生态安全的生态系统应该包括自然生态系统、人工生态系统和自然人工复合生态系统。从范围大小也可分成全球生态系统、区域生态系统和微观生态系统等若干层次。从生态学观点出发，一个安全的生态系统在一定的时间尺度内能够维持它的组织结构，也能够维持对胁迫的恢复能力，即它不仅能够满足人类发展对资源环境的需求，而且在生态意义上也是健康的，其本质是要求自然资源在人口、社会经济和生态环境多个约束条件下稳定、协调、有序和永续利用。保持全球及区域性的生态安全、环境安全和经济的可持续发展等已成为国际社会和人类的普遍共识。

10. 资源安全

是指一个国家或地区可以持续、稳定、及时、足量和经济的获取所需自然资源的状态。资源安全分为战略性资源安全和非战略性资源安全。又可分为水资源安全、能源资源安全（包括石油安全）、土地资源安全（包括耕地资源安全）、矿产资源安全（包括战略性矿产资源安全）、生物资源安全（包括基因资源安全）、海洋资源安全、环境资源安全等。资源安全在国家安全中占有基础地位，并与环境安全、生态安全、食物安全及经济安全有着密切联系。近年来，我国经济增长受国内资源和供应能力制约的影响逐渐显著，这是大国经济崛起中必然经历的发展中问题，同时也意味着我国的资源配置方式必须从利用国内资源的“自我平衡”，转向基于全球资源的利用，建立起基于国内外资源的、实现资源安全永续利用的长期战略。

11. 核安全

广义的核安全是指涉及核材料及放射性核素相关的安全问题，目前包括放射性物质管理、前端核资源开采利用设施安全、核电站安全运行、乏燃料后处理设施安全及全过程的防核扩散等议题。狭义的核安全是指在核设施的设计、建造、运行和退役期间，为保护人员、社会和环境免受可能的放射性危害所采取的技术和组织上的综合措施，包括确保核设施的正常运行，预防事故的发生，限制可能的事故后果。国际社会议题的核安全主要是指防核扩散及核裁军等。核安全与放射性污染防治关系经济社会发展全局和人民群众的切身利益，是全民关注的重大问题。

二、总体国家安全观

习近平总书记指出，“当前我国国家安全内涵和外延比历史上任何时候都要丰富，时空领域比历史上任何时候都要宽广，内外因素比历史上任何时候都要复杂。”面对国家安全形势变化出现的新特点新趋势，为构筑更为坚固的国家安全屏障，必须坚持总体国家安全观，以全新的理念思考国家安全，以全局的视角定位国家安全，以整体的思路规划国家安全。

1. 体现国家安全观的丰富内涵

2014 年 4 月 15 日，习近平在主持召开中央国家安全委员会第一次会议时首次阐述了总体国家安全观。“构建集政治安全、国土安全、军事安全、经济安全、文化安全、社会安全、科技安全、信息安全、生态安全、资源安全、核安全等于一体的国家安全体系。”这是一个对现今国际形势背景深度分析，基于我国国情社情，结合国际与国内的新矛盾新问题，在深入理解当今我国所面对的新的安全形势的基础上，结合历代共产党领导人和中国传统文化中的国家安全观念，逐步完善成型并提出的对国家各种传统安全和非传统安全的综合安全问题的根本看法。吸收了中国传统的国家安全观念中的精华，继承和发展了历届党和政府对国家安全问题的解决思路，是我国在现今安全形势下国家安全工作的指导。其对我国较为散乱的各种国家安全思想进行了整合，建立了以人民安全为宗旨，以政治安全为根本，以经济安全为基础，以军事、文化、社会安全为保障，以促进国际安全为依托等要素组成的系统的国家安全观。总体国家安全观对国家安全的内涵和外延作出了全新的概括，可以归结为五大要素和五对关系。

五大要素，就是以人民安全为宗旨，以政治安全为根本，以经济安全为基础，以军事、文化、社会安全为保障，以促进国际安全为依托。以人民安全为宗旨，就是要坚持以民为本、以人为本，坚持国家安全一切为了人民、一切依靠人民，真正夯实国家安全的群众基础。以政治安全为根本，就是要坚持党的领导和中国特色社会主义制度不动摇，把制度安全、政权安全放在首要位置，为国家安全提供根本政治保证。以经济安全为基础，就是要确保国家经济发展不受侵害，促进经济持续稳定健康发展，提高国家经济实力，为国家安全提供坚实物质基础。以军事、文化、社会安全为保障，就是要注意这些领域面临的大量新情况新问题，遵循不同领域的特点规律，建立完善强基固本、化险为夷的各项对策措施，为维护国家安全提供硬实力和软实力保障。以促进国际安全为依托，就是要始终不渝走和平发展道路，在注重维护本国安全利益的同时，注重维护共同安全，推动建设持久和平共同繁荣的和谐世界。上述五大要素，清晰反映了国家安全的内在逻辑关系。

五对关系，就是既重视外部安全，又重视内部安全，强调外部安全与内部安全彼此联系，相互影响；既重视国土安全，又重视国民安全，强调国土安全与国民安全存在有机的统一；既重视传统安全，又重视非传统安全，强调传统安全威胁与非传统安全威胁相互影响，并在一定条件下可能相互转化；既重视发展问题，又重视安全问题，强调发展和安全是一体之两面，只以其中一项为目标，两个目标均不可能实现既重视自身安全，又重视共同安全，强调全球化和相互依赖使得中国和世界的安全已密不可分。也就是说，国家安全是一个不可分割的安全体系，每一要素虽各有侧重，但是都必然、必须与其他要素相互联系、相互影响。上述五对关系，准确反映了辩证、全面、系统的国家安全理念、是对传统安全理念的超越。

2. 总体国家安全观的时代意义

总体国家安全观既是一种全面、系统、注重统筹的新型国家安全观，蕴含着富有中国特色的国家安全价值理念、工作思路和机制路径，也是一个不断发展的开放型国家安全思想理论体系，会随着国家安全与发展战略的推进而不断创新发展。总体国家安全观的提出，是国家安全理论的创新和升华，是做好国家安全工作的总纲。对走出一条中国特色国家安全道路具有重要的指导意义。

坚持总体国家安全观，适应了进行具有许多新的历史特点的伟大斗争的新要求。当前，我国比历史上任何时期都更接近实现中华民族伟大复兴的目标，迎来了大有可为的历史机遇期，前景十分光明，但风险挑战也十分严峻。在新的历史起点上，必须时刻准备应对各种风险考验，必须进行伟大斗争、建设伟大工程、推进伟大事业、实现伟大梦想。这既对国家安全工作提出了新挑战，也为做好国家安全工作提供了新机遇。坚持总体国家安全观，归根到底是为了更好维护我国发展的历史机遇期，确保中华民族伟大复兴进程不被迟滞或打断。

坚持总体国家安全观，回应了人民对国家安全的新期待。在新时代，人民希望国家更加强大，更有力地维护国家统一和民族团结；希望党和政府更加主动作为，更有效地保护生命财产安全；希望着力解决空气、水、土壤污染以及农产品、食品药品安全等突出问题。党的十九大作出新时代我国社会主要矛盾发生变化的新论断，明确将安全作为人民美好生活需要的重要内容。这是对历史、现实、未来的深刻洞察。有了安全感，获得感才有保障，幸福感才会持久。国家安全工作，归根结底是保障人民利益，为群众安居乐业提供坚强保障。

坚持总体国家安全观，顺应了世界发展变化的新趋势。当今世界正处在大发展大变革大调整时期，充满希望，也充满挑战。和平与发展仍然是时代主题。世界多极化、经济全球化、社会信息化、文化多样化深入发展，全球治理体系和国际秩序变革加速推进，各国相互联系和依存日益加深，国际力量对比更趋平衡，和平发展大势不可逆转。同时，世界面临的不稳定性不确定性突出，世界经济增长动能不足，贫富分化日益严重，地区热点问题此起彼伏，恐怖主义、网络安全、重大传染性疾病、气候变化等非传统安全威胁持续蔓延，人类面临许多共同挑战，没有哪个国家能够置身事外，妄自尊大或独善其身只能四处碰壁。只有坚持共同、综合、合作和可持续的新安全观，同心协力应对各种问题，才能实现共享正义尊严、共享发展成果、共享安全保障。

总而言之，总体国家安全观是对我国传统文化中的国家安全思想的提炼，是对历代共产主义者的国家安全智慧的结晶，并由新一代共产党人整理和发展的新国家安全观念。

第二节　国家安全形势

国家安全形势是一个国家对自身安全环境的宏观判断，涉及在一定时间内对国家核心利益所受到的威胁及其来源的综合分析和评估。国家安全形势分析传统上是从国家地理环境和历史等地缘政治环境出发，近年来传统安全、非传统安全问题越来越互相交织。

一、我国地缘环境基本概况

地缘环境所界定的环境是指与国家生存、发展息息相关的所有条件的总和，它包括地缘关系、地缘结构、地理环境等。地缘环境具有稳定少变的特征，对国家安全环境产生持久的影响。

（一）地缘环境的特点

中国的地缘环境情况十分特殊，并且这种特殊环境始终影响着我国的军事战略、安全形势和安全观念等。

1. 我国是陆海大国，邻国众多，疆域辽阔

我国陆地上与14个国家相接壤，按地理位置排序依次是：朝鲜、俄罗斯、蒙古、哈萨克斯坦、吉尔吉斯斯坦、塔吉克斯坦、阿富汗、巴基斯坦、印度、尼泊尔、不丹、缅甸、老挝和越南。在海上我国与日本、朝鲜、韩国、菲律宾、马来西亚、印度尼西亚、文莱和越南8个国家的大陆架或200海里专属经济区相连接，其中朝鲜和越南既是海上邻国，又是陆地邻国。我国陆海邻国众多，仅次于俄罗斯排世界第二位，周边壁垒环境复杂。

我国及周边地区也是世界上大国最集中的地区，又多是军事强国，核扩散的形势严峻。在众多邻国中，有的过去曾经对我国发动过侵略战争，并且现在仍是经济大国，并正在成为军事强国。一些邻国之间存有积怨，甚至对立，一旦它们之间发生冲突，必将影响我国的边境安全。有的国家内部不稳定因素多，一旦发生内乱，将对我国边境安全造成压力。有的国家居民与我国边境居民同为一个民族，信奉同一宗教，虽有利于两国边境居民友好往来，但也存在消极因素。还有一些国家，与我国仍存在着历史遗留下来的边界领土争端和海洋划界争议。随着这些不同因素的变化，将对我国安全环境产生不同的影响。

2. 战略关系复杂，为众多大国利益交汇点

我国处于欧亚大陆边缘地区，是连接东北亚、东南亚、南亚和中亚的核心枢纽，我国周边是仅次于欧洲的重要战略地区。历史上，美、苏曾分别从海上和陆上对我国施加过影响。

苏联解体后，俄罗斯仍是世界上最大的陆地国家，陆地面积约 1707 万平方千米，横跨欧亚大陆。从历史上看，中俄地缘战略上的不安全因素依然存在。美国位于北美洲大陆南部，陆地面积 936 万多平方千米，综合国力强大，并积极向海外发展。美国和俄罗斯对欧亚大陆具有全局性影响。日本、印度是我国周边地区的两个重要国家，是构成我国地理环境的重要因素。日本资源缺乏，对海外资源和海外市场的严重依赖性是其显著特点。在近代，日本经历了 50 年的侵略扩张和对美国的依附。甲午战争至第二次世界大战结束以前，日本军国主义积极推行侵略扩张政策，主要是向亚洲大陆扩张。第二次世界大战结束后，美国控制世界海洋，日本转而依附美国，充当美国在太平洋的前沿堡垒。冷战结束后，日本继续追随美国，企图成为政治和军事大国。印度人口众多，是一个依陆面海的大国。地理条件较为优越，周边邻国主要是中小国家。我国是直接与印度毗邻的唯一大国，两国目前仍存有边界争议，历史上曾发生过边境战争。我国处于美、俄、日三国的交界处，如何处理与这些大国的关系，直接关系到中国自身安全，同时也与东亚、亚太地区，甚至是世界的安全和稳定密切相关。

东南亚、中亚是我国周边的两个重要地区，也是我国陆、海两面的枢纽地区，对我国的安全和经济发展具有重要影响。在通道、资源、安全等方面都有重要战略意义。在交通方面：东南亚是连接亚洲与大洋洲，沟通印度洋和太平洋的“十字路口”。控制太平洋到印度洋的主要水上航线。中亚地区处于东亚、西亚、南亚和北亚的地理连接点上，是连接欧亚大陆以及我国、俄罗斯、欧洲、中东、南亚各地陆路连接的枢纽。在资源方面：东南亚有丰富的战略资源，锡储量占世界 60%，橡胶年产量占世界的 80%以上，矿产资源丰富，石油和稻米出口量较大。在安全方面：东南亚邻接我国的东南沿海与西南地区，是影响我国南部安全的重要方面。贯穿东南亚的海上战略通道对于日本有重要意义，对美欧各国的航运也有重要影响。中亚地区与我国新疆、西藏等地接壤，该地区的形势与我国西北边疆的安危相关，中亚五国是苏联的加盟共和国，现是独联体成员国。随着上海经合组织的建立，我国与中亚各国建立了平等合作的友好关系，将对这一地区的安全环境产生有利影响。

（二）中国面临的地缘环境

中国是海陆兼备的地理大国，东面紧邻太平洋，西面紧靠欧亚大陆，拥有 960 万平方千米的陆地疆土，2.2 万千米的陆地边界，300 万平方千米的海洋国土，1.8 万千米长的大陆海岸线，是世界上边界线最长、邻国最多、边界情况最复杂的国家之一。

1. 陆上地缘环境

我国陆地边界线全长约 22000 多千米，同朝鲜、俄罗斯、蒙古、哈萨克斯坦、吉尔吉斯、塔吉克斯坦、巴基斯坦、阿富汗、印度、尼泊尔、不丹、老挝、缅甸和越南 15 个国家接壤。陆上安全在我国国防中占有举足轻重的地位。

自古以来，陆上侵略是对我国产生了严重威胁。北部地缘环境是中国周边安全环境的重要组成部分，直接关系到我国北部地区的国防与经济发展安全。俄罗斯与我国接壤的边界线有 4374 千米，是我国北线地缘政治中的核心因素，这种地缘关系不仅影响着中、俄关系，甚至对世界地缘格局的形成与演变都起着不可忽视的作用。2019 年是中俄建交 70 周年，中俄关系朝着“守望相助、深度融通、开拓创新、普惠共赢”的目标和方向继续前行，继往开来一同迈入新时代。中国西部地缘环境是俄、美、日、印四大国利益的碰撞地区，同样是我国周边安全环境的重要组成部分。我国西北面对中亚，中亚地处欧亚大陆腹地，拥有丰富的战略资源，文化冲突、民族冲突此起彼伏，大国在中亚的争夺十分激烈，这使得中亚的形势相当复杂。我国西南面对的南亚，地处南亚的印度一方面对我国表示友好，维持对华关系的总体稳定，另一方面又在边界问题、中巴合作问题上对华示强，将对华贸易逆差“政治化”。东南亚地处太平洋和印度洋之间，这里的国家形态各异、版图大小不同。在该地区有很多国际海峡，如马六甲海峡、龙目海峡和望加锡海峡等，它们是沟通太平洋和印度洋的交通要道，具有十分重要的战略意义。

东南亚地区处于欧亚大陆的“边缘地带”，与东南亚邻的中国东南沿海，是中国的经济重心所在，随着中国与周边地区的区域经济合作的不断加强，它们之间的关系也日益密切，任何动荡都会阻碍中国改革开放和社会主义现代化建设进程，东南亚的安全稳定对中国有着重要影响发展。

2. 海上地缘环境

中国海上地缘环境，涉及从朝鲜半岛到中南半岛与中国东部和南部陆地相邻或隔海相望的国家。该地缘环境是中国最发达的东南沿海地带，这里是中国人口最多的地区。朝鲜半岛西北部隔着鸭绿江、图们江与中国相接，东北与俄罗斯相接，东南隔着朝鲜海峡与日本相望。中国与朝鲜半岛唇齿相依，朝鲜半岛的稳定发展与中国的和平发展繁荣紧密相关，直接关系到我国的地缘安全。南海自古以来就是中国的领土，是世界第三大陆缘海，地处低纬度地域，沟通太平洋、印度洋，是太平洋和印度洋之间的重要航道。马六甲海峡西北端通印度洋，抵安达曼海，东南端连接南中国海，是沟通太平洋和印度洋的国际水道，地理位置特殊，海运繁忙，被誉为“海上十字路口”。我国 85%的石油都需要海上运输，大多需要经过马六甲海峡，从航运上来说，马六甲海峡是中国通往印度洋的重要通道。

我国是联合国海洋法公约国，海洋对我国安全影响深远。1973 年 12 月至 1982 年 4 月，联合国召开了第三次海洋法会议，154 个国家出席了会议，通过了《联合国海洋法公约》（以下简称《公约》），从 1994 年 11 月 16 日起正式生效。《公约》也对我国海上地缘环境的相关要素做出了规定。

（1）基线、内水、领海和毗连区　基线：是陆地和海洋的分界线，也是测算领海、毗连区、专属经济区和大陆架的宽度的起点线。正常基线：即领海基线（也称低潮线），是海水退潮时退到离海岸最远的那条线。直线基线：即在海岸上和沿海岛屿上选定一系列的基点，在这些基点之间划出一条条相互连接的直线，构成一条折线，这条折线即为领海基线。一般适用于海岸线比较曲折，沿海有许多岛屿的国家。《公约》规定，“沿海国为适应不同情况，可交替使用以上各条规定的任何方法以确定基线”，称为“混合基线法”。我国政府在1958年的《中华人民共和国关于领海的声明》中指出：“中国大陆及其沿海岛屿的领海以连接大陆岸上和沿海岸外缘岛屿上各基点之间的各直线为基线。”1992年颁发的《中华人民共和国领海及毗连区法》明确规定：“中华人民共和国领海基线采用直线基线法划定，由各相邻基点之间的直线连线组成。”根据此法，中华人民共和国政府于1996年5月15日发表声明，宣布了我国领海的部分基线和西沙群岛的领海基线。

国家内陆和领海基线向陆一侧的水域，统称为内水。内水构成沿海国领水的一部分，沿海国在这一海域内享有排他性的主权。其中，海湾根据湾口宽度以及海湾与沿海国的关系，可分为三种：沿岸属于一国领土的海湾；沿岸属于两个或两个以上国家领土的海湾；历史性海湾。对于沿岸属于一国领土的海湾，该国可在一定条件下将其划入本国的内水范围，实行完全排他的主权。《公约》规定：如果海湾天然入口两端的低潮标之间的距离不超过24海里，则可在这两个低潮标之间划出一条封口线。该线所包围的水域应视为内水；海湾天然入口两端低潮标之间的距离超过24海里，则24海里的直线应划在海湾内，基线以内的水域才是内水。历史性海湾是指沿岸属于一国，其湾口虽然超过领海宽度的两倍，但历史上一向被承认是沿海国内海湾的海湾，如我国的渤海湾。历史性海湾完全处于沿岸国排他性主权的管辖下。

濒海国陆地领土及其内水以外邻接的一定宽度的海域，称为领海。其范围为领海基线至领海线之间的海域。国家主权及于领海的海床、底土及其上空。《公约》规定，“每一国家有权确定其领海宽度，直至从按照本公约确定的基线量起不超过12海里的界线为止”。目前，包括中国在内，世界上有117个国家实行12海里的领海宽度。领海是沿海国家领土的组成部分，受沿海国主权的管辖和支配。沿海国在领海享有属地最高权，领海内的一切人和物均受沿海国管辖。沿海国有权制定和颁布有关领海的法律和规章。外国船舶可以在领海上无害通过，但外国飞机未经许可不得飞越他国领海的上空。沿海国的主权不仅及于领海，也及于领海的上空、海床和底土。

沿海国在毗连其领海以外一定范围内，为行使必要管制权而划定的区域。其外部界限从领海基线量起不得超过24海里。沿海国在毗连区内可对本国和外国公民及船只行使海关、缉私、卫生和移民等事项的管制权。

（2）专属经济区、大陆架　专属经济区，是指主权国家在邻接其领海的外部海域设立的经济管辖区。其外部界线至领海基线不应超过200海里。专属经济区是国家自然资源区的组成部分，国家对之行使有关国际海洋法规定的经济主权权利和管辖权。专属经济区是《公约》创设的一种新的海域，它介于领海和公海之间，具有独立的法律地位。专属经济区不同于领海，它虽属沿海国管辖区域，但并不构成沿海国领土的组成部分，沿海国对它不享有绝对的、排他的主权，专属经济区也不同于公海，其他国家虽然在专属经济区有自由航行、飞越权，但已不是公海意义上的那种自由，主权国可对其他国家在专属经济区内的活动加以限制。

大陆架，是陆地向海面下自然延伸和缓倾的潜水平台。其范围从低潮线起到海底坡度突陡止。沿海国有对其行使以勘探和开发自然资源为目的的主权权利。在国际法上，大陆架是指沿海国家的陆地在海水下面的自然延伸，并与大陆形成一个连续的完整的整体。《公约》规定：如陆地领土向海底延伸部分不足200海里时，可扩展到200海里；如延伸部分超过200海里的，不应超过从测算领海宽度的基线量起350海里，或不超过连接2500米深度各点的等深线100海里。我国的海岸线漫长，大陆架极为广阔，属于大陆架超过200海里的18个国家之一。渤海、黄海海底全部为大陆架，东海有2/3的海底是大陆架，最宽处近400海里，南海大陆架占海底面积的一半以上，总面积约为150万平方千米。但是，除渤海大陆架外，我国大陆架都与邻国存在划界问题。中国政府多次郑重声明，根据大陆架是陆地领土自然延伸的基本原则，中国对东海大陆架拥有不可侵犯的权利。东海大陆架涉及其他国家的部分，应同中国和有关国家协商划分。位于南海上的东沙、西沙、中沙和南沙群岛领海，有150多个岛屿和礁、滩，自古以来就是中国的领土。南海诸岛大陆架与其他国家的划界问题，应由我国与有关当年国家在看重历史事实和国际法的基础上，通过当事国双边友好谈判协商妥善解决。1982年12月10日，我国作为首批签约国，在联合国海洋法公约上签字。1996年5月15日，我国第八届全国人民代表大会常务委员会第十九次会议批准实施。

二、我国周边安全环境

（一）和平合作是我国目前周边安全环境的主流

1. 世界大国与我国建立了合作伙伴关系

中美关系是当今世界大国关系中最为重要的关系之一，中美两国在维护世界和平与稳定、地区安全和防止核扩散等重大问题上存在的共同利益，是两国关系发展的基础。两国各自的战略需求是其发展的动力，大国关系的互动和意识形态因素等都对其带来影响。另外，美国国内因素，如决策圈内的总统、国会和军方，决策圈外的利益集团、新闻媒介、公众舆论等，也对中美关系影响极大。两国曾是共同抗日的盟友，从中华人民共和国成立到中美建交前，两国关系从长期对峙逐渐趋向缓和。中美建交后，两国关系出现了历史性的改善。中美两国领导人实现互访，把两国关系带入新阶段。中美关系在布什政府上台后，曾因台湾问题而出现波折，但共同利益特别是双方的经济合作，使两国关系又重新走上了正轨。2018年11月1日，国家主席习近平应约同美国总统特朗普通话中，两国元首表达了保持中美关系健康稳定发展和扩大中美经贸合作的良好愿望。2018年12月1日，在阿根廷举办的G20峰会上，中国主席与美国总统特朗普开展了会晤，两国元首就经贸问题达成共识。2019年1月18日，中国驻旧金山总领馆在美国加利福尼亚州旧金山市举办纪念中美建交40周年招待会，回顾中美关系的不凡历程，展望中美关系未来发展。

中俄关系对中国安全的影响深远。冷战结束以后。中俄关系发展顺利，两国保持着良好的国家关系，两国领导人保持互访，发表了一系列联合声明。1996年双方建立了“平等信任、面向21世纪的战略伙伴关系”，由原来“建设性伙伴关系”上升到“战略协作伙伴关系”。中俄已经建立不对抗、不结盟，以“和平共处五项原则”为基础的友好和互利合作关系。进入新世纪后，两国政府和人民决心继续致力于中俄世代友好这一主题，2001年7月，两国领导人在莫斯科签署了具有历史意义的《中俄睦邻友好合作条约》。该条约以“永做好邻居、好朋友、好伙伴、永不为敌”的战略思想为核心，全面总结了20世纪中俄关系的历程，并对未来双边关系发展确定了指导原则。中俄两国已经建立了良好的国家关系，在普京访华期间双方签署的《联合声明》曾重申："无论国际风云如何变幻，无论中俄各自国内发生什么样的变化，双方决心恪守《中俄友好合作条约》所确定的方针和原则，不断推进、扩大并以新的内容充实和深化两国全面战略协作伙伴关系。在双方关切的问题上协调立场，相互支持。"2018年9月，国家主席习近平首次出席第四届东方经济论坛，这是新时代中俄关系发展上的里程碑事件。2019年6月5日至7日，习近平主席应俄罗斯总统普京邀请，对俄进行国事访问，并出席第23届圣彼得堡国际经济论坛，在此期间，中国国家主席习近平同俄罗斯联邦总统普京签署《中华人民共和国和俄罗斯联邦关于发展新时代全面战略协作伙伴关系的联合声明》和《中华人民共和国和俄罗斯联邦关于加强当代全球战略稳定的联合声明》，中俄元首将两国关系提升为"新时代中俄全面战略协作伙伴关系"。未来，两国关系必将更加稳固，合作领域还将更加宽广，两国关系将会进一步得到全方位的提升。

中日关系是今天国际关系中的重要组成部分。中日复交后，两国关系发展基本平稳，双方都把发展长期稳定的友好关系作为各自的基本国策。1998年11月，双方曾在我国领导人访日的联合宣言中明确"建立致力于和平与发展的友好合作伙伴关系"。2018年10月25日至27日，日本首相安倍晋三对中国进行正式访问。2018年11月30日，国家主席习近平在二十国集团布宜诺斯艾利斯峰会期间会见日本首相安倍晋三。2019年12月23日，国家主席习近平在人民大会堂会见日本首相安倍晋三。近年来，在中日双方的共同努力下，两国领导人多次会晤，就构建契合新时代要求的中日关系达成重要共识，两国关系持续改善发展。

中国与欧盟各国保持着良好的关系。中国与欧盟领导人就建立中欧长期稳定的建设性伙伴关系达成共识。2019年4月9日，在布鲁塞尔欧盟总部，李克强总理同欧洲理事会主席图斯克、欧盟委员会主席容克共同主持第二十一次中国—欧盟领导人会晤，就双边关系、5G建设、科技合作等多方面达成共识。双方领导人在相互尊重、互信、平等互利原则基础上，全面落实《中欧合作2020战略》，推动中国"一带一路"倡议和欧盟欧亚互联互通战略、泛欧交通运输网络对接，双方在中欧互联互通平台框架下加强交流，致力于在开放、非歧视、公平竞争、透明和互利基础上打造双方经贸关系，深化中欧和平、增长、改革、文明四大伙伴关系。

2. 我国与邻国友好关系发展顺利

我国在坚持"和平共处五项原则"基础上与一切国家发展友好关系，特别关注发展与邻国的睦邻友好关系。目前，我国与所有邻国的关系均得到改善。20世纪90年代以来，我国分别与俄罗斯、哈萨克斯坦、吉尔吉斯斯坦签订了国界协定，与俄罗斯、哈萨克斯坦的国界问题已经得到完全解决。中、俄、哈、吉、塔5国领导人多次会晤，签署了关于边境地区加强信任及相互裁减军事力量的协定。

我国同越南、印度的关系也得到发展，不断加强政治、经济、文化交往，国家领导人正常互访。中越边界问题得到较好解决。中越边境线长1347千米，边界谈判是从20世纪70年代开始的，双方签署了关于边界领土的基本原则协议，1999年签署了《中越边境条约》。2006年双方签订了《关于扩大和深化双边经贸合作的协定》。2019年1月17日，中国驻越南大使馆在越南首都河内举办招待会，庆祝中越建交69周年。新形势下，中越双方不断加强团结友好、深化互利合作，扩大两国民间友好交流，推动了中越关系持续健康稳定发展。

作为世界上两个人口大国，中国和印度都被国际社会认为具有在新世纪发展成为世界大国的潜力。自1988年以来，在双方的共同努力下，中印边界问题联合工作小组一直定期举行会谈并取得一定进展。双方曾签署了《关于中印边境实际控制线地区军事领域建立信任措施的协定》。2003年6月印度前总理瓦杰帕伊访华时，承认西藏是中华人民共和国主权的一部分。2005年4月国务院总理温家宝访问印度，与印度总理辛格签署了两国联合声明，宣布中印建立面向和平与繁荣的战略合作伙伴关系。同时宣布了中印《全面经贸合作五年规划》，提出两国到2008年贸易额达到2000亿美元。双方还达成解决中印边界问题的政治指导原则，这为解决中印长期遗留的边界问题奠定了基础。2006年11月中国国家主席胡锦涛对印度进行国事访问。2019年10月，习近平主席应邀前往印度南部城市金奈，与印度总理莫迪举行第二次非正式会晤。作为世界上两个最大的发展中国家，中印关系具有全球和战略意义。近年来，两国领导人之间的高层互动相当频繁，除了互访之外，两国领导人在20国集团峰会、金砖会议、上海合作组织峰会等多边场合多次会见。作为正在形成中的多极化国际秩序中的两个大国，中印同时发展将对未来国际体系产生积极影响。

3. 我国周边“热点”降温

新形势下，中俄关系迈上“新时代全面战略协作伙伴”的新台阶，两国战略互信达到新高度。中朝建交70周年，习近平总书记访问朝鲜，巩固了中朝传统友谊，为维护半岛稳定、和平解决朝核问题做出了新的重要贡献。中日双方就改善和发展两国关系达成共识，东海局势相对平静，在钓鱼岛问题上双方基本维持了“共存、共管”的态势。中印两国领导人在2019年10月进行第二次会晤，打开了两国互利合作新局面。中日韩领导人会议于2019年12月在中国成都举行，三方联合发表《中日韩合作未来十年展望》，强调共同促进地区发展繁荣与和平稳定。中国与东盟关系进入全方位发展新阶段，南海争端在可控范围内，没有发生大的摩擦和冲突。2019年中国全面加强和周边国家的关系，促使周边环境趋稳向好。

（二）相对稳定的安全环境中存在着不安全因素

我国的安全环境存在着两重性。一是相对和平稳定的安全环境不断得到巩固和发展；二是我国仍面临着一些不安全因素和潜在的威胁。

1. 西方军事强国对我国安全环境影响深远

在世界军事强国中，美国对我国安全环境的影响尤甚。美国与我国虽远隔重洋，但对我国安全的影响却无处不在。在各大国与我国关系向前发展的同时，在以美国为首的西方世界仍然有一股企图遏制中国的逆流，顽固地坚持冷战思维，不愿意正视我国政治、经济的发展及在国际社会中的积极作用。散布所谓的“中国威胁论”，以“人权”为幌子，干预中国的内政，继续坚持对台军售，阻挠中国统一大业。美国对华政策的两面性，是我国安全环境不稳定的主要因素之一。美国国防部和国务院就“印太战略”发布了相关政策报告。“印太战略”的经济部分聚焦在基础设施、能源安全和数字经济上，目的是对冲“一带一路”倡议。2018年以来，美国及盟友在黄海及东海监视朝鲜“海上走私”的军事行动的同时，不排除借机对中国进行侦查的可能。2019年，美国在南海的整体军事行动都在增强，日本也加快了在南海的布局，多个大国在南海形成了常态化的军事存在，虽然南海岛礁争端降温，但海域划界问题日益凸显。

2. 周边热点地区仍有发生情况突变的可能

我国周边地区热点之一的朝鲜半岛，由于在核问题的立场与国际社会相差甚远，多方谈判虽然在艰难中取得了一些进展，但距彻底解决问题的路还很长。朝鲜半岛是东亚各国利益的交汇点，各大国都不希望朝鲜半岛出现危机。20 世纪 90 年代初，美国与朝鲜曾签署了关于核问题的框架协议，双方的对立局面曾有所缓和。朝鲜与韩国也开始从对峙走向对话，打破了严重僵持的局面。虽然双方和谈的进程将是长期的和复杂曲折的，但相互间的气氛逐渐缓和，南北双方的经济交往和民间往来也逐渐增多。21 世纪初期再次出现核问题，因此危机再起。2006 年 9 月朝鲜进行核试验，将朝核问题推到极其危险的境地。2017 年 7 月 3 日，朝鲜民主主义人民共和国不顾国际社会普遍反对，进行第六次核试验，中国政府对此表示坚决反对并予以强烈谴责。2018 年 4 月 21 日，朝鲜决定停止核试验。2019 年 5 月 24 日，朝鲜在咸境北道吉州郡的丰溪里核试验场对多条坑道和附属设施进行爆破，并宣布正式废弃这座核试验场。朝鲜在近两年来一直在核试验问题上保持克制，但美方却忽略朝方的积极态度，导致美朝无法化解弃核措施与解除制度，无核化谈判陷入僵局。一旦朝鲜半岛发生战争，必将对我国安全造成影响。

印度与巴基斯坦的对立一天不解决，我国这一边境地区的安全隐患就无法排除。由于历史原因，印巴两国既存在民族怨恨，又存在宗教纠纷，还存在着领土争端，在短时间内难以得到解决。多年来，印巴军事摩擦时有发生。印度作为地区大国，1996 年拒绝在《全面禁止核武器条约》上签字，并以“中国威胁论”为借口，大力发展核武器，积极谋求世界核大国地位。印巴核军备竞赛的升级和对立的加剧，对我国的安全环境产生了不利影响。印巴双方陈兵于边境，相互对峙，克什米尔地区是印度和巴基斯坦争夺的焦点。半个多世纪以来，印度与巴基斯坦的关系时紧时缓，两国关系虽然曾有一定程度的改善，但仍未能根本解决已存在的对立。2018 年 2 月 25 日，印度军队炮击克什米尔实控线附近的巴基斯坦哨所，导致巴方人员伤亡。2018 年 5 月 30 日，印度和巴基斯坦双方同意落实于 2003 年达成的停火协议。2019 年 3 月 4 日，巴基斯坦和印度军队在克什米尔争议地区彼此向对方阵地开火。2019 年 7 月 31 日，印度安全部队违反停火协议，持续炮击克什米尔地区尼勒姆山谷下游的卡塔乔家栗村。如果印巴爆发大规模战争，必然会对我国边境安全构成较大威胁。

3. 边界和海洋权益争端尚存

我国在坚持“和平共处五项原则”的基础上愿与一切国家发展友好关系，特别注重发展与邻国的睦邻友好关系。但另一方面也必须看到，我国与邻国的边境争议和关于海洋权益的争议情况复杂，解决起来难度很大，这些争议始终是可能影响到我国边境和领海安全的不稳定因素。在这些争议中，陆地边界问题的争议，尤以中印边界争议较为突出。关于海洋权益的争议则更为复杂。我国与朝鲜、韩国之间关于黄海、东海大陆架划分，与日本之间关于东海大陆架划分和钓鱼岛的归属问题，都存在着争议。中国的南海处于岛屿被侵占、海域被分割、资源被掠夺的严重局面。我国南沙群岛的海面岛礁几乎被瓜分殆尽。关于南沙群岛的争议，短期难以解决。如果处理不当，还有可能引起国际争端或诱发局部战争。

4. 外国势力插手台湾问题，影响我国统一大业

台湾是我国第一大岛，位于我国东南海域，西隔台湾海峡与福建省相望，东临太平洋。台湾是我国东南的海上屏障，扼西太平洋南北航线之要冲，战略地位十分重要。自古以来，台湾就是中国领土的一部分。台湾问题事关国家主权和领土完整、国家现代化进程和民族复兴大业。在国际反华势力的支持下，台湾分裂分子大肆进行分裂活动，台湾当局竭力阻止两岸关系发展，研制和购买武器，积极整军备战，企图以武拒统，以武谋“独”。某大国长期坚持“以台制华”的政策，利用台湾问题干涉中国内政，不断提高售台武器的数量和质量，阻碍我国统一。由于外部势力插手，致使台湾问题复杂化。20 世纪 80 年代末以来，海峡两岸关系由对抗走向对话，由紧张走向缓和，由隔绝走向交往。台商在祖国大陆的投资项目增多，两岸人员交流大幅度增加，从探亲、旅游，扩大到经济、科技、文化、教育、新闻和学术等多方面的合作与交流。两岸关系得到进一步改善，但在祖国统一问题上却困难重重。1979 年元旦，全国人大常委会发表《告台湾同胞书》，标志“一国两制，和平统一”的开始。和平统一受阻，主要原因是台湾当局在外部势力的暗中怂恿和支持下，坚持拒绝两岸进行政治谈判的顽固立场，坚持反对“一国两制，和平统一”的主张，积极推行“两个中国”“一中一台”的分裂政策，进行分裂祖国的活动，台湾分裂势力是中国安全的最大隐患。在台湾问题上，蔡英文当局顽固坚持“台独”立场，拒不接受“九二共识”，使得持续多年的两岸制度化协商被迫停顿，两岸民间交流受到限制和阻碍。特朗普政府打“台湾牌”和蔡英文打“美国牌”的频率增加，两岸和平发展遭到颠覆性破坏。《反分裂国家法》第二条规定：世界上只有一个中国，大陆和台湾同属一个中国，中国的主权和领土完整不容分割。维护国家主权和领土完整是包括台湾同胞在内的中国人民的共同义务。台湾是中国的一部分。国家绝不允许“台独”分裂势力以任何名义、任何方式把台湾从中国分裂出去。祖国统一是中华民族的共同心愿，决不允许“台独”分裂势力的分裂活动，决不畏惧强敌干预，决不放弃武力解决台湾问题的严正立场，早日实现祖国统一大业。

5. 恐怖主义和民族分裂活动威胁我国安全

我国是一个多民族的国家，国家统一、民族团结、社会稳定始终是国家安全和发展的重要前提。但恐怖主义和民族分裂势力对我国安全统一的危害不容低估。当前，出现了民族分裂主义、国际恐怖主义和宗教极端主义合流的趋势。这“三股势力”内外勾结、相互借重，对世界和平与发展构成了更加严重的威胁。中东、中亚、南亚和东南亚成为恐怖活动的高发区。我国也处于恐怖主义和民族分裂势力活动的威胁之中，境外“东突”恐怖组织和“藏独”分子正加紧向我国境内渗透。恐怖主义和民族分裂势力活动，已对我国改革、发展、稳定构成最直接和最现实的威胁。

三、新形势下的国家安全

当前，我国正处在大国崛起的冲刺阶段，国内形势深刻变化，我国经济实力、科技实力、国防实力、国际影响力又迈上了一个新的台阶，我国的国际影响力、感召力和塑造力也进一步提高，中华民族伟大复兴已经展现了前所未有的光景。但是我们不能忽视，我国也面临不少的困难和挑战。从国内情况来看，科技创新能力不够强，法治建设有待加强，环境污染和资源消耗也面临严峻的挑战；从世界范围来看，非传统安全威胁持续蔓延，世界依然面临着现实和潜在的局部战争威胁。中国参与国际事务的程度在不断加深，所面临的风险和压力因素也在逐渐增多，国内和国际安全问题交织、贯通，与世界的联系更为紧密，所面临的国家安全环境和国际安全形势比较复杂，当面临的挑战是空前的。中国已经成为世界第二大经济体，走在大国政治的活跃前沿，在此关键历史节点，中国国家安全内涵和外延比历史上任何时候都要丰富，内外因素比任何时候都要复杂，时空领域比历史上任何时候都要宽广，已经远远超出传统安全的范畴，中国安全形势十分复杂。

（一）国家安全各领域成效显著

我国高度重视国家安全法治建设，坚持总体国家安全观，国家安全法律体系已经搭建，国家安全组织体系也日趋合理，国家各个领域的安全工作效果显著。

目前我国传统安全继续稳固，具体表现在政治安全方面、军事安全方面、国土安全方面。政治安全是国家安全的根本，目前我国坚持加强党同人民群众的血肉联系，做好人民群众意识形态工作，坚决防范“颜色革命”，保障“一国两制”实践。在军事安全方面，军队反腐成效明显，军队政治生态不断向上向好，军队安全意识不断提升，更注重运用军事力量和手段营造有利战略态势，积极应对新型安全领域挑战。在国土安全方面，我国与大部分邻国的边界都非常清晰，虽然与部分国家边界线并未正式划定，但是我们党和政府坚持和维护自身领土主权，并有信心解决这些争端，中国绝不放弃我们的正当权益，也不觊觎他国权益，中国的国土安全不容置疑。

在非传统安全领域成果斐然，具体表现在经济安全方面、文化安全方面、社会安全方面、生态安全方面。总体来说，我国经济安全保持独立，自然安全得到合理保护，国家内部社会矛盾缓和，社会总供求大致平衡，政府的宏观调控与治理能力增强，人民的国家经济安全意识增强。在文化安全方面，我们坚定文化自信，不断加强意识形态安全，继承和发展中华优秀传统文化，推动汉语走向世界，逐渐形成了自己的话语体系。社会安全方面，我国极端事件锐减，刑事犯罪减少，社会冲突下降，社会治安形势大为好转。生态安全方面，我国加快体制机制建设，加强生态系统保护与修复，加强生态安全检测与研判，强化国土空间和资源的开发管制，坚持节约优先、保护优先原则、自主恢复为主的方针，以对人民高度负责的态度维护生态安全。

在新型安全方面，我国采取前瞻部署、深化改革、重点突破等手段维护科技安全；通过建立健全信息安全法律法规、建立信息安全审查制度、提高国民信息安全意识、加大信息安全领域的资金投入，以及加大反战信息安全产业等措施保障国家信息安全。通过资源创新战略、资源节约战略、资源配置战略、资源保护战略等实施资源安全保障战略，切实提高了我国资源安全水平；通过实施《核安全与放射性污染防治“十二五”规划及2020年远景目标》《中华人民共和国核安全法》等，我国的核设施、核技术得到了进一步提升，核电安全保持国际先进水平。

（二）国家安全面临的挑战风险

中国的国家安全所面临的国际形势复杂多面，现实中的中国不仅面临着传统意义上的安全威胁，包括经济、能源、生态、信息等在内的非传统的安全威胁，也面临着形势复杂多变的国际挑战。

十八大以来，党的反腐工作成效显著，反腐力度前所未有，但是腐败问题依然严重威胁着我国的政治安全。十九大报告指出，要把党的政治建设摆在首位，将思想建党和制度建党相统一，统筹推进党的各项建设，严肃党内政治生活，强化党内监督，严明党的纪律，不断增强党的自我净化、自我完善、自我革新和自我提高的能力，以零容忍态势惩治腐败。改革开放以来，我国经济取得了举世瞩目的成就，但是我国区域经济发展仍然不平衡、城乡之间发展不平衡、贫富差距持续扩大等问题依旧影响着我国经济安全，在全面建成小康社会的关键时期，不平衡和不充分的发展影响着国家安全。我国正处在实现中华民族伟大复兴的关键时期，但是依然面临着尚未实现完全统一的局面。中国台湾、中国香港、新疆和西藏等地仍然存在分裂势力，煽动民众情绪、刻意破坏与国家的关系，形势非常严峻，严重危害我国国土安全。随着世界新军事变革的加速发展，以军事安全为核心的国家安全观已经不能满足现如今国家安全的需要。美、俄、日、法等国不断增加军事投入，加快军事转型，我国的国防和军队现代化建设在新一轮国际军事竞争中面临着巨大压力。我国的安全边界和国家利益不断向海外、海洋、太空等空间延伸，维护国家安全所面临的总体压力增大。我国所面临的非传统安全主要来自于恐怖主义威胁、能源安全、信息安全等方面。作为能源大国，我国在能源进口渠道、能源运输通道安全以及能源战略储备方面所面临的不利条件尚未改变。伴随网络技术的广泛运用，围绕信息控制与反控制的斗争日益扩大。我国信息化发展速度快，但是控制基础网络和重要信息系统的能力比较弱，信息安全领域存在漏洞较多，对我国基础设施建设构成较大威胁。并且随着信息化程度的提高，全球经济的快速发展，我国应对经济波动和金融风险的能力不够强，手段不够充分，在全球经济战略威胁下，我国的金融安全也面临着严峻考验。

广泛而深刻的变革正在当今世界发生着，不安宁的周边环境、新转折点上的国际形势与危害安全的恐怖主义正在威胁着我国总体国家安全建设。在大动荡的环境下，美国“世界警察”的地位受到前所未有的压力和挑战，美国所主导的传统秩序发生改变。在 2008 年金融危机以后，欧洲繁荣的景象不在，安全形势恶化，整个欧洲的安全环境陷入不稳定状态，原本脆弱的欧盟体系摇摇欲坠。过去一段时间，美国总统特朗普政府推行了令国际失望的单边主义政策，这使得美国和俄罗斯关系正处在冷战结束以后以来的历史新低潮。美欧之间的关系开始出现破裂并进一步恶化，矛盾正在深刻变动。2014 年俄罗斯兼并克里米亚后，俄欧关系跌至低谷，2018 年圣彼得堡国际经济论坛上，法国总统宣布法国和俄国仍然是可靠的伙伴，虽然俄欧关系存在很大的分歧和矛盾无法立即解决，但是俄欧关系正迎来回暖契机。美俄欧三角关系的发展直接影响到国际关系格局乃至世界的安全稳定，只有各方携手推进发展稳定建设和平，才能够确保各方安全利益。近年来，恐怖主义有着卷土重来之势，世界各地的恐怖分子的野心和种种暴行令人瞠目结舌，中国周边地区也深受宗教极端势力、民族分裂势力以及暴力恐怖势力的困扰，“三股势力”严重威胁我国安全。不仅仅是以上安全问题，我国周边海上安全形势面临较多挑战。在东海，日本利用钓鱼岛问题推进所谓的政治、军事大国化进程；黄海方面，与韩国、朝鲜存在海洋专属经济区和大陆架划界问题；南海方面，一些国家非法侵占我国南沙群岛部分岛礁，不断加强非法岛礁建设、油气的开发。

（三）贯彻落实总体国家安全观

从国内发展情况来看，我国正处在全面建成小康社会决胜阶段，改革进入攻坚期和深水区，我国经济、社会、文化等各方面呈现出来的安全问题数量繁多，已经成为威胁人民生活的重大隐患。随着 21 世纪以来我国综合实力和国际地位的上升，蛋糕做大的同时问题也随之增多。进入新时代，我国的主要矛盾已经转化为人民日益增长的美好生活需要和不平衡不充分的发展之间的矛盾；从国际上看，综合国力的竞争形势日趋多样，国土安全、军事安全、政治安全等传统安全问题已然逐渐转变为新的威胁因素，安全问题的种类越来越多样，影响越来越深远，形势越来越复杂。

当前我国国家安全内涵和外延比历史上任何时候都要丰富，时空领域比历史上任何时候都要宽广，内外因素比历史上任何时候都要复杂，必须坚持总体国家安全观，以人民安全为宗旨，以政治安全为根本，以经济安全为基础，以军事、文化、社会安全为保障，以促进国际安全为依托，走出一条中国特色国家安全道路。我们党是在人民群众的支持和拥护下建立起来的政党，我们党深刻践行着几十年来的根本宗旨和执政理念，以人民安全为宗旨深刻体现了我们党一切为了人民的初心和使命。新时代国家安全战略实践要以总体国家安全观为指导，坚决捍卫国家主权独立、领土完整、安全发展的利益，在坚持独立自主中谋安全。独立自主的权利是中国人民历经 100 多年的艰苦斗争获得的，来之不易。习近平在不同场合都反复强调，我国坚持走和平发展道路，绝不牺牲国家核心利益，中国人民不信邪也不怕邪，无论国际风云如何变幻，国家安全战略环境如何，我们党始终维护国家主权，不屈服于任何外来压力，坚决捍卫国家权益。

贯彻落实总体国家安全观，就是要以经济建设为中心，不断增强国家综合国力，不断提高人民生活水平。进入新时代，我国社会主义所持的历史阶段的基本国情没有变，我国是世界上最大的发展中国家的国际地位没有变，实现中华民族伟大复兴的中国梦，实现“两个一百年”奋斗目标必须要坚持总体国家安全观，坚持社会主义市场经济改革方向。贯彻落实总体国家安全观，要建设一支听党指挥、能打胜仗、作风优良的人民军队，把国防军队建设作为国家安全建设的坚强后盾，必须贯彻新时代党的强军思想，建设强大的现代化军队，坚持政治建军、改革强军、依法治军，全面提高国防和军队的现代化水平，为国家安全提供坚强后盾。贯彻落实总体国家安全观，就是要推进国家治理体系和治理能力现代化建设，完善中国特色社会主义制度，坚持中国共产党的领导，加强全民安全意识教育，大力推进国家安全保障能力建设，全方位提高我国安全治理水平。贯彻落实总体国家安全观，就是要打造人类命运共同体，各国同心协力，应对各种问题和挑战，努力把国际安全建在各国互信互任的基础上，建立在合作共赢的基础上，坚持与邻为善，对话不对抗、结伴不结盟，走和平发展道路，构建新型国际关系，实现共同安全。

总体国家安全观是中华人民共和国成立以来国家安全观的继承与发展，鲜明指出以人民安全为宗旨的国家安全道路，准确地判断了我国的安全环境和国际形势，这表明我国已经前所未有地接近实现中华民族伟大复兴的目的；总体国家安全观鲜明地确立了要走中国特色社会主义国家安全道路，必须毫不动摇地坚持中国共产党对国家安全工作的领导，走中国特色国家安全道路凝聚了维护国家安全的决心、意志；总体国家安全观拓展了国家安全战略的内涵和外延，国家安全就是要构建政治安全、国土安全、军事安全、经济安全、文化安全、社会安全、科技安全、信息安全、生态安全、资源安全和核安全于一体的安全体系；总体国家安全观是积极适应有效维护国家安全迫切需要的成果，科学运筹国家安全战略的总体布局，善于把握大势，统筹战略全局，运用科学的思想方法和工作方法认识问题、解决问题，科学做好国家安全工作。

四、新兴领域的国家安全

在当今全球化条件下，国家安全已经由主权安全扩展到了政治、经济、科技、文化、环境、社会和资源等多方面，因此政治安全、经济安全、信息安全、科技安全、生态安全、资源安全、核安全已经成为新形势下国家安全的重要内容。新形势下，要全面的认知安全领域问题，避免只关注政治、军事领域问题，忽视经济、文化、社会、生态、资源等领域的问题，同时也要避免局限于当下的安全领域，而忽视了太空、极地、海洋和人工智能等新型安全领域。

（一）太空安全

自 1957 年人类发射第一颗人造卫星开始，人类揭开了开拓外层空间的新篇章，随着深空探测的逐步推进，人类已经从深空探索的初步阶段向中级阶段迈进，航天技术取得了突飞猛进的进展，宇宙飞船、航天飞机、空间站等航天器相继翱翔太空，各种各样的军事卫星在战争实践中大显身手，太空战争这种新型战争模式已经被催生。

伊拉克战争期间，美军动用卫星数量达到 100 多颗，分别用于空间侦察监视、空间通信保障、空间气象保障、空间导航定位、空间电子战五大系统，在整个战争期间，战场上超过 90％的信息都通过卫星发送和接受，这实现了战场信息的实时传播，使得美英联军的导弹命中率极高。更有科索沃战争、海湾战争等高新技术局部战争的实践表明，在测地、气象、预警、跟踪、见识、导航、定位等方面，卫星系统发挥了极大的作用，为卫星系统拥有方提供了有力的支援和保障。由于依靠太空力量获取信息的优势突出，未来高技术作战中，海、陆、空等作战力量将越来越依靠太空信息所提供的作战信息，这也是太空成为未来军事斗争的必争之地的原因。目前世界大国视太空为重要国家安全领域，注重太空军事建设，制定太空防务战略。2018 年 6 月，美国总统特朗普下令国防部立即启动组建太空军，在 2019 年美国当地时间 8 月 29 日，美国总统特朗普在白宫宣布建立美国太空司令部；2019 年 7 月 13 日，法国总统马克龙宣布将于 2020 年 9 月建立独立的太空司令部；俄罗斯在 2015 年 8 月将空天防御部队和空军合并，组建新的空天军部队；2019 年 4 月 6 日，日本航天开发战略本部公布了 2019 年《修改航天基本计划工程表的重点事项》，提出完善构建有助于组建专门致力于太空领域安全的部队、增设太空新兵种的体制。

太空军事化、武器化，不仅破坏了国家战略格局的稳定，同时也给中国太空安全带来潜在的和现实的威胁和挑战。为了维护我国太空安全和国家安全，中国必须加快发展相应的技术和力量，坚持防御、自卫、后发制人原则，实行积极防御，构建新时代军事战略布局。

（二）极地安全

所谓极地，是指在地球的南北两端（即南极和北极），地处南北纬 66.5 度以上，长年白雪覆盖的地方。气温非常低，巨大的冰川冰形成冰盖，覆盖在南极洲和格陵兰岛的大部分地区。这些冰盖的厚度通常超过 2.5 千米，蓄积了地球上的大部分淡水资源。

北冰洋表面的绝大部分终年被海冰覆盖，是地球上唯一的白色海洋。北冰洋海冰平均厚 3 米，冬季覆盖海洋总面积的 73％，约有 1000 万～1100 万平方千米，夏季覆盖 53％，约有 750 万～800 万平方千米。在北极重要的资源是油气资源。俄罗斯科学部门发布的数据显示，北极原油储量约为 2500 亿桶，占世界剩余储量的 25％，天然气储量估计为 80 万亿立方米，约为全球天然气储量的 41％。据美国地质调查局（USGS）的资料显示，全球待发现油气资源的 25％分布在北极地区。从战略地缘分布来看，世界大国都在北半球，如果将这些大国连成一个扇形的区域，就会发现，北极恰是这个半扇的圆点（椭圆概念），也就是说，北极离所有大国的距离是最近的，那么如果在北极部署弹道导弹发射区，相当于对全世界大国进行了有效“瞰制”，这一战略位置不容忽视。另外，飞越北冰洋的航空线是联系亚、欧和北美三大陆的捷径。而且全球变暖导致北极地区冰盖融化，使得北极的“西北航道”通航成为可能。南极大陆的总面积为 1390 万平方千米，相当于中国和印巴次大陆面积的总和，居世界各洲第五位。整个南极大陆被一个巨大的冰盖所覆盖，平均海拔为 2350 米，是世界上最高的大陆。南极洲蕴藏的矿物有220余种。有煤、石油、天然气、铂、铀、铁、锰、铜、镍、钴、铬、铅、锡、锌、金、铝、锑、石墨、银、金刚石等。

现如今，北极航道沿岸国对北极航道提出不同程度的主权主张，北冰洋沿岸国也相继提出对其北冰洋外大陆架的主张，使得北冰洋国际海底区域不断缩小，北极公域的“私域化”趋势严峻。截至目前，俄罗斯、加拿大、丹麦（格陵兰）均提出将其北冰洋陆架延伸至北极点的主张，其目的除了直接获取资源利益外，更长远的是为了获取更广泛的活动空间，甚至是地缘战略支配权。先于《联合国海洋法公约》制定的《南极条约》虽然暂时冻结了对南极大陆的领土主权要求，但是对南极大陆周边海域的经济专属区、大陆架等问题并没有做出规定。这就使得部分“南极主权声索国”在《海洋法公约》框架下，提出划分南极周边海域大陆架的主张。同时，《南极条约》未禁止以科学考察或和平目的使用相关军事人员和装备，南极非军事化条款解释效力模糊，南极研究的军民两用性日益凸显，这就为相关国家以各种形式在南大洋建立军事存在提供了合法依据。我国作为潜在的北极航道和资源利用大国，参与北极开发合作需要和平稳定的地区安全环境作为保障；美俄在北极地区部署的导弹防御系统、核潜艇等军备设施对包括中国在内的北半球其他国家存在战略威慑，美俄对制海权掌控的绝对优势，也将对未来北极海上贸易的运输安全带来挑战；现阶段北冰洋沿岸国对北极公域“私域化”的种种举措，将严重损害我国所维护的在北极公域的“安全进出、科学考察、开发利用”等利益；中国被西方舆论冠以脸谱化的“威胁论”或“资源饥渴论”，削弱中国的道义感召力，孤立中国，为中国与北极周边国家深入开展合作制造阻碍。

对于极地安全利益的界定应更多地从发展性和动态性的视角出发，加强极地安全能力，倡导极地公域包容性发展，增强战略主动性。建立基于共同利益的极地公域观，积极参与，发展能力建设，防范异化，开展广泛、多层次的国际合作。

（三）海洋安全

海洋是国家安全的重要屏障，海洋安全事关国家总体安全和长远建设。进入新时代，世界安全形势风云变幻，我国的海洋安全问题也呈现出一系列新的特征和变化。

冷战结束以来，主权国家或国家集团利用海洋地缘优势展开政治博弈，旨在最大程度压缩对手海洋战略空间，谋取海洋优势地位，各国家在海洋政治、海洋经济、海洋治理等方面的合理诉求，对世界海洋安全形势产生影响。以信息技术为代表的新军事革命，使海上战争形态进一步向信息化海上局部战争发展，后者具有的巨大杀伤力和毁灭性，具有时间短、强度大、消费高等特点，海洋“冷对抗、冷和平”现象，相比冷战期间更加普遍、更加突出。

进入21世纪以来，海洋科技不断进步和人类对海洋战略地位的认识进一步提高，深海、大洋和极地成为21世纪中叶各国谋求战略制高点的新疆域，围绕护持海洋霸权、扩展海洋利益和维护海洋权益的激烈竞争和斗争不断发生。从世界海洋安全大格局看，美、俄两个大国具有得天独厚的海洋地缘优势，其他国家只能在区域海洋安全事务中发挥作用。正是在这一背景下，构建体现海洋后发国家安全理念的国际规则，并以这样的规则塑造区域海洋安全秩序，比历史上任何时期都变得紧迫和必要。我们既要看到，新兴国家崛起及其海洋（安全）领域系列主张，为中国团结一切可以团结的力量，打造蓝色伙伴关系提供了机遇，也要看到传统“海洋守成大国”在海洋安全领域中占据的优势地位及其对中、印等国重塑海洋安全秩序的努力带来的挑战和困难。中国提出“一带一路”倡议，坚定地维护以联合国和公认的国际法则为基础的海洋安全秩序，尊重“一带一路”沿线国家多样化海洋发展理念，恪守各国在海洋安全上的核心利益，照顾彼此安全关切，弥合安全认知差异，求大同，存小异，通过广泛协商达成合作共识。

面对海洋安全领域错综复杂的局面，中国要以联合国框架下的国际法治为基本导向，在遵循国际社会普遍认可的国际规则的前提下，推进国际法治向公平、公正、道义方向发展。维护全球海洋的战略稳定，要从维护国家安全全局考虑，加强海上力量，制定海洋总体战略，将海洋权益纳入建设海洋强国整体战略，将海洋安全纳入总体国家安全观来考量，将海洋安全与陆地安全进行统筹谋划安排；我国正处于由大向强、实现中华民族伟大复兴中国梦的历史发展进程中，正从世界舞台的边缘向中心迈进。在这一进程中，必须坚持军事服从政治、战略服务政略，既要维护海洋权益，又要注重睦邻友好，保持海洋维权与海洋维稳的动态平稳，实现“维权不引发冲突，维稳不损害权益”的目的。作为一个正在崛起的世界大国，习近平总书记指出，要统筹维稳和维权两个大局，坚持维护国家主权、安全、发展利益相统一，维护海洋权益和提升综合国力相匹配，坚持用和平方式、谈判方式解决争端，努力维护和平稳定。要着眼我国海洋强国的战略需求，在深海极地大洋等重大安全问题上提出系列主张，赢得更多国际话语权，发挥更大作用，做出更大贡献。

（四）人工智能安全

人工智能正以出乎想象的速度走进我们的生活，渗透到了制造、家居、金融、交通、安防、医疗、物流等各行各业。人工智能技术和应用飞速发展，推动经济社会创新发展的同时，也在重塑人类安全的未来。但与此同时，由于人工智能尚处于初期发展阶段，该领域的安全问题值得关注。

从现有的技术条件来看，人工智能可以在机器人、战场环境的分析和目标识别、后勤组织计划、情报分析、信息管理、信息行动等方面在一定程度上提升或改变原有对军事的认知。越来越多的无人驾驶飞机、坦克、汽车，以及自主决策武器开始走向战场，军人直接暴露在战场杀伤环境将会减少，军人的伤亡率较传统的战争也会下降。人工智能在制定军事计划、后勤组织保障、战场环境实时信息获取、分析、目标的图像识别等方面也可以大幅度提高战场的指挥决策能力。人工智能在网络战、信息战，以及类似的“斩首行动”“定点清除”等特种作战形态改变人们传统上认为，战争就是工业化时代的大规模飞机、坦克、军舰等武器之间直接对抗的印象。人工智能的发展可以减少军人的伤亡程度、增强指挥决策、控制战争的杀伤范围方面改变未来的战争形态，人工智能在军事领域的应用也越来越广泛。基于人工智能在军事领域的广泛应用，越来越多的国家开始发展和使用人工智能武器，从国防角度高度重视人工智能的发展，制定人工智能国防领域的发展战略。

人工智能的快速发展对我国人工智能国防的建设提出了挑战，我国必须尽快构建、完善人工智能安全保障体系，筑牢人工智能安全防线。积极推动军队智能化，助力智慧国防建设，突破人工智能核心技术，抢占未来国防科技的制高点。

（五）网络安全

网络安全是指网络系统的硬件、软件及其系统中的数据受到保护，使其避免受到偶然或者恶意的攻击而导致信息被更改、破坏甚至遭到泄露，保证系统能够正常运行，网络服务不中断。网络安全就是要保证网络上信息的安全，对其保密性、完整性、真实性、可控性和可用性做到管理有序。随着计算机科学技术的发展，信息网络已经成为社会发展的重要保证。网络空间安全不仅是信息的生存环境，也是人的生存环境，网络是信息传播的新渠道，是生产生活的新空间，是经济发展新引擎，也是文化繁荣的新载体。在新时代，网络更是社会治理的新平台，是人类命运共同体得以实现的交流合作新纽带，更是国家主权的新疆域。

网络上的信息包罗万象，包括很多敏感信息，甚至是国家机密。这种情况难免会引来世界各地的各种人为攻击，例如信息泄露、数据篡改、数据删减、信息窃取、计算机病毒等。同时网络的正常运行还要依托于网络实体的妥善管理，如果遭遇水灾、火灾、地震或者其他突发情况发生，很容易导致网络中断。2019 年高危漏洞持续增长，例如 Windows 服务器相关的远程桌面漏洞 CVE-2019-0708 影响广泛。2019 年 Web 传统攻击事件频发，无需身份认证的远程代码执行漏洞最受黑客青睐，发序列化漏洞依然热度不减。同时，门罗币依然是攻击者最为青睐的虚拟数字，中小传统企业成为黑客挖矿重灾区。从数据泄露数量来看，2019 年的数据泄露比往年更为严峻。

从国际环境来看，在中美博弈的大环境下，高级威胁事件频出，APT 攻击“明暗交织”，美军于 2002 年建立了世界首支网络部队，2009 年成立了网络战司令部，2017 年美军将网络司令部升级为一级联合作战指挥部。2018 年，美国国防部发布《国防战略》，明确指出要发展从战术到战略水平的弹性联邦网络及信息生态系统，以获取有用信息，阻止对手获得相同优势。2019 年 6 月，美国网络司令部举行“网络夺旗 19—1”演习，旨在强化网络攻击战备，并深化网络安全领域的盟友及伙伴关系。2019 年 4 月俄罗斯国家杜马通过了《主权互联网法》，该法旨在保证俄罗斯在遭遇美国等外部攻击的紧急状态下国内网络依然能稳定运行。俄罗斯和美国都在加紧推进网络空间建设，争夺未来战争制高点，国际网络空间安全形势日益严峻。

第三节　国际战略形势

世界面临百年未有之大变局，多边主义面临挑战，大国关系深入调整，全球政治、经济、军事、科技格局正在发生历史性变化。国家环境总体稳定，经济全球化持续发展，世界各国之间的联系越来越紧密。但同时，世界仍不太平，霸权主义和强权政治仍然存在，传统安全问题与非传统安全问题互相交织，国家战略形势仍面临诸多挑战。

一、战略环境

战略环境，是指制定某一战略所必须依据并制约该战略实施的环境和条件。战略环境重点研究国际战略环境和国内战略环境。

（一）国际战略环境

国际战略环境就是指世界各主要国家和政治集团在一定时期内在战略上相互联系、相互作用、相互斗争所形成的世界全局性的大环境。国际战略环境包括国际战略格局和国际战略形势两个方面。国际战略格局是国际战略环境的框架结构。国际战略形势是国际战略环境的动态表现，它从本质上反映了世界各主要国家的政治集团建立在一定军事、经济实力基础上的政治关系的基本状况和总体趋势，其核心是世界范围内的战争与和平问题。国际战略环境是在一定的时代背景下形成的，时代特征对它有决定性的影响。

此外，影响国际战略环境的主要因素还有：国际间战略利益的矛盾及其发展；政治、军事、经济力量在世界范围内的分布与配置；主要国家之间的战略关系及其斗争、制约、合作的态势；战争的进程和结局，以及战争威胁的性质和程度等。

国际战略环境是国家安全和发展的国际条件，对实现国家的战略目标和战略利益有重大的影响，并决定或制约着一个国家政治、军事、经济斗争的对象和敌友关系以及采取的方针、政策和策略。任何一种战略，都是依据一定的环境条件而提出来的，在实施过程中都要受到这种环境条件的制约，因此，对国际战略环境的分析和判断，是制定战略决策和战略实施过程中必须特别加以重视的一个至关紧要的问题。只有站在时代的高度，从各主要国家或政治集团的战略利益关系入手，较系统地考察一个较长时期内国际战略格局的状况和国际战略形势的发展趋势，综合分析影响国家安全和发展的各种国际化条件，判明本国遭受威慑的可能、方向、性质和程度，才能提出正确的战略对策。

国际战略环境的范围极其广泛，但对于某一国家（集团）的战略指导者来说，应该重点关注国际战略环境的几个主要特征。

1. 时代性

时代特征是世界性的、阶段性的，它所反映的是整个世界在一定历史阶段矛盾领域和斗争状况的总的标志。正确认识时代特征，有助于战略指导者从宏观上把握当代世界的主要矛盾和总的发展趋势，从而对国际战略环境做出正确的判断，避免战略指导的重大失误。

2. 全局性

世界战略格局反映了一定时期内国际间的力量对比、利益矛盾和需求，以及基本的战略关系。对世界战略格局进行分析与研究，有助于从总体上了解世界各主要国家在世界全局中的地位以及战略利益方面的矛盾和需求，有助于对世界形势及其可能的发展趋势做出基本的估计。

3. 局部性

周边安全形势，是指周边国家（集团）直接、间接影响本国安全的条件和因素。周边安全形势中最值得注意的是周边国家与本国的利益矛盾、对本国的政策企图、与本国密切相关的军事力量及其部署等直接影响本国安全的情况和因素。

4. 主导性

世界各国之间由于战略利益和政策的异同，既可能是对手，也可能是朋友。各国的战略动向，既互为条件、相互依存，又相互影响和制约。其中，一些实力较强的世界性和地区性大国，特别是超级大国所推行的战略，对地区乃至世界的安全与稳定具有主导性影响。因此，在一定时期内了解主要国家的战略动向，有助于从世界各国特别是大国之间的关系上具体地研究国际战略环境，进而对世界形势做出正确判断。

5. 战争与和平的矛盾性

战争是解决阶级、民族、国家和政治集团之间利益矛盾和冲突的最激烈的手段。只要战争的根源还存在，战争与和平始终是国际安全面临的两大问题。对于一个国家的主权和安全来说，来自外部的战争威胁是最严重的威胁。因此，当代世界战争与和平的趋势在国际战略环境中最引人注目，也是世界各国研究和制定军事战略时关注的重点。

（二）国内战略环境

从军事斗争的角度讲，国内战略环境是指筹划、指导军事斗争全局的具有重大影响的国内社会环境与自然环境。它反映了国家军事力量建设与运用的可能条件和制约因素，决定着战略的基本性质和方向，是制定战略的依据。国内战略环境主要包括国家的政治、经济、军事、地理等方面的基本状况，其中，对战略具有直接影响的是国家的地理环境、政治环境和综合国力状况。

1. 地理环境

地理环境主要包括国家（战区）的地理位置、幅员、人口、资源、地形、气候以及行政区划、交通、要地等状况。地理环境不仅是制定战略的重要客观依据，而且是影响战争胜负的重要因素。加强对地理环境的研究与认识，是制定符合客观实际的战略指导的重要环节。

2. 政治环境

国内政治环境涉及范围较广，但对战略影响最大的有两个方面：一方面是国内政治环境的本质和核心，即国家的政治、法律制度与基本国策。它对军事斗争全局的筹划指导具有决定性的影响。另一方面是政治安全形势。国内政治安全形势主要包括在一定时期国内的阶级、民族、宗教、政治集团之间相互关系的基本状况及其对政局和国家安全的影响。其中，敌对势力分裂和颠覆国家、制造武装冲突或国内战争等情况是直接影响国家统一和稳定的国内因素，是筹划、指导军事斗争必须关注的重要问题。

3. 综合国力状况

综合国力是一个国家全部物质力量和精神力量、实力和潜力的总和，它包括国家的人力、物力、财力、军力、科技与生产能力、社会保障与服务能力以及组织动员能力等。综合国力是军事斗争特别是战争的物质基础，也是军事理论和作战方法发展进步的重要条件。一切军事斗争和军事活动，归根结底都要依靠综合国力，特别是经济、科技和军事实力的支撑，并受其制约。战略指导者必须立足于国家综合国力的实际状况，本着勤俭节约、讲究实效的原则，筹划、指导军事力量的建设与运用，使之与国家建设和社会发展的总体水平相适应。

（三）国际战略环境的发展趋势

1. 和平与发展在前进中面临挑战

当前，和平与发展是世界人民共同追求的目标和不可逆转的世界潮流。霸权主义和强权政治越来越招致大多数国家特别是广大发展中国家的不满和抵制。广大发展中国家坚决反对霸权主义，希望在一个相对和平稳定的环境中尽快发展本国的经济，主张对话、避免对抗。因此，总的看来，国际形势继续趋向缓和，维护和平与稳定的力量继续增长，和平与发展已成为世界人民的共同要求和不可阻挡的历史潮流。但是，和平与发展两大主题却仍面临重大挑战。霸权主义和强权政治依然存在，领土、民族、宗教、资源等因素引发的武装冲突和局部战争连绵不断。不公正、不合理的国际政治经济秩序没有得到根本改变，发展中国家仍有亿万人民处于贫困状态。特别是美国倚仗自己在经济、军事、科技等方面的优势，极力鼓吹奉行“新干涉主义”“单边主义”，干涉别国内政，推行新的“炮舰政策”。先后发动了科索沃、伊拉克等局部战争，导致某些地区的局势长期动荡，各种矛盾进一步复杂化。某些局部地区间的民族矛盾、宗教对立、领土争端、资源纠纷等依然存在，有些矛盾甚至有激化的趋势。另外，因南北贫富差距拉大引起的某些社会动乱，恐怖活动、毒品走私趋向“全球化”等，均成为当今世界不稳定的重要因素。

2. 国际战略关系随着经济全球化发生深刻变化

经济全球化，是充满矛盾和冲突的过程，它正在改变着人类社会的生存和发展环境，带来人类社会关系的重大变迁：经济全球化使各国在经济领域相互联系、相互渗透、相互影响、相互制约，既促进了共同发展，同时也带来了极大的不稳定因素。经济全球化要求在全球范围内实现产品、资源、资金、科学技术等生产要素的流动和优化配置，国与国之间不同程度地形成了“你中有我、我中有你”“有福共享、有难同当”的利益格局，“一荣俱荣，一损俱损”的互动效应日趋增强。但各国在经济全球化中的相互依存关系又是不均衡、不对称和不平等的。由此导致全球范围内的各种矛盾凸显。一是霸权与反霸权之间的矛盾尖锐化；二是南北矛盾突出，面临更严峻的挑战和更大的风险；三是激化了民族矛盾；四是全球性问题日益突出。

3. 世界力量分化组合加剧，使单极与多极之争更趋激烈

单极与多极矛盾的实质是美国霸权主义同世界各国人民反对霸权主义的斗争，具有对抗性特征。但在当代历史条件下，这一矛盾可以通过“软竞争”的方式，即通过和平竞赛与外交上合纵连横的政策、策略来缓和。“多极化”与“一超”的矛盾将成为21世纪相当长的一个时期内国际斗争的焦点。走向多极化是当今世界的必然趋势，是不可抗拒的历史潮流，也是许多大国的共识。但是，目前处于强势的美国竭力否定并坚决阻挠多极化发展，理论上鼓吹并宣扬“单级稳定论”；政治外交上以“恐”划线，借大国合作反恐，以单边主义谋霸；军事上公然违反国际法，悍然发动了伊拉克战争，对现有国际关系准则和国际安全机制构成了严重挑战。与此同时，美国以反恐为名，挺进中亚，增强了对欧亚大陆的地缘战略优势；加强了西太平洋的战略部署，围堵和遏制其他大国的崛起。种种迹象表明，美国凭借其政治、经济、军事上的强大优势，利用反恐这个前所未有的机遇，抓紧打造美国主导的世界新秩序。但“多极化”趋势不可逆转，美国致力维护其霸权地位与其他国家争取和平共处的斗争也一直没有停止，其他大国尽管原则上认同并支持美国反恐，但对美国诉诸武力、“先发制人”等单边主义行径和谋霸企图也不无戒备和抵制，围绕“失败国家论”“邪恶轴心论”及如何判定和消除恐怖主义根源等问题，我与法、德、俄等国公开在理论上质疑、政策上抵制，借助联合国等多边外交舞台，与美单边主义周旋。可以预见，制衡美国“一超”的力量将越来越强大并且趋于自发联合，特别是欧盟和其他大国将不可避免地成为美国的主要竞争对手。“一超”与“多极化”的斗争将长期存在，目前霸权主义占上风，但某些大国为维护自身利益、加快自身的发展，“多极化”的发展进程将不可避免地加快，这种斗争将日趋激烈。

二、国际战略形势现状及发展趋势

（一）国际战略格局

国际战略格局，是指对国际事务具有重要影响力的力量，在一定历史时期内相互联系、相互作用而形成的较为稳定的力量结构。它又分为国际政治格局、国际经济格局和国际军事格局，国际战略格局是这几种格局的综合，也称“国际格局”。

国际战略格局形成、发展和变化的物质基础是各国政治、经济和军事力量间的相互对比。大国实力地位的变化是导致国际战略格局演变的重要因素。

国际战略格局形成、发展和变化的政治基础是各国在战略利益上的矛盾和需求。各种战略力量对自己国家、民族、阶级和集团利益的认识，决定了它们对外战略的调整，并导致国际战略格局的破裂与重构。国际战略格局，既是国际政治的核心内容，也是一定时期国际关系特点的集中表现；既是各国生存和发展的基本外部环境，也是制定内外战略和策略方针的主要依据之一；同时还是正确认识和判断国际战略环境的一个关键因素。它有助于从总体上了解世界各主要国家在世界全局中的地位以及战略利益方面的矛盾和需求。

当前国际战略格局的主要态势，是美国构筑单极世界的战略正在推进，但它没有也不可能阻断世界多极化的发展趋势。两极格局结束后，世界出现了一超和多强并立的态势，大国关系在不断变化与调整，世界上各种政治力量在不断进行分化组合。多极化趋势的发展，有利于世界的和平、稳定和繁荣，有利于推动建立公正合理的国际政治经济新秩序。

（二）国际战略形势及发展趋势

1. 美国推行单边主义，谋求建立单极世界

冷战后，美国成为唯一的超级大国，世界出现了一超多强的局面。美国经济连续高速增长，国力日益增强，军事实力强大，政治影响广泛，综合实力处于绝对领先地位，为其独自称霸世界提供了雄厚的基础。因此，美国极力保持一超的局面，构建美国领导下的单极世界。

20 世纪 90 年代初，老布什提出了建立“世界新秩序”的构想。强调美国在“新秩序”中要发挥领导作用，声称“在世界各国中，只有美国同时具有道义上的声望，也具有维持这一声望的物质力量”。维护美国的领导地位是建立新秩序的首要任务。克林顿政府继续加强单极世界的构建。1999 年美国发表的《美国新世纪国家安全战略》认为，冷战后美国获得了从未有过的和平环境和实力。除了战略核力量外，美国处于没有一个国家能够对其发动全球军事挑战；没有一个国家在常规军事技术及应用能力方面能与之较量；没有一个主要的联盟对其持敌对立场等。为此，美国大力鼓吹“国家导弹防御计划”；对中国继续推行接触遏制政策；遏制俄罗斯的复苏；通过北约和美日军事同盟由军事同盟加强对欧洲和日本的控制。小布什政府在国际问题上单边主义色彩更浓。2019 年 8 月 2 日，美防长埃斯珀宣布退出《中导条约》，产生更复杂的安全影响。

为了实现建立单极世界的目标，美国现在已制订并实行了一整套战略措施。在政治上，极力推行以美国为模式的所谓“全球民主化”；在经济上，倚仗其强大的经济实力，以进行经济制裁为手段，迫使别国无限度地开放市场，利用高科技和不等价交换等手段剥削发展中国家；在军事上，保持庞大的“防务”开支，努力发展高、新、尖武器，在世界各地部署军事力量并建立军事联盟，插手干涉别国内部事务；在全球战略方面，既联合又试图控制欧洲；既利用又要制约日本；以北约东扩为手段，进一步挤压、削弱俄罗斯；将中国视为主要竞争对手，向台出售武器升级。不顾欧洲国家的强烈反对，拒绝接受《京都议定书》，谋求建立美国主导下的单极世界的企图不断膨胀。

2. 欧盟势力影响日益扩大

2004 年以来，欧盟在内统外扩与壮大实力方面都取得了重大突破。其一，正式接纳中东欧的 8 个国家和地中海的 2 个国家入盟。欧盟现在拥有 27 个成员国，包括 1 个联合国安理会常任理事国和 1 个核大国，400 多万平方千米土地面积和 5 亿人口，欧盟实际上已将绝大多数欧洲国家和幅员统合在自己麾下。其二，欧盟首脑会议一致通过《欧洲宪法》草案。这是欧盟一体化的重大成果，为欧洲第一部宪法的出世做好了铺垫，昭示欧盟将通过实

质性的机构和体制改革，有效推行共同外交和防务政策，为在国际舞台扮演分量更重的角色练“内功”。其三，欧盟的经济形势比较稳定，经济实力大幅提升，欧元在国际金融体系中的地位大幅攀升。这些表明欧盟在提升实力地位和统合欧洲的道路上实现了一次历史性跨越，朝着建设“欧洲人的欧洲”和世界独立一极目标迈出了实质性步伐。

随着一体化的扩大、深化和实力的壮大，欧盟独立自主意识日益增强。它不再甘当美国的伙计，要求在北大西洋联盟中进行权利再分配和角色重新定位，力争与美国建立新的平等伙伴关系。由于战略利益的差异，欧盟在国际秩序观、格局观、安全观、对待非西方大国和发展中国家及中东局势等当代世界重大问题上，同美国的距离越来越大，对美国说“不”的次数也越来越多。法国、德国等欧盟核心国家在伊拉克战争问题上甚至同美国分道扬镳。特别是欧盟不认同美国的单极战略而主张多极化，并阔步朝着世界独立一极的目标迈进，对美国的单极战略构成有力挑战。因此，欧盟在国际上发出的声音更为响亮有力，地位、作用日益增强。无疑，未来欧盟将可能成为国际社会具有重要影响力的一极。

3. 俄罗斯意欲重振大国地位

20 世纪 90 年代以后，俄罗斯国内形势不稳，金融危机严重、生产停滞、经济滑坡，大国地位受到严重削弱，但它毕竟拥有良好的工业和科技基础，拥有丰富的资源和巨大的发展潜力。在军事上，它仍然是唯一能够和美国相抗衡的核大国。在普京执政后，俄罗斯社会趋向稳定，经济开始恢复性增长，而且质量明显提高。突出表现为：经济增长绝大部分是依靠内需的拉动，出口的贡献率不到 1/3，而此前的情况正好相反。同时，近几年呈现出各行业全面增长的态势，一系列宏观经济指标有较大的改善。俄罗斯成为世界上经济增长最快的国家之一，将跻身世界主要经济体之列。俄在财力有限的情况下，利用高科技提升防务能力，保持了世界第二大军事强国地位。随着经济的复苏，俄罗斯加快了军队建设和武器装备更新换代的步伐，重振大国的意图更加明显。2020 年，俄罗斯国防部长谢尔盖·绍伊古在一次电视电话会议上说，俄军方全年计划在执行国家防务订单方面支出约 1.5 万亿卢布（约合 245.4 亿美元），其中近 68%将用于采购一系列新装备。

4. 日本走向政治军事大国步伐加快

从长期的发展来看，日本经济仍将走在世界的前列。但由于历史等原因，日本在国际社会的政治军事影响却远未达到其经济上对世界的影响。它在外交上依附于美国，唯美马首是瞻亦步亦趋。人们很少在国际问题上听到日本与美国不同的声音。然而，近年来日本通过对内外政策的调整，争取进入联合国安理会常任理事国，与美国签订防务协议、建立战区导弹防御系统，努力扩大国际影响力，加速走向政治、军事大国的迹象比较明显。日本正在由经济大国向世界政治大国甚至军事大国转变。日本谋求政治大国的过程是渐进的，但目标明确，部署全面不断前进。首先，在构成日本对外政策基轴的日美关系中，日本要求增强自主性，谋求发挥更大的积极作用。1983 年铃木首相在日美首脑会谈后的新闻公报中首次宣布，日美关系是同盟关系，两国将分担适当的责任。其次，在国家安全保障方面，日本为承担更多的防卫责任，逐步有限度的加强防卫力量，并试图突破占国民生产总值 1%的军费预算限制。1985 年，日本防务费用达 0.997%，而且突破 1%的趋向已十分明确。日本以积极参与亚太地区经济合作为条件，来提高自身政治地位，特别注重发展与东盟国家关系。再次，日本不放过任何机会，如 1990 年 8 月至 1991 年 1 月海湾危机期间，海部首相提出《联合国和平合作法案》，企图向海外派遣自卫队。虽然因各方面反对而被国会作废弃案处理，但这表明了日本抓紧行动，推行其政治大国的目标的实现。第 32 届夏季奥林匹克运动会于日本东京举办，东京也由此成为第一个承办过两届夏季奥运会的亚洲城市，日本的国际地位也将由此提升。

5. 中国综合国力稳步上升

中国经济持续保持快速增长，综合国力迈上新台阶。中国的经济总量虽然只占世界的 4%，却成为带动世界经济增长的主要动力源之一。在综合实力和对世界和平与发展的贡献显著提升和增大的基础上，中国在外交上不断开拓进取，国际地位和作用明显提高，在地区和世界事务中日益发挥重要的影响。

中国改革开放几十年来保持了持续发展的强劲势头，经济总量明显增大，与世界经济的关系更加紧密。中国的发展和开放，为世界商品和资金提供了广阔市场，为许多国家的企业创造了商机，也为世界创造了众多的就业机会。作为当今世界经济重要的拉动力，中国经济发展状态已与全球息息相关。中国坚持走和平发展的道路，努力与世界各国平等互利合作，不单纯追求己方利益，而是力主双赢，并积极加强区域合作，推动共同发展，不断为促进全球发展和繁荣做出重要贡献。中国高举和平、发展、合作的旗帜，坚持原则，伸张正义，更加积极参与国际事务，在力所能及的范围内支持和援助其他同家，充分发挥了一个负责任人国的作用，国际影响日益增大。

6. 地区大国不断壮大

印度、巴西、南非等地区大国幅员辽阔，近年来经济持续强劲发展，外交空前活跃，努力争当联合国安理会新的常任理事国。它们的快速崛起不但加强了其在相关地区的龙头地位，而且将促进世界战略力量的调整和重组，成为推进世界多极化进程的重要新因素。印度的崛起带来了印巴冲突，双方在克什米尔地区的武装冲突几乎从未中断。最近一次印巴冲突发生于 2019 年 12 月 5 日，印巴双方军队在克什米尔实际控制线附近发生交火，导致印方一名军官和一名妇女死亡，巴方有两名士兵丧生。可见，地区性大国的崛起，也增加了地区冲突及地区军事对抗性。

7. 区域一体化组织蓬勃发展

经济是基础，发展水平不同也决定了不同国家在国内政治及国际事务中采取不同的立场。发展中国家间发展不平衡，利益各异。因此，一些经济发展水平比较接近的国家和地区组成的地区性组织兴起，活动积极，联合自强趋势增强。世界经济权力结构的多极化与区域集团化，既是互有区别的两种世界经济特征，又是互有联系的两种国际经济关系现象。自 20 世纪 80 年代后期以来，由于美国实力及其相应的对世界经济和国际经济关系控制能力的削弱，区域集团化有了迅猛的发展，与过去相比发生了某些带有转折性质的重大变化。它由低层次转向高层次，从局部性转向全球性，特别是进入 20 世纪 90 年代以后，人们普遍承认它将成为世纪之交的世界经济中一种不可逆转的潮流。

从长远看，美国的霸权主义战略和单极世界的目标必然受到诸多因素的制约，不可能得逞，多极化势头无法阻挡。除了美国外，当今世界各国都主张多极化。就是在美国内部，也有相当多的战略家逐渐意识到单极世界的目标很难实现。此外，虽然与多强之中任何一方的单独力量对比起来，美国的力量明显地高出一筹，而且这种势头还将保持较长时间，但是，与多强的整体力量对比起来，美国的力量已呈相对下降趋势。以美国国民生产总值占世界国民生产总值的比重为例，1970 年美国曾占世界国民生产总值的 38%，而现在则是 28%左右。而且中国和第三世界的一些大国总体实力也正处在上升阶段。印度、巴西等国有可能在不远的将来加入到多强的行列。

【思考题】

1. 国家安全的内涵是什么？
2. 怎样理解和把握总体国家安全观？
3. 中国地缘环境的基本概念是什么？
4. 如何理解新兴领域的国家安全？
5. 国家战略形势的发展趋势是什么？

第四章 军事高技术

【教学目标】

了解军事高技术的内涵、分类、发展趋势及对现代战争的影响，熟悉高技术在军事上的应用范围，掌握高技术与新军事变革的关系，激发学习科学技术的热情。

第一节　军事高技术概述

科学技术的发展特别是军事高技术的发展正在军事领域引发一场深刻的变革。从 20 世纪 80 年代以来发生的屡次局部战争，特别是 20 世纪末发生的科索沃战争中，人们可以看出：现代战争已在很大程度上表现为高技术的较量，谁拥有军事高技术，谁就能够在战争中占据更大的主动权；现代战争已进入高技术时代。

一、军事高技术的概念与分类

（一）军事高技术的概念

首先了解什么是高技术？对于高技术的概念目前还没有一致公认的定义。我国科技界的一种较有代表性的看法认为，高技术是建立在现代科学技术全面发展基础上，处于当代科学技术前沿的、对提高生产力、促进社会文明、增强国防实力起先导作用的技术群。这个定义反映了五个内涵：第一，高技术是注入科学原理的新技术，他不再是以前单凭生产实践总结，而是一开始就建立在牢固的理论基础上的；第二，高技术是众多科学综合研究的集成，不再是单项技术的突破，而是众多学科综合研究的集成；第三，高技术是现代科学技术中最前沿的新技术，既包括最新的技术，也包括较“旧”的但仍然处于发展前沿的技术；第四，高技术是对社会产生巨大影响的新技术，不仅能促进社会生产力的飞跃，而且能带动社会生活各个方面的变化；第五，高技术是高层次的技术群，不是指某一两个单项技术，而是一个新兴的技术群。从总体上讲，当代高技术主要包括相互支撑、相互联系的六大技术群，即信息技术群、新材料技术群、新能源技术群、生物技术群、海洋技术群和航天技术群。每个技术群既各自独立又相互独立、相互促进、相互融合。

所谓军事高技术，是指建立在现代科学技术成就基础上，处于当代科学技术前沿，以信息技术为核心，在军事领域发展和应用的，对国防科技和武器装备发展起巨大推动作用的高技术总称。为了深入了解军事高技术的内涵或本质特征，应该明确：一是军事高技术能够满足军事上的需求。军事高技术是处于当代科学技术前沿的高水平的科技或尖端技术，对武器装备的发展起巨大推动作用。军事高技术或者能用于武器装备的改进，或者能用于研制战术技术性能更优异的新一代武器装备，甚至促使原理、构造或杀伤破坏机理全新的新概念武器的出现。二是军事上需要是军事高技术发展的主要推动力。军事上的需要或国家安全的特殊重要性决定了科学技术成就或者首先应用于军事，或者产生于军事，这已成为一种普遍的历史规律。所以当今世界的许多国家都高度重视开展军事技术或国防科技研究，以获得军事上必需的技术手段。这导致许多重要的军事高技术成果，如雷达、电子计算机、导弹等，直接产生于军事领域，并导致许多民用高技术成果，如集成电路、微电子器件、卫星等，首先应用于军事目的。三是军事高技术是当代高技术的重要组成部分。当代高技术主要体现为军事高技术，当代高技术主要产生于军事高技术。事实上，尽管高技术有军用和民用之分，但大量高技术都具有军用和民用相结合的特征，他们之间并没有用哪个的分界线，而且不管某项高技术来源于何处，首先都尽可能地应用于军事目的。据统计，现在85%以上的重大科技成果，或者已被应用于军事，或者具有军事应用潜力。

（二）军事高技术的分类

军事高技术的范围十分广泛，分类也各种各样。主要有以下两种分法。

从高技术向军事领域自然延伸的角度，军事高技术可分为六大领域：军用信息技术、军用航天技术、军事海洋开发技术、军事生物技术、军用新材料技术、军用新能源技术。军事高技术六大领域的划分，和前面讲到的高技术的六大技术群是基本一致的，所不同的是是否应用于军事领域。

从军事高技术与武器装备的关系出发，军事高技术可分为两大类型：一是支持武器装备发展的基础技术，主要包括微电子技术、光电子技术、计算机技术、新材料技术、高性能推进与动力技术、仿真技术、先进制造技术等；二是直接用于武器装备并使之具有某种特定功能的应用技术，主要包括侦察监视技术、伪装与隐身技术、精确制导技术、信息战技术、指挥控制系统技术、军事航天技术、核化生武器技术、新概念武器技术等。

二、军事高技术的主要特点

军事高技术是高技术的重要组成部分。它既具有高技术的共同特征，又有其自身的特点。军事高技术与一般技术相比，具有以下七大特点。

（一）高智力

高智力是指高技术为科学、知识、技术密集的新兴技术群，体现着无数专家、学者、科研人员、管理人员和各种能工巧匠的创造活动，是当代科技工作者智慧的结晶。高技术是知识密集型技术，其发展和运用都必须依靠创造性的智力劳动，依靠富有创新意识、创新能力的高素质人才，体现了高智力的特性。比如半导体集成电路，从成本上讲，原料及能源仅占其总成本的2%，而其余98%都是智力含量。因此，当代高技术是凝聚着全人类聪明才智的结晶，是高智力的成功。这些高技术成果无论应用于军事、文化、物质生活等任何一个领域，都会因注入“智能”而迅速提高其自动化、智能化水平。

丰富的知识是高技术发展的基础。迄今为止，人类科学知识在近百年内所取得的进步，超过了以往所有时代的总和。人类知识总量中有3/4是20世纪50年代以后创造的，而且人类知识的增量速度逐渐加快，19世纪是每隔50年增加1倍，20世纪初是每隔30年增加1倍，到了20世纪60年代是每隔10年增加1倍，而进入20世纪80年代则是每隔3年就翻一番。这种几何级数增长所激发出来的高技术，凝聚了高度交叉渗透、分化综合的科技成果。这些人类智慧的高级知识，是高技术发展的理论源泉。

至于密集的技术更是显而易见的。今天，我们正处于“信息时代”。以微电子技术为主体的高技术是最适应信息时代需要的技术保障。微电子技术的代表作是电子计算机，它是人类智慧的结晶，极大地改变了现代世界的联系方式以及人的行为方式，提高了工作效率，更是密集技术的体现。人工智能机器人是集微电子技术、电子计算机技术、精密机械技术和人工智能等理论于一身的高技术群基础上的一种高智能、高自动化系统技术，它充分显示了高技术所蕴含的高度智慧特征。

（二）高投资

高投资是指高技术开发和应用需要投入的巨大的资本。高技术的研究开发，需要昂贵的设备和较长的研制周期，因而需要耗费巨额资金。战后 40 年，美、日、苏等发达国家用于高技术发展的投资一般约占国民生产总值的 2%～3%，而英国 1957 年以来平均增长竟达 4%，这个比例在 1987 年的绝对值就是 1000 多亿美元。美国的“星球大战”计划要投资 1 万亿美元；苏联开发太空技术，1988 年投资 13.43 亿卢布。另外，据目前统计，一般高技术企业用于研究开发的经费占其产品销售额的比例高达 10%～30%，而科研成果产业化的投资又比研究开发投资高出 5～20 倍，形成高技术产业后的设备更新投资还会越来越大。

（三）高竞争

高竞争是指高技术领域的开发存在着激烈的竞争。高技术竞争是一场关于人才、资金、管理、信息和市场的全面较量。这种较量已远远超出工厂与工厂、企业与企业，以及产业集团之间的商业竞争范畴，成为国与国之间、集团与集团之间军事、政治、经济竞争的“制高点”。各国、集团为了追求高效益，如狭路相逢，各不相让，你争我夺，愈演愈烈。

高技术的竞争性，决定了谁先掌握并应用高技术，先研发出新武器装备并抢先用于战场，谁就能占据战争主动权。为此，世界军事大国都试图在高技术发展的竞争中占据主动。比如，美国的“星球大战”计划、西欧的“尤里卡”计划、苏联和东欧的“综合科技进步纲要”、英国的“阿尔维”计划、日本的“振兴科技政策纲要”，以及我国的“863 计划”和印度、墨西哥等发展中国家的高技术发展计划，都是当今世界上争夺高技术制高点的集中体现。

（四）高风险

高风险指高技术的探索处在科技发展的前沿，具有明显的超前研究的特点，是从未知的领域中探索知识，获取信息，带有很强的不确定性。成败的不确定性因素是难以预见的。任何一项高技术的构思、设计和实施，都有一定的风险，要么取得巨大成功，要么酿成严重失误，而且失误的概率要大于成功的可能性。

高技术的研究开发，是对未知的探索，它不仅耗用大量的人力、物力、财力和时间，而且在技术的创新和物化进程中，具有明显的超前性。由于技术的科学含量相当大，因而具有很大的不确定性。这种不确定性，一般体现在三个方面：一是经济效益的风险性。据统计高技术企业的成功率为 15%～20%，即使是成功的高技术企业，由于高技术生命周期短、高度的时效性和产品更新换代快等特点，在激烈的竞争中能把握时机，能维持 5 年以上兴旺期的也只占 30%左右。可见，高技术的投资风险是相当大的。二是人员生命的风险性。近 40 年来的航天技术取得了令人瞩目的巨大成就，但其风险度也高得惊人。从 1961 年 3 月 23 日苏联宇航员邦达连科作为第一位航天牺牲者，到 1987 年年底，全球共进行 117 次载人飞行，竟有 16 名宇航员献出了生命，约占升空总人数的 8%。1986 年 1 月 28 日，美国“挑战者”

号航天飞机升空1分钟后突然爆炸，7名宇航员罹难，魂撒空间，12亿美元的飞行器顿时成为乌有。三是智力的风险性。高技术的突破和发展，大多是以科学研究起步的，技术发展的潜力展示出众多的生机，每一种生机都是以成功的前景吸引着人们去苦心挖潜。然而与潜力显现相伴相生的又可能是潜力的枯竭，或是暂时无法突破，遭受挫折，终成失败。这种不成功除风险投资外，就是智能的空耗，成为智力风险。

（五）高效益

高效益是指采用高技术设计、工艺和手段所制成的产品，能大幅度地增强产品的性能，提高劳动生产率、资源利用率和工作效率，因而能为创业者带来巨大的社会效益、经济效益和军事效益。具体来说，高技术与企业生产相结合，使其迅速转化为生产力，生产出市场所需的优质产品，能产生巨大的经济效益；高技术与军事应用系统相结合，将明显地提高武器装备或作战指挥的交通，增强军队战斗力；高技术应用于传统工业改造，将改变传统产业面貌，大大提高劳动生产率，增强产品的市场竞争力。

新型武器装备往往是军事高技术的物化，是军事高技术的综合集成。战争实践证明，军事高技术成果一旦转化为新型武器装备，不仅能够大大提高部队战斗力，而且能够逐步改变作战样式甚至战争形态。比如航天技术，投资效益比高达1∶14，充分体现了高效益的特点。

可见，发展高技术及其产业是一本万利的事。高技术能产生出前所未有的高附加值，成为产生社会效益、军事效益和经济效益的倍增器。

（六）高保密

高技术本身具有极强的综合性和技术辐射性，隐含着巨大的潜力，更加强调保密。由于军事高技术受国家军事战略思想的指导，直接或间接地反映国家的军事战略，直接关系国家的安全利益，所以各国均在一定时期内严格保密，并且有密级高，降密、解密周期长的特点。高技术的保密，对于民用技术来说，保的就是“金钱”，军事技术保的则是“生命”。比如F-117隐形战斗轰炸机，1982年8月23日服役后一直处于高度保密之中，1989年12月20日首次用于巴拿马战争。海湾战争中使用42架，出动1000多架次，却完成了对战略目标40％的空袭任务，特别是对95％巴格达战略目标的打击任务，作战能力和效果十分突出。1999年3月27日被南联盟军队击落后，这种世界上先进隐形战机的技术暴露无遗，作战能力大大降低。

（七）高速度

高速度主要是以速度快、效率高为主要标志。高速度作为高技术的主要特点，就是反应速度上的革命性变化。比如，20世纪70年代以来，高技术进入一个新的发展阶段，其中最主要的标志是微电子技术的发展，由于微电子技术的发展，电子元器件微型化，与原来电子技术相比是质的飞跃。以往的电子技术是电子管的广泛使用，以电子管制成的电子设备结构复杂，体积庞大，成本贵，耗电多，使用、维修均不方便。1948年，美国电报电话公司制成了第一只晶体管，其体积小、重量轻、耗电少、寿命长、性能稳定。这些优越性，宣告电子管时代结束。集成电路的发展，以其面积更小、质量更轻、性能更可靠的优越性能，较之晶体管是一个大的进步。尤其是大规模和超大规模集成电路，同一硅片上，可以有几万、几十万个元件，使信息技术又走上新的台阶，从而推动着以计算机技术为代表的信息技术的突飞猛进。

高技术产业是目前发达国家经济中最活跃也是增长速度最快的领域。美国经济在“9·11”事件前已连续十多年呈现高增长、低通胀趋势，都是以信息技术为龙头的高技术产业带来的结果。高技术产业的成功，不仅表现在产值、产量的发展高速度上，而且还突出表现在产品性能更新的高速度上。比如计算机芯片的处理速度，从其诞生至现在几乎每隔 18 个月就翻一番。

三、军事高技术的发展趋势

军事高技术产生于 20 世纪 40 年代，其主要标志是原子能、电子计算机和空间技术的广泛应用。20 世纪 70 年代以来，高技术进入一个新的发展阶段，最主要的标志是两个方面的突破。一方面是微电子技术的发展，另一方面是生物技术的突破，再就是体现高技术发展的最新成就如新材料技术、海洋开发技术、遥感技术、激光技术和通信技术等。目前，这些技术已经广泛运用于工农业生产、科学研究和社会生活各个方面，并产生了巨大的影响，更主要的是促进了军事高技术的进一步发展，并为军事高技术的兴起奠定了基础。

当前，军事高技术前沿领域主要有：军用信息技术、作战平台技术、军事航天技术、新概念武器技术、军用新材料技术、先进推进与动力技术、军用生物技术和核武器技术等。其中，军用信息技术、作战平台技术、军事航天技术、新概念武器技术的发展和应用，直接影响现代战争的作战样式和进程；军用生物技术发展的潜力巨大、影响深远。下面主要介绍军用信息技术、军用新材料技术和军用生物技术的发展趋势。

（一）军用信息技术的发展与应用

信息技术是应用信息科学的原理和方法，研究信息的产生、获取、传输、存储、处理和利用的工程技术，又称信息工程。信息技术是在计算机、通信和控制技术的基础上发展起来的。20 世纪 70 年代以来，由于微电子技术、计算机技术、卫星通信、光通信、成组交换技术、数据库技术和软件工程的发展，远程数据通信取得成功，可以用通信网络把分散的计算机资源连成一体，构成计算机网络，共享信息资源，从而产生了信息技术。信息技术是由许多单项技术构成的技术群体，主要包括微电子、光电子、计算机自动化、卫星通信和光纤通信技术。信息技术在军事领域的应用，主要体现在微电子技术和计算机技术两个方面。

1. 微电子技术

微电子技术是使电子元器件及由它组成的电子设备微型化的技术，其核心是集成电路技术。它是指在几平方毫米的半导体单晶芯片上，用微米和亚微米的精细加工技术制成由万个以上晶体管构成的微缩单元电子电路，并用这种电路组成各种微电子设备的技术总称。衡量微电子技术发展水平高低的标志是集成度。集成电路产品的生成主要包括两项关键技术：一是原材料，二是制造工艺。微电子技术较为活跃的领域有集成电路、超导器件等，其基本构成是集成电路和计算机，特点是精细或超精细的“微”加工技术。

目前，集成电路普遍使用的制造材料是硅材料。随着集成电路运行速度和集成度的不断提高，砷化镓半导体材料正逐渐占据重要地位。砷化镓与硅材料相比，在同样条件下，其载流子的迁移速度要快 5～7 倍。以砷化镓为基片制成的集成电路与传统硅电路相比，其运行速度提高了 1000 倍，具有低功耗、抗辐射、耐高温以及寄生电容小等优点。

在制造工艺方面，目前仍普遍采用平面加工工艺。自 1959 年集成电路以来，集成度以每 10 年增大 250 倍的速度在发展，20 世纪 90 年代末已达到在 350 毫米的晶片上集成 5 亿个元器件的水平。到 2010 年，集成度已高达 10 亿。未来 10～20 年将采用生物技术制造晶体管，集成电路性能将越来越高，用途也将越来越广。

随着微电子技术发展水平的不断提高和在军事领域的广泛应用，武器装备的性能将发生巨大变化：一是武器系统的体积、质量和功耗大大减少，可靠性大大提高；二是武器系统自身的信息处理能力得到质的飞跃，使一些原来作为设想的高技术兵器成为现实；三是传统装备的电子化水平不断提高，从而使保障手段逐步走向多样化和智能化。

2. 计算机技术

计算机是由电子器件及相关设备和系统软件组成的自动计算系统。今天的计算机，确切地说，应称为信息处理机，它是一个自动化的信息加工装置，它和历史上的机器有本质上的不同，历史上出现的所有机器，都是代替人的体力劳动，可以说是人手的延长，而电子计算机则是部分代替人的脑力劳动，可以说是人脑的扩大。正是因为电子计算机是人类脑力劳动的工具，所以又叫电脑。它具有极强的数据处理能力、较强的记忆能力和一定的思维能力。当前，根据数的表示方式和计算原理的不同，电子计算机通常分为数字计算机和模拟计算机两大类，前者是对离散形式表示的数进行操作，而后者是对连续变化的物理量进行处理。

自20世纪90年代初期以来，混合计算机和多媒体计算机的发展也十分快速。混合计算机是指既能处理数字信息，又能处理连续变化的物理量的计算机，它由混合接口、数字计算机和模拟计算机三个主要部分组成。其主要功能是实时仿真系统，如仿真导弹系统、航天飞行器系统等。多媒体计算机是具有综合处理文本、图形、图像、声音、视像等多种媒体信息能力的计算机。它具有数字化、集成性和交互性等特点。

计算机包括硬件和软件两大部分。硬件是计算机的“硬设备”部分，它分为主机和外围设备。主要包括运算器、内存储器和控制器。软件亦称“程序系统”或“软设备”。计算机软件包括计算机程序和程序所使用的数据以及有关的文档资料，通常它被存放在计算机的存储器内。软件的种类很多，可归纳为两大类：系统软件和应用软件。系统软件是指为了解决计算机的应用问题而编制的，计算机的应用称为二次开发，即针对特殊应用要求编制应用软件，用于解决某一领域的具体问题。软件技术是一个非常庞大的领域，随着软件的规模越来越大，如何测试程序已成为当今软件业面临的最大问题，也是软件生产中成本最高的部分。目前，软件编制工作中的50%是测试和验证，因此测试对软件的发展至关重要。

信息技术的发展，主要反映在电子计算机的发展上。计算机的功能决定着信息技术的发展水平。根据社会的需要，计算机的发展趋势将向微型化、巨型化、网络化、智能模拟的方向发展。

（二）军用新材料技术的发展与应用

新材料技术是相对于传统材料技术而言的，它是在传统材料技术基础上发展起来的，新材料通常是指对现代科学进步和国民经济发展有重大推动作用的、最新发展或正在发展的材料。这些材料与传统材料相比，具有优异的性能和特定的功能，是发展信息、航天、生物、能源等高技术的重要物质基础。

军用新材料技术，是指用于制造各种先进军事装备的高性能材料或新兴材料的研制与应用技术。目前，信息技术、材料技术、能源技术已成为现代高技术的三大支柱。而新材料技术又是其他高技术发展的物质基础和重要依托。

随着高技术的进一步发展，新材料技术亦面临新的挑战。各领域高技术的开发，将推动新材料技术的不断进步，向新的领域扩展。其主要发展趋势是：材料性能向超级化发展，使材料超出一般性能，正向超高压、超高温、超真空、超净、超纯、超细等各种“极限”性能逼近；材料种类向多样化发展，从技术进步、经济发展、国防应用和人类改善生活条件的愿望来看，将继续向着品种多样化方向发展；材料结构向合成化发展，通过研制更多的合成材料，使某一种合成材料同时具备多种功能，将成为材料技术的重要发展趋势；材料研究向设计化发展，使人们对材料性能的认识，逐渐由宏观结构进入微观世界的探索，并用设计分子结构的方法，来取得所要求某种性能的材料，从而使人类真正改变了几千年来对材料的制造和利用形式。

目前，在军事领域应用的新型材料，主要包括高温材料、功能材料和复合材料等，高温材料的应用范围十分广泛，主要是汽车、坦克、军舰、飞机、导弹的发动机，以及航天飞机、宇宙飞船等表面需要的材料。功能材料在研制隐形武器装备方面发挥着巨大作用，比如反雷达隐形材料可以吸收或衰减大量雷达波信号，既可以涂敷在飞行器表面上，也可作为飞行器的结构材料，好的吸波材料可以吸收99%以上雷达波能量。复合材料在提高现代武器平台的整体性能方面发挥着巨大作用，其应用部位已由次承力部件发展到主承力部件。用高性能纤维及其纺织物增强不同基体所制成的高级复合材料，因其强度大，相对密度小，不仅可以大大降低装备自身的信号特征，而且还具备良好的气动性能，在航空、航天武器装备中有着十分广泛的应用前景。

（三）军用生物技术的发展与应用

生物技术亦称生物工程，是指以生命科学为基础，利用生物（或生物组织、细胞及其他组成部分）的特性和功能，设计、构建具有预期性状的新物质或新品系，以及结合先进的工程技术手段和其他基础学科的科学原理进行加工生产，为社会提供产品和服务的综合性技术体系。主要包括：基因技术、生物生产技术、生物分子工程技术、纳米生物技术、生物耦合技术及仿生技术等系列技术，归纳起来，就是基因工程、酶工程、细胞工程和微生物工程。基因工程，就是采用类似工程设计的方法，按照人类的需要，将有遗传信息的DNA片段，在离体条件下进行分离、剪切、组合、拼接，然后再把人工重组的基因转入宿主细胞内，进行大量复制，并使遗传信息在新的宿主细胞或个体中高效率表达，从而获得人类所需要的基因产物。酶工程就是利用酶的催化作用，通过工艺学手段和生物反应器，工业化生产人类所需的产品或是达到某一特殊目的的技术，它是酶学理论与化学工业技术相结合而形成的一种新技术。细胞工程是指细胞水平上的遗传工程，是以细胞为基本单位，离体培养、繁殖，使细胞的某些生物学特性按人们的意愿发生改变，从而改良生物品种，创造新品种。微生物工程是指利用微生物的特定性状，通过现代工程技术手段，生产出人类需要的产品或者应用于工业化生产的一种技术体系，这种技术体系是通过发酵的途径来培养和利用微生物的，所以微生物工程也称为发酵工程。随着生物技术的快速发展，它在军事领域应用中具有巨大潜力。

生物技术可用于发展高性能的信息探测系统、通信系统、导航定位系统和信息处理系统等。美军已研究出可探测生物战剂的专用抗体传感器、酶传感器及生物战剂探针，并利用大规模集成电路的手段获得了带有13.5万个基因探针的DNA芯片，可直接用于基因武器的侦检。同时，利用仿生技术制造的各种信息搜集系统可以大幅度提高探测、监视和导航能力。例如，模仿复眼结构制成了多元相阵“蝇眼”雷达、高能宇宙射线空气簇射“蝇眼”探测器和复眼照相机。

生物计算机发展的另一个重要方向是DNA计算机。DNA分子中的密码相当于存储的数据，DNA分子间可以在某种酶的作用下迅速完成生物化学反应，从一种基因码变为另一种基因码，反应前的基因码可以作为输入数据，反应后的基因码可以作为运算结果。由于DNA计算机的每个链本身就是一个微处理器，因而它的运算速度快，几天的运算量就相当于目前世界上所有计算机问世以来的总运算量。它的存储容量也非常大，1立方米的DNA溶液可存储1000亿吉比特数据，超过目前所有计算机的存储容量。另外，DNA计算机所消耗的能量只有一台普通电子计算机的十亿分之一。它可以实现现有计算机无法真正实现的模糊推理功能和神经网络运算功能，是发展智能计算机的一个突破口。

采用仿生设计可显著提高作战平台的性能和生存能力。比如海豚有极佳的流线型体型，依照海豚的体形轮廓和身体各部位比例建造的新式核潜艇，其航速提高了20%～25%。美国海军仿制了“人工海豚皮”，用这种人造海豚皮包在鱼雷表面，阻力减少了50%，速度提高了1倍。另外，F-117A的外形像一个由多面体组成的燕子，B-2A战斗轰炸机外形像一只大蝙蝠，这都是由于它们采用了隐身外形设计，据称这种设计能散射30%左右的雷达波。

基因武器是运用基因技术对已有的生物战剂（细菌、病毒和毒素等）或良性物质进行有目的的修饰或改造而制造出的新的生物战剂。日本已通过基因重组的方法把肉毒毒素植入良性原料试剂中，成功地研制出了一种新的大脑杆菌生物战剂，未来目标是要研究一种含有剧毒结构成分且具有一定潜伏期的生物战剂。另一种专门攻击某一类人种的基因武器（也称种族基因武器）也正在研究之中。据英国医学家透露，医学上正在发展的“神弹”基因治疗方法可能被用来研制可怕的灭绝种群的基因武器。

生物技术是一项具有革命性的高技术。现阶段，虽然军事生物技术的发展尚处在初期，但随着21世纪生物学时代的到来，生物技术将在军事领域里大显身手，它的飞速发展将把军队武器装备的高技术化推向更高层次。

四、军事高技术对现代战争的影响

随着高技术的发展及其在军事领域的广泛应用，军事高技术已经对现代作战行动产生了巨大影响。其可概括为“五化”，即：侦察立体化、指挥控制智能化、反应快速化、打击精确化、防护综合化。

（一）侦察立体化

侦察立体化，通俗地讲就是“眼观六路、耳听八方”。在未来战争中，新型信息化装备将使战场更透明，可实现全球感知，实时进行远程指挥控制。从大洋深处到茫茫太空，布满了天罗地网式的侦察监视系统。水下的声呐，能够偷偷寻找军舰和潜艇的踪迹；地面的传感器，能够警惕地注视人员与车辆的动静；空中的侦察飞机，能够同时监视高空、低空、地面、海上的各种活动目标。比如E-3A预警机当飞行高度为9千米时，可以探测到500～650千米远的高空目标、300～400千米远的低空目标和270千米远的巡航导弹。间谍卫星，“站得高，看得远”，其侦察效果更加显著。比如同样一架视角为20度的照相机，装在3千米高的侦察机上，一张照片可以拍摄到1平方千米面积的地面；装在300千米高的侦察卫星上，一幅照片可囊括1万平方千米的范围。如果把侦察卫星定位到地球同步轨道上，则一颗卫星就能同时看到太平洋两岸，监视地球表面42%的面积。

在未来战争中，“侦察—判断—决策—行动”的回路越来越短。信息化装备的广泛使用，使得争夺信息优势成为高技术战争的首要任务。特别是战略信息战，就如核战争一样具有大规模毁灭性作用，将成为新的威慑手段。美国参联会原副主席欧文斯曾对美伊两军的侦察监视能力做过一番比较，得出的结论是：如果交战的一方“可以一天24小时，仅以30秒的延迟、在各种气象条件下、透过云层、在10厘米的误差以内非常精确地看到另一方，而他的对手则不能，他一定会赢”。侦察能力的差异性，决定了交战双方的不对称性。

（二）指挥控制智能化

现代军事高技术的发展和应用，使武器装备的射程、威力、精度都几乎达到了各自的极限。交战双方的差别，在很大程度上取决于其对作战力量的指挥控制水平上。在战役和战术级，信息战的表现样式是以电子战为核心的指挥控制战，夺取制信息权的核心是使拥有信息密集型武器的部队取得信息能力的优势。

未来战争，以计算机为核心的网络将把所有的通信系统、探测装置和武器系统联成一体，作战将从“以平台为中心”转向“以网络为中心”。美海军网络中心战的网络结构由三个互相链接的部分组成，即：探测装置网络、交战网络和信息传输网络。网络中心战的体系分为三级：第一级为战术级，网络用户数量在24个之内，信息传输时间为零点几秒，信息精度达到武器控制级；第二级为战区级，网络用户数量在500个之内，信息传输时间为秒级，精度达到部队的控制所需的要求；第三级为战略级，网络用户数量在1000个之内，信息传输时间为分钟级，精度达到部队的协同所需的要求。各级指挥官利用网络交换大量信息，感知整个战场的态势，阐述指挥意图，制订作战计划，解决各种问题。网络中心战特点是提高了部队的指挥速度，建立了战场空间的持续的完备的态势感知。

（三）反应快速化

“兵贵神速”历来是兵家所追求的情形，但传统武器装备因受技术条件限制，常常“欲速不达”。高技术武器装备在现代战争中应用，才使“兵贵神速”成真，实现了机动快、反应快、打击快和转移快。

高技术武器从发现目标到攻击目标的反应时间也大为缩短。当前，计算机控制的火控系统，能在96秒内操纵4门火炮摧毁35个分离的目标，而传统武器，摧毁这些目标需要2个小时。在信息化战争中，“被发现就意味着被命中”。现代防空系统的反应时间，那更是以秒计时。如美国的“爱国者”、俄罗斯的“C-300”地空导弹系统的反应时间为15秒，我国的“红旗”系列地空导弹的反应时间也为15～20秒等。

在未来战争中，时间因素将变得越来越重要。西方军事家已经把“兵贵神速”赋予了新的含义，即“时间就是一切，时间就是胜利”“时间是未来战争的第四维战场”，越来越强调战争准备的及时性、战争指挥控制的实时性、战争行动的突然性。战争从旷日持久向速战速决演变，战争的进程将大大缩短。

（四）打击精确化

精确打击武器和精确的信息支援系统有机结合，使得精确打击成为战争的重要样式。攻击精度越来越高、距离越来越远。精确打击在现代战争中的地位日益重要。根据推算，就杀伤破坏效果而论，爆炸威力提高1倍，杀伤力只能提高40%；而命中概率提高1倍，杀伤力却能提高400%。

统计显示，越南战争中，所用精确制导弹药占总弹药数的比例仅为0.02%，海湾战争为8%，科索沃战争为35%，阿富汗战争为56%，伊拉克战争为68%。目前，一种全新的作战样式——“精确战”，正在登上战争舞台，它要求探测目标精确，攻击目标精确，摧毁目标精确，毁伤评估精确。

在求“精”的同时，借助军事高技术特别是智能化技术，未来战争也开始在“巧”字上下工夫。比如对于人，是打死好还是打伤好；对于物，是打碎好还是打废好。随着时代的发展，人们已经开始重新审视这个古老而又崭新的话题。美国人认为，要想最有效地削弱敌人的战斗力，致死不如致伤，致伤不如使其失能。这里讲的“失能”，既可以指武器，也可以指人员。这样的战争，效费比更高，副作用更小，后遗症更大。

（五）防护综合化

“保存自己，消灭敌人”是一切战争的共同原则。由于现代侦察、监视和探测手段具有全方位、全频谱、全天候、全时域的特点，进攻一方如果不能有效地保护自己，就可能出现“发难者先遭难”的结局。

现在，当一架战斗机在重要地区300米以上高度飞行时，可能受到800～900部雷达的照射，其中可能有300～400部雷达以600～700个不同频率的波束进行搜索，有30～40部雷达跟踪飞机。如果再加上光电探测设备的威胁，战场电磁环境必将更加复杂。这对飞机、导弹等进攻性武器是一个严峻的挑战。在这种情况下，防护的地位显得特别重要。海湾战争中，F-117A飞机大出风头，且无一损伤，其奥妙之处便是借助于外形设计和表面涂料有效地实现了隐身要求，其雷达反射面只有0.1平方米，和一顶钢盔差不多。

除了隐身技术外，先进伪装、预警告警、致盲致眩、施放诱饵、加固装甲、防电磁脉冲等，也都成了现代武器装备的防护手段。对于武器装备处于相对劣势的一方而言，搞好防护和伪装隐蔽，直接关系到胜败与存亡。科索沃战争中，南斯拉夫人民和军队敢打善藏，在北约进行的78天的空袭轰炸中，巧妙地保存了自己的军事实力。由此可见，那种认为“高技术侦察监视手段发展了，伪装隐蔽没有意义了”的观点是错误的。

军事高技术的发展给现代战争带来的新变化还远远不止这些。随着新军事革命的兴起及在全球范围内的迅速拓展，未来战争还将出现更多新的变化。

第二节 精确制导技术

20世纪以后是科学技术飞速发展的时代，也是科技成果应用于军事领域数量最多、发展最快的时代，更是革新战争手段和改变战争面貌极其激烈而又深刻的时代。尤其是20世纪60年代之后，以高新技术为先导的科学技术的发展，不仅对整个社会的经济发展产生了深远的影响，而且也在军事领域引发了一场前所未有的新军事革命。高新技术与军事的有机结合带来了现代武器装备质的飞跃，促进了战争形态和军事实践的跃进式变革以及战争理论的蓬勃发展。为此，我们必须认真学习并掌握高新技术知识，了解世界高新技术的发展动态及其在军事上的应用，尤其是要努力占领新世纪军事科学技术的制高点，只有这样，才能不断提高我国高技术条件上的防卫作战能力，确保打赢未来高技术条件下的局部战争。

一、精确制导技术

（一）精确制导技术的概念

精确制导技术是指按照一定规律控制武器的飞行方向、姿态、高度和速度，引导其战斗部队准确攻击目标的军用技术。它是以微电子、电子计算机和光电转换技术为核心，以自动控制技术为基础而发展起来的高技术。

（二）精确制导技术的分类

精确制导武器的命中精度主要依靠制导系统来保证。制导系统的工作过程就是发现和利用目标信息和特征的过程。由于可供利用的目标信息多种多样，从而也就决定了制导系统也要采取不同的技术途径和手段来获取这些信息和发出控制指令，因而也就有了不同形式的制导系统和制导方式。按制导方式进行分类，常用的制导方式有自主式制导、遥控式制导、寻的式制导和复合式制导等。

1. 自主式制导

自主式制导是以武器内部或外部固定参考点为基准，导引和控制武器飞行的制导。自主制导的特点是导引信号由弹上制导系统产生，制导过程完全在弹内自主完成，故不需要任何弹外设备的配合。导弹在飞行中依靠内部的制导设备来控制自己的飞行，导引信号的产生不依赖设在弹外的制导站，而完全依靠其本身的制导设备，参照预定的基准测量导弹的运动参数（如加速度、速度、方位等），通过计算装置计算，形成控制信号，引导导弹命中目标。自主式制导的导弹飞行完全自主，不易受干扰，但由于制导程序是预先确定的，飞行弹道不能改变，所以这种制导方式只适用于攻击地面固定目标或运动轨迹已知的活动目标。主要包括惯性制导、地形匹配制导和数字景象匹配制导、天文导航制导和 GPS 制导。

（1）惯性制导是指利用弹载惯性元件测量导弹运动参数，由制导计算机算出导弹的速度、位置及姿态等参数，控制引导导弹完成预定飞行任务的一种自主制导系统。其制导过程不需要弹外设备的配合，也不需要外界提供目标的直接信息，仅靠弹上设备独立工作，不与外界发生关系，因此抗干扰性强、隐蔽性好、不受气象条件影响。缺点是制导精度随飞行时间（距离）的增加而降低。

（2）地形匹配制导是通过侦察照相、遥感遥测等手段获取导弹预定攻击目标及沿途航线上的地形地貌情报，并据此制作专门的标准地貌图存入导弹内部计算机。导弹在实际飞行的过程中，利用雷达高度表和气压高度表连续测量飞经地区的实际地面海拔高度，通过导弹内部计算机与预定弹道的相关数据进行比较，如发现已经偏离预定飞行轨迹，计算机将需要纠正的弹道偏差修正量以指令形式传给自动控制装置，使导弹及时回到预定轨道上来。

（3）数字景象匹配制导是利用弹载“景象匹配区域相关器”获取目标区域景物数字图像，然后把目标及其周围的景象与导弹内部计算机预存的参考数字图像进行比较，从而确定导弹相对目标的位置，确认目标无疑时再进行攻击，这是一种高度精确的制导方式。

（4）天文导航制导是通过对宇宙某些天体的观测来确定弹体的位置和运动方向，从而引导导弹飞向目标的制导方式。天体的坐标位置和它的运动规律是已知的，测量天体相对于飞行器参考基准面的高度角和方位角就可以计算出飞行器的位置和航向。天文导航系统是自主式系统，不需要地面设备，不受人工或自然形成的电磁场的干扰，不向外辐射电磁波，隐蔽性好，定向、定位精度高，定位误差与时间无关，因而天文导航得到广泛应用。

（5）GPS 制导是指制导武器接收全球定位系统中卫星发送的导航信号，实现三维精确定位和获取速度、时间、信息的制导方式，它能实时提供从地面到高空任何机动目标高精度的三维位置、速度和时间的信息。美国的全球定位系统（GPS）是世界上广泛应用的现役卫星导航定位系统。GPS 系统由空间设备、地面控制设备及用户设备三部分组成。空间设备由 24 颗导航卫星构成，其中包括 21 颗工作卫星和 3 颗备用卫星，在离地高度约为 20183 千米处有 6 个椭圆形轨道平面，轨道倾角 55 度，均匀分布 4 颗卫星，3 颗卫星的覆盖区域超过全球，故使全球各地用户至少可同时接收到 6 颗卫星播发的导航信号。地面控制站用于测量和预报卫星轨道并对卫星上的设备工作情况进行监控，为用户接收机提供卫星相对于地面的位置数据。地面控制设备由 5 个地面监控站、3 个上行数据发送站和一个主控站构成，用户设备为各种 GPS 接收机。该系统于 1987 年开始发展，全部系统于 1993 年完成并正式使用。最初研制目的是为海上舰船、空中飞机、地面车辆及人员等提供全天候、连续、实时、高精度的三维位置、速度和精确的时间信息，现已扩展为精确制导武器制导的一种手段。精确制导武器利用 GPS 系统可以大大提高制导精度。卫星定位系统制导，可在恶劣气象条件与干扰环境下精确进行制导，并可保证武器在没有任何图像信息的情况下准确击中目标。

2. 遥控式制导

遥控式制导是由设在武器以外的制导站引导和控制武器飞向目标的制导。制导站可设于地面、海上（舰艇）、空中（载机）。制导站依据测得的目标与武器的相对位置和运动参数，形成导引指令发送给武器，武器接收指令后，自动驾驶仪控制武器飞行，直到命中目标。遥控制导的武器受控于制导站，飞行弹道可以根据目标运动情况而随时改变，因此，它适于攻击活动目标，在地空、空地、空空和反坦克导弹上使用较多。遥控制导可分为指令制导和波束制导两类。

（1）指令制导　制导站根据制导武器在飞行中的误差计算出控制指令，将指令通过有线或无线的形式传输到制导武器，控制制导武器的飞行轨迹，直至命中目标。指令制导主要有以下三种方式。

① 有线指令制导。是指利用导线传输指令的遥控制导。导弹发射后，操作手需用瞄准镜瞄准目标，同时还要跟踪导弹，用操作手柄产生控制指令不断修正其偏差，引导导弹飞向目标。这种制导系统精度高、抗干扰能力强，但操作难度大，受地形限制。现在先进的有线制导系统将金属导线改为光纤，并增加一部分红外测角仪，由它自动跟踪导弹，操作手只需始终用光学瞄准镜的十字线跟踪瞄准目标即可，这种系统不仅操作简单，而且精度高，并提高了射程和抗干扰能力，缺点是受导线的限制，多用于反坦克导弹。

② 无线电指令制导。是利用无线电传输指令的遥控制导。制导站雷达同时连续跟踪目标和导弹，把目标和导弹的位置、距离和速度等参数输入计算机，计算机算出制导指令传给导弹，弹上接收机将指令转换成控制导弹的信号，导引其飞向目标。这种制导方式作用距离远，制导精度高，但易受外界干扰，需要多种综合抗干扰措施配合，多用于防空导弹。

③ 电视指令制导。是指导弹飞抵目标时，导弹头部的电视摄像机将目标及其周围环境的图像信号发回制导站，导弹操纵员在电视接收机上调整目标图像至荧光屏十字线中心，指令仪将此动作变成指令发送给导弹。这种制导方式观察直观，在多目标的情况下便于操纵员选择最重要的目标进行攻击，但易受天气影响，抗干扰性差，多用于空地导弹。

（2）波束制导　波束制导又称驾束制导，是指导弹沿着由制导站向目标发射的一束圆锥形波束轴线飞向目标。一个导引波束可以同时导引数枚导弹，但攻击过程中，指挥站因为必须始终照射目标而容易受到敌方的攻击。一般来说，指令制导的计算机在制导站，波束制导的计算机在弹上。波束制导主要有雷达波束制导和激光波束制导两种。

3. 寻的式制导

寻的式制导是由武器上的导引头感受目标辐射或反射的能量，自动跟踪目标并形成制导指令，导引和控制武器飞行的制导。其特点是制导精度较高，但制导距离不能太远。按感受目标信息的来源可分为主动式寻的制导、半主动式寻的制导和被动式寻的制导。

（1）主动式寻的制导　该制导是在弹头上装有信号发射机和接收机，发射机发射激光、红外线、雷达波或声波等信号照射目标，接收机接收到目标反射的信号，从而引导弹体命中目标。这种系统在锁定目标之后便自动地、完全独立地去攻击目标，导弹具有“发射后不用管”的能力。但容易暴露自己，而且价格昂贵，主动式寻的制导一般只适用于末段制导。

（2）半主动式寻的制导　该制导方式是用弹外的信号发射器发射信号，弹上的信号接收机接收目标反射的信号，引导弹体命中目标。与主动式寻的制导相比，这种制导方式可减少弹上设备，增大导弹飞行距离，在不需要增大武器重量和尺寸的情况下就可以大大增加攻击目标的威力，但是由于依赖外界的照射源，照射源载体的活动因此受到限制，制导站易受敌人攻击，主要用于攻击空中目标。

（3）被动式寻的制导　该制导是由弹上导引头接收目标本身辐射或散射的电磁波，借着这些电磁信号导引导弹飞向目标。它的优点是“发射后不用管”，缺点是对目标本身的散射特性有较大的依赖性，需要在复杂的背景环境中准确地判明目标，一般用于空空、地空、舰空、空地和反坦克导弹。

4. 复合式制导

上述制导方式各有千秋，分别适用于不同的场合和条件。为了提高导弹的命中精度，增大制导距离或增强抗干扰能力，更有效地打击目标，实战中经常把上述若干种制导方式结合起来使用，即形成复合式制导。常用的复合式制导形式有：自主式制导＋寻的式制导；自主式制导＋遥控式制导；遥控式制导＋寻的式制导；自主式制导＋遥控式制导＋寻的式制导；其他复合式制导。

二、精确制导武器

精确制导武器是命中精度很高的制导武器的总称，是高技术武器装备的典型代表。精确制导武器的出现，是第二次世界大战后军事技术最引人注目的进展之一。各类精确制导武器的迅速发展、大量装备和广泛应用，对现代作战产生了巨大的影响，其数量多少和质量优劣，已成为衡量一支军队质量建设水平高低和战斗力强弱的重要标志之一。

（一）精确制导武器的含义

精确制导武器是指采用高精度探测、控制及制导技术，能够有效地从复杂背景中探测、识别及跟踪目标，并能从多个目标中选择攻击对象且高精度命中其要害部位，最终摧毁目标的武器装备。通常泛指命中精度很高的制导武器。

“精确”就是十分准确。武器装备的精确主要指武器的战斗部直接命中概率大于50%的制导武器。直接命中的含义是指制导武器的圆概率误差（也叫圆公算偏差，表示符号CEP，即英文Circular Error Probable的缩写）小于该武器的杀伤半径。圆公算偏差是指以目标中心为圆心，画一个包含50%弹着点的圆，该圆的半径称圆公算偏差。例如：“战斧”式巡航导弹的CEP值为9米，意指若发射100枚此类导弹，则至少将有50枚以上落入半径为9米的目标圆域以内。制导武器的圆概率误差值越小，命中精度越高。至于为什么要把精确制导武器的直接命中概率定为50%，这主要是因为这个指标不仅反映了当前精确制导武器的水平，而且基本上能够满足现代战争对武器命中精度的要求。

“制导”就是控制和引导。操纵人员通过某些设备使武器沿着一定的飞行路线击中目标、摧毁目标，这个过程就是制导。导引和控制导弹按预定的轨道调整其飞行路线，并导向目标的全部装置叫制导系统。通常分为：自主制导系统、寻的制导系统、遥控制导系统、复合制导系统等。

精确制导武器起源于制导武器。第二次世界大战期间，德国人制造并在实战中使用了飞航式导弹（或称巡航导弹）V-1和弹道式导弹V-2，从此揭开了制导这门神秘技术的序幕。第二次世界大战后，特别是20世纪70年代，微电子、计算机技术的突破和在制导技术中的应用，使制导精度有了很大提高，精确制导武器进入全面发展阶段，并在几场局部战争中产生很大影响。精确制导武器的发展，大体经历了四个阶段。

第一阶段，20世纪50年代末至60年代初出现战术导弹。20世纪50年代中期，随着小型火箭发动机和制导技术的改进，命中精度有很大提高。

第二阶段，20世纪60年代末至70年代初出现制导炸弹。随着微电子、计算机技术在制导技术中的广泛应用，相继出现了电视制导、红外制导、雷达波束制导和激光制导的航空炸弹。

第三阶段，20世纪70年代末至80年代初出现了制导炮弹。第一代制导炮弹以20世纪80年代美军的“铜斑蛇”和苏军的“红土地”为代表。

第四阶段，20世纪90年代，精确制导技术开始向“智能化”方向发展。例如，美国的“黄蜂”空对地导弹，由于采用了先进的信号处理和人工智能技术，已经具有了初步的智能化特征。它能够在一定程度上识别真假目标，并且与其他导弹协调工作。

（二）精确制导武器的特点

精确制导武器的特点概括起来有以下四点，命中精度高和作战效能高是精确制导武器最突出的特点。

1. 命中精度高

这是精确制导武器名称的由来，也是精确制导武器最基本的特征。直接命中概率可达到50%以上，一些有代表性的精确制导武器的命中概率可达80%以上。激光制导炸弹和电视制导炸弹，对目标的圆概率偏差误差最小可在0.9米以内。海湾战争期间美国空军在100千米外向伊拉克的一个水电站发射了两枚“斯拉姆”空对地导弹，结果是后一枚导弹从前一枚导弹炸开的洞中穿入发电厂，彻底摧毁了目标，可见其精度之高。

2. 作战效能高

精确制导武器的效能是用精度、威力、射程、效费比、可靠性、全天候作战能力等主要战术技术性能指标来衡量的。虽然单发（枚）武器因技术复杂而成本较高，但其作战效益更高。例如，英阿马岛战争中，阿根廷空军使用一枚价值20万美元的“飞鱼”反舰导弹击沉了英军造价为两亿美元的“谢菲尔德”号导弹驱逐舰，价格交换比达到1比1000；科索沃战争中，南联盟防空军使用一枚萨姆-3地空导弹击落了美军一架价值1亿多美元的F-117隐形战斗轰炸机。美国和北约正在联合研制“多管火箭发射系统”，两次齐射可发射12发火箭弹（每发火箭弹内装6枚毫米波制导的子弹头），按照设计要求，它完全可以摧毁一个坦克连的全部13辆坦克，其作战效能可与一枚战术核武器相比，但却没有核爆炸产生的核效应所造成的负面影响。

3. 射程远

制导武器射程与相应的普通武器相比要远得多。普通的地面压制火炮，大中口径火炮射程一般为20～30千米，最远在40千米左右；而地对地导弹的射程近的为几百千米，远的可达上万千米，比如苏制SS-18导弹，射程为12000千米。普通的防空武器——高炮的有效射高通常为几千米至1万米左右，而“爱国者”、S-300等防空导弹最大高度可达24～27千米。

4. 威力大

导弹的威力大主要来自于命中精度高和核弹头。据测算，如果武器的爆炸威力提高一倍，武器的杀伤力只提高 40%，但如果命中精度提高一倍，武器的杀伤力就会提高 400%。例如一枚战术常规导弹，如果携带的是 1 吨重的战斗装药，则相当于 18 门火炮齐射 10 发的威力。美国军事专家称，海湾战争期间要击中一个目标，需要考虑出动几架次飞机，将来要考虑的是出动一架次飞机要击中几个目标，远远超过了过去使用几十架飞机都难以完成任务。现在甚至已经出现了完全依靠弹体的动能直接撞毁目标而根本不需要装药战斗部的精确制导武器。例如，英国宇航公司研制的高速防空导弹，其飞行速度可达 4 马赫，导弹没有爆破战斗部，它靠弹体高速飞行的动能来击毁目标，导弹携带核弹头其威力可想而知。

（三）精确制导武器的分类

精确制导武器包括精确制导导弹和精确制导弹药两大类。导弹与精确制导弹药的主要区别，在于前者依靠自身的动力系统和导引控制系统飞向目标，后者自身无动力装置，需借助火炮、飞机投掷，也没有全程制导装置，仅有在飞行末段起作用的寻的装置或传感器。

1. 精确制导导弹

导弹是一种依靠自身的动力装置推进，由精确制导系统探测、处理、导引、控制其飞行轨迹，将弹头或战斗部导向并命中和毁伤目标的武器。它是精确制导武器中类别最多、发展最早、进度最快、使用数量最大的一种现代化武器。导弹的诸多优点使得它备受各国军事家的青睐，发展十分迅速，现已有 400 多种型号，装备导弹的国家和地区有 90 多个。导弹已成为各国军事武器库中不可缺少的装备。

导弹是火箭的一大分支。靠火箭发动机推进的飞行器叫火箭，火箭的有效载荷是战斗部的称为导弹，否则则给予其他名称，如探空火箭、卫星运载火箭等。火箭武器又分为控制与不可控制两类，可控制即为导弹，不可控制则称为火箭弹。导弹武器种类繁多名称各异，主要有以下分类。

按作战使命分类，可分为战略导弹和战术导弹。按射程分类，可分为近程导弹、中程导弹、远程导弹和洲际导弹。近程导弹射程在 1000 千米以内，中程导弹射程在 1000～3000 千米，远程导弹射程在 3000～8000 千米，洲际导弹射程在 8000 千米以上。按飞行弹道特点分类，可分为弹道式导弹和飞航式导弹。弹道式导弹为圆柱形结构，没有弹翼。它是一种由火箭发动机推送到一定高度，达到一定速度后关闭发动机，然后靠惯性使弹头沿预定弹道飞向目标的导弹。飞行过程分为主动段和被动段。飞航式导弹也叫有翼式导弹，这种导弹上装有翼面，依靠发动机推力和翼面的气动升力在稠密的大气层中飞行，整个飞行过程中发动机和制导系统一直在工作。巡航导弹是飞航式导弹中体积最大、射程最远、唯一能携带核战斗部进行远程战略攻击的导弹。目前战场使用广泛，它的大部分飞行轨迹以巡航速度（巡航速度是指有最经济油耗的空气速度）在大气层内飞行，能超低空飞行，其飞行的整个过程都可自动制导，突防能力强，但飞行速度慢，时速一般为 800～900 千米。按发射点特征分类，可分为机载导弹、舰载导弹、车载导弹和单兵肩射导弹等。按攻击目标种类分类，可分为反坦克导弹、反舰导弹、反潜导弹、反雷达导弹、防空导弹、反导弹导弹和反卫星导弹等。按发射点和目标位置分类，可分为空中发射、地面发射、水面发射和水下发射。空中发射：空对空、空对地、空对舰、空对潜；地面发射：地对空、地对地、地对舰、地对潜；水面发射：舰对空、舰对地、舰对舰、舰对潜；水下发射：潜对空、潜对地、潜对舰、潜对潜等。

2. 精确制导弹药

精确制导弹药也称为灵巧弹药，根据不同的作用原理可分为末制导弹药和末敏弹药两类。

末制导弹药有寻的器和控制系统，在其弹道末段能根据目标和弹药本身的位置自行修正或改变弹道，直至命中目标。主要有制导炮弹、制导炸弹、制导雷等。

制导炮弹是用地面火炮发射，弹丸带有制导装置的炮弹的总称。它能够在火炮的最大射程内以很高的单发命中概率攻击目标，主要有激光制导炮弹、毫米波制导炮弹和红外寻的制导炮弹等。

制导炸弹也叫灵巧炸弹，是指有制导装置和空气动力操纵面的航空炸弹。主要有激光制导炸弹和电视制导炸弹。制导炸弹是航空炸弹的新发展，通常是在制式航空炸弹上加装制导装置和气动力装置，靠飞机投弹时给予的初速度滑翔飞行，其制导系统同一般空对地导弹的导引头相似，有的甚至就是直接移植而来的。

制导雷是一种将自毁破片技术、遥感技术和微处理机结合起来的新型雷，通常在普通地雷、水雷上加装制导系统后即可成为制导雷。制导雷有一个庞大的家族，通常可分为三大类：一类是打击坦克、装甲车和直升机的制导地雷；一类是执行反潜、反舰任务的制导水雷；一类是执行反卫星任务的太空雷。

末敏弹药不能自动跟踪目标，也不能改变飞行弹道，只能在被散布的范围内利用其自身的探测器（寻的器）探测和攻击目标。

末敏弹药通常由一些子弹药组成。子弹药被抛撒后，立即用其自身携带的探测器开始在小范围内探测目标，发现目标后，即可沿探测器瞄准的方向发射弹丸，对目标进行攻击，既有较大的毁伤面积，又有较高的命中精度。它是子母弹技术、爆炸成型弹丸技术和先进的传感器技术相结合的产物，末敏弹药探测范围较窄，一般仅为末制导弹药探测范围的1/10左右。

三、精确制导武器对作战的影响及发展趋势

精确制导武器的出现是武器发展史上的一次革命，它既是飞机、坦克和军舰等重型兵器的致命武器，又是攻击部队集结地、机场、码头、仓库、交通枢纽、指挥通信中心等军事目标的有效武器。精确制导武器已成为现代战争中最有效的打击兵器。

（一）精确制导武器对作战的影响

精确制导武器自问世以来，在20世纪60年代以后的多次局部战争中，充分显示了它的威力，确立了“兵器之星”的地位。它是现代战争三大支柱系统之一，对现代战争产生了深远的影响。

1. 提高了作战效能

据资料统计，第二次世界大战期间飞机投弹的圆概率误差为1000米，摧毁一个钢筋混凝土目标平均需要9000枚炸弹；越战期间，飞机投弹的圆概率误差为100米，炸毁类似目标平均需要200～300枚炸弹；而在海湾战争中，使用圆概率误差为1米的激光制导炸弹，只需1～2枚即可达到目的。在1982年的贝卡谷地战斗中，以军在电子干扰机掩护下，使用精确制导武器空袭贝卡谷地，仅用6分钟就一举摧毁了叙利亚19个SAM-6防空导弹连阵地。海湾战争中，多种精确制导武器纷纷登场亮相，在战场上充当主角，并显示了超常的作战能力，取得了非凡的战绩。海湾战争前，日本和苏联都有人预测战争“会拖延一年以上”

"战斗将异常惨烈"。可结果却出乎人们的预料，不仅时间很短而且伤亡也不大，这不能不说是精确制导武器的迅速发展起了重要作用。

2. 精确制导武器使作战样式和方法发生了深刻变化

(1) 促使超视距、全天候、多模式、多目标精确打击变为现实。海湾战争中，美军从1000千米以外发射的35枚中程巡航导弹和从海上发射的288枚"战斧"巡航导弹，几乎都准确地命中了预定目标。GPS制导系统能在恶劣的气象条件下自主导航；毫米波制导系统受云雾烟尘的影响很小；合成孔径雷达不受云雾和昼夜条件的限制，甚至能穿透地表发现地下数米深处的掩蔽部。"爱国者"地空导弹可同时跟踪50～100个目标，可同时对不同方向、不同高度的9个目标实施攻击。

(2) 可以同时连续精确打击整个战场纵深，减少前沿的短兵相接，使前后方界线模糊，战场呈现"流动"状态、非线性或无战线化。海湾战争中，交战双方兵力超过120万，坦克8000余辆，装甲车8300余辆，但地面战斗仅用100小时就结束了，且未发生大规模步兵格斗和坦克大战。这主要是因为伊军的装甲部队已被多国部队大量的反坦克导弹所摧毁。

(3) 实施"外科手术式"打击，使对点目标攻击附带杀伤、破坏降至最低程度，而且地面不派一兵一卒就可达成一定的军事政治目的。"外科手术式"的基本战法就是使用精确制导武器实施精确突袭，这是一种既能达成一定的政治目的又比较安全、有效的军事手段，只要使用少量的空袭兵力就能摧毁对方重要的军事、政治目标或经济设施，它付出的代价小而军事效益高。如1986年4月15日，美军在空袭利比亚的"黄金峡谷"行动中，F-111战斗机和舰载攻击机使用精确制导武器对利比亚的5个地面目标进行"外科手术式"的突袭，仅用12分钟就达到了军事目的。

3. 精确制导武器成为改变军事力量对比的杠杆

(1) 精确制导武器正在改变着坦克、飞机、军舰等武器装备的传统军事价值，它与电子战相配合，将成为战争制胜的重要因素。海湾战争中伊拉克的迅速惨败就是最好的例证。

(2) 精确制导武器越来越明显地改变着军事力量平衡的作用，促进了常规威慑力量的形成。据推算，精确制导武器的威力可与小型核武器相比，而且常规威慑力量的可利用性，大大高于核威慑力量。

(二) 精确制导武器的发展趋势

从20世纪60年代以来，有这样一组数据：在20世纪60年代的越南战争中，精确打击弹药占消耗总弹药的2%；而在1991年的海湾战争中，精确打击弹药占总弹药的8%，摧毁80%的重要目标。以美国为首的多国部队发射了20余种精确制导武器，数量达到4.3万枚，共摧毁伊拉克加固飞机库375座，占594座加固机库总数的63%，摧毁战术目标桥梁40座，破坏10座；1995年北约空袭波黑，精确打击弹药占总弹药的60%；1998年年底的"沙漠之狐"行动中，精确打击弹药占总弹药的68%以上；1999年北约空袭南联盟行动中，初期精确制导武器的使用达到95%以上，前几轮轰炸几乎使用的都是精确制导武器。2001年的阿富汗战争中，精确制导武器的消耗量约为65%。从这些数字来看，现代高技术条件下的战争没有精确制导武器将无法进行。精确制导武器已成为现代战争的主导武器而受到各国普遍重视，并得到很大发展。它的实践应用使战争的突然性和破坏性增大，规模和范围扩大，进程加快，从而改变了过去常规战争的时空观念，给现代战争的战略战术带来巨大而深远的影响。精确制导武器是现代科学技术的高度集成，它的发展既依赖于科学与工业技术的进步，同时又推动军事科学技术的发展，因而精确制导武器技术水平已成为衡量一个国家军事实力的重要标志。各类精确制导武器虽有其各自的特点，但其共同的发展趋势如下。

1. 智能化

制导武器将具有思维判断能力，能够自动搜索、发现、识别、定位、跟踪、攻击敌方目标。可以区分目标种类，判断威胁程度，攻击对己方威胁最大的目标，大大提高武器的制导精度、抗干扰能力和对多目标进攻的能力，并普遍采用“发射后不用管”的制导技术。

2. 远程化

为了提高打击的灵活性、突然性和发射平台的生存能力。目前各国都在发展新的探测技术，增大作用距离，增大武器射程，减少最小有效射程。如发展能在敌方火力网以外发射的精确制导武器，即超视距打击。

3. 隐形化

采取隐身技术，以降低雷达反射截面，减小敌方雷达发现概率和探测距离，提高突防能力和攻击的突然性，又具有对“隐身”目标截获和跟踪能力。

4. 模块化

将武器系统分成若干组件，各组件都采用模块设计，通过更换不同的导引头，组合成不同用途的精确制导武器，提高通用性能，以对付不同类型的目标，适应不同军种和多种作战的需要，降低费用和技术保障。

四、我国精确制导武器的发展概况

我国是拥有导弹核武器的国家，是世界上少数独立掌握空间技术的国家之一，在世界先进水平的行列。目前，我军陆、海、空三军都有了相应的导弹兵种。战略导弹部队装备有近程、中程、远程和洲际战略导弹。我国自行研制的导弹驱逐舰、导弹护卫舰已成为海军的主要舰种。导弹武器的发展，成为我国国防现代化建设的显著标志之一。

(一) 导弹的基本组成

导弹通常由战斗部、动力装置、制导系统、弹体四部分组成。

1. 战斗部

战斗部是导弹摧毁目标的专用装置，它由弹头壳体、战斗装药、引爆系统等组成。有的弹头还装有控制、突防装置。战斗装药是导弹毁伤目标的能源，可分为核装药、普通装药、化学战剂、生物战剂等。弹头按战斗装药的不同可分为导弹常规弹头、导弹特种弹头和导弹核弹头，战术导弹多用常规弹头，战略导弹多用核弹头。

2. 动力装置

它主要由发动机和推进剂供应系统两大部分组成，其核心是发动机。导弹发动机有很多种，通常分为火箭发动机和空气喷气发动机两大类。前者自身携带氧化剂和燃烧剂，因此不仅可用于在大气层内飞行，还可用于在大气层外飞行；后者只携带燃烧剂，要依靠空气中的氧气，所以只能在大气层内飞行。火箭发动机按其推进剂的物理状态可分为液体火箭发动机、固定火箭发动机和固液混合火箭发动机。空气喷气发动机又可分为涡轮喷气发动机、涡轮风扇喷气发动机以及冲压喷气发动机。此外，还有由火箭发动机和空气喷气发动机组合而成的组合发动机。

3. 制导系统

制导系统由制导计算机、探测装置和自动驾驶仪等部分组成。是按一定导引规律将导弹导向目标，控制其质心运动和绕质心运动以及飞行时间程序、指令信号、供电、配电等的各种装置的总称。其作用是适时测量导弹相对目标的位置，确定导弹的飞行轨迹，控制导弹的飞行轨迹和飞行姿态，保证弹头（战斗部）准确命中目标。

4. 弹体

用于构成导弹外形、连接和安装弹上各分系统且能承受各种载荷的整体结构。为了提高导弹的运载能力，弹体结构质量应尽量减轻。通常采用优质轻型合金材料和玻璃钢复合材料等制成，并采用先进的结构形式。导弹外形是影响导弹性能的主要因素之一，应具有良好的气动外形，必须使导弹能够受控于特定的飞行轨道。为了拦截目标，它还必须产生某种空气动力，以使它从一种飞行轨道改变到另一种飞行轨道。此外，整个导弹的空气阻力应该很小，在飞行中作用在导弹上的力不应使弹体产生明显的变形或引起某些部件的激烈振动。因此要求其结构材料强度高、重量轻、耐高温。对于那些巡航导弹和在大气层内飞行的机动能力强、速度快的战术导弹，要求更为突出。

（二）导弹的种类

1. 防空导弹

我国现有 HQ-1 至 HQ-9 等红旗系列车载、舰载防空导弹。主要型号有：中高空的“红旗 2”、中低空的“红旗 61”、低空超低空的“红旗 7”（“飞蠓 80”）和便携式防空导弹等。我国研制的单兵便携式防空导弹“前卫 1 号”，很多指标都超过了美国的“毒刺”导弹。我国的 ET2000 地空反辐射导弹，是世界上第一种大型地空反辐射导弹，专门对付敌人的雷达预警机和电子干扰机。

2. 空空导弹

我国现有“霹雳”等空对空导弹系列。其中最引人注目的是“霹雳 5E”和“霹雳 9C”。美国军事专家指出：“实际上，在一些关键领域，如短程空对空导弹技术方面，中国已经领先于美国”，这就是指的“霹雳”系列空空导弹。

3. 反舰导弹

岸舰导弹：海鹰（HY）系列。HY 导弹是我国 20 世纪 60 年代末研制的反舰导弹。主要有 HY-1（2、3、4），其中 HY-3 为超音速岸舰导弹，HY-4 为中程反舰导弹。

舰舰导弹：上游（SY）系列。主要有 SY-1（2）。

空（潜）舰导弹：鹰击（YJ）系列。主要有 YJ-6 和 YJ-8（C-801）。YJ-8 被誉为“中国的飞鱼”，采用固体发动机和箱式发射等先进技术，具有超低空掠海飞行、突防能力强、命中精度高、一弹多用和小型化等特点。

反舰导弹 C701：该弹长度 2.5 米，不足 YJ-8 的一半，性能相当于美国的“小牛”导弹。不过 C701 可以从舰上和飞机上发射，这是“小牛”导弹所不及的。

4. 反坦克导弹

红箭（HJ）系列主要有红箭-73、红箭-8、红箭-9。“红箭-8”是第二代反坦克导弹，该弹既可由步兵携行，又能装在各种车辆和直升机上。其与美国主要装备的“陶”式反坦克导弹性能相近，作战效能更是全面超过德、法的“米兰”反坦克导弹。“红箭-9”是我军最新研制的第三代重型反坦克导弹，目前任何一种主战坦克在它面前都不堪一击，是不折不扣的“坦克杀手”。

5. 地地战术导弹

东风（DF）系列：主要有 DF-11、DF-15 和 DF-21。1995 年 7 月和 1996 年 3 月，我导弹部队在台湾海峡进行了举世瞩目的弹道导弹发射演习训练，两次演习共发射十枚导弹，全部都准确命中千里之外的预定弹着区，其精度之高令一旁观望的美、台军方“心惊良久”。

6. 巡航导弹

我国已经研制成功了自己的巡航导弹，并已开始装备部队。其性能与美国“战斧”巡航导弹类似，最大射程近2000千米，采用复合制导，在海平面或沙漠等地形平缓的地方，最低飞行高度可低至15～20米，可携带各种常规弹头或核弹头，对固定目标的射击精度可达5米。

目前，我国自主研制的巡航导弹如下。

C101导弹。是我国自行研制的超低空、超音速战术反舰导弹，有舰载型和机载型两种，用以打击驱逐舰级以上的大中型目标。它突防能力强、命中率高、安全可靠、使用方便，可实现“发射后不管”，该导弹自巡航至击中目标，始终保持2马赫的超音速飞行，是其高强突防能力的重要保证。

C801反舰导弹。是我国研制的一种高音速、超低空掠海飞行的多用途反舰导弹。它可以多联装载在各种类型的驱逐舰、护卫舰、常规潜艇、快艇上，也能装在轰炸机、强击机上从空中发射。主要用于攻击护卫舰、驱逐舰等中型以上水面舰艇，一枚命中即可重创或摧毁目标，也能打击快艇之类的小型水面舰艇。

东海-10号。为第二代远程战术巡航导弹，射程超过1500千米，装备有惯性导航系统/全球定位系统，另外再辅以地形等高线绘图系统和数字化景象匹配终端制导系统，使其圆概率误差值达到10米以内。我军已装备这种中程巡航导弹。

我国精确制导炸弹主要是“雷石-6”。我国自主研发的“雷石-6”制导滑翔炸弹，是一种典型的“防区外发射”武器，根据投射高度的不同，其作战距离可达到40到60千米。“雷石-6”发射高度在8000～11000米，完全可以在防空导弹射程外精确从容地攻击目标。即便是采用中程防空导弹，如“萨姆-11”“霍克”等也不会有很大威胁。“萨姆-11”射高10000米，但最大射程只有27千米；“霍克”最新改进型号也不足50千米。“雷石-6”在11000米高度的最大射程超过60千米，仍可在防区外发动攻击，因此这类导弹对“雷石-6”不具威胁。它主要用于防空区外打击防空阵地、机场、码头、桥梁、车站、物资集散地和指挥中心等固定目标。“雷石-6”被外界认为是中国版的JDAM（美国联合直接攻击弹药，又称“聪明炸弹”），它标志着我军全方位精确打击能力的形成。它还是一种廉价的“发射后不用管”的远程精确攻击弹药，价格只是美国JDAM的一半，具有“价廉物美”的特点。它可以由战斗机和战斗轰炸机携带，还可以在传统的中型轰炸机上使用。这对于那些不发达国家空军整体提升攻击威慑能力具有极为重要的战略意义，因此很具吸引力。

第三节 伪装隐身技术

保存自己、消灭敌人是作战的指导原则。所谓“兵不厌诈”指的是在军事侦察中识破敌人的伪装，在反侦察中欺骗和迷惑敌人所采取的隐真示假的措施。由于现代军事技术的广泛应用，各种侦察手段构成了立体化、全天候、全时域、远距离的侦察监视网，精确制导武器已向“发现即可命中”的方向发展，促使伪装隐身技术成为军队战时保障的重要内容。

一、伪装技术

伪装是隐蔽自己和欺骗、迷惑敌方所采取的各种措施，即“隐真示假”。具体来说，伪装是通过设置假目标、散布假情报、实施佯动和将真目标隐蔽起来的措施，使敌方的侦察器材（人员）降低侦察效果，从而造成敌方的判断及指挥失误。伪装技术是为减少目标和背景在可见光、红外、无线电波等方面的反射或辐射能量差异而采取的各种技术措施。

（一）伪装技术的基本原理

伪装的基本原理，就是调整或处理目标与背景之间的关系。减小目标与背景在光学、热红外、微波波段等电磁波波段的散射或辐射特性的差别，以隐蔽目标或降低目标的可探测性；模拟或扩大目标与背景的这些差别，以构成假目标欺骗敌方。军事伪装就是通过利用电子、电磁、光学、热学和声学的技术手段，改变目标本身原特征信息，实现目标对周围背景的模拟复制，降低或消除目标的可探测特征，以实现目标的“隐真”，或是模拟目标的可探测特征，仿制假目标以“示假”。

（二）伪装技术的分类

军事伪装有各种不同的分类。按其在战争中的运用范围，可分为战略、战役和战术伪装；按其所对付的侦察器材，可分为雷达波段伪装、可见光及红外波段伪装、防声测伪装等。另外，按所采用的技术，可分为传统伪装和高技术伪装。

（三）伪装技术措施

1. 天然伪装

天然伪装技术就是充分利用地形、地物、夜暗和能见度不良天候（风、雪、雨、雾）等天然条件，隐蔽或降低目标暴露征候的一种手段。天然伪装技术主要用于对付光学（紫外、可见光和近红外）侦察，在一定条件下也能对付红外侦察、雷达侦察、声测和遥感侦察。

2. 迷彩伪装

迷彩伪装就是利用迷彩技术生产的涂料、染料和其他材料来改变目标表面，达到消除或减小目标与背景之间反射或发射可见光、热红外和雷达波，以及改变目标外形，达到伪装目的。按照目标类型、背景特点和涂料技术，主要可分为保护色迷彩、变形迷彩、仿造色迷彩、光变色迷彩和多功能迷彩等。

3. 植物伪装

植物伪装技术是利用种植植物、采集植物和改变植物颜色等方法对目标实施伪装的技术。由于其简易有效，在现代战争中仍经常使用。如，在目标上种植植物进行覆盖；利用垂直植物遮蔽道路上的运动目标；利用树木在目标地区构成植物林；利用种植物改变目标外形和阴影（植物伪装技术）；利用新鲜树枝和杂草对人员、火炮、汽车和工事实施临时性伪装等。

4. 人工遮障伪装

人工遮障伪装是利用各种制式伪装器材设置对目标进行遮蔽的一种手段。它由遮障面和支撑构件组成。遮障面采用制式的伪装网或就便材料编扎，制式遮障面有叶簇式薄膜伪装网、雪地伪装网、伪装伞、反雷达伪装网、反红外侦察伪装遮障和多频谱伪装遮障等。支撑遮障按其用途和外形，可分为水平、垂直、掩盖、变形和反雷达遮障 5 种。

5. 烟雾伪装

烟雾伪装是利用烟雾遮蔽目标，迷茫、迷惑敌人或使来袭制导武器失效所实施的伪装。通过散射、吸收的方式衰减光波能量来干扰敌方光学侦察。由于发烟材料的发展，现代烟幕对雷达和红外波段同样有干扰和遮蔽作用。同时，还可以对付激光制导炸弹等。

随着纳米材料技术的发展，纳米晶体材料可用于形成新型气溶胶，具有微波、红外、光学波段的吸收能力，能全波段干扰敌方的侦察。

6. 假目标伪装

假目标伪装，是指为欺骗、迷惑敌人而模拟目标暴露征候所实施的伪装。主要包括形体假目标和功能假目标两类。形体假目标主要是指仿造的人员、工事、桥梁等，目的是迷惑敌人，吸引敌人的注意力和火力，从而有效地保护真目标。功能假目标是指各种角反射器、尤伯透镜反射器、热目标模拟器、红外诱饵弹、红外综合箔条等具有反射雷达波或产生热辐射等特定功能的假目标。

7. 灯火与音响伪装

灯火与音响伪装技术是通过消除、降低和模拟目标的灯火与音响暴露征候，以隐蔽目标或迷惑敌人所实施的伪装。灯火伪装分为室内灯火伪装和室外灯火伪装。音响伪装可通过消除音响使目标音响在到达侦听点时比环境噪声小 15 分贝。如不能达到消除音响的要求，也应尽量降低音响，声级每降低 6 分贝，可使侦听距离缩小 1/2。

（四）伪装技术的发展趋势

1. 伪装技术与武器装备一体化

现有的伪装技术大都是将伪装器材与伪装目标分开，单独设计和使用。战争的发展要求伪装技术与各种具有高附加值的军事目标融为一体，即在研制、生产过程中，综合考虑其外形、结构、材料和声、光、电、热等特性，以及表面涂层的使用，将伪装技术（有选择地）纳入其结构之中，武器装备的隐身化将成为伪装技术的重要发展趋势。隐身飞机、隐身舰船等，将成为伪装技术与武器装备融为一体的典型代表。

2. 伪装技术将有较大突破

随着红外成像技术、激光制导技术、合成孔径雷达技术、毫米波探测技术以其全天候、全天时、近实时和高分辨率的工作特点和探测地表下目标功能的迅速发展和应用，促使防红外、防激光、防雷达和防毫米波等新型伪装技术飞速发展。

（1）超级植物毯　利用生物技术，获得生长迅速、耐旱、适应性强、外形各异、依周围天然环境变化而变化的超级植物。比如在前沿阵地、工事及各种相对固定的目标上，铺上这种超级“植物毯”，它由供植物生长的营养剂特殊加工而成，植物的种子就编在毯中，使用时只要用水喷灌，就能在短时间内快速生长，长成后则在较长时间内保持不变，形成一种天然植物伪装。

（2）高技术迷彩　研制一种智能迷彩系统，其以小斑点迷彩为基础，采用计算机辅助图形设计、配色（空间混色）和喷涂技术制造。这种小斑点多色迷彩，斑点直径一般为 10 厘米。各色小斑点相互渗透，疏密不一，分布形成不均匀的组合，利用空间混色原理，在不同距离上形成大小不一的图案。近距离看去是小斑点迷彩，远看去则为大斑点迷彩，被伪装的目标，在外观上始终被这些对比鲜明的斑点所分割、变形。

（3）高技术涂料　主要有两种：光变色生物涂料和多频谱伪装涂料（纳米涂料）。光变色生物涂料，是根据“变色龙”的色素细胞变色的原理，利用生物技术将变色基因移植到前述的超级植物中去，使这些植物具有变色功能，能自动适应周围背景的变化。多频谱伪装涂料，是指颗粒大小为纳米（十亿分之一米）级的超微细固体材料。实验证明，这种材料在较宽的频带范围内，显示对电磁波的均匀吸收性能，如在目标表面喷涂几十纳米厚的纳米材料，其吸收电磁波的效果与比它厚 1000 倍的现有吸波材料相同。

（4）新型多功能伪装遮障　目前，正在研制一种将变形迷彩与伪装网特点相结合的多功能变形遮障装置，适用于对静止和运动目标进行伪装遮障。这种遮障采用具有光学、红外、雷达三种防护功能的伪装网制作，由几米或更小尺寸的小块组成。遮障不是将整个目标全部盖住，而是经过科学设计后，分别安装在目标易暴露部位或具有特殊形状的部位，并和原有的迷彩有机结合，从而起到很好的伪装效果。

（5）新型气溶胶发生剂　它形成的烟幕在可见光波段有较强的散射作用，对红外线有较强的吸收作用，同时还能强烈地反射雷达波等。

（6）智能蒙皮　蒙皮表面由众多微电子系统元件组成，它可以传感外来红外、近红外和雷达等辐射，并通过平板取向、染料抽运和粒子的取向使表面发生改变，实现与背景的良好匹配，达到伪装的目的。

3. 研制和装备新型伪装器材

随着伪装技术的发展，未来将有一系列标准的新型伪装器材研制和装备部队。主要包括：标准组件式轻型和重型伪装网系统，多功能伪装服及多用途单兵伪装器材，自动烟幕和假目标或诱饵施放系统，新型多功能、高效率的伪装作业机械。

二、隐身技术

隐身技术又称隐形技术、低可探测技术或目标特征控制技术，是通过降低武器装备等目标的信号特征，使其难以被发现、识别、跟踪和攻击的综合性技术。隐身技术是传统伪装技术走向高技术化的发展和延伸。作为一门交叉性学科，综合了流体力学、材料学、电子学、光学和声学等众多技术。

目前，隐身技术通常分为雷达隐身技术、红外隐身技术、电子隐身技术、可见光隐身技术和声波隐身技术等。隐身技术随着发展和应用，在未来战场上的作用越来越大。一方面，大大提高武器装备的生存能力、空防能力和作战效能，打破已形成的攻防平衡态势；另一方面，推动防御系统中的各种探测系统发生重大变革，促进反隐身技术的发展。

（一）隐身技术的现状

隐身技术最早可追溯到第二次世界大战时期，德国潜艇在通气管和潜望镜上运用吸波材料对付雷达探测。20 世纪 50 年代，美国在 U-2 侦察机上探索减小雷达散射截面的途径，70 年代后，美、苏联、英、法、德、意、日、加拿大和以色列等国都投入巨资研究隐身技术，取得了不同程度的进展，并应用于各种隐身武器装备上。

1. 雷达隐身

雷达是最重要的侦察探测装置之一，雷达隐身技术自然成为一种最重要的隐身技术。其原理是根据雷达在无干扰时自由空间的测距方程，具有一定性能参数的雷达的探测距离与目标（如飞行器）的雷达散射面积的 4 次方根成正比。因此，要想缩短雷达的探测距离，就要减小目标的雷达散射截面积。

目前，雷达隐身的技术措施主要如下。

（1）隐身外形技术　合理设计目标外形，是减小其雷达散射截面积的重要措施。例如，美国下一代 CVN-21 级航空母舰就采用了最新的隐身技术：上层建筑采取集成化设计，使传统拥挤的舰桥体积明显缩小，重量大为减轻，并靠后推移；干舷显著降低，舰面设施非常简化，使飞行甲板与航空作业区连成一片，从而最大限度地减小其雷达反射截面。

（2）隐身材料技术　目前研制的隐身材料主要有雷达吸波材料和雷达透波材料，按其使用方法可分为涂料型和结构型。吸波涂料敷在目标表面，所使用的是高性能的磁性耗能吸波材料、“铁球”涂料和“超黑色”涂料等。涂料层薄，但容易脱落，而且覆盖的频率范围有限，所以又发展了结构型隐身材料。它们用来制造机身、机翼、导弹壳体等。

(3) 自适应阻抗加载技术 在金属体目标（如飞行器）表面附加上集中参数或分布参数的阻容元件，使其产生与雷达回波的频率、极化、幅值相等但相位相反的附加辐射波，它与雷达回波相抵消，从而达到减小目标雷达散射截面积的目的。

(4) 微波传播指示技术 即利用计算机预测雷达波束在不同大气条件下传播发生畸变所产生的“空隙”和“波道”，使空防飞行器在雷达波覆盖区的“空隙”“盲区”内或“波道”外飞行，以避开敌方雷达的探测。

(5) 等离子体隐身技术 即用等离子气体层包围飞机、舰船、卫星等目标的表面，利用其对雷达波具有的特殊吸收和折射特性，减小雷达回波的能量。

2. 红外隐身

许多军事目标，如飞机、导弹等都因在飞行途中发出强大的红外辐射面被对方发现。红外隐身技术除采用红外干扰外主要就是通过抑制目标的红外辐射，使敌方红外探测系统难以发现。

目前，红外隐身的技术措施主要如下。

(1) 改变红外辐射波段 使飞机等目标的红外辐射波段处于红外探测器的响应波段范围之外，或使目标的红外辐射避开大气窗口而在大气层中被吸收和散射掉，从而达到隐身目的。

(2) 降低红外辐射强度 这是红外隐身的主要技术手段。主要措施有：改进发动机结构；使用能降低排气的红外辐射的新燃料；装备表层采用吸热、隔热材料和涂料；利用气溶胶屏蔽发动机尾焰的红外辐射；采用闭合环路冷却环境控制系统，降低荷载设备的工作温度。

(3) 调节红外辐射的传输过程 直升机动力排气系统的红外抑制器就有这种功能，因而能有效抑制红外探测器威胁方向的红外辐射特征。

3. 电子隐身

电子隐身技术主要是抑制武器装备等目标自身的电磁辐射。目前，采用的主要技术措施有：减少无线电设备，如用红外设备代替多普勒雷达；用激光高度表代替雷达高度表；用全球定位系统或天文惯导系统代替无线电导航系统等。

采用低截获概率技术改进电子设备。如采用发射功率自动管理技术；在时间、空间和频谱方面控制无线电设备的电磁波发射；采用频率捷变技术；武器装备采用被动雷达电子探测系统等。

减小电缆的电磁辐射。如尽量缩短各种电子设备的距离；用光缆取代电缆等。

避免电子设备天线的被动反射。如将天线做成嵌入目标体内的结构，不使用时收回体内等。

对电子设备进行屏蔽。如改进装备结构、采用特殊材料和涂料等。

4. 可见光隐身

可见光探测系统的探测效果，取决于目标与背景之间的亮度、色度和运动等视觉信号参数的对比特征。采用可见光隐身技术目的就是要减少这些对比特征。目前，可见光隐身技术措施主要有以下几项。

（1）改进目标外形的光反射特征。如飞机采用平板或近似平板外形的座舱罩，以减少太阳光反射的角度范围和光学探测器瞄准、跟踪的时间等。

（2）控制目标的亮度和色度。如涂敷迷彩涂料或挂伪装网；涂敷能随环境亮度变化而变换自身亮度与色度的涂料；用有源光照亮目标低亮度部位等，以使目标与背景的亮度和色度匹配。

（3）控制目标发动机喷口的火焰和烟迹信号。如采用不对称喷口、转向喷口或喷口遮挡；使燃料充分燃烧或在燃油中加入添加剂以减少烟迹等。

（4）控制目标照明和信标灯光，以及控制目标运动构件的闪光信号等。

5. 声波隐身

声波隐身技术，是控制目标的声波辐射特征，以降低敌方声波探测系统对目标的探测概率。目前，声波隐身技术措施主要有：发动机和辅助机采用超低噪声设计；采用吸声和阻尼声材料、减振和隔声装置；减小旋桨对介质的扰动噪声；合理进行目标整体设计，以避免发生共振现象等。

（二）隐身技术的运用

隐身技术运用的直接形式，是发展隐身武器装备。隐身武器装备，是应用隐身技术研制的不易被敌方雷达、红外、电子、可见光和声波探测系统发现的武器。隐身技术为有效地解决武器装备的战场生存问题提供了新的途径，改变了传统的那种靠增加钢甲厚度而牺牲机动性能来提高生存能力的方法，实现了隐身、机动和防护的完美结合。因此，隐身武器装备格外受世界各国军队的青睐。

1. 隐身飞机

隐身飞机是隐身武器研制和发展最快、取得成果最多的领域。隐身飞机之所以能有效地对付雷达、红外、电子、可见光和声波的探测，就是由于它综合运用了各种隐身技术，降低飞机的雷达截面积、红外辐射特征；控制飞机的可见光目视信息特征及降低飞机的噪声等。美国的 F-117A 是世界上第一种按低可探测性技术设计原则研制并投入实战的稳身战斗机。B-2 是美国第二代隐身轰炸机，具有更好的隐身效果，F-22“猛禽”战斗机，是当今世界唯一的实用型第四代先进战斗机，1997 年 9 月首次试飞成功，其设计兼顾了超音速巡航和隐身特性两方面的需要，具备超高机动性与隐身性能。在隐身性能上，F-22 隐身性能提升了 80 倍。F-22 隐身技术包括进行外形优化、电磁及热信号屏蔽、关键部位覆盖隐身涂料、加装电子欺骗、干扰等手段。“暗星”无人机，是美国正在研制中的具有当今先进水平的高空长航时无人机，也是世界上第一种全隐身无人侦察机。X-45A 无人驾驶战斗机，是美国波音公司研究的无人机，其机体完全采用特殊材料制成并加敷了涂层，具有极好的隐身能力。

俄罗斯在研发新型作战装备时十分注意突出武器装备的隐身性能，如 C-37“金雕”战斗机，首次试飞时间与 F-22 首次试飞时间仅相距 18 天，尽管隐身性能比 F-22 稍逊色一筹，但采用了类似 F-22 的平滑流线型外形设计，前掠翼几乎全部采用复合材料制成，机体外涂敷雷达吸波材料，其隐身性能当属世界一流。

2. 隐身导弹

隐身导弹是伴随隐身飞机发展起来的，目的是减小被拦截概率，增强突防和攻击能力。导弹隐身主要是通过采用雷达吸波材料及特殊的头部外形设计以减小雷达散射面积，改进发动机及尾气排放装置以降低导弹的红外特征来实现的，如 AGM-86B 型、AGM-109C 型和 AGM-129 型隐身战略巡航导弹、AGM-137 型和 MGM-137 型等都是近年来美国成功研制的隐身战术导弹。法国生产的巡航导弹，采用翼身融合体，使用吸波材料来减少雷达截面积。隐身导弹已成为一种发展趋势，不仅发展隐身巡航导弹、地对空导弹、反舰导弹，有些国家还正在探索研制隐身洲际弹道导弹。

3. 隐身舰船

隐身飞机的迅速发展和出色表现，极大地促进了隐身战舰的发展，美国“海影”号隐身军舰，于1983年开始秘密设计建造。十年后，“海影”脱颖而出，并进行了一系列海上试验，曾掀起了轩然大波。目前美海军装备的SSN-688“洛杉矶”级、“海狼”级潜艇都可谓是隐身潜艇，如“海狼”（SSN-21）攻击型核潜艇是世界上最安静的潜艇，其优越性超过俄罗斯“奥斯卡”级核潜艇。“美洲狮”级隐身护卫舰，由美国与法国联合研制，现已进入海上试验阶段。俄罗斯充分利用其在舰艇隐身技术处于世界领先水平的优势，精心打造超级隐身军舰，俄罗斯海军新型多功能型隐身护卫舰“立方体”早已在北方造船厂动工。10艘该型护卫舰2005年已全部交货。目前俄海军已装备了“基洛夫”级隐身驱逐舰，隐身潜艇有636及877“基洛”级潜艇、“阿库拉”（名“鲨鱼”）级潜艇、SSN-P-IX级潜艇，其中“鲨鱼”潜艇在隐身性能上当属世界一流。

4. 隐身坦克

随着现代高技术反坦克武器的发展，坦克一旦被发现就很容易被摧毁。引入隐身技术使其难以被发现是增强坦克生存能力十分有效的途径。目前，隐身坦克、装甲车辆的研制步伐加快，并推出M-113隐身装甲车。美、英已计划联合发展未来的隐身侦察步兵战车，美国在“未来作战系统”上采用的隐身技术，其绝大部分都将用于这种未来的隐身侦察步兵战车。美、英计划该车于2007年开始装备部队，至少要生产装备1500多辆。俄罗斯已经问世的T-95主战坦克、BM-2T步兵战车等都具有很强的隐身性能。

（三）隐身技术的发展趋势

进入21世纪，世界各国特别是美、俄、英、法等军事强国都加大了隐身技术的研究力度，拓展了研究范围，并在传统隐身技术研究的基础上，不断探索仿生学隐身技术、等离子隐身技术、微波传播技术、有源隐身技术等新的隐身机理，研制高分子隐身材料、纳米隐身材料、结构吸波材料、智能隐身材料等新型隐身材料。可以预见，隐身技术发展前景非常广阔。

1. 扩展雷达隐身的频段

目前隐身技术主要针对厘米波探测雷达，为了达到反隐身目的，探测雷达的工作波段正在向长波和毫米波、亚毫米波乃至红外、激光波段扩展。因此，隐身技术所能适应的波段也必须相应的扩展，如研制新型宽频带吸波涂料和结构型材料、研制宽频带干扰机等，否则难以达到隐身的目的。此外，还在寻找更多更新的技术途径。比如，将仿生学的研究用于隐身技术。研究发现：海鸥与燕八哥的体积相近，但雷达的散射面积却比燕八哥大200倍；蜜蜂的体积小于麻雀，但它的雷达散射面积反而比麻雀大16倍。

2. 发展隐身材料的功能

隐身技术的发展使隐身材料进入一个新的阶段。一是隐身材料向反雷达探测和反红外探测相兼容的方向发展。要求未来的隐身材料必须具有宽频带特性，既能对付雷达系统，又能对付红外探测器。二是雷达吸波材料向超细粉末、纳米材料方向发展。人们发现超细粉末、纳米材料可能是良好的雷达吸波材料。目前，一些国家正在对其吸波材料机理进行深入研究。这类材料的优点是重量轻、透气性能好，但制造技术要求高，价格昂贵。

3. 注重各种隐身技术的综合运用

现代侦察探测系统采用了多种探测技术，决定了隐身技术是一项多学科的综合性技术。要想使目标达到理想的隐身效果，必须综合应用各种隐身技术。实验证明，采用隐身外形设计可降低5～8分贝，利用吸波材料可降低7～10分贝，其他措施（如阻抗加载、天线隐身等）可降低4～6分贝，综合起来，可获得降低约20分贝的隐身效果。

4. 武器装备将更广泛应用隐身技术

根据现代战争的需要，隐身技术的发展与应用现已由隐身飞行器开始扩展到研制地面坦克和火炮、水面舰艇、水下潜艇等各种武器装备。一些国家还在研究具有隐身性能的机场、机库、士兵、侦察系统、通信系统和雷达等。预计未来将会出现更多的隐身和具有部分隐身性能的武器装备和设施。

5. 降低隐身武器装备的成本

由于目前采用隐身技术的成本很高，如吸波结构材料和吸波涂料的价格非常昂贵，导致隐身武器装备的造价不菲。例如，F-22隐身战机售价近2亿美元。

因此，如何在技术上突破，降低隐身武器装备的成本，是今后隐身技术发展的重要方向。

三、伪装隐身技术对作战的影响

（一）伪装技术对作战的影响

1. 伪装是对付敌方侦察的主要手段

在现代战争中，伪装的重要性已今非昔比，其应用越来越广泛，作用越来越大。由于海、陆、空、天、电多维的高技术侦察手段已使整个战场处于“透明”状态，要对付现代高技术侦察，除了伪装之外，暂时还没有更好的办法。

2. 伪装在战争中是有力的防御盾牌

随着光电侦察和精确制导武器的发展，任何目标只要被发现，就有可能被摧毁。因此，无论在进攻还是防御中，作战双方首先面临的问题是如何保存自己，而有效地运用伪装将成为强有力的防御盾牌。通过伪装，既可增加敌人侦察的困难，使其不易发现真目标，又可故意暴露假目标，诱骗敌人实施攻击，分散敌人火力，即使真目标被发现，也会由于真假难辨，使敌无所适从，从而减少损失，提高部队生存能力。

3. 伪装成为夺取作战主动权的重要手段

可靠的伪装，一方面可以隐蔽自己的作战行动及战场配置，另一方面可以给敌人制造错觉，为自己创造可乘之机。特别是隐身技术的使用，使兵器的突防能力大大提高，从而增强了作战行动的突然性，成为现代战争中有效的进攻手段。这些都为夺取战争的主动权、达成作战企图创造了有利条件。

4. 伪装使作战任务和作战方法发生了变化

为增强部队的打击能力和提高部队的生存能力，未来将有更多的部队担负欺骗、佯动任务；为不使自己成为敌人攻击的目标，伪装已成为所有部队的重要任务之一。伪装技术的发展，将使人们重新认识近战、夜战和步兵的作用。高技术条件下作战减少夜视侦察与伪装器材，就将失去夜战的主动权。战术、战役机动的方式将改变，小群、多路、多方向、出敌不意成为重要方法。

（二）隐身技术对作战的影响

1. 隐身武器装备突防能力提高，使战争突然性增大

传统的伪装隐蔽技术大都是被动式的，而现代的隐身技术则是主动式的，主要用于对付敌方防御武器，其结果就改变了袭击兵器传统的突防方式，使战争的突然性增大。

2. 隐身技术对侦察探测及防御提出了更高要求

为了及早发现隐身目标，必须提高探测系统的性能，增大探测范围。为了防止隐身兵器的突入，防御一方必须加大雷达探测范围和探测密度，或增加预警飞机的巡逻范围和密度，这使得战场范围随之增大。

3. 隐身技术使侦察、反侦察及电子对抗更加激烈

在现代战争中，由于手段越来越先进，交战双方装备的电子器材也越来越多，侦察与反侦察的斗争越来越激烈。一方面，诸如隐身飞机、隐身机器人等用于战场侦察，使空中侦察和地面侦察更加隐蔽；另一方面，隐身技术给伪装增添了新内容，可使电子器材隐去雷达特征，发热器材隐去红外特征，振动设备隐去噪声特征，从而使敌方侦察探测系统更难以进行侦察。

4. 武器系统的隐身攻击能力使指挥系统面临生存威胁

现代战争是诸兵种协同作战，对指挥系统的依赖极大，交战双方都把打击对方的指挥系统作为打击的重点目标和首要任务。海湾战争战略空袭期间，F-117A 隐身战斗机利用其隐身性能，在第一次攻击中，用约 907 千克（2000 磅）的激光制导炸弹，以直接命中方式摧毁了伊拉克的通信大楼，以后，巴格达的空军司令部、防空指挥控制中心等重要指挥控制系统相继受到 F-117A 的瘫痪性攻击。应当说巴格达是一个防空系统十分严密的城市，然而，当巴格达被袭击 40 分钟后伊军才开始实施灯火管制。这充分说明了在高技术战争中，指挥控制系统在隐身武器的攻击下，处境十分危险，生存力将遇到严峻挑战。

第四节　侦察监视技术

“知己知彼，方能百战百胜”，这是我国古代的兵家常识。在不同的历史条件下，尽管获取情报的技术手段不断发展变化，但是侦察监视工作在作战中的重要地位从未减弱。无论何时，正确的情报信息始终都是取胜的基础。在高技术战争条件下，利用现代军事高技术的全时域、大空域的“千里眼”“顺风耳”已成现实。部署在空中、地面、海上的卫星、飞机、雷达、舰艇等侦察监视设施结成一个严密的“网”，全时侦收从地球各地区发射和反射的可见光、红外线、微波、无线电波、声频等各种信号。凭借这些高技术，军事部门都能够以近实时的速度及时、准确、全面地掌握地球各方面的军情信息，保障军事决策的需要。

一、侦察监视技术概述

（一）侦察监视技术的基本概念

侦察监视技术是指在全时空内用于发现、区分、识别、定位、监视和跟踪目标所采用的技术。整个探测过程可分为 6 个阶段：发现、区分、识别、定位、监视和跟踪。发现，即发现目标，就是通过把目标与其背景作比较，将目标从背景中提取出来，即确定目标位置。区分，即确定目标的种类，主要是根据目标的外形和运动特征加以区分。识别，是指在探测目标过程中，对目标进行详细的辨认，即确认目标的真假、敌友及确切的种类型号。定位，即按照一定的精度，探测出目标的位置，通常包括目标的方位、高度和距离。监视，是指对目标进行严密的注视和观察。跟踪，是指对运动目标进行不间断的监视。

侦察监视是军队为获取敌情、地形及其他有关作战情况而进行的活动。其直接的目的是探测目标，具体地可分为发现目标、识别目标、监视目标、跟踪目标以及对目标进行定位。它可以为指挥人员的决策提供及时、全面、准确的情报信息，是夺取战争胜利的重要保障。

侦察监视技术对于作战胜负的重要性，就像耳目对于人的生活一样。现代科学技术特别是高技术的发展，使军事侦察与监视的能力和水平已经发生了突破性的变化，无论侦察的时域、空域还是频域，都大大地扩展了。不仅能在地面上进行侦察，而且能从太空、空中、海上、水下实施侦察；不仅能在白天侦察，而且能在夜间及恶劣气候中进行侦察；不仅能用目视和光学手段进行侦察，而能在声频、微波、红外各个波段进行侦察。凭借现代侦察与监视技术，军事指挥员能迅速、准确、全面地掌握敌方的情况，识别、跟踪和预测敌方部队未来的行动，从而为克敌制胜创造有利条件。

（二）侦察监视技术的分类

侦察监视技术的分类方法很多，按照各种运载侦察监视技术装备平台的活动区域，可分为地面侦察、水面（下）侦察、航空侦察、航天侦察；按照侦察任务范围，可分为战略侦察、战役侦察和战术侦察；按照侦察活动方式，可分为武装侦察、谍报侦察和技术侦察；按照不同兵种的任务范围，可分为陆军侦察、海军侦察、空军侦察和战略导弹部队侦察；按照侦察监视所采取的手段，可分为观察、窃听、搜索、捕俘、火力侦察、照相侦察、雷达侦察、无线侦察、调查询问、搜集文件资料等；按照实现探测和识别的技术原理，可分为光学侦察、电子侦察、声学侦察。

二、侦察监视技术的主要手段

（一）地面侦察监视技术

地面侦察监视是最古老、最传统的侦察手段，指陆地上进行的侦察监视活动。其侦察手段多样，分布范围广阔。可与海、空、天侦察资源相连，构成陆战侦察体系，快速对一个地域形成地面侦察网。除了常见的光学侦察（如望远镜、侦察经纬仪、测距仪、地面远程摄影机等）外，还有监测对方雷达、电台和武器制导发出电磁信号的无线电侦察；侦获对方通信信号进行分析破译的无线电技术侦察；运用雷达探测对方人员、车辆、飞机、舰艇、导弹的雷达侦察；通过布撒音响、磁力、红外、压力、扰动等传感器，侦察监视对方军事活动的自动地面传感器侦察等。

1. 无线电通信侦察

无线电通信侦察是使用无线电收信器材，截收和破译敌方无线电通信信号，查明敌方无线电通信设备的配置、使用情况及其战术技术性能，以判明敌人编成、部署、指挥关系和行动企图。无线电技术侦察具有隐蔽性好、获取情报及时、侦察距离大、不受气象条件限制和不间断地对敌进行侦察等优点，但也受到敌无线电通信距离、器材性能和采取的各种隐蔽措施所制约。

无线电技术侦察的方式，主要包括无线电侦收、无线电侦听和无线电测向等。无线电侦察，是使用无线电收信器材接收敌方无线电通信信号，从中获取情报的方法。无线电侦听，是使用无线电收信器材收听敌方无线电通话，从中获取情报的方法。无线电测向，是利用无线电测向设备确定正在工作的无线电台的方位。

2. 雷达侦察

雷达侦察是利用物体对无线电波的反射特征来发现目标和测定目标状态（距离、高度、方位角和运动速度）的一种侦察手段。雷达侦察具有探测距离远、测定目标速度快、精度高、能全天候使用等特点，在战场上应用十分广泛，是现代战争的一种重要侦察手段。

用于地面侦察的雷达大致分为三类：第一类是短距离（3～5 千米）单兵雷达，可以人背或支在三脚架上，携带方便。这种雷达功率低、天线矮，只能探测近距离范围的车辆，一般只作为报警装置使用，测距误差小于 50 米。第二类是中距离侦察雷达，可由几人携带或安装在车辆上，重几十千克，能探测 5～8 千米处的车辆。第三类是远距离（20 千米左右）炮位侦察雷达，能跟踪打来的两发炮弹，用计算机算出它们的弹道，并根据两条弹道的交会点，算出炮兵阵地位置。新的炮位侦察雷达，只要测一发炮弹的两个点，就能算出弹道和炮位，这种雷达多用车载，作用距离为 20～30 千米。如战场雷达，包括战场监视雷达、防空警戒雷达和炮位侦察雷达。这些雷达作用距离远，精度高，抗干扰能力较强，可全天候工作，能组成多功能的侦察网络。

3. 地面传感器侦察

地面传感器侦察是利用人员、车辆等通过某一区域引起的震动、声响、电磁场、热辐射、压力等特性的变化，来探测目标的侦察系统。是 20 世纪 60 年代出现并投入使用的一种辅助性战术侦察器材，简单实用。目前大量使用的地面传感器有：震动传感器、声响传感器、磁性传感器、应变电缆传感器、红外传感器。

（1）震动传感器　利用地面扰动波来探测目标，是使用最为普遍的一种传感器。其主要优点是探测灵敏度高、距离远。通常可有效探测到 30 米以内运动的人员和 300 米范围内运动的车辆，具有一定区分目标的能力。能有效地区分人为扰动还是自然扰动、人员还是车辆，但不能识别是徒手人员还是全副武装人员，是轮式车辆还是履带式车辆等。

（2）声响传感器　其工作原理与麦克风相同，也是一种使用比较广泛的传感器。由于它能重现目标运动时所发出的声响特征，所以其特点是识别目标能力强。如运动目标是人员，则能直接听到他的声响和讲话内容，易于判明其国籍和身份；如运动目标是车辆，则根据声响判定车辆的具体类别。探测范围大，通常对人与人之间的正常音量对话，探测范围可达 40 米，对运动车辆的探测可达数百米。

（3）磁性传感器　它利用磁场的变化探测目标。其特点是具有较强的目标识别能力。能区别徒手人员、武装人员和各种车辆，对目标探测速度快，通常速度为 2.5 秒。但由于受能源限制，其探测范围小，对武装人员 3～4 米，对运动车辆 20～25 米。

（4）应变电缆传感器　它利用应变钢丝的变形引起阻值变化来探测目标。其探测范围与电缆布设长度相等，通常在 30 米左右。只能人工埋设，野战使用受限，但在边海防和特殊设施预警上使用方便，速度快，通常为 2.5 秒，可靠性高，能较好地识别人员和车辆。

（5）红外传感器　它利用钽酸锂受热释电的原理来探测目标。体积小，隐蔽性能好，同时探测速度快。但只能进行人工设置，限于探测器正面的扇形区域，也不具备识别目标性质的能力。

4. 炮射电视侦察

在战场上，当指挥员迫切需要了解数千米之外一时无法进入的地区情况时，可以借助于炮射电视。炮射电视是20世纪70年代出现的一种小型电视，电视摄像机装在炮弹中，炮弹中除电视摄像机外，还装有发射机、天线、电池和降落伞。火炮将炮弹发射到预定地区的上空时，弹上的引信起爆，将弹内装的电视摄像机等抛出，随后降落伞张开，从1000米以上的空中缓缓下降。与此同时，电视摄像机开始工作，拍摄面积可达300米×200米，能分辨出地面上2米大小的目标。电视信号通过发射机实时传回接收站，并在荧光屏上显示出目标图像，使指挥员看到急于了解的情况，以便及时做出决策。

5. 装甲侦察车侦察

装有侦察设备的装甲战斗车辆是地面侦察的主要装备。分为履带式和轮式两种，一般都装有多种侦察仪器和设备，并配有通信及导航系统，机动性较好。主要装备坦克和机械化部队的侦察分队。装甲侦察车在陆军中一直发挥着极其重要的作用。各国现装备的装甲侦察车中代表性的有：美国的M3“骑兵”侦察车、英国的“弯刀”和“佩刀”侦察车、法国的AMX-10RC侦察车、德国的“山猫”侦察车以及俄罗斯BMP“山猫”侦察车。这些侦察车都是在装甲车基础上加装战场监视雷达、热成像观察装置、激光测距仪、地面导航系统及大量通信设备后改装而成的，一般都具备核、生、化的探测和防护能力。此外，美英还将联合研制一种“未来骑兵侦察车”，这是迄今第一种专为侦察而设计的装甲侦察车，旨在弥补现有地面侦察、反侦察装备在未来非线性战场上能力的不足。车上将安装各种先进的探测系统、通信系统和自卫系统，具备隐身特性和两栖作战能力。能探测和识别至少10千米以外的目标，越野速度可达90千米/小时，行程640千米，无补给情况下可持续作战72小时。无人地面侦察车尚未进入实质性的装备阶段，但其研制工作已经取得很大进展。

（二）水下侦察监视技术

水下侦察监视是利用水下侦察设备来探测水下的各种目标。它是现代侦察监视系统不可缺少的组成部分。水下侦察监视技术，主要是运用装在水面舰艇、潜艇、反潜飞机上及海岸边的声呐，探测水下各种目标活动情况。水面侦察监视通常是在水面舰艇上装备警戒、侦察和识别雷达，这些雷达与声呐等其他探测设备一起构成侦察监视网络。

1. 侦察监视水下目标的传感器声呐

声呐是利用水声传播特性（透射与绕射、反射与折射等）对水中目标进行传感探测的技术设备，主要用于对水中目标的搜寻、测定、识别、跟踪，进行水声对抗、水下战术通信、导航和武器制导。声呐广泛应用于侦察潜艇、海底警戒，是潜艇的耳目。第二次世界大战期间被击沉的潜艇有60%是由声呐发现的。声呐按使用对象的不同，可分为水面舰艇声呐、潜艇声呐、航空声呐、海岸声呐。

2. 水下电视

先进的声呐成像设备虽然能提供水下目标的轮廓图形，但分辨率不算太高；虽然胶片摄影机可以拍出清晰的景物，但图像却是静止的。为了得到连续实时的运动目标图像，被称为“海洋内窥镜”的水下电视进入了军事领域。水下电视摄像机的载体是水下蛙人或潜水器。蛙人携带摄像机通常只能在浅海区作业，潜水器（或潜艇）携带的摄像机，则可在不同深度的海区作业。潜水器载有水下电视摄像机和声呐等传感设备，潜艇深度可达数百米至数千米。主要用于潜艇战和反潜战、水雷战和反水雷战。

3. 水面舰艇舰载雷达

为了对付来自导弹、飞机和潜艇的多方面的威胁，水面舰艇上通常装有各种各样的雷达，其中用于侦察监视的主要有警戒雷达、侦察雷达和识别雷达。

警戒雷达又分为对空警戒雷达和对海警戒雷达两大类，它们的主要任务是监视敌方的飞机、导弹和舰船等目标，为舰船提供准确的海空与海面情报。

侦察雷达是被动式雷达，本身不发射电磁波，专门接收别的雷达所发出的电磁波，并从中分析、判断目标情况。其优点是发现目标的距离比敌方雷达探测的距离一般要远 0.5～1 倍，这样就可以先敌发现目标。而其缺点则是只能测出电磁波的特性和目标的大致方向，测不出准确的距离和更多的情况。如果敌方的警戒雷达不开机，那么侦察雷达就更无能为力了。

识别雷达又叫敌我识别器，主要用来识别敌我目标，以免在复杂的情况下混淆敌我，让敌人钻空子或造成误伤。识别雷达由询问器和回答器组成。询问器用来发出信号询问对方，回答器用来回答对方的询问信号，就像夜间值勤的哨兵一样，用一问一答的方式来识别敌我。

（三）航空侦察监视技术

航空侦察监视，是指使用航空器对空中、地面水面或水下情况进行的侦察。由于航空侦察具有灵活、机动、准确和针对性强等特点，它既是获取战术情报的基本手段，也是获取战略情报的重要途径，即使是有了侦察卫星，航空侦察也仍是不可缺少和不可代替的。

1. 航空侦察监视设备

航空侦察监视设备，主要有可见光照相机、红外照相机、多光谱照相机、激光扫描相机、红外扫描装置、电视摄像机、合成孔径雷达和机载预警雷达等。

（1）可见光照相机　它是利用普通黑白和彩色胶片作为感光组件的照相机。根据结构可分为画幅式、航线式和全景式三种。

（2）红外照相机　与可见光照相机的原理相同，所不同的是要采用只能透过红外辐射的特制镜头，而且要采用对外辐射敏感的专门的红外胶卷。根据所拍摄的红外黑白照片的色调变化或红外彩色照片的色彩变化，识别和发现隐蔽的目标。它具有在夜间或浓雾等不良条件下拍摄远距离影像的能力。

（3）多光谱照相机　它是把电磁波划分成几个窄的谱段，用几台照相机（可以是一架多镜头照相机或多架单镜头相机或光束分离型多光谱相机）同时对同一地区拍照，得到同一地区的几个谱段的成套照片，经适当处理比较，就可将目标进行分类和区别。它的最大的优点在于能够剥去绿色植物伪装，发现军事目标。

（4）激光扫描相机　它利用激光良好的相干性实现非透镜成像，主要用于低空和夜间摄影。由激光器、发射机、接收机、视频信号存储和显示设备组成。它的优点是照片生动逼真、立体感强、分辨率高、容易判读。

（5）红外扫描装置　它是利用光学扫描技术和对中远红外辐射敏感的半导体材料，将地物辐射的红外能量转变成电信号，进行放大处理后再转变成可见光图像。根据提供图像的方式不同，有红外扫描相机、前视红外系统和热像仪等。

（6）电视摄像机　它是把光学图像转换成便于传输的视频信号。常用的主要是反束光导管型多通道电视摄像机。电视摄像机体积小、重量轻、没有机械传动部件、易获得地面遥感数据，而且对光照度要求低，分辨率比较高。

（7）合成孔径雷达　它是利用雷达与目标的相对运动，把尺寸较小的真实天线孔径用数据处理的方法合成一较大的等效天线孔径雷达。它分辨率高，能全天候工作，能有效地穿透某些掩盖物识别伪装，但图形几何畸变较大，判读困难。

（8）机载预警雷达　它是预警飞机的主要电子设备，主要包括脉冲多普勒雷达和相控阵雷达。脉冲多普勒雷达，是利用多普勒效应探测运动目标，具有盲区小、对低空、超低空目标的探测距离远、机动性强等特点。目前，正在研制新一代相控阵雷达，是电扫描相控阵天线利用计算机控制相位的方法实现波束的扫描，具有扫描灵活、可靠性高、抗干扰能力强、对载机气动影响小和有利于隐身等优点。

2. 航空侦察监视平台

航空侦察监视平台，主要包括有人驾驶侦察机、侦察直升机、无人驾驶侦察机和预警机。

（1）有人驾驶侦察机　从设计上分为两类：一是专门设计的侦察机，其特点是生存能力强，侦察容量大、精度高；二是由各型飞机改装的侦察机。比如，由运输机和轰炸机改装的侦察机主要用于完成战略、战役侦察任务；由歼击机、歼击轰炸机改装的侦察机主要用于完成战术侦察任务。

（2）侦察直升机　它可依靠视觉和各种光学观察设备进行直接观察，还普遍装备了航空照相机、电视摄像机、红外扫描装置等侦察监视设备。其优点是有利于对地面进行更细致、更准确的观察，能够在空中旋停，可以在己方空域直接监视敌战术纵深内的活动目标。

（3）无人驾驶侦察机　它能够携带可见光照相机、电视摄像机、前视红外遥感器及侧视雷达等侦察设备，具有成本低、可靠性高、体积小和机动灵活特点。但在地面需要维护保养和测试，操作比较复杂，地面对飞机的控制信号及飞机向地面传送侦察的数据易受到电子干扰。无人与有人驾驶侦察机只能互为补充，而不能相互取代。

（4）预警机　它是航空侦察监视系统的重要组成部分，起到了活动雷达站和空中指挥中心的作用，由载机和电子系统组成。电子系统包括监视雷达、数据处理、数据显示与控制、敌我识别、通信、导航和无源探测等。能够引导各种飞机进行作战，为战区指挥员提供各种作战情报。它具有监视范围大、生存能力强、指挥控制能力强等特点。

（四）航天侦察监视技术

航天侦察监视，是指使用有侦察设备的航天器在外层空间进行的侦察。随着航天技术的发展，航天侦察监视已经不仅能满足战略情报的需要，而且也能满足战役、战术情报的需要，具有轨道高、速度快、范围广和限制少等优点。还可根据需要长期、定期、反复、连续地监视全球或某一地区，能在较短的时间内实时地提供侦察情报。

航天侦察监视的分类，如按是否载人，可分为卫星侦察和载人航天侦察（卫星侦察是主要方式）；按任务和侦察设备可分为照相侦察卫星、电子侦察卫星、导弹预警卫星和海洋监视卫星等。

1. 照相侦察卫星

照相侦察卫星，是侦察卫星中发展最早、发射最多的卫星，同时是航天侦察监视任务的主要承担者。它同时使用可见光相机、红外相机、多光谱相机及电视摄像机等不同种类侦察设备，可以优势互补。有的照片直观，易于判读；有的能识别伪装；有的便于识别更多的目标；有的可进行近乎实时的传送。目前，只有少数国家能够发射并回收照相侦察卫星，又以美国水平最高，历史最长，已经发展到第六代。前三代，分为普查和详查型两种；到了第四代，一颗卫星既可普查，又能详查；第五代实现了图像传输的数字化；第六代带有更先进的光电遥感器，进一步提高了夜间侦察能力和情报信息的准确性，据称其地面分辨率达 0.1 米，同时还具有截获电子信号的侦察能力和变轨能力。

2. 电子侦察卫星

电子侦察卫星是航天侦察的主要平台之一。为保证电子侦察卫星的寿命，其高度不能太低，为保证侦察效果，又不能太高，一般高度在300～1000千米之间。电子侦察卫星上装有侦察接收机和磁带记录器，当卫星飞经敌方上空时，将接收的各种频率的无线电信号记录在磁带上，当卫星飞经本国地球站上空时，再回放磁带，以快速通信方式将信息传回。主要任务包括：一是侦察对方雷达的位置、使用频率等性能参数，为实施电子干扰和战略轰炸机、弹道导弹的突防提供依据；二是探测对方军用电台和发信设施的位置，以便窃听和破坏。侦察卫星具有天线覆盖面积大、侦察范围广、持续时间长、手段优越和安全等特点。

3. 导弹预警卫星

预警卫星，用于监视、发现和跟踪敌方战略弹道导弹的发射及其主动段的飞行，并提供早期预警信息。此外，还兼顾有探测核爆炸的任务。它利用红外探测器，探测导弹在主动飞行期间发动机尾焰的红外辐射，为保证不“虚惊”、误报，还使用电视摄像机加以配合，准确地判明导弹发射。预警卫星属地球同步卫星，通常由3颗预警卫星组成预警网，每颗卫星负责地球表面的1/3区域。一旦有导弹发射，卫星上的红外望远镜在导弹发射后大约90秒时就能探测到尾焰产生的红外辐射信号，并传送到地面站，然后又传送到指挥中心。此过程仅需要3～4分钟，能为己方争取15～30分钟的预警时间。海湾战争中，美国利用预警卫星，使“爱国者”导弹成功地拦截了伊拉克的“飞毛腿”导弹。

4. 海洋监视卫星

海洋监视卫星，主要用于探测、监视海面状况和舰船、潜艇活动，侦收舰载雷达信号和窃听舰船无线电通信。能在全天候条件下鉴别舰船的编队、航向和航速，并能探测水下核潜艇的尾流辐射等，还可为舰船的安全航行提供海面状况和海洋特性等重要数据。它具有覆盖海域广阔、探测运动目标、轨道高，以及由多颗卫星组网等特点。

三、侦察监视技术对作战的影响

现代军事高技术使侦察监视手段多样化，各种手段综合运用，大大提高了大面积监视能力、精确侦察能力、夜间或复杂条件下全天候侦察能力、实时或近实时侦察能力和识别伪装的能力，对作战也产生了深刻的影响。

（一）扩大了作战空间

现代侦察技术装备可以覆盖整个战场并在全球范围内进行全纵深、大面积的侦察和监视。例如，陆战场监视系统的侦察纵深可达150千米；中低空侦察机可覆盖其航迹侧面100千米；高空侦察机飞行距离4800千米，值勤时间12小时，每小时监视能力达38.9万平方千米；卫星侦察与监视可覆盖数百万平方千米。作战侦察距离的增大，扩大了信息获取量，为实施远距离作战提供了条件。同时，作战距离的扩大又使传统的近战战法受到严重挑战，必须探索新的对敌作战方式。

（二）改善了信息获取手段

侦察技术的发展，使现代战争的情报侦察方式发生了变革，过去战场侦察主要是依靠侦察兵或特工人员使用目视观察器材进行侦察，而现代战争的情报侦察主要是使用配备有先进的光、电、磁传感器的侦察设备，包括地面侦察站、侦察船、侦察飞机、侦察卫星等手段，对敌方的军事设备、军队的部署、武器装备的配置以及部队的调动与行动企图进行侦察和分析，获取军事情报，为制定作战计划和作战行动提供依据。使用现代侦察手段，可以深入敌人后方，全面详细地了解和掌握战场的情况。

（三）增强了作战指挥的时效性

现代战场复杂多变，实时获得高质量的情报信息显得越来越重要。先进的侦察监视技术特别是卫星、遥感技术应用于军事领域后，不仅使军队获取信息的范围显著增大，而且速度和准确率也大大提高。海湾战争中，多国部队的指挥中心，依靠先进的侦察系统，可以随时收到卫星发送的战场情况，并能动态监视伊军的行动，使各级指挥员及时地了解当地伊军部署和双方战斗进展情况，为战区乃至部队指挥员实施正确指挥提供了重要的依据。

（四）促进了反侦察技术的发展

常用的伪装方法对目视侦察和微光侦察有效，但热成像器材出现后，这些方法基本上失去了作用，烟幕伪装的效果也越来越小，必须研究出有效的伪装材料和方法。此外，高技术侦察设备和先进侦察手段的大量使用，还使战场目标的生存面临更大的威胁，战役战斗的突然性越来越难以达成。因此，为提高战场目标的生存能力和达成战役战斗的突然性，必须与敌侦察器材做斗争，发展反侦察技术。

四、侦察监视技术的发展趋势

随着微电子、光电子、通信、雷达、航天等技术的发展及广泛应用，现代侦察监视技术已经进入了一个崭新的发展阶段，无论是侦察方式、侦察手段、侦察效果，还是其战术技术应用，都将提高到一个新的水平，实施侦察监视的效果对现代高技术战争结局将产生直接的影响。

（一）空间上的立体化

由于现代武器的射程急剧增加，部队的机动能力迅速提高，现代战争必须是大纵深的立体战争。为了适应这种特点，侦察监视的体制必须是由太空、空中、地面、水下组成的“四合一”系统。上述四大侦察监视系统虽然各有自己的优点和特长，但也都存在着各自的局限性。由它们组成的综合体系，在侦察监视的地域、时间、周期以及对情报的处理和利用方面，可以取长补短，互为补充，互相印证。海湾战争中，多国部队的侦察卫星、侦察飞机、预警机、地面侦察装备遍及地海空天，组成了规模庞大的立体侦察网，在监视战局变化、战争决策和制定作战计划、设定武器目标、发挥武器效能等方面发挥了重要作用。

（二）速度上的实时化

现代战争快速多变，部队机动能力强，要求侦察监视所用的时间尽量最短。在这里，信息的处理和传输速度是关键。随着遥感技术的发展，靠人的五官和经验远远不能适应“适时侦察”的需要，唯一的办法是借助以计算机为核心的遥感图像自动分类和识别技术，提高处理速度。如美国的E-3A预警机上装备的计算机容量大，运算速度快，可同时跟踪600个目标，同时识别200个目标，同时处理300～400个目标的信息。

（三）手段上的综合化

随着侦察技术的不断改进，各种反侦察设备和伪装干扰技术也得到了发展，为了识别伪装，提高侦察效果，一方面要加强地面目标特征研究，另一方面要加速研制新的红外、激光、微波遥感器，使用多种遥感器，同时观测同一地区，既能获得多种信息，又能增加侦察监视效果。如美国研制的“伦巴斯”远距离监视战场探测器系统由声、磁、震动、红外四种传感器和监视器组成，各种传感器获取的目标信息可互相补充、互相验证。比如美国在其预警卫星上增加了X射线探测器、Y射线探测器、中子计数器等探测仪器，使其具有了核爆炸探测能力。

（四）侦察监视与攻击系统一体化

侦察监视与攻击系统一体化就是将部队的侦察监视系统与武器装备有机地结合起来，构成一个合理的整体，以便及时发现和摧毁目标。如有的遥控飞行器携带有侦察、跟踪、瞄准装置和弹药，侦察发现目标后，能很快将目标摧毁；还有的侦察机的雷达发现100～200千米距离上的目标后，数秒钟之内就能完成信号处理传输给地面，并引导地面兵器准确打击目标。再比如预警卫星将所得到的敌目标信息适时传输给攻击系统，力求边发现边摧毁；海洋监视卫星一旦发现敌舰，立即给己方舰艇、导弹指示攻击目标。

（五）提高侦察监视系统的生存能力

各种反侦察武器特别是精确制导武器的出现，对侦察监视系统构成了严重的威胁。侦察监视系统本身的生存能力成了完成任务的重要因素。对于空中侦察监视系统，主要是向高空、高速或超低空发展，采用远距离斜视遥感设备，并充分发挥无人驾驶侦察机的优越性，同时发展隐身侦察机。由于反卫星武器的出现，空间侦察监视系统也不再是“天马行空，独往独来”，而必须在躲避攻击、抗电子干扰、抗辐射等方面进一步采取措施。地（水）面、水下侦察监视要随时准备同反侦察系统做斗争。因此，提高整个侦察监视系统自身的生存能力（伪装隐身能力），又成了迫切需要解决的新课题。

第五节　电子对抗技术

随着科学技术的不断发展，电子技术在军事上的应用日益广泛，现代战争中的指挥通信系统、军事情报系统和武器控制系统等方面对电子技术的依赖性越来越大。军事领域中的电子对抗已经不是传统军事能力的补充，而是整个战争能力的重要组成部分，已经与地面、空中、海洋、太空作战相并列，称为第五维战场。它是以电磁辐射的总频谱作为武器，以软杀伤为主要特点，以制电磁权和控制信息为目标贯穿于战争的全过程。未来高技术战争中，将面临更加复杂的电磁环境，面对拥有先进电子技术装备的强大对手，因此，认真研究电子对抗技术的特点，努力掌握运用电子对抗的方法，不断提高电子对抗的能力，已成为军事现代化建设的一项重要任务。

一、电子对抗技术的概述

（一）电子对抗技术的含义

电子对抗，也称电子战或电子斗争，是指敌对双方使用电子技术设备和器材所进行的电磁斗争。它是为了削弱、破坏敌方电子设备的使用效能和保障己方电子设备正常发挥效能而采取的综合措施。

电子对抗技术是直接应用于信息对抗的各种技术的总称，是军用信息技术的一个分支。未来信息化条件下的局部战争，电子对抗内涵和外延不断扩展，逐渐由传统意义的以控制有限电磁频谱和利用电磁能攻击对手的对抗，发展到在信息领域为获取战场信息使用权的控制权的全面对抗。

（二）电子对抗的内容

根据电子对抗的定义，雷达、通信、计算机、导航、制导、无线电通信、光电兵器等，都是电子战的参与者和作战对象。针对这些设备而研制的电子侦察、电子干扰和其他对抗设备，与这些采取了相应防御措施的电子设备就构成了电子对抗的主体，从而集中体现了电子对抗的高技术特征，使得电子对抗的“战法”主要是采用技术方法，辅之以战术方法。

现代电子战系统使用微电子、计算机、光电子等技术，实现多功能、宽频道、大功率、小型化、高机动性和高抗毁性，它们在现代战争中发挥着日益重要的作用。专门用于攻击敌方电子武器及相关设施的电子战装备，成为各国竞相研究开发的“热门产品”，种类已达上千种，其性能优劣直接关系到能否在战场上克敌制胜。

（三）电子对抗的主要组织形式

电子对抗的主要组织形式包括电子对抗侦察、电子进攻、电子防御三个方面。

1. 电子对抗侦察

电子对抗侦察是利用电子对抗侦察装备搜索、截获敌方电子设备的电磁辐射信号，通过分析、识别，从中获取其战术、技术特征参数及位置数据等情报的侦察。目的是为组织实施电子干扰、电子防御以及部队的其他战斗行动提供情报保障。

2. 电子进攻

电子进攻是为破坏或阻止敌方有效使用其电子设备或系统而采取的行动。主要包括电子干扰和电子摧毁两个手段。如第二次世界大战期间，德国空军在空袭英国本土时，曾集中对英军的警戒雷达站进行攻击，以达到反雷达的目的。

3. 电子防御

电子防御是防止己方电子设备辐射的电磁波以及战术参数被敌方获悉，消除或削弱敌方电子干扰对己方电子设备的有害影响，避免遭受电子摧毁手段的破坏而采取的综合措施和行动的统称。主要包括反电子侦察、反电子干扰、反摧毁、反制导、伪装和隐身等技术手段。

二、电子对抗技术的产生与发展

电子对抗技术是伴随着电子技术在军事上的应用而诞生的。1906 年，德国福雷斯特研制成了世界上第一只可以对无线电信号起放大作用的真空三极管。第一次世界大战中，出现了对无线电通信的侦察、测向和干扰。第二次世界大战期间，新发明的雷达应用于防空作战。由于雷达与作战行动和武器系统紧密相连，给对方造成直接的威胁，这就促使对雷达的侦察、干扰技术迅速兴起。

第二次世界大战后，电子对抗技术进入了一个缓慢发展时期。直至 1947 年年末，美国贝尔电话试验室的三名物理学家肖克莱、巴丁和布拉坦研制成功第一只点接触型锗晶体三极管后，电子技术才有了新的突破性进展，为电子对抗设备向着功耗低、体积小、重量轻的方向发展提供了有利条件。朝鲜战争中，面对中、朝军队的反攻，美军将第二次世界大战中使用过的老式干扰机安装在 B-29 飞机上实施无线电干扰。

20 世纪 50 年代至 70 年代，导弹、航空和航天技术迅速发展，精确制导武器及与其相配套的各种雷达和通信设备的出现，形成对飞机、舰船和重要目标的新威胁，促进了电子对抗技术的发展。在此期间，发展了对炮瞄雷达和导弹制导雷达的各种欺骗（包括速度、距离、角度）式干扰技术；研制了专用的电子侦察船、电子侦察飞机、电子侦察卫星和电子干扰飞机；为提高现役作战飞机的电子对抗能力，研制了飞机外挂的电子对抗吊舱；发展了具有压制和欺骗两种干扰样式的双模干扰机；随着红外和激光技术在军事上的应用，产生了光电对抗技术，研制出红外告警器、激光告警器、红外干扰机和红外诱饵弹等光电对抗设备。

随着与武器系统配套的跟踪雷达和制导雷达的威胁增大，电子对抗技术突破了原来电子干扰的手段，发展了辐射源定位技术、被动跟踪辐射源技术与武器导引技术相结合的反辐射摧毁技术，研制出反辐射导弹。随着一些新技术的应用，电子对抗设备的工作频率范围已扩展到 2 兆赫至 18 兆赫，以及红外、可见光波段。与此同时，频率捷变、单脉冲、相控阵、脉冲多普勒和动目标显示等雷达技术和扩频通信、猝发通信等反干扰能力强的技术体制也得到迅速发展和应用。到 20 世纪 70 年代末，微电子技术、计算机技术和数字技术已在电子对抗装备中应用，提高了设备的信号处理能力和快捷反应能力。除设备系统化之外，侦察设备采用了快速扫频、自动调谐、瞬时测频、全景接收显示和具有初步识别、威胁判断能力的新型脉冲分析装置等技术；干扰设备采用了自动频率和方位引导、自动确定威胁目标和干扰样式等技术。无源干扰技术和器材性能进一步提高，投放装置与侦察告警设备系统化，既具有程序控制能力，又可投放箔条、红外诱饵弹等多种干扰物。

20 世纪 80 年代以来，军事指挥、控制、通信和高技术武器设备的运用更加依赖于电子技术。随着微电子技术、计算机技术和数字技术的广泛应用，电子对抗逐步发展为信息对抗。电子对抗技术在适应密集复杂多变的电磁信号环境，拓宽频谱、增强信号分选识别能力，增多干扰样式、提高干扰功率，缩短系统反应时间，以及综合一体化、人工智能、自适应、对多目标和新体制电子设备的干扰能力等方面，发展到一个崭新的阶段。

三、电子对抗技术的应用

电子对抗的特点是技术性强、针对性强、时效性强、涉及范围广泛、贯穿作战过程、对作战影响大。在实战中的运用主要有以下几个方面。

（一）通信对抗技术

通信对抗是指通信领域的电子对抗。通信对抗的主要目的是：侦收破译敌方密码，获取敌方信息；获取通信有关技术战术参数，分析获取有关敌方兵力部署和作战意图的情报；使敌方通信系统在关键时刻暂时失效，从而造成敌指挥系统的瘫痪，采用各种手段欺骗迷惑敌方，抑制敌方干扰，保证己方通信系统有效地工作。

1. 通信干扰

通信干扰是为了使敌方的通信系统不能正常工作，需要根据具体情况采取欺骗、扰乱直至压制和破坏的手段。通信干扰技术主要包括：一是快速引导干扰频率技术。要实现跟踪式干扰就必须超过调频台的速度。因此，采用快速引导干扰频率的技术，使干扰机的测频和干扰发出时间缩小到最短。目前调频频率的速度越来越快，已达 1000 跳/秒以上。二是灵活干扰技术。对高速跳频的干扰，可采取破译对方的跳频码，提高己方测频、测向和定位的速度，使用宽带阻塞式干扰、使用投掷式干扰机等；对直接扩频系统的干扰，可采取大功率窄带干扰，智能化的窄带干扰，即实时地估计出干扰的频率，在解扩前将其干扰滤除；对自适应阵的干扰，可采取多方向干扰、相参多方向干扰、同向干扰以及时变干扰等方式。三是复合干扰技术。比如，对组网通信系统的干扰，首先要分析组网电台的工作规律，调频网的分选，网络管理模式，从中分析出弱点，然后采取多平台、多点的方式，在统一的协调控制下进行截获、测向、释放干扰及判断，并及时修改干扰策略。

2. 通信抗干扰

通信抗干扰技术，是解决如何应对敌方有意干扰的技术。目前，通信抗干扰技术主要包括：一是扩展频谱技术。主要分为跳频和直接扩频两种。跳频就是工作频率随机地在很宽的频带内跳变，其效果是造成敌方难于确定工作频率，迫使对方采用宽带阻塞式干扰，从而分散了干扰功率。跳频多用于短波和超短波系统中，一般慢跳在200跳/秒以下，新型跳频电台在VHF频控内可达到500跳，美国的联合战术信息分发系统（JTIDS）达到3.8万跳/秒。直接扩频是将待传输的电话、电报、图像或数据信息通过发信端设备转换成信码。直接扩频是伪随机码，难以破译，有较强的保密性。二是采用自适应天线阵干扰对消技术。自适应天线阵能使干扰信号进入不了接收机。三是采用猝发通信技术。以尽可能高的速率，在短时间内完成通信任务。四是采用新的通信波段。如采用毫米波通信。毫米波频段高，天线体积小，方向性可以做得很好，即主波瓣很窄而副波瓣（旁瓣）很低，抗干扰效果大大提高。五是使用保密通信技术。信息技术的发展，使得现代的密码越来越复杂，密码攻击很难取得成功。

3. 通信对抗技术的发展趋势

通信对抗技术的发展趋势主要包括：一是研究对付扩频通信的技术手段。快速调频、直接序列扩频、跳频等扩频技术的发展和使用，使信号的截获十分困难，如果企图破译伪随机码，则是世界性难题，而目前，性能更高的扩频通信技术还在不断地研究之中。加强对抗扩频通信技术的有效办法是通信对抗领域的一个重大难题。二是发展相参干扰、分布式干扰等技术。自适应阵处理技术有抑制强干扰和空间滤波的特点，使传统的单站大功率干扰方式受到极大威胁，只有发展相参干扰、分布式干扰等新的技术，才能有效地对付自适应阵处理技术所具有的特点。三是研究空天一体的通信干扰新技术。当前，不仅地面的通信系统功能强大。空间与空中通信系统与地面的一体化通信系统的建立，使通信对抗的领域更加扩展。目前，美国在不断地改进现有通信卫星系统的同时，还加快发展全球广播通信系统（GBS），该系统可将全球范围内各战区的信息汇总传输到空间，在统一处理后，进行全天不断的信息广播服务，广播信息进行了加密处理，可传输语音、数据、图像、图形等多种作战需要的信息。另外，美国等还提出了微小卫星星座计划，对于星座和空间组网的通信系统如何进行有效的侦察和干扰，都需要进行认真和广泛的研究。

（二）雷达对抗技术

雷达对抗是指交战双方为保障己方雷达有效工作，并破坏对方雷达正常效能发挥而进行的雷达侦察与反侦察、干扰与反干扰、摧毁与反摧毁的斗争。

1. 雷达干扰

对雷达实施干扰的目的，是使雷达无法发现目标或使其得到虚假的目标数据。雷达干扰分为压制干扰和欺骗干扰。每类干扰又可分为有源和无源两类。压制干扰主要采取噪声的形式，杂波噪声进入雷达接收机后，破坏雷达发现目标的作用，适合于对付搜索雷达。欺骗干扰主要破坏雷达跟踪系统的正常工作，使雷达出现错误的目标数据。有源干扰需要干扰机发射电磁能量，进入雷达接收机而产生作用。无源干扰是利用一些器材对雷达信号发射或吸收而影响雷达信号接收。

2. 雷达电子防御

雷达电子防御技术主要包括：一是雷达反侦察技术。雷达反侦察技术的实质就是采取技术措施，减少雷达被发现的可能性。采用雷达反侦察技术的雷达被称为低截获概率雷达，也称为寂静雷达。一般采取的主要技术措施有超低的天线旁瓣，低峰值功率的发射波形，以及波形参数随机变化等。雷达通过采用复杂的宽脉冲波形，在发射总功率不变的情况下，做到低的峰值发射功率，这样常规的侦察系统很难及时发现。采用频率捷变、脉冲重复周期抖动等技术，可随即改变波形参数，扰乱敌侦察系统的信号分离和雷达识别，另外，多基地雷达技术、雷达电磁发射控制、技术参数改变等措施都可以达到欺骗的目的。二是雷达抗干扰技术。雷达抗干扰技术在雷达的各个部分都有体现，没有单独的抗干扰设备，主要有频率捷变技术、旁瓣对消技术等。

3. 雷达对抗技术的发展趋势

雷达对抗技术的发展趋势主要包括：一是更加智能化，以适应更加复杂和多变的电磁环境；二是强化电子进攻能力，加强实施摧毁和定向打击能力；三是扩展频谱范围，并将无线电、微波和光学等多种频谱的利用综合为一体；四是增强与其他电子设备的综合一体化，提高武器装备的战斗力，降低费效比。

（三）光电对抗技术

光电对抗是利用光电设备或器材，通过光波传输的作用，截获、识别敌方正在工作的光电辐射源信息，并继而采取各种手段削弱以致破坏其光电设备的效能，同时保证己方光电设备正常发挥效能的技术措施和其他措施。光电对抗主要包括光电侦察告警、光电干扰和光电防御。

1. 光电侦察告警

光电侦察告警是实施有效干扰的前提。它是指利用光电技术手段对敌方光电武器和侦测器材辐射或散射的光信号进行探测、截获和识别，并及时提供情报和发出告警。光电侦察告警根据工作波段，可划分为激光侦察告警、红外侦察告警、紫外侦察告警等几种类型。激光侦察告警适用于多种武器平台和地面重点目标，用以警戒目标所处环境中的光电火控或激光制导武器的威胁。红外侦察告警通过红外探头探测飞机、导弹、炸弹或炮弹等目标的红外辐射或该目标反射其他红外源的辐射，并根据目标辐射特性和预定的判定标准，发现和识别来袭目标的性质，确定其方位、距离等并及时告警。紫外侦察告警可用于导弹探测，它是通过探测导弹火焰的紫外辐射，确定导弹来袭方向并发出警告。

2. 光电干扰

光电干扰是采取某些技术措施破坏或削弱敌方光电设备的正常工作，以达到保护己方目标的干扰手段。在光电精确制导武器广泛使用的现代战争中，光电干扰的地位更加重要。光电干扰技术的发展，集中在红外诱饵、红外烟幕、光电干扰机和光电摧毁 4 个领域。

3. 光电防御

光电防御是指在有光电对抗的条件下，为提高光电武器装备的作战能力而采取的一切措施，包括光电反侦察告警和光电反干扰。光电反侦察告警是为防止和破坏敌方光电侦察告警设备实施有效侦察告警而采取的一切措施。光电反干扰是指为排除或破坏敌方光电干扰效果而采取的一切措施，是提高武器装备突防能力、命中精度的重要手段。

4. 光电对抗技术的发展趋势

当前，光电武器系统得到了极大发展，在现代局部战争中发挥了巨大作用，光电对抗技术向着综合化、多功能化和全程对抗发展的趋势越来越突出。“光电侦察—干扰—评估综合”光电对抗系统是光电对抗技术的最终目标，它可以实现从光电侦察告警到自动采取适当的干扰和摧毁并对干扰效果进行实时评估。光电技术和信息技术的发展为光电对抗一体化发展奠定了基础，先进的光学技术、高性能探测器件、数据融合技术，使得侦察告警信息获取、数据处理和指挥控制融为一体，通过采用智能化技术、专家系统等，使光电对抗系统成为有机的整体。光电综合一体化要有一个从低级到高级，从局部到全局的发展过程。首先实现光电侦察告警综合化，接着实现光电侦察告警与雷达、雷达告警及光学观瞄系统等的综合，最后将多个平台获取的信息进行综合，指挥引导不同平台的对抗，从而实现更大范围和更高层次上的系统综合。

（四）网络进攻技术

1. 对计算机系统的软攻击

对计算机系统的软攻击，主要是指利用计算机病毒、“黑客”等手段对计算机系统进行攻击，造成系统瘫痪或获取有用的信息。一是计算机病毒。由于计算机病毒武器具有隐蔽性、传染性等特点，因此，计算机病毒武器将在未来战争中广泛使用。二是网络“蠕虫”。它通过计算机网络的通信设施“蠕动”“扭动”和“爬行”，在此过程中传播病毒，影响信息和信息系统。三是“特洛伊木马”程序。这种程序是一种埋藏了计算机指令的病毒程序，也是隐藏和传播计算机病毒及网络“蠕虫”的常用手段。四是逻辑炸弹。逻辑炸弹是软件程序开发者或系统研制者事先埋置在计算机系统内部的一段特定程序或程序代码，这种“炸弹”在一定条件（如特定指令、特定日期和时间）的触发下，释放病毒、“蠕虫”或采取其他攻击形式，修改、冲掉信息数据，抑制系统功能的发挥，造成系统混乱。五是计算机“陷阱”。计算机“陷阱”又叫“陷阱门”或“后门”，是程序软件开发者或系统研制者有意设计的隐藏在计算机程序中的几段特定程序。

2. 对计算机网络硬件电路的硬摧毁

对计算机系统的硬摧毁主要是指对计算机网络硬件电路的进攻技术。包括使用特殊设计的芯片、研制纳米机器人和芯片细菌、定向能摧毁、电磁脉冲弹摧毁等。

3. 网络进攻技术的发展趋势

网络进攻技术的发展趋势主要包括：一是利用战术定向能武器。当电磁脉冲武器的尺寸、重量和外形因素可以在常规封装中投送使用，或高功率微波武器可以装载在战术飞机等平台中时，才能发挥定向能武器的战术技术性能。为达到这一目的，战术定向能武器正在进行小型化研究，使得存储、产生、变换电磁能量的技术部件在几百千克的封装重量内需要产生出大概 1000 千焦耳数量级的能量。二是开发纳米机器人和芯片细菌。纳米机器人和芯片细菌都可以攻击计算机的硬件系统，用纳米制造的微小机器人可以秘密部署到敌人信息系统或武器系统附近，他们有的利用携带的微型传感器获取敌方信息，有的可以通过插口钻入计算机，破坏电子线路。芯片细菌是经过培育的，能毁坏硬件设施的一种微生物，可以通过某些途径进入计算机，嗜食集成电路，对计算机系统进行破坏。三是采用半自动、自动化网络攻击和反应技术。以计划和决策支持工具建立网络攻击和效能模型，实现有组织的动态寻找和攻击启动；人员在环路中评价战斗损失和实施半主动反应。进一步发展半主动攻击与监视、模拟和直接访问方法相结合，实现自动化；智能工具将在信息作战的所有领域内自动地实施集成的并行攻击。四是研制微机械有机体和数字有机体。数字控制的自主式机械有机体向具有搜索和破坏电子系统能力的显微设备提供实体感知、刺激和移动，这种机械可以像化学试剂一样扩散，而且可以像智能机械—化学武器那样实施作战行动。具有人工智能的全自主式数字有机体将完成目的驱动活动，包括搜寻（网络浏览）、自适应、自防御、进攻和复制。五是开发新的破译技术。量子计算有可能迅速地完成对大素数的高度并行分解和离散对数计算，由此，为密码分析方法提供了强大的工具，是对当今应用的所谓“坚固”编码方法的挑战，有可能较快地破译传输信息中的密码。

（五）网络防御技术

1. 安全防护技术

军用信息系统通常采用无病毒的计算机硬件及软件产品，选用专门的病毒检测软件，对购进的计算机硬件和软件产品进行彻底检查，并清除可能携带的病毒。对计算机硬件设备都应装有适当的安全防护装置，建立可靠的工作环境，并具有一定的抗干扰能力和抗摧毁能力。计算机和计算机网络应加入屏蔽设施，限制电磁辐射量，确保计算机和网络物理安全。

2. “防火墙”技术

为防止外部非授权者通过外部计算机网络向用户内部网络的非法入侵，在外部网络或计算机之间设置具有封锁、过滤、检测等功能的装置，即“防火墙”。它可以有效防止外部非授权用户进入内部网络，同时保证授权用户互通。

3. 实施信息安全机制

信息安全机制主要包括：机制鉴别、保密、完整性、不可抵赖和访问控制等，机制鉴别就是对数据源和对等实体进行鉴别，以验证所收到的数据来源与所申请来源是否一致，以及某一联系中对等实体与所申请的一致性。保密是将被存储或传输的数据信息经过加密伪装，即使数据被非法的第三者窃取或窃听都无法破译其中的内容。加密的主要方法是采用密码技术。完整性是防止未授权者对数据的修改、插入和复制。不可抵赖就是防止在传送结束后，否认发送和接收数据。访问控制是限制非授权者访问信息和利用资源。

4. 网络防御技术的发展趋势

网络防御技术的发展趋势主要包括：一是实施网络入侵综合探测。入侵探测器将综合全网络中分布式传感器的数据，在个体作战行动和多层次性能综合的基础上完成入侵探测。网络防护响应将是自适应和半主动式的，所需的干预很少。二是采用海量密码术。数据隐藏密码方法可以做到既有效又安全，在网络上为“公众通路”提供海量数据的坚固编码。三是进行多类型电子认证。对信息系统进行访问的电子认证控制将综合利用多种类型的有机体测定密码设备，为任何人提供电子安全认证。四是开发反定向能武器技术。对定向能武器实施定位和攻击的积极对抗措施及支援传感器是特殊的定向能武器，它可以提前发射能量，从而破坏其作战对象，使其内部的高能存储设备失效或摧毁。五是采用光纤网络。光纤主导化和全光纤网络及数据库将使用激光、光纤和全息技术来抗击定向能武器和实体拦截的威胁。六是研究量子密码学。在量子状态下的粒子通信提供了一种既有通信安全特性又有传送安全特性的潜在信息编码和传输方法，从而实现不失真的无源量子密码信息接收。

四、电子对抗技术在作战中的作用

大量电子技术装备运用于军事领域以后，极大地拓展了电子对抗的范围，使其已上升为重要的战略要素。它不仅仅限于传统意义上的保障措施，而已成为一种相对独立的作战手段和方式贯穿于现代战争的始终。

（一）获取重要军事情报

未来信息化条件下局部战争，利用信息对抗的装备和手段，查明敌电子信息设备的工作性能、技术参数、类别和配置位置等，判断其兵力部署和行动企图，是赢得战争胜利的关键。海湾战争中，美在投入的53颗各类卫星中，至少有12种共18颗侦察卫星，300余架预警侦察飞机及地面电子情报站，伊军大多军事行动难逃多国部队的“电子耳目”监视。伊拉克战争期间，位于沙特阿拉伯苏勒塔王子空军基地的美军联合空战中心（CA-OC），运用加密情报、监视和侦察系统的高空U-2侦察飞机、“全球鹰”和“捕食者”无人机（UAV），对伊拉克全境的监视覆盖，以及对收集到的传感器图像和数据迅速的开发利用，成功地指挥控制了十分复杂的空战。

（二）破坏敌作战指挥系统

破坏敌作战指挥系统，使敌军瘫痪，陷入被动挨打地位，是电子对抗的主要目的。1944年，苏军在加里宁格勒附近包围了德军一个重兵集团，德军试图用无线电与大本营联络，求得增援和突围，苏军派出无线电干扰分队压制了德军的无线电通信，使德军250次联络未能成功，最终全军覆灭。德集团军司令被俘后供述，投降的主要原因之一是无法与大本营取得通信联络。2003年伊拉克战争中，美军使用了大量的微波炸弹，袭击了伊拉克广播电视系统和各类军用电磁辐射源。微波炸弹是一种新型定向能武器，它将高功率微波聚集成一束很窄、很强的电磁波，形成高温、电离、辐射等综合效应，在电子线路中产生瞬时电压或电流过载，击穿、烧毁其中的敏感元器件，致使伊军指挥系统全面瘫痪。

（三）掩护突防和攻击

雷达作为预警和兵器制导装备，已成为防御体系的“哨兵”和“千里眼”，它们能对空、对海实施警戒，及早发现来袭敌机、导弹、舰艇，可实施对火器射击控制和导弹的制导等。进攻时对敌雷达系统实施干扰、欺骗或摧毁。在海湾战争中，多国部队空袭编队得到了各种电子战飞机4000多架次的电子支援，掌握了制电磁权，有效掩护突防，致使伊军作战飞机和防空导弹部队未能做出有效反应。1999年科索沃战争，北约空袭作战的目的是夺取制电磁权和制空权，重点打击南联盟防空系统、空军机场以及C3I系统。通过4轮空袭，出动飞机1300多架次，发射巡航导弹300余枚，就基本夺取了战场制电磁权和制空权。与海湾战争相比，在战法上没有多大创新，仍是以电子战和空袭为主，用巡航导弹揭开战争序幕，通过饱和式的空中攻击实施压制。所不同的是精确制导武器使用比例增大，开战初期达到90%以上。

（四）保卫重要军事目标

在重要城镇、桥梁、机场、工厂和军事要地等目标附近，设置有力的雷达干扰设备或采用欺骗手段，能有效干扰机载雷达和导弹制导雷达系统，使飞机投弹不准，导弹失控，达到保卫重要目标的目的。如海湾战争中，伊“飞毛腿”导弹发射系统对多国部队构成了一定的威胁，成为多国部队重点轰炸目标。伊军为了欺骗多国部队，用铝板和塑料制成许多假导弹发射架，这些假导弹发射架在雷达荧光屏上显示的雷达回波与真发射架极为相似，引诱多国部队对其进行攻击，有效地保存了实力。

（五）夺取战场主动权

未来信息化条件下作战，电子对抗技术将越来越先进，对抗领域也将越来越广阔，围绕信息控制权的对抗更是日益重要。不掌握制电磁权、制信息权，作战兵力兵器的作战效能就无法正常发挥，就很难掌握整个战场的主动权。以伊拉克战争为代表的信息化条件下战争实践，越来越清晰地证明，电子信息对抗是最先发起的作战行动，并且持续时间最长，甚至到战争终结。围绕制电磁权、制信息权的争夺，是战场主动权的争夺，是赢得战争最终胜利的必要条件和基本保证。

第六节 航天技术

航天技术是现代科学技术的结晶，它以基础科学和技术科学为基础，汇集了现代工程技术的新成就。航天技术起步的主要标志是 1957 年 10 月 4 日世界上第一颗由苏联制造的人造地球卫星发射成功。在短短的 60 多年时间里，航天技术发展非常迅速，不仅被广泛应用于国民经济、科学研究、文化教育等各个方面，在军事应用上也发挥着极其重要的作用。

一、航天技术概述

航天技术是指航天器进入太空，以探索、开发和利用太空及地球以外天体的综合性工程技术，又称空间技术。

（一）航天技术的发展历程

人类飞向太空的理想和人类历史一样久远，自古以来，国内外都有一些关于勇敢的人们尝试飞出地球的动人故事流传于世。但是，航天科学技术的实际发展，只是在火箭技术有了长足进步之后才成为现实。

火箭是目前发展最为成熟的航天运载器，它是航天技术发展的基础。火箭的飞行原理完全不同于气球、飞艇和飞机。它的主要特点是：本身除携带燃烧剂外，还有助燃的氧化剂，可以摆脱对外界大气的依赖，在外层空间工作。

在近代火箭技术发展方面，首先应当提到的是苏联科学家齐奥尔科夫斯基（1857—1935 年）。他毕生从事火箭技术研究，20 世纪初，提出了“用火箭探索宇宙”的基本观点，阐述了火箭飞行和火箭发动机的基本原理，说明了液体火箭的构造，并提出了多级火箭的概念。齐奥尔科夫斯基的研究成果对近代火箭技术的发展有深远影响。另一位代表人物是美国的哥达德（1882—1945 年）。1926 年，他把理论研究和实验结合起来，用液氧和汽油做推进剂，成功地发射了第一枚无控液体推进剂火箭。

近代火箭技术的突破发生在第二次世界大战初期，当时的德国为了发动侵略战争，组织了国家规模的火箭研究基地，研制了一系列火箭，如 V-1 和 V-2 等。V-2 可以说是典型的近代火箭，它的出现虽然没能挽救德国法西斯覆灭的命运，却成为火箭技术进入一个新时期的标志。

第二次世界大战以后，火箭技术发展迅速，1945 年，苏联和美国从德国分别得到了制造 V-2 火箭的设备和工程技术人员，两国都是在 V-2 火箭的基础上大力发展本国火箭技术。

1957 年 8 月，苏联发射成功第一枚洲际导弹，美国紧跟着在 1957 年 12 月成功发射了第一枚洲际导弹。

现代火箭技术和导弹技术为航天科学技术的发展奠定了基础，人类正是利用现代火箭和导弹技术的成就，才把人类千百年来遨游太空的夙愿变成现实。

1957 年 10 月 4 日，苏联发射成功第一颗人造地球卫星，3 个多月后，美国于 1958 年 1 月 31 日也发射了第一颗人造地球卫星，从此开启了航天的历史。

1961 年 4 月 12 日，苏联宇航员加加林驾驶的第一艘载人飞船发射成功，绕地球运行一周后安全返回地面，揭开了载人航天科学技术发展的序幕。

1969 年 7 月 20 日，美国阿波罗号飞船实现了人类首次载人登月，宇航员阿姆斯特朗和奥尔德林首次打开了登月之门。人类征服自然的这一壮举，当时震动了全球。

1971 年 4 月和 1973 年 5 月，苏联和美国分别发射了他们各自的试验性航天站——“礼炮 1 号”和“天空实验室”。

1981 年 4 月，美国航天飞机首次试飞成功。航天科学技术的发展即进入了以航天站和航天飞机的结合为新方向，以近地空间实用开发为特点的新时代。

目前，世界上已有 60 多个国家投资发展航天技术，有 170 多个国家和地区应用航天技术的成果，总投资在数千亿美元以上。

（二）航天技术的组成

航天技术主要由航天运载器技术、航天器技术和航天测控技术组成。

1. 航天运载器技术

运载器技术是航天技术的基础。要想把地球上的物体运送到外层空间去，必须克服地球引力和空气阻力。运载器技术的发展，为各种航天器提供了强大的动力装置。常用的运载器是运载火箭。运载火箭主要由动力系统、控制系统、箭体和仪器、仪表系统组成，通常分为单级运载火箭和多级运载火箭。

1926 年自美国研制成功世界上第一枚液体火箭后，由于发展洲际导弹和航天的需要，运载火箭技术得到了迅速发展。随着航天事业的发展，液体火箭已逐渐由武器和运载两用，转向主要为航天运载用。固体火箭则主要用作运载火箭的助推器以及空间发动机。自 1957 年以来，俄罗斯、美国、法国、日本、中国、英国、印度等国以及欧洲空间局先后研制出 80 多种运载火箭，修建了 18 个航天发射场，进行了 5000 多次轨道发射。

2. 航天器技术

航天器是在太空沿一定轨道运行并执行一定任务的飞行器，亦称空间飞行。迄今为止，人类共成功发射近 5000 多个航天器。通常分无人航天器和载人航天器两大类。

无人航天器，按是否环绕地球运行又分为人造地球卫星和空间探测器等。人造地球卫星，按用途分为科学卫星、应用卫星和技术试验卫星等。空间探测器，按探测目标分为月球探测器、行星（金星、火星等）探测器和星际探测器。

载人航天器，按飞行和工作方式分为载人飞船、空间站和航天飞机等。载人飞船可分为卫星式载人飞船、登月式载人飞船和行星际载人飞船等。空间站可分为单一式空间站和组合式空间站。

3. 航天测控技术

航天测控技术，是对飞行中的运载火箭及航天器进行跟踪测量、监视和控制的技术。为了保证火箭正常飞行和航天器在轨道上正常工作，除了火箭和航天器上载有测控设备外，还必须在地面建立测控（包括通信）系统。地面测控系统由分布全球各地的测控台、站及测量船组成。航天测控系统主要包括：光学跟踪测量系统、无线电跟踪测量系统、遥测系统、实时数据处理系统、遥控系统和通信系统等。

二、航天技术在军事上的应用

航天技术的发展从一开始就和军事上的需要紧密相关。至今，在所有发射的航天器中，军用航天器和部分为军事服务的航天器约占 70%。航天技术已成为大国军事技术特别是军事高技术不可缺少的重要组成部分。

（一）军用卫星

军用卫星是指专门用于各种军事目的的人造地球卫星的统称。它是发射数量最多的一类卫星，现已达2000多颗，约占世界各国航天器发射数量的2/3。军用卫星按用途可分为侦察卫星、海洋监视卫星、军用通信卫星、军事导航卫星、测地卫星、气象卫星等。

1. 侦察卫星

侦察卫星可以分为：照相侦察卫星、电子侦察卫星、导弹预警卫星、海洋监视卫星和核爆炸探测卫星。侦察卫星的特点：一是速度快，如在150千米的高度，以每秒8千米的速度绕地球一周，只需一个半小时，从北京到天津不到20秒，到广州只需5分钟；二是效率高，由于侦察卫星轨道高，侦察的面积大、范围广，如用飞机对我国拍照，需拍照100万张，费时10年，而用卫星只需拍500张（一张照片达到数千甚至数万平方千米），几天就可以完成；三是效果好，由于地面分辨率高，侦听准确，信息传递及时，所以效果好；四是适用广，它不受国界和地理环境的限制，不存在侵犯领海、领空问题，高山、河海挡不住。侦察卫星的用途主要有：一是详细侦察对方各种战略目标。比如导弹核武器基地、海空军基地、指挥控制中心、各种武器生产基地、机场、港口、交通枢纽、重要城市及工业生产基地等战略目标，都可以进行侦察。如伊拉克入侵科威特后，美国又发现伊拉克企图进攻沙特，沙特开始也怀疑，见到卫星照片后，才同意美国派兵进驻沙特。二是对敌方领土进行准确测图。三是侦察敌方战略导弹系统的数质量情况。四是侦察敌方地面部队的调动和部署情况。如第四次中东战争，以军的“巴列夫防线”被埃军攻破，以军节节败退。这时，美军侦察卫星发现埃军两个军团的结合部有一条7～12千米宽的间隙防守薄弱，并且后方空虚，于是偷渡运河，迅速向西、向南发起猛烈进攻反败为胜，军事卫星提供的情报甚至能够改变战争的进程和结局。五是侦察对方的战场情报。通过侦察监视，探查、搜集未知的情报，达到知己知彼，从而战胜对手。

（1）照相侦察卫星　在各种侦察卫星中，照相侦察卫星发展最早，发射也最多，是空间侦察监视任务的主要承担者。目前，只有少数国家能够发射并回收照相侦察卫星，其中以美国历史最久，水平最高。美国从1959年开始研制照相侦察卫星，至今已发展到第六代。此外，美国从1988年年底开始发射使用另一种称之为“长曲棍球”的雷达成像侦察卫星，该种卫星采用合成孔径雷达技术，克服了可见光照相侦察卫星黑夜和阴天无法拍照的缺点，可全天候和全天时进行实时侦察，地面分辨率可达1米。俄罗斯的照相侦察卫星也已发展到第六代，其照相侦察卫星的性能与美国不相上下。

（2）电子侦察卫星　电子侦察卫星用于截获对方雷达和电信设施发射的电磁信号，并测定其辐射源地理位置。世界上只有美国和苏联发射和使用电子侦察卫星。美国的“大酒瓶”卫星是最新一代的大型电子侦察卫星，可截获整个无线电频率范围内的信号，重点为数据通信信号。海湾战争中美国曾用“大酒瓶”卫星窃听伊军各指挥部甚至小分队之间的无线电通话。苏联从1976年就开始发射电子侦察卫星，到目前共发射了200多颗，其电子侦察卫星已发展到第五代。

（3）导弹预警卫星　导弹预警卫星用于监视和发现敌方发射的战略导弹，并发出警报。美国的导弹预警卫星系统叫作“综合导弹预警系统”，又叫做“国防支援计划”预警卫星，迄今已发展了三代。导弹预警卫星的关键设备是红外探测器。美国第三代导弹预警卫星用的是线阵，可在两个红外波段工作，灵敏度很高。可探测到飞机喷气的红外辐射，并且大大提高了探测潜射导弹的能力。美国正在发展的第四代导弹预警卫星的红外探测器将采用凝视型焦平面阵列。苏联的导弹预警卫星系统由 9 颗“宇宙号”卫星组网，采用椭圆轨道，卫星在轨道面上进行配置，每颗星有 14 小时的探测监视时间，可昼夜监视北半球。

（4）海洋监视卫星　海洋监视卫星主要用来对海上舰船和潜艇进行探测、跟踪、定位、识别，并监视其行动，获取军事情报，包括电子侦察型和雷达型两种。苏联是世界上最早发展海洋监视卫星的国家，它发射的雷达型海洋监视卫星采用双星工作方式，轨道高度为近地点 250 千米的椭圆轨道。1979 年发射的电子型海洋监视卫星既可以单独使用，也可以与雷达型海洋监视卫星配合使用。美国的海洋监视卫星主要是“白云”电子型卫星。它采用一个卫星平台携带三个电子卫星的组成方式，通过星载电子情报接收机侦察舰船的雷达和通信信号，确定舰队的规模和动向。从 1967 年开始发射试验雷达型海洋影视卫星，1974 年 5 月正式发射工作型卫星。

（5）核爆炸控测卫星　核爆炸控测卫星是用于探测大气层内和外层空间核爆炸的卫星。典型代表有美国的“维拉”卫星。“维拉”卫星是成对发射的，从 1963 年 10 月至 1970 年 4 月，美国共计发射了 6 对 12 颗“维拉”卫星，现在均已停止工作。

2. 军事通信卫星

军事通信卫星就是天基微波中继站，一般部署在地球同步轨道上，也有少数部署在大椭圆轨道上，它接收到地面发出的无线电波以后进行放大，然后再转发向地面。军事通信卫星具有覆盖范围大、通信距离远、通信容量大、传输质量高、机动性和生存能力强等优点，因而在军事通信中有举足轻重的作用。现在，除了一些商用通信卫星同时用于军事通信之外，还研制、部署和使用了专门的军事通信卫星。

军事通信卫星通常可分为：战略通信卫星和战术通信卫星两大类。战略通信卫星通常在地球同步轨道上运行，为远程直至全球范围的战略通信服务。战术卫星一般在 12 小时周期的椭圆轨道上运行。这种卫星主要用于近程战术通信，为军用飞机包括反潜战斗机和海面舰艇等提供机动通信服务。

军事通信卫星用来担负保密的、大容量的、高速率的战略和战术通信勤务。未来的军事通信卫星将逐步采用多波束的自动调零天线、扩展频谱的调制技术、自适应的位置保持系统、星上抗辐射加固、卫星间中继链路等技术，以大大提高保密、机动、抗干扰及在核战下的生存能力。

3. 军事导航卫星

军事导航卫星是为航天、航空、航海、巡航导弹和洲际导弹等提供导航信号与数据的卫星。一颗军事导航卫星，就相当于一个设在空间的无线电导航台。导航卫星上所装有的无线电信标机以固定的频率，按照规定的时间间隔向地面、海上等接收信号的用户发射无线电信号，报道当时卫星在空间的位置和发出信号的时间，用户利用无线电接收设备接收到卫星发出的信号，从而确定自身的位置和航向。用导航卫星进行导航不受气象条件和距离的限制，而且导航精度高。

最早的（即第一代）军事导航卫星系统是美国于 20 世纪 60 年代发射的由 6 颗“子午仪”导航卫星组成的导航卫星网。1973 年起美国开始研制新一代的导航星全球定位系统（GPS）。导航星全球定位系统共有 24 颗卫星，分布在 6 个轨道面内，其中有 21 颗工作卫星和 3 颗备用卫星。卫星轨道高度约 20 万千米，全球各地的所有用户，在任何时候至少可以同时收到 4 颗导航星的信号。所以，导航星全球定位系统能 24 小时连续不断提供三维位置、三维速度和精确时间信息。

导航星全球定位系统可为地面车辆、人员及航空、航海、航天等领域的飞机、舰船、潜艇、卫星、航天飞机等进行导航和定位；可用于洲际导弹的中段制导，作为惯性制导系统的补充，提高导弹的精度；还可用于照相制图和大地测量、空中交会和加油、空投和空运、航空交通控制和指挥、火炮的定位和发射、外弹道测量、反潜战、布雷、扫雷、船只位置保持、搜索和营救工作等。

此外，苏联 1982 年开始建立环球导航卫星系统（GLONASS），已有 18 颗导航卫星在天上工作。环球导航卫星系统的导航水平接近 GPS。此外，世界上的导航卫星系统还有欧洲航天局的伽利略卫星定位系统和中国的北斗导航卫星定位系统。

4. 测地卫星

测地卫星是用来测定地球的形状和大小、地球重力场的分布、地面的城市、村庄和军事目标地理位置的卫星。卫星测地有重要的军事价值。

地球不是标准球体，而且地面上有山、河、湖、海，高低不平，因此地球重力场的分布不均匀。同时又由于测量误差等原因，原有地面上标明的各种地理位置常与实地不符。这一切对导弹弹道的计算，对飞机和导弹的惯性制导及巡航导弹的地图匹配制导都会造成很大的影响。如果不用测地卫星准确测定相关数据，洲际弹道导弹和巡航导弹就难以击中目标，从而大大降低战略武器的效能。目前，各国正在利用测地卫星进行全球大地测量，以获取重要的具有战略意义的资料。此外，测地卫星还可以配备其他专用设备（如多光谱观测相机等）进行地球资源的勘察，成为地球资源卫星，用于了解和掌握各国战略资源的储备情况等。

5. 气象卫星

气象卫星是从空间获取军事气象情况的重要手段，对全球天气监视和天气预报业务均有十分重要的作用。气象卫星主要有两种类型：极地轨道的近地气象卫星和同步轨道上的静止气象卫星，这两类卫星大都是军用与民用相结合，但也有专门的军用气象卫星系统。

近地气象卫星离地面的高度一般在 800 千米左右。气象卫星上装有电视摄像机，它能够拍摄全球的云图。气象卫星上装有扫描辐射计。扫描辐射计的探头能敏感地探到一定波段的电磁辐射。当它对云层和大气扫描时，就能记下云层和大气在各个波段如可见光、红外、微波的辐射强度，转变成电信号以后，通过无线电波发送给地面。地面站接收以后，经过计算机处理，就可以得到云的形状、云顶高度、大气温度和湿度、海面温度和冰雹覆盖面积等。

（二）空间武器系统

航天技术广泛应用于军事，正在引起作战方式根本性的变革，它不仅使信息的近实时传递、控制成为现实，而且为日益迫近的太空战提供了技术支持。太空战的雏形就是反卫星作战和导弹攻防作战。这里有一个概念“实时”，“实时”说得通俗一点，就像电视实况转播，人们耳闻目睹的信息的时间和正在发生着的事物的时间是处在同一时刻，这个就叫实时。空间武器系统分为：反卫星系统和反导弹系统。

1. 反卫星系统

反卫星系统就是攻击卫星的武器系统，通过攻击敌方的卫星来夺取制信息权，在保护自己耳聪目明的同时，使敌方成为聋子和瞎子。目前，打击卫星的主要方法有三种：一是利用地面武器系统，如激光炮和动能武器系统等来摧毁敌方卫星；二是以卫星拦截卫星，这种卫星不同于一般卫星，它本身就是一种攻击性武器，通过机动变轨飞行跟踪接近目标后，能以自爆或撞击的方式来摧毁敌方卫星，或者利用卫星上装载的激光器、粒子束武器以及火箭来摧毁敌方目标；三是利用航天站或航天飞机来俘获敌方卫星，为自己服务。

2. 反导弹系统

所谓反导弹系统就是反击导弹进攻，使导弹突防失效的系统。目前的反导方式有两种：一是用导弹来截击导弹，例如俄罗斯的C-300防空导弹，已经多次成功地进行了拦截试验；二是用激光一类的新概念武器摧毁导弹，美国已多次进行过试验。现在美国的反导系统最先进。主要有两种：一种是国家导弹防御系统（NMD）；另一种是战区导弹防御系统（TMD）。这两种系统结构大体类似。美国现在研制了三种反导导弹：第一种是战区高空拦截弹，第二种是美国与以色列联合研制的箭2型反导导弹，第三种是爱国者导弹。

美国军事专家认为，中国成功发射“神舟”系列飞船，标志着中国掌握了克制美国导弹防御系统的王牌——小动量空间火箭技术。据介绍，当宇宙飞船进入空间轨道后，虽然飞船本身质量庞大，但用很小的推力就可以使其翻转。同理，如果敌方试图拦截中国的导弹，中国导弹将可以运用此技术在空中改变轨道，躲避对方的拦截。目前美国的拦截导弹、俄罗斯的“白杨M”远程洲际导弹，就是利用小动量空间火箭技术，在空中迅速改变轨道来实行拦截或躲避拦截。中国拥有这种技术后，其洲际导弹就有能力抗衡美国的导弹防御系统。

（三）载人航天系统

载人航天系统主要有：载人飞船；空间站；航天飞机；空天飞机。

1. 载人飞船

载人飞船是一种保证宇航员在空间轨道上生活和工作，以执行航天任务并返回地面的航天器。它的运行时间有限，仅能一次性使用，可独立进行航天活动，也可以作为往返于地面和空间站之间的“渡船”，还能与空间站或其他航天器在轨道上对接后进行联合飞行。典型的载人飞船由对接舱、轨道舱、返回舱、仪器设备（主要装有动力和电源设备等）舱和太阳帆板等部分组成。载人飞船容积较小，所载消耗性物质有限，不具备再补给能力，不能重复使用。但它是第一种将人直接送入太空的航天器，是航天技术在人造卫星技术基础上的新突破。

载人飞船能担负的军事使命有：作为地面与空间站的军事运输工具，可向空间站运送各种军事补给物资以及接送人员、进行空间救护等；试验新的军用航天设备；用于特定目标的侦察与观察等。

2. 空间站

空间站亦称航天站、太空站或轨道站，是在太空具备一定工作条件、可供多名宇航员工作和生活的可长期运行的航天器。与载人飞船相比，空间站具有容积大、载人多、寿命长和可综合利用等优点。由于空间站可载许多复杂的仪器设备，并可由人直接操作，因而可以完成复杂的、非重复性的工作任务。空间站被认为是发展航天技术、开发和利用宇宙空间的基础设施。

空间站有着广阔的军事应用前景。一是可以侦察监视地面目标。载人航天活动的实践证明，人在外太空借助复杂的遥感仪器，可对地面目标实施侦察监视，甚至能比卫星观察更真实、更快捷、更有选择性。二是可协助指挥和控制地面军事力量。装备大型雷达系统、红外感应系统的飞船将成为国家C4ISR（指挥、控制、通信、计算机、情报、监视和侦察）系统的重要组成部分。它不受恶劣气象条件的影响，可为早期预警和控制行动提供更加快速、直接的数据，为地面军事力量提供情报和通信支持。三是可以维修轨道卫星和组装大型空间军事设施。轨道维修包括维护卫星，修复失效部件，重新组合光学部件，校准测试仪器，调整机械结构。空间站还具有轨道组装能力，包括组装大型卫星天线、太阳能电池阵、大型长焦距相机和大型望远镜等。这也是组装大型空间军事系统所必需的。四是可拦截与摧毁卫星和导弹。随着军用航天技术的发展，未来以空间为基地的攻防问题变得日益突出，有可能使外层空间成为一个新的战场。打击敌方卫星可以使用天基武器系统。一个空间站相当于一艘“航天母舰”，巡航在太空，反卫星轨道机动飞行器可以随时出击，并能迅速、准确地摧毁敌方卫星。一旦天基高能激光武器研制成功，人在天上的军事作用必将更加充分地显现出来。人不仅可以操纵武器摧毁敌方的卫星、飞船，而且可以把敌方来袭的洲际弹道导弹摧毁在飞行中段，甚至是助推段。五是可作为军用卫星平台的轨道加油补给站。目前的军用卫星，由于需要不断修正轨道和调整姿态，因此要耗掉大量燃料。以军用通信卫星为例，由于燃料的限制，一般最长寿命为 10 年左右。而此时卫星的其他系统仍能正常工作。今后若卫星的燃料用完时，可飞行至空间站进行补给，使其跳出一次性使用的限制，将寿命延长到 30 年。这不仅能节省大量的发射费用，还可以满足不断变化的空间战场的需要。因此，建立空间站对未来高技术战争具有战略意义。

3. 航天飞机

航天飞机是部分可重复使用的、往返于地面和近地轨道之间运送有效载荷并完成特定任务的空间飞行器。航天飞机有多种设计方案，现已研制成功的航天飞机是由轨道器、助推器（即助推火箭）、外燃料箱三部分组成。这种航天飞机采用垂直发射，由火箭运载入轨。入轨时助推火箭及燃料箱抛掉，只有轨道器在轨道上飞行，执行轨道任务后再重返大气层并滑翔着陆。

航天飞机的问世是航天技术发展的一个新的里程碑。航天飞机比火箭、卫星和飞船具有更多的优点和更多的用途，在军事上也有巨大的应用潜力。这主要表现在：第一，航天飞机可用于部署、维修、回收各种卫星。美国的航天飞机已多次成功地完成此类任务。第二，航天飞机可方便地实施空间机动，执行反卫星作战任务，拦截摧毁或俘获敌方卫星。第三，航天飞机可执行空间侦察，对地面目标进行监视、跟踪，还可对敌方弹道导弹发射和飞机进行预警。第四，航天飞机可作为从地面到空间站的军事交通工具，为军事目的向空间站接送人员和物资，为建立永久性军事基地和军事工厂服务等。

美国从 1972 年开始研制可重复使用的航天飞机，1981 年 4 月 12 日“哥伦比亚”号航天飞机成功地进行了首次轨道飞行。美国已研制成功的航天飞机有：“企业”号（试验型），“挑战者”号（1986 年失事炸毁）、“亚特兰蒂斯”号、“发现”号、“哥伦比亚”号（2003 年失事炸毁）和“奋进”号。1988 年 11 月 15 日苏联第一架航天飞机“暴风雪”号也成功地进行了不载人的试验飞行。

航天飞机研制成功是航天技术的重大突破，是人类航天史上一项划时代的成就，然而实际研制成功的航天飞机还没有达到预期的效果。以美国航天飞机为例，主要问题表现在飞行频度低，研制费、发射费昂贵，一次性运载火箭的可靠性差，载人运货合一，不能满足军事需要等。为此，美、英、法等国正在研制性能更好的航天器。比如能水平起降的空天飞机，这是一种既能跨大气层飞行，又能进入绕地球轨道运行，并可执行专门军事任务的可重复使用的航天器。它将给空间作战乃至整个军事活动带来重大影响。

三、我国航天技术发展概况

我国航天事业起步于 20 世纪 50 年代中期，经过几十年的艰苦奋斗，取得了举世瞩目的巨大成就，在世界航天领域占有了一席之地。

（一）中国运载火箭技术

1956年10月8日，中国第一个火箭导弹研究机构——国防部第五研究院正式成立，这标志着中国航天事业从此拉开序幕。1970年4月24日，中国长征1号运载火箭在甘肃酒泉卫星发射中心成功地发射了第一颗人造地球卫星“东方红1号”，迈出了中国发展航天技术的第一步，标志着中国已正式进入航天时代，并使中国成为世界第五个独立研制和发射卫星的国家。1981年9月20日，中国用风暴1号运载火箭同时将3颗卫星送入轨道，它使中国成为世界第三个实现一箭多星技术的国家。1984年4月8日，中国用新研制的长征3号火箭首次将东方红2号试验通信卫星送入赤道上空静止轨道运行，中国由此成为世界第三个掌握氢氧发动机技术的国家和第五个独立发射地球静止轨道卫星的国家。1988年9月7日，中国长征4号甲运载火箭成功发射中国第一颗风云1号A气象卫星，它表明中国是世界第四个掌握发射太阳同步轨道卫星技术的国家和第三个拥有极轨气象卫星的国家，1990年4月7日，中国长征3号运载火箭成功地发射了美国制造的亚洲1号通信卫星，使中国成为世界上第三个进入国际卫星发射服务市场的国家。1999年5月10日，长征4号乙火箭首次发射获得成功，并把风云1号C气象卫星和实践5号科学实验卫星送入轨道，这也是长征系列火箭第65次飞行，总计发射卫星80颗，其中中国卫星51颗，外国卫星29颗。目前，中国长征系列运载火箭技术已处于国际先进水平。长征4号乙运载火箭是长征火箭家族中用于发射各种太阳同步轨道和极轨道应用卫星的主要运载工具。

长征5号系列运载火箭（Long March 5 Series Launch Vehicle），又称“大火箭”“冰箭”，是我国为了满足进一步航天发展需要，并弥补中外差距而在2006年立项研制的一次性大型低温液体运载火箭，也是中国新一代运载火箭中芯级直径为5米的火箭系列。长征5号系列由中国航天科技集团公司研制，设计采用通用化、系列化、组合化思想。系列由二级半构型的基本型长征5号运载火箭（代号：CZ-5）和不加第二级的一级半构型长征五号乙运载火箭（代号：CZ-5B）组成，运载能力将分别达到地球同步转移轨道13吨，近地轨道23吨。中国未来天宫空间站的建设、探月三期工程及其他深空探测的实施都将使用该火箭系列。2015年8月长征5号芯二级动力系统的第二次试车成功。11月23日，长征5号运载火箭合练箭成功地完成转场。中国新一代运载火箭“长征5号”在2016年9月底至10月初首飞。

（二）中国卫星技术

自1968年2月20日中国空间技术研究院成立以来，中国的卫星技术也取得了飞速发展，研制成功了实验卫星、返回式遥感卫星、地球静止轨道通信卫星和气象卫星、太阳同步轨道气象卫星、地球资源卫星等，并在卫星返回、一箭多星、卫星通信、卫星遥感、卫星姿控、卫星热控、微重力试验和空间环境地面模拟试验等方面达到较高水平，其中有些项目已跨入世界先进行列。

1984年4月8日，中国试验通信卫星发射成功，开创了中国卫星通信的新时代。1988年、1990年和1999年，中国先后发射了3颗风云1号极轨气象卫星。1997年发射了首颗风云2号静止轨道气象卫星，这不仅使中国成为世界第三个同时拥有两种气象卫星的国家，而且还大大加速了中国气象卫星的现代化进程。

1975年11月26日到1996年10月20日，中国共发射了17颗返回式卫星，其中16颗安全回收。回收成功率达94%。

1988年8月22日，中国空间技术研究院（CAST）和巴西空间研究院（INPE）在北京签订了关于联合研制中巴地球资源卫星的协议书，并于1999年10月14日用长征4号运载火箭成功地将中巴联合研制的首颗地球资源卫星送入预定轨道。它的研制成功，标志着中国传输型遥感卫星研制已获得突破性进展，填补了中国没有自主的陆地资源遥感卫星的空白。

2000年10月31日，我国自行研制的第一颗导航定位卫星——“北斗导航试验卫星”发射成功。2000年12月21日，我国自行研制的第二颗“北斗导航试验卫星”发射成功，2003年5月25日，我国将第三颗“北斗一号”导航定位卫星送上太空，标志着我国拥有了自己的第一代完善的卫星导航定位系统。目前，北斗导航卫星系统已发射了13颗卫星。2012年4月30日4时50分，中国在西昌卫星发射中心成功发射“一箭双星”，用长征3号乙运载火箭将中国第十二、第十三颗北斗导航系统组网卫星顺利送入太空预定转移轨道。北斗导航定位系统服务区域为中国及周边国，系统可广泛应用于船舶运输、公路交通、铁路运输、海上作业、渔业生产、水文测报、森林防火、环境监测等众多行业，以及军队、公安、海关等其他有特殊指挥调度要求的单位。截至2016年，北斗导航卫星系统卫星数量已达23颗。

2007年10月24日18时05分，我国在西昌卫星发射中心用长征3号甲运载火箭托举着“嫦娥一号”卫星顺利升空；18时30分星箭分离，卫星在太平洋上空以接近每秒8000米的速度进入预定的大椭圆轨道；19时09分，“嫦娥一号”发射成功，“嫦娥”奔月旅程正式开始。11月5日11时15分，第一次近月制动即“刹车”准确实施，“嫦娥”成功被月球引力捕获，进入周期12小时、近月点210千米、远月点8600千米的月球椭圆轨道，投入月球怀抱，成为一颗真正的“月球卫星”。9时40分，中国首次月球探测工程第一幅月面图像通过新华社传到了世界各地。首幅月图的完成和公布标志着中国首次月球探测工程取得圆满成功，标志着中国已经进入世界具有深空探测能力的国家行列。

2010年10月1日19时整，“嫦娥二号”在我国西昌卫星发射中心成功发射。在飞行后的29分53秒时，星箭分离，卫星进入轨道。19时56分太阳能帆板成功展开，飞入指定轨道。“嫦娥二号”主要任务是获得更清晰、更精细的月球表面影像数据和月球极区表面数据，并为后续的月球软着陆计划做相应准备，同时进一步探测月球表面元素分布、月壤厚度、地月空间环境等任务。2011年6月9日下午4时，“嫦娥二号”飞离月球轨道，飞向150万千米外的第2拉格朗日点进行深空探测。为以后进行火星等其他深空探测打下良好的基础，并储备一些宝贵的信息材料，成为第一颗直接从月球轨道飞向深空轨道的卫星。

2013年12月2日1时30分，中国在西昌卫星发射中心成功将由着陆器和“玉兔”号月球车组成的“嫦娥三号”探测器送入轨道。2013年12月15日4时35分，“嫦娥三号”着陆器与巡视器分离，“玉兔号”巡视器顺利驶抵月球表面。12月15日23时45分完成“玉兔”号围绕“嫦娥三号”旋转拍照，并传回照片。2016年4月，“嫦娥三号”和“玉兔”月球车拍摄的迄今为止最清晰的月面高分辨率全彩照片首次公布，让全世界看到了一个真实的月球，也给全世界科学家研究月球提供了第一手资料。

（三）中国载人航天技术

1992年，我国载人飞船正式列入国家计划进行研制，这项工程后来被定名为神舟号飞船载人航天工程。神舟号飞船载人航天工程由神舟号载人飞船系统、长征运载火箭系统、酒泉卫星发射中心飞船发射场系统、飞船测控与通信系统、航天员系统、科学研究和技术试验系统等组成，是我国在20世纪末期至21世纪初期规模最庞大、技术最复杂的航天工程。

1999年11月20日、2001年1月10日、2002年3月25日、2002年12月30日，我国先后4次成功发射神舟一号至四号无人飞船，载人飞行已为时不远。

2003年10月15日，我国第一艘载人飞船神舟五号成功发射。中国首位航天员杨利伟成为浩瀚太空的第一位中国访客。神舟五号21小时23分钟的太空行程，标志着中国已成为世界上继俄罗斯和美国之后第三个能够独立开展载人航天活动的国家。

2005年10月12日，我国第二艘载人飞船神舟六号成功发射，航天员费俊龙、聂海胜被顺利送上太空。17日凌晨，在经过115小时32分钟的太空飞行后，飞船返回舱顺利着陆。神舟六号进行了我国载人航天工程的首次多人多天飞行试验，完成了我国真正意义上有人参与的空间科学实验。

2008年9月25日，我国第三艘载人飞船神舟七号成功发射，三名航天员翟志刚、刘伯明、景海鹏顺利升空。飞船于2008年9月28日17时37分成功着陆于中国内蒙古四子王旗主着陆场。神舟七号飞船共计飞行2天20小时27分钟。我国的载人航天又迈出新的步伐。

2011年9月29日，我国首个目标飞行器“天宫一号”在酒泉卫星发射中心发射，飞行器全长10.4米，最大直径33.5米，由实验舱和资源舱构成。它的发射标志着中国迈入中国航天“三步走”战略的第二步第二阶段。

2011年11月1日，神舟八号无人飞船由改进型“长征二号”F运载火箭顺利发射升空，并于11月3日凌晨顺利实现与天宫一号目标飞行器的无人对接任务。

2012年6月16日，神舟九号载人飞船承载三名宇航员（其中包括我国首位女宇航员）在酒泉卫星发射中心发射升空，与2011年9月发射升空的天宫一号目标发射器进行有人交会对接实验，并于2012年6月29日10时左右安全返回。此次任务中的手动和自动交会对接试验均取得圆满成功，标志着我国具备了宇宙空间站的建设能力，成功的载人对接任务是建立空间站计划非常重要的一步。

2013年6月11日，我国航天员聂海胜、张晓光、王亚平驾乘神舟十号载人飞船成功进入太空。

四、航天技术对现代军事的影响和发展趋势

（一）航天技术对现代军事的影响

航天技术的发展带来了太空的军事化，对现代军事的发展产生了巨大的影响。

1. 太空成为未来战争新的争夺焦点

航天技术的应用使太空成为了人类的第四维战场，进一步扩展了人类在军事领域的应用空间。各种军事卫星使军队具备了在全球范围内进行侦察、通信、导航定位的能力。这种能力一方面大大提高了军队的指挥自动化水平，实现了全球范围内的统一指挥和快速反应；另一方面，也使得军队在作战中越来越多地依赖来自太空的支援与保障。谁能取得在太空中的优势和主动权，谁就拥有更多的机会在作战中取得优势。在科索沃战争中，美国一方面动用了大量军事卫星进行战场支援，另一方面还采取了迫使国际卫星通信供应商切断南联盟租用的卫星线路、停止公布有关卫星跟踪数据等手段，以阻止南联盟使用卫星并防止其攻击美国卫星。战后不久俄罗斯即推出了针对美国GPS系统的干扰仪。可见现代战争中的空间对抗已初露端倪。

2. 军事理论发生深刻变革

随着航天技术愈加广泛的应用和太空争夺的日益激烈，相关的军事理论也发生了深刻的

变革。美国作为在军事航天技术方面占绝对优势的国家，先后提出和深化了“制天权”理论、“太空威慑”理论和“海地空天电”一体作战理论，对太空战场的地位、空间力量与传统武装力量的协同作战等问题进行了研究。其“非对称对抗”等理论的产生和运用与军事航天技术所带来的高技术优势也有着密切的关系。

3. 军队构成面临新的变化

近来美、俄都已组建了天军。1985 年美军把空军、海军航天司令部及陆军导弹防御司令部合并共同组建了联合军事航天司令部，集中执行太空作战任务。美国有关部门发表报告建议，在陆、海、空三个军种之外，建立一支独立的约 3 万人的太空作战部队。美军为了加快太空作战部队的建设，拟成立太空作战学院，专门培养太空作战人才，建成真正意义上的太空作战部队“天军”。据此，21 世纪的外层空间将成为未来战争的主战场。俄罗斯已于 2001 年 6 月成立“航天兵”。这是一支凭借航天技术和尖端武器装备来执行空间军事任务的高技术队伍。它由航天发射部队、航天测量跟踪管理部队、航天监视作战部队、军事航天员部队等四大部分组成。统一由航天司令部指挥。其主要任务是拦截和攻击外层空间目标和地面目标，以及为其他军兵种提供侦察、预警、指挥、控制、导航、通信、气象等多种支援和保障。

（二）航天技术的发展趋势

随着航天技术的进一步发展，各种军用航天器结合而构成的航天器系统，以及定向能武器与动能武器的出现必将对未来战争产生重大影响。其主要发展趋势如下。

1. 空间侦察能力空前提高

侦察卫星、载人飞船、航天飞机、空间站的发展，大大提高了军队战略侦察能力，无论是部队的集结调动、兵力部署，还是大型的工业生产基地、交通枢纽、粮食产量、地下矿产资源等各种情报都将暴露无遗。

2. 航天武器将成为“攻防兼备”的武器系统

今后，航天器将形成一个更加完善、相互紧密配合的武器系统，不但能执行战略进攻任务，而且能执行战略防御任务，真正达到“攻防兼备”。

3. 战略指挥与保障的方式方法将会发生重大变化

具有全新的通信卫星作战指挥手段，会更加促使指挥方法进一步自动化，高度的集中统一，作战保障会更加全面、及时、精确无误。

4. 将会出现新军种、新战略

随着“天军”进一步发展，“天战”将会出现，整个空间会与空中、地面、海面（中）相结合而出现真正意义上的立体战。

5. 航天技术的军事应用将继续增强

航天技术除继续发展和提高现有的各种技术外，航天作战技术将会得到更快的发展，各类航天侦察、监视、预警、通信、导航、气象、测地等军用航天器的战术技术性能将进一步提高，在支援陆、海、空、天、电磁战场的军事力量方面将发挥越来越重要的作用。由于各类军用航天器在未来战争中也将成为重要的攻击目标，提高其生存能力、抗干扰能力、实时传输信息能力，延长工作寿命，扩大用途和提高效益显得极为重要。所以，未来军用卫星将朝着灵活、机动、有自卫能力、可维修及长寿命等方面发展，小型和微型军用卫星也会受到重视。随着载人空间站系统的发展及其规模的扩大，有可能在它上面配置为军用航天器进行在轨服务和军事勤务活动的设施，使其发展成为军事航天支援、勤务保障及作战的基地。各种动能、定向能反卫星和反导弹等空间武器将会加速发展，它们将会部署在航天器上构成新的威慑力量。随着载人航天和空间站活动的增加，航天测控网已开始并将继续向太空发展，建立航天站，以扩大测控网的覆盖范围，增强测控网的数据采集能力，提高实时性。

第七节　指挥控制技术

指挥信息系统功能的发挥离不开指挥控制技术。指挥控制技术是军事信息技术中发展最为活跃、应用十分广泛的一个分支体系。建设信息化军队，满足打赢信息化战争的要求，必须持续不断地大力推动指挥控制技术的发展。

一、指挥控制技术概述

指挥控制技术，是在军队指挥系统应用的，便于指挥员和指挥机关对所属部队的作战和其他行动的指挥实现快速和优化处理的一系列信息技术的统称。它以电子计算机技术为核心，是集成侦察、监视、情报、指挥、控制、通信等于一体的综合技术体系，也可称为C4ISR技术。

（一）指挥控制技术的产生和发展

军队指挥控制技术的内涵随着科学技术进步和作战需求的变化逐步扩展，其称谓也随之不断变化。自军队出现后，大同小异的各种类型C1（指挥）体制就诞生了。这种下级服从上级、将军指挥士兵的指挥体制延续至今已达数千年，其应用的指挥技术手段包括简易信号、有线通信、无线通信等传统技术手段。20世纪50年代，随着军事装备的现代化、自动化，军兵种数量大增，作战距离、作战范围持续增大，部队机动能力也大大提高，军事指挥领域引入了“控制”一词，应用了控制技术，出现了C2（指挥与控制）系统。20世纪60年代，随着远程武器特别是战略导弹和战略轰炸机的大量装备，通信手段在C2系统中的作用日益完善，影响日益重要，形成C3（指挥、控制、通信）系统。20世纪70年代，美国首次把“情报”作为指挥自动化不可缺少的因素，出现了C3I（指挥、控制、通情、情报）系统，并在较长时期内成为指挥系统自动化的代名词。20世纪80年代末，由于计算机技术在指挥信息系统中的地位作用日益增强，出现了C4I（指挥、控制、通信、计算机、情报）系统。20世纪90年代中期，美国根据海湾战争的经验，进一步认识到掌握战场态势的重要性，提出“战场感知”的概念，即利用各种侦察监视技术手段，全面了解战区的地理环境、地形特点、气象情况，实时掌握敌我友三方兵力部署和武器系统配置情况及动向，为作战行动提供可靠的依据。C4I技术体系的内涵更进一步扩大，新融入了“监视与侦察”，变成了C4ISR。进入新的世纪，随着军队信息化水平的不断提高，C4ISR与武器平台、弹药等作战系统的“融合”不断加深，同时信息系统的对抗手段也不断增多，使C4ISR系统不仅仅是保障性的指挥控制手段，而且逐渐具有杀伤进攻的作战能力，因此，C4ISR系统又将新增“杀伤”手段，从而变成了C4KISR系统。指挥控制技术体系又增添了新的成员。

（二）指挥控制技术组成和分类

在功能上，指挥信息系统大体由信息获取、信息处理、信息传输和综合控制四个分系统构成，因此，对应上述功能，指挥控制技术可分为：信息获取技术、信息处理技术、信息传输技术和综合控制技术。

1. 信息获取技术

信息获取技术，是遍布陆、海、天的各种侦察与监视平台以及其搭载的雷达、夜视、光电和声呐等各种类型传感器的应用技术。

2. 信息处理技术

信息处理技术，是借助输入输出设备和计算机系统对获取的各种情报信息进行整理综合、有效管理和及时更新的技术方法和手段。

3. 信息传输技术

信息传输技术，是保证信息通过各种信道、变换设备和通信终端实现迅速、准确、保密和不间断传输的技术措施。

4. 综合控制技术

综合控制技术，是确保对作战单元进行精确控制，确保指挥员意图实现的技术措施，包括精确计算、作战模拟、决策支持和实时控制，这是指挥信息系统的核心技术。

在指挥、控制、计算机和通信（C4）系统中，其主体是计算机技术和通信技术。此外，指挥信息系统向一体化方向发展的趋势越来越明显，使综合集成技术和体系结构技术成为新的技术生长点。因此，对指挥控制技术的研究，主要围绕计算机技术、现代通信技术、系统综合集成技术展开。

二、指挥控制技术现状及发展趋势

（一）计算机技术

电子计算机的发明是20世纪最辉煌的科学成果之一，使人类在继化学能、物理能之后，又找到了信息能。计算机从它诞生之日起就应用于军事领域，而且计算机技术的开发与进步往往始于军事应用的需求。

在军队指挥信息系统中，计算机主要的应用是信息处理，计算机技术的核心是信息处理技术。从作战指挥控制的角度来说，信息处理技术渗透到信息流程的大多数环节。在信息传输中采用了信息编码、加密技术；在信息存储时采用了压缩、索引技术；利用复制、镜像技术，实现信息共享；利用变换、选切技术，实现信息显示；信息安全技术中也大量采用了信息处理技术。

计算机的信息处理功能在指挥信息系统中的应用包括：一是军用文电处理，为各级领导机关、部队提供及时、可靠、安全和保密的信息，实现信息处理的自动化和规范化；二是军用图形处理，即利用计算机处理图上的作战态势信息；三是建立军用数据库系统；四是作战仿真，是实兵演习、沙盘作业、图上作业等传统手段的补充和发展，是用量化手段研究对抗双方或多方军事冲突过程的有效方法；五是人工智能和专家系统。

（二）现代通信技术

1. 现代通信技术的现状

计算机技术在通信领域的广泛应用，使得数字通信、网络通信成为现代通信技术飞速发展的重要支柱。数字通信与模拟通信相比，具有以下显著特点：一是抗干扰能力强。数字通信系统传输的是0、1二元信号，传输的脉冲波形只有两种状态。在接收端对每一个传输码元进行判决时，只要采样时刻的噪声绝对值与判决电平相比不超过某一个门限就不会形成误判，而且采用一些技术措施，可以具有检错和纠错能力，抗干扰能力更强。二是可实现远距离通信。模拟通信由于难以将信号与噪声完全分离，在放大过程中，信号和噪声一同被放大，难以进行多级传输。数字通信在进行判别后，即能恢复原始信号信息，因此，无论经过几级放大和传输，也不会产生过多的噪声，从而实现远距离通信。三是能适应各种通信业务，电话、电报、图像和数据等各种信息都可以转换为数字信号进行传输，所以数字通信能适应各种业务通信。四是保密性能强。数字通信可以方便地进行复杂的密码排列，使敌方难以进行解密等，而模拟通信就难以实现复杂的加密。

现代网络使通信技术发生了革命性的变化。网络通信具有三点优势：一是可以满足多业务通信传输的需要；二是可以传输多媒体信息；三是实现信息传递的宽带和高速化。由于网络通信的发展，自动交换技术、光纤通信技术、卫星通信技术等新的通信技术得到了长足的发展和应用，构成了一个多种手段、立体化的通信网络。这些网络在军事上的应用，使军事通信发生了深刻的变化，军事战略通信网、指挥自动化通信系统、战略战术通信网和军民结合的卫星通信网联成一个整体；使战场瞬息万变的态势可实时传输，供指挥员进行决策；使远程精确打击成为可能，毁伤效能大幅度提高；使作战效果得到及时反馈，作战节奏大大加快，彻底地改变了现代战争的面貌。

现代通信技术的快速发展集中体现在：程控数字交换技术是现代通信的基础；微波通信技术扩大了通信容量；光纤通信技术增强了实时通信能力；卫星通信技术实现了全球通信；移动通信技术解决了“动中通”难题。

2. 现代通信技术的发展趋势

一是采用军用ATM技术，提高战场适应能力。包括抗毁性ATM技术、军用ATM分布式交换技术以及网络抗毁自治愈技术。作为军用通信系统，必须在遭到损坏时，现有的资源能够继续运行，因此必须研究军用ATM分布式交换技术，提高ATM的抗毁性，以提高系统的安全性。采用链路重叠和网络拓扑结构可以加强网络的抗毁能力，但被毁后的网络快速愈合重组也是一项关键性的技术难题。由于作战使用的机动性，战场环境的电磁干扰严重。无线ATM的误码率要比光纤严重得多，必须动态地应用前向纠错（FEC）编码技术和在数据链路层采用自动请求重发（ARQ）协议，以提高无线ATM在战场环境下的可靠性。

二是开发军用IP技术，增强网络通信能力。当前的IP协议的技术标准都不支持路由器的移动性，而军用IP技术可以支持网络主干的移动，这就大大提高了军用网络系统的机动能力。军用网络的信息资源十分丰富，信息的时效性要求很高，处理能力要求很强，但工作环境却异常恶劣。因此，能够对网络各种复杂的信道资源、路由资源、频率资源、地理信息资源等进行有效的调配和利用，是军用网络管理技术必须解决的问题。

三是采用新的通信技术，提高抗干扰通信能力。研制多频段、多模式、数字可编程无线电台和大容量干线无线电台，采用综合抗干扰技术，利用无线组网，实现高机动性部队之间高可靠性、大容量的通信保障。

（三）系统综合集成技术

系统综合集成，是指使一个整体的各部分能够彼此有机地协调工作，以发挥整体效益，达到整体优化的方法。集成不仅强调将各个系统物理地集合在一起，更强调这些系统在逻辑上的联系。系统综合集成技术是对多种系统和技术进行裁剪，恰当合理地选择相关技术和策略，最佳地选择和配置各种软件和硬件资源，以构成满足用户需求的，整体性能最优的各类集成技术的统称。

1. 系统综合集成技术的内容

（1）系统运行环境集成　它是将不同的硬件设备、操作系统、网络系统、数据库系统、开发工具和其他系统支撑软件集成为一个应用系统。形成高效、协调的应用平台，使得系统中的每一个用户都可以共享软件及硬件资源。

（2）信息集成　从信息资源管理出发，进行全系统的数据总体规划、分布分析与应用分析，统一规划设计数据库，使不同部门、不同专业、不同层次的人员，在信息资源方面达到高度的共享。

（3）应用功能的集成　利用各种技术手段，在运行环境和信息集成的基础上，建立一个满足用户功能需求的完整系统。

（4）人员和组织集成　系统最终是为人员及其组织服务的，同时系统也是由人来控制的。通过对人员和组织的协调，使之适合集成后的系统，包括协同分工、友好的人机界面、智能化、自动化系统等。

集成的各个方面内容是有机的整体，信息集成是系统综合集成的核心。应用功能集成直接影响系统的效率和质量，系统运行环境集成决定了系统的技术水平和运行效率，人与组织的集成是系统效能发挥的关键。

2. 系统综合集成技术的发展趋势

系统综合集成需要重点解决的技术问题主要包括：软硬件平台集成、技术分系统集成、接口设计等。

软硬件平台集成，就是将不同的硬件平台、软件平台、开发工具以及有关系统支持软件等集成为一个协调运行的应用平台，用户可以共享系统软件及硬件资源。集成的结果要满足“五个统一”：统一的通信接口、统一的编程接口、统一的最终用户接口、统一的系统管理和服务、统一的信息格式和数据格式，同时，还应具备抗干扰和信息安全保密的要求。

技术分系统的集成，是将各要素的共性应用软件，按照功能要求进行分工，落实每个子系统的研制开发单位，并定义有关接口，以确保系统间的协调工作。

接口设计，是指挥信息系统综合集成的技术基础。只有具备了统一的接口，才可以进行统一的、标准的和互联互通的设计。系统综合集成是一个循序渐进的过程，是长期的技术工作，随着技术的发展，需要不断地进行更新和重新设计。

3. 系统综合集成技术的应用

通过各种综合集成技术，进行综合设计、综合整体集成、综合高效运用、综合技术嵌入和综合扩充更新，建立一个结构最优、自适应、高性能、高度抗毁与生存能力强的实时互操作的大系统。在战场上，实现武器、信息、战法的集成，实现火力、机动、防护、探测定位与跟踪、精确打击的集成；往武器装备上，实现平台、武器、信息化系统和支援保障系统的集成；在作战空间上，实现“陆、海、空、天、电、信息”的集成；在体制上，实现“人员、武器、军事理论以及作战条令”的集成。

（四）网络系统技术

网络系统技术的发展与运用，已经在军事领域内引起了一场深刻的革命。网络系统技术正处于快速发展之中，其发展现状和趋势集中体现在以下几个方面。

1. 信息网络技术

信息网络技术的主体是先进的软件技术、通信技术和计算机技术，以及支持主体技术的微电子技术、激光技术、自动控制技术、空间技术、高清晰度成像和显示技术等。它已成为现代军事技术的核心与主体技术，信息网络技术是自20世纪60年代末以来逐渐发展起来的，是最具先进性、应用性的一门综合性的技术。信息网络是由若干台独立计算机和其他数据终端设备在特定的硬件和软件支撑下，通过通信线路互联构成的系统。在计算机及其软件得以高度开发、多媒体技术有了迅速发展的今天，网络技术可以将各作战单元、各级各类指挥中心，在电磁干扰环境下与快速运动中形成全国、全军自动化指挥信息网络；各级各类指挥中心、各作战单元之间可互联、互通、互操作、互工作，实现数据、信息资源共享。

2. 平台网络一体化系统技术

平台网络一体化系统技术，是通过将平台及平台上的所有信息设备进行一体化系统设计，使平台的作战效能达到最佳，也可获得最好的实效，从而满足未来作战环境的需要。通过采用多功能通用标准电子模块和具有多频谱传感器实时数据融合能力的计算机，不仅将多种信息战功能集于一身，真正实现雷达告警、导弹发射和攻击告警、信息支援、信息干扰及规避、协同一体化，而且与平台上其他信息设备综合为一体，达成信息共享。由于网络技术的发展，高技术作战平台的这种网络联通和信息融合能力越来越强。比如，现在的遥控飞行器自身就携带有侦察、跟踪、瞄准装置和弹药，侦察发现目标后，通过平台单元内的信息协同，就能够很快将目标摧毁；侦察机的雷达发现100～200千米距离上的目标后，数秒钟之内就能完成信号处理、传输工作，并引导地面兵器准确打击目标；预警卫星能将所捕获到的敌目标信息及时传输给攻击系统，并能引导攻击系统对目标实施及时和准确的攻击，因而具有边发现和边摧毁的能力等。自海湾战争以来，美国十分注重发展网络一体化的作战平台，把全球信息感知和全球指挥控制作为联合作战的重要能力之一。

3. 指挥控制系统技术

未来战争将是体系与体系的对抗，要求指挥控制系统应实现网络状指挥信息结构，即由一系列节点相连接成网络，覆盖整个战场地域，具有横向连通、纵横一体的扁平状外形，克服了树状结构信息传输慢、横向之间难以沟通、指挥灵活性和安全稳定性差的缺点。

“扁平化”指挥结构的主要特点包括：一是信息共享。它使更多的作战单元同处于一个信息流动层次，使情报、目标数据和其他数据在备作战单元之间进行分层式分发。二是确保作战指挥通信的稳定和不间断。它缩短了信息流程，当某一分支或节点遭到破坏和干扰时，可利用网络的多路横向信息路径传递指挥控制信息。三是能实施机动指挥。它可不设固定指挥所，利用车载或机载的形式，在作战地域或空域适时机动。四是网络化指挥信息机构可便利地使部分节点设置为假目标，以假乱真，以真示假，诱骗敌人，隐蔽自己的企图，实现指挥所的隐蔽伪装。

三、指挥控制技术的运用

指挥控制技术在军事领域最直接和最重要的应用结果，就是物化为军队指挥信息系统。所谓军队指挥信息系统，是指以计算机技术为核心，具有指挥控制、情报侦察、预警探测、通信、电子对抗和其他作战信息保障功能的军事信息系统。因此，指挥控制技术的作战运用，通过军队指挥信息系统的功能得以体现。

（一）军队战斗力的“倍增器”

指挥信息系统可以极大地提高军队的战斗力。战斗力是指军队实施战斗行动和完成战斗任务的能力，主要取决于两方面要素：一个是作战实力（简称兵力），另一个是指挥控制能力（简称用兵能力）。战斗力不是兵力、用兵能力两方面要素的简单相加，而是（战斗人员＋武器系统）×（指挥谋略＋指挥控制系统）的系统之积。因此，要想使兵力和兵器最佳组合，充分发挥它们的作战效能，最大限度地提高军队的战斗力，除了指挥员要有精深的谋略和高超的指挥艺术外，还需要功能强大的指挥信息系统。因为只有借助高效能的指挥信息系统，指挥员才能全面了解战场态势，做出正确的决策，并迅速、准确地加以贯彻执行，实现对部队和武器系统的有效指挥控制。否则，即使有较强的军事实力，在信息化条件下的局部战争中也难以发挥作用。1991 年海湾战争爆发时，伊拉克的防空力量并不弱。据有关资料介绍，其空军有 4 万多人，作战飞机 560 余架（包括 30 架先进的米格-29 和 94 架“幻影”战斗机），2 个防空导弹旅，地空导弹发射装置约 730 部，防毒导弹约 3700 枚，各种高炮 4000 多门，防空武器比较齐全，有些还相当先进。但多国部队在发起大规模空袭前，首先实施高强度的综合电子战，瘫痪了伊军 C3I 系统，使其作战指挥系统成了“瞎子”“聋子”和“哑巴”。结果，伊军根本未能组织起有效的防空作战，多国部队以很小的代价赢得了胜利，出动飞机 11.4 万架次，只损失固定翼飞机 47 架，真正战损仅 39 架，战损率为 0.34%，远低于 3%～5%的平均战损率。伊军的教训说明，指挥信息系统对军队战斗力起到倍增或倍减的作用。

（二）军队一体化作战体系的“黏合剂”

指挥信息系统可以将现代军队的各个系统有机地联为一体，充分发挥整体威力。现代战争是诸军兵种一体化联合作战，参战军兵种多，武器平台多，战场分布广，如果没有一个高效率、高度集中统一的指挥信息系统作为军队的神经中枢，那么这支军队只能是一盘散沙，无法发挥应有的效能，因此，指挥信息系统是现代化军队一体化作战体系的“黏合剂”。美军认为，现代战争条件下，没有现代化的指挥信息系统，就等于没有一支军队。20 世纪 90 年代以来，从海湾战争、科索沃战争、阿富汗战争到伊拉克战争，都充分表明了这一点。阿富汗军队基本上没有指挥信息系统，因此就根本无法与美军直接对抗；南联盟的指挥信息系统是不完整的，因此其能组织有限的防护，也难以与以美国为首的北约军队抗衡；伊拉克虽然建立了较为先进的指挥信息系统，但却无法确保其在战时正常工作，或系统运行不稳定、不可靠，或缺少防护手段易遭摧毁，从而不能发挥应有的效能，也同样逃脱不了失败的命运。相反，美军则高度重视并投巨资建设指挥信息系统，在战争中收到了奇效。

（三）军队指挥控制的重要手段

指挥信息系统可以大幅度提高联合作战指挥员的指挥能力。首先，它可为联合作战指挥员提供对广阔作战空间的感知能力。指挥员可在近离战场的指挥所里通过显示设备，实时、形象、直观地掌握战场态势和有关情况，了解战场态势所需时间大大缩短。其次，它可增强联合作战指挥员的有效用兵能力。联合作战指挥员可通过战场态势显示屏和通信网络直接指挥作战部队的行动，可对来袭的敌方各种空中目标实现从情报侦察、探测预警、监视捕捉、敌我识别、跟踪制导、电子对抗到命中目标的全程指挥控制，提高各种信息化武器装备的作战效能。再次，它可为联合作战指挥员提供高效的通信保障。由有线载波、微波接力、对流层散射、卫星和激光等通信设备组成的通信网，可保证指挥员对部队实施高效的实时指挥控制。系统的这些功能提高了指挥员协调陆海空三军参战部队的效率，使之保持协调一致的作战节奏。同时，各级参战部队也能更好地适应战场环境的变化，形成对敌绝对优势，不仅能有效、有选择地摧毁敌方目标，成倍提高联合作战能力，而且还能最终保障各军种部队在任何时间和任何地点都能有效地进行联合作战。最后，它能使战略决策层直接感知和控制战术行动。在现代战争中，有可能出现一些战略性战斗行动，超越战役级而直接与战略级发生关系。如美国空袭利比亚、出兵海地等军事行动，规模虽然不大，但事关全局，在处理这种战略性战斗行动时，既要求前线指挥员要直接对战略决策层负责，也要求战略决策层拥有实时掌握战术情况的能力，这一切都离不开指挥控制系统。

（四）打赢信息化条件下局部战争的根本保证

指挥信息系统是进行信息化条件下局部战争的基础，也是打赢信息化条件下局部战争的根本保证。在信息化条件下的局部战争中，作战力量的指挥控制将更加受制于复杂的战场环境。在包含大量信息化武器装备的数字化、网络化战场上，指挥控制系统能使信息与能量实现最佳结合，既能为战场上所有作战单位提供“无缝”的信息传输能力和互操作能力，又能在任何时间、任何地点，接收实时、融合、逼真的战场图像，准确提供敌人或潜在敌人指挥控制部队的各种信息，可全向发布、响应命令，指挥控制己方部队。另外，指挥控制系统是取得信息优势的必备条件。实施信息战的主要任务是压制、削弱、破坏和摧毁敌方指挥控制系统，同时确保己方指挥控制系统免遭这种攻击，使己方的信息收集、处理、传输和利用等少受影响，建立起信息优势。为此，敌对双方可能采取的战法主要有网络战、病毒战、干扰欺骗、实体摧毁等。这些对抗行动都将主要集中在指挥控制系统上，显然，其性能优劣将决定着信息战的成败。

第八节　新概念武器

高新技术的迅猛发展和广泛应用，正在引发世界范围的军事变革。军事大国，特别是以美国为首的西方国家，都企图加快军事技术的创新发展，进一步拉大与其他国家在军事高新技术方面的差距。加速发展新概念武器，是它们确立军事高技术优势的重要手段之一。

一、新概念武器概述

（一）新概念武器的内涵和主要特征

新概念武器是相对于传统武器而言的高新技术武器群体。目前正处于研制或探索性发展之中。它在原理、杀伤破坏机理（杀伤效应）和作战方式上，与传统武器有显著的不同，投入使用后往往能大幅度提高作战效能与效费比，取得出奇制胜的作战效果。

新概念武器的主要特征通常表现如下。

1. 创新性

与传统武器相比，新概念武器在设计思想、工作原理和杀伤机制上具有显著的突破和创新，它是创新思维和高新技术相结合的产物。

2. 高效性

技术上一旦取得突破，可在未来的高技术战争中发挥巨大的作战效能，满足新的作战需要，并在体系攻防对抗中有效地抑制敌方传统武器作战效能的发挥。

3. 时代性

新概念武器是一个相对的、动态的概念。随着时代的发展和科技的进步，某一时代的新概念武器日趋成熟并得到广泛应用后，也就转化为传统武器。

4. 探索性

新概念武器高科技含量远高于传统武器，探索性强，大部分涉及前沿学科，对武器装备发展甚至国民经济的发展都具有带动作用。

5. 高风险性

新概念武器高科技含量大，技术难度高，在技术途径、经费投入、研制时间等多方面的不确定因素多，因而研制工作具有相当大的风险。

（二）新概念武器的种类

目前，世界各国正在探索和发展中的典型新概念武器主要有：激光武器、粒子束武器、微波武器、动能拦截弹、电炮、环境武器、次声波武器、非致命性武器等。这些与传统武器具有本质区别的新概念武器为武器装备的发展开辟了崭新的领域，在一定程度上代表了武器装备未来的发展方向。同时，这些武器的使用也必然对作战带来不可估量的影响。

可以预测，在未来战争中，动能武器和定向能武器将成为防空、防天和导弹攻防作战的利器；高功率微波武器、粒子束武器、高能激光武器、电磁脉冲武器作为未来信息战的重要软、硬杀伤武器，将成为攻击敌方信息链路或节点的主要手段之一；计算机网络攻防武器将成为夺取信息优势的重要作战手段；智能化武器将成为各种战场目标防不胜防的巨大威胁；不知疲倦的智能化机器人将代替士兵担当起战场侦察、进攻、防御、作战保障、毁伤评估等重要作战使命；针对自然环境的气象武器将成为不战而胜的隐形杀手。此外，各种非致命武器也将为未来军事行动提供更多的选择。

根据目前各国新概念武器的研究进展情况，以及未来科学技术的可能发展，在21世纪的战争中，将会出现的新概念作战样式主要包括：新概念智能化作战、新概念防空、防天和反导作战、新概念非致命作战、新概念电子作战、新概念气象作战等。

二、新概念武器的性能

新概念武器独特的杀伤机理和作用方式，决定了其功能多样、威力巨大的作战效能。目前，由于大部分新概念武器仍处于研究探索阶段，还很难准确预料对未来作战带来的巨大影响。但可以预见，随着这些具有极大作战效能的新概念武器不断成熟和陆续进入实战化，未来战场必将发生根本性的变化，传统作战方式也必将受到巨大的挑战。能否有效使用和应对这些新概念武器的挑战，将成为关系战争胜负的关键之一。

（一）激光武器

激光武器是利用激光的能量直接摧毁目标或使其失去战斗力的定向能武器。激光是一种方向性强、能量高度集中的光。激光武器利用这种特性，以光速将强大的光能以直线形式射向数十甚至几百、上千公里以外的目标，能够在瞬间将其击毁。根据激光功率大小和用途的不同，激光武器可分为激光干扰与致盲武器、战术激光武器、战区激光武器和战略激光武器。激光干扰与致盲武器是低能激光武器，在武器装备的分类中属光电对抗装备。后三者为高能激光武器，也就是通常意义上的激光武器。高能激光武器又叫强激光武器或激光炮。高能激光武器的杀伤破坏效应，主要是烧蚀效应、激波效应、辐射效应。

激光武器具有以下独特的性能。

一是反应迅速。光速以近每秒30万千米传输，打击战术目标不需要计算射击提前量，瞬发即中。因此，激光武器可用于拦截从低空、超低空突然来袭的近距离目标，这将大大提高对精确制导武器的拦截概率，解决当前存在的近程防空问题，从而对指挥中心、通讯枢纽和高技术兵器的配置地域等重要目标具有较好的防护作用。

二是不受电磁干扰。激光传输不受外界电磁波的干扰，目标难以利用电磁干扰手段避开激光武器的射击。不过，激光武器也有其自身的不足，不能全天候作战，受限于大雾、大雪、大雨，且激光发射系统属精密光学系统，在战场上的生存能力有待考验。

三是转移火力快。激光束发射时无后坐力，可连续射击，不存在多次发射的寿命问题，并且它能在很短的时间内转移射击方向，是拦截多目标的理想武器。而目前陆军装备的高炮，连续发射几分钟后，炮管就会发热发烫，影响正常的使用寿命。

四是作战效费比高。化学激光武器仅耗费燃料，每次发射费用为数千美元，远低于防空导弹的费用。例如，一枚“爱国者”导弹要 60 万～70 万美元，一枚短程“毒刺”式导弹要 2 万美元，而激光发射一次仅需数千美元，今后随着科学技术的进一步发展，激光发射一次的费用还可降至数百美元。

鉴于激光武器的重要作用和地位，美、俄、以色列和其他一些发达国家都投入了巨额资金，制定了宏大计划，组织了庞大的科技队伍，开发激光武器。应该说，激光武器的研制始于 20 世纪 60 年代末。经过 50 多年的发展，美、俄、英、德、法、以色列等国在激光武器研制方面均已取得长足进步，现已形成战术、战区和战略多层次防空、反导及反卫星激光武器技术体系。战术激光武器技术基本成熟。战区防御机载激光武器关键技术已突破，激光器单模块功率已达 30 万瓦，光束主动跟踪系统已经能锁定住 30～50 千米远处飞行速度为 1000 米/秒的助推段导弹。美空军正在大力推进大型机载激光器（ABL）计划，美陆军拟发展小型无人机载固体激光器方案。美国“阿尔法”激光器现已将输出功率提高到 500 万瓦，天基激光武器所需要的所有关键技术都通过了验证，并成功地进行了兆瓦级高功率激光器与光束控制、瞄准子系统的地面集成综合试验。其他国家也在大力发展强激光武器技术，俄罗斯的战术防空激光武器已具备实现武器化的技术能力，其天基激光武器系统的核心部件也正在接近百万瓦级的武器化技术指标。我国已经掌握了超强功率的固态激光器和智能控制环两项核心技术，全球目前只有我国掌握这两项核心技术。

（二）粒子束武器

粒子束武器是以电子、质子、离子或中性粒子为弹丸，通过高能加速器将其加速到接近光速，聚集成密集的束流射向目标，以束流的动能或其他效能杀伤破坏目标的定向能武器。粒子束武器具有快速、高能、灵活、干净、全天候使用等特点。射击不用提前量，千分之一秒就能改变射向，在极短的时间内从容地对付多批目标，是打击空间飞行器、洲际导弹和其他高速运动点状目标的理想武器。

高能粒子束主要有三种破坏作用：一是使目标物质结构材料汽化或融化；二是提前引爆目标中的引爆炸药或破坏目标中的热核材料；三是使目标的电路被破坏、电子装置失灵。

根据研究结果，粒子束武器在现代战争中的应用主要是识别和拦截洲际导弹。这是因为，洲际导弹在飞行中段除了释放弹头之外，还释放出大量的诱饵假弹头，只有中性粒子才能有效地对真假弹头进行识别，由此可见，粒子束武器是识别和拦截洲际导弹的最佳选择。粒子束武器的技术原理，是用高能加速器将粒子加速到接近光速，并用磁场把它们聚集成密集的束流，直接或去掉电荷后射向目标，靠束流的动能或其他效应使目标失效。当然，作为完整的粒子束武器只有粒子加速器是不够的，它还应包括能源、目标识别和跟踪、粒子束瞄准定位、拦截结果鉴定和指挥控制等分系统。粒子束武器的原理尽管不复杂，但要实现战斗力它还有一系列关键技术需要解决。

美国和俄罗斯是世界上从事粒子束武器技术研究的主要国家。早在20世纪60年代，俄罗斯就开始研究利用粒子束武器作为反卫星和反导弹武器的技术可行性，已在粒子源和加速器等关键技术等方面做了大量基础性工作，并取得了一定的成果。美国也从20世纪60年代就开始研究粒子束武器技术，并在80年代初将其列为SDI计划的一个重要研究项目，在技术上也取得了一些重要进展。1989年，美国利用小型的中性粒子束装置进行了空间试验，演示了中性粒子束设备在空间工作的能力，成为第一个在空间试验中性粒子束技术的国家。但由于技术方面的原因，粒子束武器技术在美国SDI计划中的地位逐步降低，经费逐年减少，进度不断放缓，至少在21世纪初还无法作为防御武器或识别手段使用。

（三）微波武器

微波武器是利用定向发射的高功率微波束毁坏敌方电子设备或攻击敌方作战人员的一种定向能武器。它能以极高的强度或密度照射和轰击目标，利用强大高温、电离、辐射等综合效应杀伤人员和破坏武器。它的主要作战对象是雷达、战术导弹（特别是反辐射导弹）、预警飞机、卫星、通信设备、军用计算机、隐身飞机、车辆点火系统和人员等。与激光武器和粒子束武器相比，微波武器受天候的影响比较小。

微波武器的作战效能主要包括以下几种。

1. 干扰作用

当使用0.01～1微瓦/平方厘米功率密度的微波束照射目标时，能干扰在相应频段上工作的雷达、通信设备和导航系统，使其无法正常工作；当功率密度达到0.01～1瓦/平方厘米时，可导致雷达、通信和导航设备的微波器件性能下降或失效，还会使小型计算机芯片失效或被烧毁。

2.“软杀伤”作用

当使用功率密度为10～100瓦/平方厘米的强微波束照射目标时，其辐射形成的电磁场，可在金属目标表面产生感应电流，通过天线、导线、金属开口或缝隙进入飞机、导弹、卫星、坦克等武器系统电子设备的电路中，如果感应电流较大，会使电路功能产生混乱、出现误码、中断数据或信息传输，抹掉计算机存储或记忆信息等。如果感应电流很大，则会烧毁电路中的元器件，使电子装备和武器系统失效。

3.“硬杀伤”作用

当使用功率密度为1000～10000瓦/平方厘米的强微波束照射目标时，能在瞬间摧毁目标、引爆炸弹、导弹、核弹等武器。

4. 对人员的杀伤作用

高功率微波武器对人员的杀伤分为“非热效应”和“热效应”两类。前者是由较弱的微波能量照射引起的，后者是由较强的微波能量照射引起的。当人员受到3～13毫瓦/平方厘米的微波束照射时，会导致神经错乱、行为错误、烦躁、致盲、心肺功能衰竭等现象；功率密度达10～50毫瓦/平方厘米，频率在10吉赫以下时，人员会发生痉挛或失去知觉，飞机驾驶员受到照射后会发生坠机事件；当功率密度达到0.5瓦/平方厘米时，可造成人员皮肤的轻度烧伤；功率密度达到20～80瓦/平方厘米时，仅需照射1秒钟，即可造成人员死亡。

当前，世界发达国家，如美国、俄罗斯、法国、英国、德国、日本等都很重视发展高功率微波武器。其中美国和俄罗斯的高功率微波武器发展较快，已取得了重大进展。美国国防部1987年开始招标的发展常规武器的高技术“平衡技术倡议”（BTI）计划，将高功率微波武器技术列为5项关键技术项目中的一项。美国三军也分别制定了高功率微波武器的发展计划，并于20世纪90年代起开始研制工作。据报道，美国每年用于发展高功率微波武器的经费约为5000万美元。

美国和俄罗斯等都研制出并试验了能反复使用的高功率微波武器的样机，并进行了外场实验。例如，美国通用动力公司研制出用于舰载防空系统的高功率微波武器样机，主要用途是对付敌方的反舰导弹；美海军水面武器中心正在研制取代舰载“密集阵”高地系统的高功率微波武器；美陆军正在试验一种短程高功率微波扫雷器。俄罗斯已研制出一种专用于防空系统的高功率微波武器样机，并进行了外场试验。

（四）动能拦截弹

动能拦截弹是以火箭发动机增速获得巨大动能，然后通过精确撞击，直接毁伤目标的武器。

动能拦截弹的特点主要包括以下几个。

一是命中精度高，拦截脱靶量接近零。动能拦截器采用焦平面凝视成像导引头，没有角噪声，不会形成盲控距离，且利用快速响应的姿/轨控发动机进行直接侧向力控制，响应时延小于10毫秒，与目标的碰撞点不会越出目标本体，从而实现零脱靶。

二是杀伤力强，可有效对付核、化、生等大规模杀伤性武器。动能拦截弹与目标碰撞时的相对速度达到5～10千米/秒时，其能量可高达数亿焦耳，可形成摄氏几百万度甚至几千万度的高温高压等离子体，瞬间的爆炸威力足以彻底摧毁现有任何类型的目标。包括弹道导弹所携带的核、化、生弹头，并且能够消除化学和生物弹头可能造成的污染。

三是轻质小型，机动性好。动能拦截弹采用碰撞杀伤方式，所携带动能杀伤拦截器的质量远小于传统的高爆战斗部。因为战斗部的质量较小，其运载器的尺寸也减小，从而使得整个拦截弹的尺寸得以缩减。另外由于质量小，在同等推力下具有更高的机动能力。

四是采用直接侧向力控制，可在大气层内外作战。常规导弹依赖气动力进行控制，只能在大气层内作战。动能拦截弹采取的是直接侧向力控制方式，不依赖于气动力，既可在大气层内作战，也可在大气层外作战。

五是在拦截弹道导弹时不存在引战配合问题。常规导弹带有战斗部和引信，在拦截弹道导弹上必须采用引战配合技术，即利用引信在适当的时候引爆战斗部，使得战斗部爆炸产生的破片正好覆盖目标的要害部位，以达到杀伤的目的。而动能拦截弹对弹道导弹实施拦截时，依靠很高的制导控制精度来实现对目标的直接碰撞，利用碰撞产生的巨大动能摧毁目标，故不要求引战配合。

目前，美、英、法、俄和以色列等国都致力于发展动能拦截弹技术。美国是世界上最积极发展动能拦截弹技术的国家，主要用于导弹防御计划和动能反卫星计划（KE-ASAT）。迄今为止，美国正在研制5种动能拦截弹，分别是：地基拦截弹（GBI）、陆基战区高空区域防御拦截弹（HAAD）、舰载“标准-3”（SM-3）拦截弹、陆基“爱国者-3”（PAC-3）拦截弹以及地基动能反卫星拦截弹（KE-ASAT）。其中最成熟的是“爱国者-3”拦截弹。动能拦截弹作为新型的防空导弹，毫无疑问能够对飞机、巡航导弹等目标实施防御。动能拦截弹将成为未来空间战的主战武器之一。

（五）电炮

电炮是利用脉冲能源提供的电能或利用电能与化学能相结合，使弹丸或其他有效载荷达到的速度或动能大大超过传统发射方式，它是全新原理的发射技术。电炮总体上分为两大类：电磁炮和电热炮（化学炮）。

1. 电磁炮

电磁炮是利用运动电荷或载流导体在磁场中切割磁力线产生的电磁力来加速弹丸，是完全依赖电能和电磁力加速弹丸的一种超高速发射装置。电磁炮主要分为电磁线圈炮、电磁轨道炮两类。电磁线圈炮是利用感应耦合的固定线圈产生的磁场与弹丸线圈上的感应电流相互作用产生的电磁力推动弹丸加速；电磁轨道炮是利用流经导电轨道和滑动电枢的强电流与其所产生的磁场作用的电磁力驱动弹丸。目前国外发展的电磁炮主要是轨道炮，其炮口初速远大于其他类型的电磁发射器，理论上可达十几至几十千米/秒。

与常规火炮相比，电磁炮具有初速大、质轻型小、隐蔽性好、射击速率高、可控性好等特点。电磁炮独特的优点，使其在未来战场的广泛领域中拥有重要的应用价值。在防空防天与反导方面，电磁炮可广泛用于反飞机、反巡航导弹、反弹道导弹甚至反卫星作战。在反装甲方面，电磁炮将成为对抗各种新型装甲的有效途径，炮口动能 15 兆焦以上的电磁炮可以击毁常规火炮难以击毁的装甲目标。此外，在反舰、航天发射等方面也具有非常广泛的应用前景。

2. 电热炮

电热炮是利用放电方法产生的等离子体，在封闭的放电管或炮膛内做功来推动弹丸。按照等离子体的形成方法差异，电热炮又分为直热式和间热式两种。直热式电热炮就是通常所说的纯电热炮，它是完全依靠电能工作，利用高功率脉冲电源放电产生高温高压等离子体，以等离子体膨胀做功直接推动弹丸前进。间热式电热炮是先利用高功率脉冲电源放电产生高温高压等离子体，然后再用此等离子体去加热化学物质，产生高温高压燃气，膨胀做功来推动弹丸。由于间热式电热炮的能量部分来自电能，部分来自化学能，因此又称作电热化学炮。

（六）环境武器

环境武器是指通过利用或改变自然环境状态所产生的巨大能量来打击目标的武器。战争总是在一定的环境中进行的，随着科学技术的发展，在未来的战争中，交战双方将有能力借助先进技术更大程度地利用自然环境中潜在的巨大能量呼风唤雨，让人工灾难降临到敌人头上。目前，环境武器主要分三种类型。

1. 气象型

即利用云和大气中微粒的微观不稳定性，人为地制造出洪暴、干旱、闪电、冰雹和大雾；利用大气中的不稳定性人工引起飓风、龙卷风以及台风等自然灾害，进而对人和生物等造成危害。

目前，气象武器运用的主要技术如下。

（1）洪水技术　用飞机向敌方上空的云层中投放硝酸银颗粒，这些颗粒很小，与注射针头相仿，它们能使云层中的水蒸气形成大雨，从而造成洪水泛滥。

（2）严寒技术　在敌方距离地面 17 千米左右的高空爆炸装有甲烷或二氧化碳的炸弹，释放出来的甲烷或二氧化碳密布天空，遮住太阳光，使敌方阵地的广大地区一片黑暗，温度下降，造成敌方人员伤害或设备无法使用。

（3）热风暴技术　在沙漠地区使用激光将空气加热，形成龙卷风和沙漠风暴，以影响敌方的人员行动和设备使用。

（4）水柱技术　在海底30米深处投放巨大威力的炸弹，形成海底地震，造成海啸，掀翻敌方军舰，冲垮海岸上的阵地，卷走人员。

（5）浓云掩体技术　利用微波技术，在自己阵地上空制造乌云，使敌方飞机无法活动。

（6）毛毛雨技术　利用微波技术，使敌方阵地下起毛毛细雨，雨滴虽小，但密度很大，形成一个“雨帘”，影响敌方的雷达工作。

未来还可能利用纳米技术，制造更小的“雄蜂”，随心所欲地远距离改变敌方天空的云层状况，为自己向敌军进攻创造条件。

2. 地震作用型

地壳中隐藏的热应力分布不均，具有极强的不稳定性；因此通过人为激发可以诱发“人造地震”。实验证明，当量为100万吨TNT的核爆炸可能引发里氏6.9级地震。

3. 生态型

即通过向敌方地区撒播能阻止地球表面热量散发的化学物质，使敌国的大地变成干燥的沙漠，导致生态环境变化；还可以把大量的溴或氯释放到敌方上空，破坏臭氧层，使之形成“空洞”，让大量的紫外线辐射到敌国地面。

（七）次声武器

次声武器是利用低于20赫兹的低频声波在短时间内使人体器官产生强烈的共振，从而使人头昏、恶心、肌肉痉挛、神经错乱、呼吸困难、惶惶不安。次声对机体的基本作用原理是生物共振，人体内部各器官的振动频率均在次声频率范围内。当人体处于次声作用下时，只要声压级达到一定程度，体内器官就会发生共振，结果是各部位出现不同程度的不适，甚至造成器官破坏。

次声武器有四个基本特点。

一是传播速度快。次声在空气中以时速约1200千米的速度传播。在水中传播速度更快，时速可达6000千米。

二是传播距离远。由于空气的热传导、黏滞和分子吸收效应与频率的平方成正比，而次声的频率低，所以衰减小。例如，核爆炸所产生的次声可绕地球好几圈。

三是不易察觉。只要强度不是特别高，次声就不能为人耳所听见。

四是穿透力强。声波的穿透能力与频率成反比。例如，7000赫兹的声波可用一张厚纸挡住，而对于7赫兹的次声，墙壁也阻挡不住。实验表明，次声可穿透十多米的钢筋混凝土、建筑物、坦克、装甲车、深水下的潜艇等。

（八）非致命武器

非致命武器是指为达到使人员或装备失能，并使附带破坏程度最小化而专门设计的武器系统。由于它不以杀伤人员和毁坏装备、设施为目的，而是针对人员、装备、基础设施的薄弱环节，使其失去作战能力或不能正常发挥作用，从而达到作战目的，因此又称作失能武器或非杀伤武器。从广义上讲，它是涵盖信息战装备、反机动、反人员等各种非杀伤性武器的一种新概念武器群体。目前，国外发展的非致命武器，按照用途基本上可分为反装备非致命武器和反人员非致命武器两大类。

1. 反装备非致命武器

反装备非致命武器，主要是通过破坏装备本身的材料结构或外部条件，使其无法正常发挥作用，通常以阻止装备快速实施机动为主要目的。主要包括以下几种武器。

（1）强力黏结剂武器　强力黏结剂武器源于美国的“黏苍蝇纸”方案。它是通过飞机或炮弹（航空炮弹、火箭弹等）将一些具有极强黏合力的以聚合物为基础的雾状黏结剂喷洒或投放在预定目标上，使飞机黏在跑道上而无法起飞，使车辆黏在公路上而不能行驶，使枪炮、通信设施或其他装备黏住而不能操作。这些物质如果在空中飘浮，还能破坏飞机、坦克发动机的运转；如果由士兵携带的喷洒器布撒，能在120～200米的距离上黏住敌方人员，使其无法行动。

（2）特种润滑油武器　特种润滑油武器技术方案正好与强力黏结剂武器相反。它是将一类极细微的高性能润滑粉剂，用飞机或炮弹撒播在地面，使飞机跑道、公路、铁路等表面异常光滑，导致飞机无法起飞或降落、车辆失控、列车脱轨，从而达到破坏部队行动的目的。这种可供选择的特殊光滑的物质有特氟隆（聚四氟乙烯）和它的衍生物。特氟隆不仅几乎没有摩擦系数，而且还有难以“清洗”的特点。

（3）超级腐蚀剂武器　超级腐蚀剂武器是指使用超级腐蚀剂造成飞机和车辆的轮胎、人员的鞋底变质，破坏沥青路面和光学系统的武器。超级腐蚀剂可制成液体、粉末、凝胶或雾状，也可制成二元混合物，以便于安全使用。它可由飞机投放、用炮弹抛洒或由人工施放。美军在新武器构想中就推出了“钉在沥青路上”的方案，即在道路上喷洒一层能够很快使车辆的轮胎变质、破碎乃至爆裂的特殊物质，只要车辆从这里走过，就会受到严重损坏。

（4）金属致脆剂武器　金属致脆剂是用化学方法使金属屑或合金的分子结构发生改变，从而使其强度大幅度降低。它几乎可以使所有金属变脆，破坏飞机、舰船、车辆、桥梁、建筑物钢结构部件等。金属致脆剂一般是清澈透明的液体状物质，几乎不含任何杂质，可以用飞机从空中喷洒，也可装在炮弹内发射到敌军上空，还可装在喷雾器内喷洒。

（5）动力系统熄火弹　动力系统熄火弹是指利用阻燃剂来污染或改变燃料性能，使发动机不能正常工作而熄火的武器。将特殊性能的化学添加剂，投射到敌方阵地后弥漫在空气中，当敌人的坦克发动机吸入后，将使燃料改变性能，从而使发动机不能正常工作。美国将这种新概念武器视为遏制敌方坦克装甲车集群的有效手段之一。

2. 反人员非致命武器

反人员非致命武器可使敌方战斗减员。目前，国外正在研究开发几种专门的反人员非致命武器包括：用于控制骚乱的非致命能力；使人员失能的能力；阻止人员进入某一（地面、海上和空中）区域的能力。主要有激光武器、次声武器、化学失能剂、刺激剂和黏性泡沫等类型。

从使用效果看，非致命武器在现代冲突中可以成为配合常规武器的重要补充手段，在某种条件下甚至可以起到战略性作用。例如，在冲突早期，非致命武器可以用作抑制冲突升级的压制性手段，从而能够有力地配合、支持经济制裁和军事打击。在高强度冲突中，非致命武器可以对敌武器系统、侦察通信系统、指挥控制系统、交通要道等目标进行干扰破坏，取得直接的战略性效果，加快战争进程。

三、新概念武器对未来战争的影响

近年来，科技革命浪潮的蓬勃兴起，使一个个制约军事技术发展的瓶颈得以突破，大量具有革命性、划时代意义的新概念武器正在不断走出试验室进入试验场，有些甚至已经应用于战争实践，呈现出令世人瞠目结舌的巨大作战效能。可以预见，这些与传统意义武器装备具有本质区别的新概念武器的出现和陆续实用化，必将对21世纪的军事理论、作战方式、部队编成，甚至对人们对军事问题的思维方式等产生一系列革命性的影响，引发新一轮世界范围的重大军事变革。

（一）传统时空观将发生根本改变

时间和空间是影响作战进程的两大要素，作战双方围绕时空的争夺历来是斗争的焦点。虽然现代武器的飞行速度成倍提高，射程大大增加，打击力臂空前延伸，而且弹头飞行制导化，使精确打击能力大大增加。巡航导弹可以打击地球上任何一个目标，误差不超过百米；战役、战术导弹射程也都在几百、几千千米以上，误差控制在几米；就是常规武器经过信息化改造，其精度和射程也有了突飞猛进的发展。但与新概念武器相比，这些目前战场上的骄子只能算是“蜗牛爬行”。激光武器以30万千米/秒的光速射向目标，一切“高速”运动目标都像固定目标那样容易对付，即使是100千米外遨游太空的航天器，利用定向能武器攻击也不过0.00033秒，瞬发即中。电磁炮，从理论上讲其速度能够达到20千米/秒，远高于飞机、导弹的速度，任何地面、空中目标一旦被瞄准，将无法避免被摧毁的厄运。就是速度较慢的次声波武器，在空气中传播也可达300米/秒，在水中1600米/秒，只要功率允许，几分钟或十几分钟就可覆盖整个战术甚至战役地幅。因此，一旦这些新概念武器广泛应用于战场，战争的前方、后方、前沿、纵深概念将不复存在，作战将在陆、海、空、天、电五维空间交织进行；各军种的作战任务和空间范围将难以区分，天对地作战、地对天作战、天对空作战、空对天作战等一系列新的作战样式将会出现；战略、战役、战术界限将更加模糊，新概念武器只需要简单调节输出能量，既可以打击战术目标又可以打击战略目标，一件武器将集战略、战役、战术多种功能于一身。因此，新概念武器的高速度、远距离打击能力，将使传统的时空观念发生革命性变化，如果说现在作战已进入“读秒”时代的话，未来作战将是“毫秒”“微秒”时代，瞬间决定胜负将不再是危言耸听。

（二）太空将成为真正的攻防战场

近几年，太空的战略地位越来越受到各国的重视，没有来自太空的侦察、监视、导航、通信、气象、指挥等保障，陆、海、空作战就无法有效实施，以至于美国人感叹“没有卫星，美国人就无法作战”。但截至目前，太空的军事应用还仅仅局限于对陆战、海战、空战的信息支援保障作用，还没有形成真正意义上的太空攻防作战，卫星依然高高在上，天马行空，使得常规武器只能一筹莫展，徒唤奈何。随着定向能武器、动能武器等快速度、远距离、高精度新概念武器的深入研究和在未来战场的广泛应用，太空得天独厚的高度优势将不再是其天然的屏障，从陆、海、空、天等多维空间打击敌航天器将成为可能，太空将成为作战双方真正的攻防战场。同时，对传统作战也必然带来巨大的影响。如果在天基、空基或地基部署这些新概念武器成为现实的话，未来战场起码有以下几方面的变化：一是空间的各种航天器将受到严重威胁，卫星将不能毫无顾忌地对战场实施支援，陆、海、空作战依靠卫星实施侦察、预警、通信的可靠性将明显下降，这在一定程度上将限制现代高技术侦察手段作用的发挥，提高作战行动的隐蔽性。二是从太空直接突击空中、地面和海上目标将成为一种重要的打击方式。太空攻击系统居高临下，不受地球曲率的影响，不受地形的限制，更便于瞄准射击；另外，太空攻击系统运动速度快，一天可以绕地球几次、十几次，攻击范围更广，地球上任何目标也无法逃脱它的打击。三是不论敌方战略巡航导弹还是各种弹道导弹，突防将更加困难，在很大程度上将限制远程火力突击系统作用的发挥。四是各种飞机的突防将面临巨大的威胁，将使空袭作战更加难以进行。

（三）新概念武器将成为重要的战略威慑力量

长期以来，携带核弹头的战略弹道导弹一直是战略威慑的主要力量，传统的反导武器难以对其实施有效防御，特别是难以对付多弹头分导的战略弹道导弹，而定向能武器、动能武器可以在弹道导弹刚刚发射升空的助推段就将其毁伤，在导弹发起攻击之前就实施有效的拦截。因此，战略弹道导弹的战略威慑作用将大大降低，取而代之的将是一系列新概念武器。

除定向能、动能武器的防天、防空和反导威慑作用外，新概念武器的威慑作用还表现在以下几个方面。

一是新概念电子战武器对信息系统的威慑作用。信息时代，各种各样的计算机网络已成为国家的战略命脉和战略资源，成为军队作战效能发挥的关键因素之一。一旦重要的网络陷入瘫痪，整个国家安全就面临着崩溃的危险，军队也将成为一片散沙，毫无战斗力可言。新概念电子战武器，如计算机网络进攻武器、电力攻击弹、微波炸弹、电磁脉冲炸弹以及激光武器、粒子束武器等，可以精确攻击也可以大面积破坏某一区域内的对方 C4ISR 目标，影响的是对方的战略决策和战略全局。攻击的目标也不仅限于军用网络，可以同时拓展到民用计算机网络和电力供应网络，这将会影响到国家的经济、社会秩序和广大民众的切身利益。一个国家网络化建设越发达，信息系统遭到破坏后的损失也越大。这一点，也正是新概念武器实施威慑的基础。

二是战略性气象武器破坏威力大，一旦使用将对敌对国家经济建设和人民生活造成巨大损失。气象武器根据其破坏威力大小，可分为战略性武器和战术性武器。战术性武器的使用主要是对局部气象施加短时间影响，在一次战役或战斗中创造于己有利于敌不利的气象条件。但战略性气象武器的破坏范围要比战术武器大得多，可以是一个地区也可以是一个国家甚至几个国家，其破坏程度极具威慑力，可以使一个国家或一个地区几十年的建设成就瞬间付之东流。如，地球物理武器所引发的地震、海啸等自然灾害，给人类造成的危害可能达到甚至超过任何一次大型核爆炸造成的破坏。臭氧武器在臭氧层开一“天窗”将大量杀伤地面上大面积的生物，造成灾难性后果。而且，气象武器隐蔽性非常强，诱发地点可以在距目标几百千米甚至几千千米外，很难察觉和防范。虽然这种极具破坏力的战略性气象武器交战双方都不会轻易使用，但其威慑作用不可低估。

三是次声波武器、激光武器、微波武器等对人员的致残作用，将造成对方军民巨大的心理恐慌，可以起到心理上的震慑作用。如次声波武器，由于人耳听不见，且传播速度快，作用距离远，致残作用明显，对对方将造成巨大的心理压力。而且，次声波武器很难防御，如频率为 7000 赫兹的声波，用一张纸就可以将它隔住，但频率为 7 赫兹的次声波可以穿透 10 多米厚的钢筋混凝土。因此，次声波武器的穿透力极强，即使是在坦克、装甲车、工事或水下的潜艇内，也难逃次声波武器的攻击，极难防护。另外，激光致盲武器，只致盲人眼，而不致置人于死，会给敌方造成巨大的心理压力，具有很大的威慑作用。因此激光致盲武器已经引起国际组织的严重关切。

有矛就会有盾，这是被战争历史所证明的一条真理。人们今天在惊叹新概念武器巨大效能的同时，也必然要寻找克制它的方法。问题的关键是，谁最先使用新概念武器，谁就会最先获得战场的主动权；谁最先掌握克制新概念武器的方法，谁就会在未来的战争中立于不败之地。因此，围绕新概念武器的对抗将成为未来军事斗争的焦点。

第九节　高技术与新军事变革

当今世界，在以信息技术为核心的高新技术推动下，军事领域正在发生着一场以信息化为主要特征的深刻变革。随着高技术特别是信息技术的进一步发展，这场变革已进入一个新的质变阶段，并将发展成为一场遍及全球、涉及所有军事领域的深刻革命，势必对世界军事形势、国际战略格局乃至战争形态的演变产生广泛而深刻的影响。

一、新军事变革的产生与形成

“新军事变革”，是从英文 RMA（Revolution in the Military Affairs）翻译而来。新军事变革，又称为信息化军事变革，是以人类技术社会形态由工业社会向信息社会转型为根本动因，以高技术特别是信息技术的飞速发展为直接动力，以信息为“基因”，以“系统集成”和“虚拟实践”为主要手段，把工业时代的机械化军事形态改造成信息时代的信息化军事形态的过程。其核心是，把工业时代适于打机械化战争的机械化军队建设成信息时代适于打信息化战争的信息化军队。最终结果是，使工业时代的机械化战争转化为信息时代的信息化战争。

（一）新军事变革的提出

早在 1946 年，美国研制出世界上第一台电子计算机——“伊尼亚克”号，它标志着人类社会生活面貌将由此发生深刻的变化，从而拉开了数字计算机和数字化新时代的帷幕。正如任何一种新的科学技术往往首先应用于军事领域一样，电子数字计算机及其技术同样首先使用于军事领域。美军从 1947 年开始，不断将电子数字计算机技术应用于军队指挥、控制及情报系统，逐步研制出第一套 C3I 系统。20 世纪 70 年代，美、苏等军事强国基于战略需求，基本都实现了军队指挥自动化。

1972 年爆发的越南战争中，美国率先使用精确制导炸弹并产生出巨大的作战威力。在这场战争中，美军曾采用“地毯式”轰炸方式，企图截断被称为“胡志明小道”的交通运输线，位于河内附近的清化大桥是重点轰炸目标，美军付出了重大代价却一直未能得逞。为此，美军曾出动飞机 600 余架次，投弹 5000 余吨，损失飞机 18 架，始终未能摧毁。1972 年 5 月，美军首次使用“宝石路”激光炸弹，一次攻击即达目的，发挥了出人意料的作用。此后，各军事大国纷纷投入巨资开始研制并生产精确制导武器，精确制导武器的研制和生产逐步进入高潮。

指挥自动化系统与精确制导武器的研制与发展，为军事变革的孕育和形成提供了最基本的物质技术条件。在这种历史背景下，苏军总参谋长奥加尔科夫元帅于 1979 年提出了“新军事技术革命”的概念。他认为：新兴技术将使军事学说、作战概念、训练、兵力结构、国防工业和研制重点发生革命性变化，即出现新的军事技术革命。

20 世纪 80 年代初，美国未来学家托夫勒发表了著名的《第三次浪潮》，他认为，世界上共有 3 次军事革命——由农业革命引发的第一次浪潮战争革命、由工业革命引发的第二次浪潮战争革命，以及当前正在进行的由信息革命引发的第三次浪潮战争革命。而第三次革命必将在人类社会各个领域引发根本性变革，从而给军事领域带来一场深刻的革命。

在上述观点的影响下，美国军界组成专门班子，研究和评估奥加尔科夫提出的新军事技术革命问题。美国前国防部部长佩里、前参联会副主席欧文和前国防部基本评估办公室主任马歇尔等，对美国进行新军事革命的必要性和可能性进行了较为系统的研究。在深入广泛的理论研究和信息技术进一步发展的大背景下，美军于1982年提出了“空地一体战”理论，同时开始着手重点发展精确制导武器，调整军队体制编制，以适应第三次浪潮战争形态的变化。

1993年8月，时任美国国防部基本评估办公室主任的资深分析家马歇尔以更深邃的目光对“新军事技术革命”概念提出异议，他认为：“对军事革命的含义常有误解，我们打算不用早些时候的军事技术革命这一术语，因为它把重点放在了技术上。技术使得革命有可能出现，但只有制订了新的作战概念，在许多情况下，建立了新的军事组织的时候才会发生革命。”为此，他建议改称“新军事革命”。

1994年1月，美国国防部接受了这一提法，并正式组建“军事革命高级指导委员会”进行官方研究。1995年年底，美军在深化理论研究的基础上开始采取实际步骤，来推动军事变革的全面展开。

（二）新军事变革的蓬勃兴起

2003年3月，以美国和英国为代表的少数西方国家，无视联合国的权威，公然绕过联合国，对伊拉克进行了全面军事打击，从而以武力推翻了一个主权国家的政权。美军在这场战争中全面检验了这几年新军事变革的重大成果，在军事上取得了巨大成功。这次战争中，美军在3个星期的作战中投下了750枚“战斧”巡航导弹，1.5万枚精确制导炸弹，精确制导弹药所占比例达68%。而1991年的海湾战争，美军使用的精确制导弹药只占投弹量的8%。大量精确制导武器的使用，使作战向更加精确的方向发展，从而将作战效能提高到了一个新的水平。

如果说1991年的海湾战争是介于机械化战争和信息化战争之间的话，那么，伊拉克战争则标志着人类战争已经进入一个新的发展阶段。在这场战争中，美军仅使用了海湾战争一半的兵力、时间和物资消耗，就达成了推翻萨达姆政权的战略目的。这除了美伊两国巨大的经济差距（美国GDP是伊拉克的260倍）以及其他政治因素外，主要是因为美国在军事上占据着绝对优势，具体来讲，就是通过不断推进新军事变革，使得美军建立起了一套高度机械化和半信息化的军事体系，而与之相对抗的伊拉克军队，则仍处于机械化半机械化阶段，从而使双方在军事力量的对比上形成了巨大的“时代差”。

透过这几场战争，人们不仅看到军事变革给当代世界军事领域所带来的巨大冲击。同时，也看到了军事变革所塑造出的信息化军队的作战威力。通过大力推进新军事变革，美军获得了超强的作战能力，这使世界各主要大国在震惊的同时，更增强了紧迫感和危机感，围绕如何缩小与美国的“时代差”和“技术差”而纷纷制定措施，竞相加快了军事变革的步伐。

从目前情况来看，世界五大洲的主要发达国家和发展中国家都已先后启动了新军事变革。目前，除美国之外，已经宣称进行军事变革的国家有20多个，如英国、法国、日本、意大利、加拿大、澳大利亚、韩国、印度、越南等，其他很多国家则也自觉不自觉地走上了新军事变革的道路。其中一些国家结合伊拉克战争的主要做法及前期军事变革的经验教训，出台了一系列新军事变革的新举措，推动军事变革在更高的层次、更广的领域、更大的范围加速发展。

总之，新军事变革在世界范围内的蓬勃兴起，必将使世界新军事变革进入一个整体质变的发展阶段。

（三）新军事变革的主要动因

任何事物的发生发展都有其内因和外因。新军事变革作为一对矛盾对立的统一体，也有其发展的内部因素和外部条件。新军事变革的主要动因，是科学技术的突破性发展、军事需求的强力拉动以及军事理论的有力牵引等。

1. 科学技术的突破性发展是新军事变革的强大动因

20 世纪后半叶，以信息技术为核心的一大批高新技术和高技术产业在全球迅猛发展。据统计，人类所取得的重大科技成果，在 19 世纪是每 50 年总量增加 1 倍，20 世纪中叶是每 10 年增加 1 倍，而现在则是每 3 年增加 1 倍。近 30 多年来人类所取得的重大科技成果，比过去 2000 年的总和还要多。以信息技术为核心的高新技术在全球范围内蓬勃兴起并被广泛应用于军事领域后，催生了新军事变革，并不断推动世界新军事变革向深度和广度发展，成为推动世界新军事变革最有力的杠杆。

信息技术在军事领域引发的变化，主要表现在它物化出新一代的信息化武器装备，并使军事理论和体制编制发生革命性的变化。其中，武器装备及其体系的变化是直接的、基础的和革命性的。

（1）信息技术的迅猛发展导致武器装备信息化　现代武器装备广泛采用侦察监视、网络通信、导航定位等信息技术，大量装备传感器、计算机、显示器、控制器等先进的电子设备；除此之外，武器装备信息获取、信息处理、信息传输和信息对抗等信息能力的不断增强，使得战场感知、横向组网、远程精确打击和对抗等作战能力取得了长足的发展。现在，美国等西方国家的武器装备的信息技术含量已经很高，并将越来越高。例如，B-52 战略轰炸机的信息技术含量已高达 60%；现代舰艇为 25%～30%；火炮和主战坦克已经接近 30%，今后 5 年将达到 35%；天基武器装备更依赖电子系统，80 年代初信息技术含量为 65%，80 年代末为 70%，现已达到 73%；指挥控制系统的信息技术比重则高达 88%。

（2）信息领域的激烈对抗导致信息系统武器化　现代战争，信息优势的争夺已经成为战争的重要内容。信息系统作为现代作战的重要手段，具备攻防兼备的功能，从而使武器化的信息系统在现代战争中发挥着日益重要的作用。具有软、硬杀伤能力的电子装备是最早实现武器化的军事信息系统。在原有的电子战能力的基础上，不少国家正在探索、研究攻击敌方信息系统的新武器和新方法，研究通过因特网等新技术传媒进行政治宣传和文化渗透的办法。可见，信息与信息系统正在成为有效的杀伤力量。

（3）信息技术的综合应用导致指挥系统自动化　从第一台电子计算机研制成功迄今为止的 50 多年时间里，以电子计算机为核心设备的指挥自动化系统（C3I）已经形成，并逐步完善发展起来。C3I 系统是集指挥（Command）、控制（Control）、通信（Communication）、情报（Intelligence）于一体的系统，它可以快速地获取、处理、显示与传递情报，科学的辅助指挥员决策。该系统既能充分体现先进技术的巨大威力，又能充分发挥指挥人员的聪明才智和创造性思维。几场高技术局部战争表明，指挥自动化系统不仅已经成为各种装备体系的“黏合剂”，成为指挥决策的“智囊”，而且已经成为战斗力的“倍增器”。

2. 军事需求的强力拉动是新军事变革产生的内在动因

军事变革不是自然发生的客观物质运动，而是对抗主体之间的主观能动行为，是军事需求驱动和军事主体选择的必然结果。因此，在一定物质技术基础上，战略需求和战略主体的选择便成为决定军事变革进程和结局的重要因素。就当前这场新军事变革而言，正是源于冷战时期敌对国家、政治集团对抗的需要，是美国与苏联之间争夺世界霸权的需要。

冷战结束后，两极格局解体，世界安全形势发生了深刻变化，信息化战争将成为新的战争形态，国际恐怖主义、非传统安全成为当今世界的重要威胁。这种新的军事需求使得军事斗争的形式和手段又发生了新的变化，它使冷战时期那种建立在机械化战争基础上，准备打大规模战争甚至核战争的军事斗争方式和军队建设模式，难以适应新的安全需求。因此，必须对建立在机械化战争基础上的军队进行彻底改革，以满足新的需要。

美国在这场新军事变革中发挥着独特的作用，这不仅因为美国拥有他国无可比拟的信息技术优势和综合国力，更重要的是深层次的内在动力。主要表现在它有“四大战略需求”。第一，单极独霸世界的战略需求；第二，追求绝对安全的战略需求；第三，保持军事力量绝对优势的战略需求；第四，刺激国内经济发展的战略需求。其中，谋求独霸世界是核心，保持军事力量的绝对优势是手段。

第二次世界大战以来，美国一直保持着强大的军事实力。目前，美国拥有310多万人的总体军事力量，拥有最先进的武器装备，拥有全球性的军事同盟体系。凭借这种超强的军事实力，政治上四处打压、经济上全球掠夺、军事上肆意干涉。但是，美国并不满足于现有的领先地位，力图通过新军事变革，进一步拉大与其他国家的军事差距，保证自己的绝对安全，谋求自己的绝对优势，保住自己的世界霸权地位。他们认为，进行军事变革，可以把美军建设成为世界上第一支信息化军队，与其他国家形成“时代差”，从而按照美国的意志去塑造21世纪。

于是，在美国的带动下，英国、法国、德国、日本等已经公开宣布正在实施新军事变革，以使本国军事力量的发展跟上时代的步伐，跟上美国军队的进步；俄罗斯、印度等国也在推进军队信息化建设，以维持自己的大国地位。

3. 军事理论的创新是新军事变革产生与发展的基础和先导

军事理论是军事形态的重要构成要素之一。创新军事理论，既是新军事变革的重要内容，又是新军事变革的重要驱动力，对新军事变革的产生与发展起着基础性和先导性的作用。20世纪50年代以来，随着军事理论的不断创新与发展，引导着新军事变革沿着正确的方向顺利进行，从而使新军事变革的进程缩短、速度加快。

（1）军事理论的创新促进了军事战略的调整　冷战结束后，世界各军事大国和强国的军事战略已经由机械化战争形态的军事战略向信息化战争形态的军事战略转变。例如，美国国防部2002年《国防报告》提出了“信息优势战略”概念。这里，战略层面的信息优势是指：在能阻止敌方搜集、处理和传输战略信息的同时，确保己方拥有这种能力。美国认为：在信息时代，拥有全面战略信息优势的国家，既能主导世界和地区战略形式的发展走向，也能顺利地实现国家安全和军事战略目标，更能在己方伤亡很小的情况下打赢各种强度的战争。

（2）军队建设理论的创新引导了军队的改革与发展　各国军事领导人和军事理论家围绕着由工业时代的机械化军队向信息时代的信息化军队的转型，在军队建设特别是军队信息化建设方面提出了很多新概念、新见解，使军队建设的质量特别是高科技含量不断提高。例如，西方国家一些军事理论家认为，打赢未来信息化战争主要靠信息能力，而要使信息发挥“倍增”作用，就必须使其快速流动起来。因此，他们在军事组织调整领域提出了“便于信息快速流动”论，把“便于信息快速流动和使用”作为军队体制编制改革的大方向。

（3）作战理论的创新推动了作战方式的变革　作战理论是军事理论的核心，作战理论创新是军事理论创新的重要内容。迄今为止，各种创新性作战理论层出不穷，如“空地一体战”理论、信息作战理论、空间作战理论、非线式作战理论、非接触作战理论、联合作战理论等相继提出与运用，催生了超视距打击、精确打击等新的作战方式，极大地改变了现代战争的面貌，引导着新军事变革的方向。

二、新军事变革的基本内容

新军事变革的本质与核心是信息化。其目的是建设信息化军队，打赢信息化战争。基本内容可概括为“四新”。

（一）创新军事技术，实现武器装备的信息化

武器装备的断代性发展，是军事领域出现革命性变化的重要标志。现阶段，主要是应用信息技术成果对现有武器装备进行改造，同时研制和发展新型信息化武器系统，从而实现武器装备的信息化、智能化和高效化。

当前，美、俄、英、法、日等国为了使武器装备尽快实现信息化，都在用巨资继续开发高新技术特别是信息技术，全面启动武器装备的信息化建设。目前，西方国家武器装备系统主体已经实现信息化。例如，美陆军的信息化装备已达 50%，美海、空军的信息化装备已达 70%。广大发展中国家武器装备大部分或绝大部分仍然处于机械化、半机械化状态，但它们已不同程度地开始走上装备信息化的发展道路。另据美国电子工业协会估计，今后五年美军用于信息技术的开发费用将稳定在每年 500 亿美元左右，西欧各国军队约 150 亿美元。俄罗斯虽然军费拮据，也准备加大微电子技术、光电子技术、计算机技术等信息技术的投资力度。随着隐形技术、探测技术、微电子技术、纳米技术、定向能技术、光电技术等一大批高技术取得重大突破，很多新型信息化武器装备将陆续问世。

此外，为了检验信息化武器装备的效能，各种经过信息化改造的精确制导武器在战争中大量使用。从战场投放的精确制导弹药占总投弹量的比例看，海湾战争中只占 9%，科索沃战争中则上升到 35%，阿富汗战争中达 56%，2003 年的伊拉克战争中则达到 68%。由此可以看出，信息化装备已经逐渐成为现代战争的主战装备。

（二）创新体制编制，重组军队组织结构

一场军事变革的完成，是以军队组织结构调整的最终实现为标志。一般来说，在一场全面军事变革中，最先发生变化的是军事技术和武器装备，最后完成变革的是军事组织体制。军事组织体制实现了革命性变化，一场军事变革也就完结了。在这次军事变革中也是这样，军事组织体制的变化最滞后、最缓慢。

世界各国为适应世界新军事变革的发展，采取了很多措施，提出了很多设想，使军队的体制编制向着精干、高效、合成的方向发展。总的趋势是，压缩常备军规模，裁减一般部队，增编高技术军兵种部队，使军队向小型化、多能化、一体化方向发展。到 21 世纪第一个十年末，美、英陆军师的兵力减少 30%～50%，即减至 5000～7000 人。部队编制一体化要求打破军兵种界限，建设便于灵活组合的中小型模块式部队，例如，美军已经决定组建由三军部队组成的“联合特遣部队”，设想组建由陆军各兵种组成的一体化地面部队。俄军拟建立集各军种作战能力于一身的“多用途机动部队”和由各军种非核战略力量组成的“非核战略威慑部队”。

在指挥体制上，各国正在努力建立适合信息快速流通的扁平式作战指挥体制。这种指挥体制的特点是，作战指挥的纵向层次减少，横向联系增多，便于指挥信息的快速流动和提高

指挥效能。伊拉克战争中，美军在作战指挥上，改变了以往各军兵种分别指挥的方式，由联合作战中心实行一体化指挥；在后勤保障上，改变了以往逐级实施的方式，由后方统供，直接投送到前沿部队和分队，这就是所谓的“聚焦后勤”。

（三）创新军事理论，推动军队建设转型

军事创新主要包括军事理论创新、军事技术创新和军事制度创新。其中，军事理论创新是其他军事创新的基础。军事理论创新特别是战争和作战理论创新，对军事技术和军事制度创新有巨大的牵引和带动作用。在新军事变革浪潮的冲击下，世界各国已经掀起了一场经久不衰的军事理论创新热潮，提出了很多新概念、新观点。比如：在战争理论方面，主要有“第四代战争”“信息化战争理论”“网络中心战”等。在作战理论方面，新概念、新观点更多，如：信息战理论、联合作战理论、精确化作战理论、非对称作战理论、空间作战理论、非接触作战理论等。

2001 年 10 月爆发的阿富汗战争中，美军可以说将“非对称”作战理论运用到了极致。在这场战争中，交战双方的非对称性之严重，亦即非对称程度之大为多年来战争之最。其主要表现有三：一是一方使用信息化武器装备体系作战，另一方使用半机械化武器装备作战，双方军事技术“时代差”非常严重；二是一方是当今世界最强大的国家，另一方是一个十分弱小的部族国家；三是一方是训练有素的强大正规军，另一方是缺乏训练的、由志愿者组成的非正规武装。正是在这种作战理论的支撑下，美军仅通过 2 个月的军事打击行动，就推翻了塔利班政权，基本上摧毁了“基地”组织在阿富汗的网络体系，取得了战争的胜利。

2003 年 3 月爆发的伊拉克战争中，美军所使用的“快速决定性作战”理论，也是一种全新的作战理论。它强调作战行动必须充分利用信息化装备优势，采取“远程精确打击＋小规模地面快速突击”的新战法，尽快由有限规模的战役行动达成战略目的。通过实战检验，这一理论得到了充分验证，说明适应信息化战争要求的创新军事理论是完全必需的，并要根据新的军事理论完成军队由机械化向信息化转型。

（四）创新作战方式，适应新的战争形态

在信息时代的战争中，由于军事科技的高度发展，作战方式更为灵活：既可以地面作战为主，攻克或占领对方国土或某些战略要地，也可以空中远程打击为主，摧毁敌方重要战略目标，以威慑对手，迫使其放弃抵抗。作战方式的选择必须根据现代战争的特点和规律，围绕着作战目标的实现，灵活运用，予以创新。20 世纪 90 年代以来，非接触、非线式作战，日益成为重要作战方式。

美军在伊拉克战争中所采用的基本作战方式就是非接触、非线式作战。这种作战方式不再是逐次突破推进，而是一开始就超越防御地带和自然地理屏障，直接对敌战役和战略纵深目标实施中远程精确打击，通过瘫痪对方的整个作战体系、摧毁对方的战争潜力和国家意志来达成战略目的。2003 年 3 月 20 日凌晨伊拉克战争一打响，美军第 3 机步师就从科威特出动，第二天便深入伊拉克腹地 160 千米，5 天内急进 400 多千米，直插巴格达外围。不少人认为，这样用兵是孤军冒险。其实，这正是为了以最快的速度推翻萨达姆政权。这种“闪电”行动，使伊拉克军队来不及纵火油田、炸毁桥梁、设置交通障碍，更来不及组织坚强有力的巴格达防御战。因此，创新作战方式是适应战争形态发展的需要，必须灵活多变。

三、新军事变革的重要影响

新军事变革，促进了世界军事力量的大发展、大动荡和大调整，将对重建国际军事安全

秩序、重建世界军事力量格局、重塑未来战争形态和重建未来型军队等产生决定性影响。

（一）进一步加剧了世界战略力量对比的失衡态势

冷战结束后，美国成为世界唯一的超级大国，从而使世界战略力量对比失衡。目前，美国作为这场新军事变革的“领头羊”，拥有当今世界上最雄厚的经济实力和最先进的科学技术。由于其积极推进新军事变革，全面开展信息化建设，特别是武器装备信息化建设，使得美军的战斗力在短时间内急剧膨胀、迅速提升，使其很快具有全新作战效能，成为具有超级军事实力的顶尖军事强国。根据美陆军《目标部队》白皮书，至2020年前，美军可在4天内向全球各地部署1个旅战斗队，5天内部署1个师，30天内部署5个师。空军可在很短时间内到达全球各地，战略轰炸机经空中加油可连续洲际飞行。

这种情况已经越来越清楚地表明，不仅发展中国家与美国之间军事力量差距悬殊，而且英、法、德、日等发达国家的军事力量与美国的军事力量之间也拉开了差距。北约军事委员会主席瑙曼说：“由于装备差距不断扩大，欧洲人和美国人无法肩并肩地在同一战场作战的日子已经临近了。”伊拉克战争中，美英联军在联合作战过程中的技术差距已明显暴露出来。这种结果，必将导致世界军事力量的严重失衡，使弱国与强国之间已经存在的差距越拉越大，并由此引发新一轮军备竞赛。

目前，不仅世界大国加快了军事变革的步伐，一些中小国家也积极创造条件进行军事变革，大力推进军事理论、作战思想、武器装备、组织体制、教育训练和后勤保障等各个方面的创新，从而使新军事变革呈现出向广度和深度加速发展的趋势。英、法、德、日等发达国家和俄罗斯为拉近与美国的距离，正逐步增大投入，力争在某些领域谋取优势；许多发展中国家，为避免陷入被动挨打的境地，也在千方百计发展国力，壮大军力，力求防止和消除出现“隔代差”。这就构成了一种各国竞相发展，全球战略互动的新局面。但是，美国综合国力具有雄厚的基础，军费投入也远远高于其他国家。据统计，1996年全球军费开支总额为6000亿美元，2001年猛增到8700亿美元。其中，美国的军费开支占全球的36%～45%，相当于排名其后25个国家军费开支的总和。同时，发达国家与发展中国家之间的军事技术有可能进一步拉大。所以，从发展趋势看，新军事变革有可能进一步加剧战略力量对比的严重失衡，使各国已经存在的差距不仅不容易缩小，反而有可能进一步扩大。据俄罗斯预测，到2020年，发达国家与发展中国家将拉开数十年的距离。

（二）进一步推动了世界各国军事战略的全面调整

新军事变革极大地冲击了传统的战争理念，改变了现代战争面貌，促使各国重新审视自己所面对的安全环境和所实施的战争策略，依据客观环境和主观需求积极主动地进行战略调整。

自20世纪90年代以来，美国出于维护其霸权的需要，先后进行过四次军事战略调整。1992年布什政府首先提出“地区防务”战略，1995年克林顿政府制定了“灵活选择和参与”战略，1997年又提出“塑造、反应、准备”战略。2000年，小布什上台后，提出“新干涉主义”，为建立“新帝国秩序”，美国在“反恐”的同时，开始了全面的战略调整。

伊拉克战争中，美国首次实践其新的“先发制人”战略。从战争诱因看，美、英等国发动这场战争的主要理由，是指控伊拉克藏匿有大规模杀伤性武器并暗中支持恐怖主义，但到目前为止，美国也未能发现伊拉克拥有大规模的杀伤性武器，列举出伊拉克与恐怖主义有联系的证据。许多分析专家指出，美国发动这场战争的真正目的之一，就是为了检验其对敌对国家“先发制人”的军事战略，从而拔掉萨达姆这个“钉子户”，以美国的方式塑造出一个“新”的伊拉克。

与此同时，鉴于伊拉克战争中所反映出的新特点和新情况，以及新军事变革出现的新的发展趋势，俄、英、法、德、日等国也将为谋求其在国际舞台上的有利地位、积极顺应世界新军事变革发展的潮流而进行新一轮战略调整。俄罗斯从苏联解体后到现在也已调整了三次军事战略。英、法、德等欧盟集团，出于集团利益的需要，在反映各成员国战略主张的同时，积极谋求“联盟战略”。日本以建立“合理、高效、精干”军队为目标，对其军事战略进行了全面调整。此外一些发展中国家基于维护自身安全的考虑，在战略上也做出了必要调整。可以预见，随着新军事变革的深入发展，各国还会进行新的战略调整并促进国际战略格局进行新的整合。

（三）进一步拉大了世界各国军队武器装备和作战能力上的“时代差”

在当今世界，由于美国拥有他国无可比拟的综合国力，拥有一流的高新技术和富有创新性的人才，所以，它是世界上最早进行信息化军事变革的国家。美国军队的武器装备体系在世界各国军队中也最先达到了机械化装备与信息化装备的临界质量，从而形成了与其他国家特别是与发展中国家军事技术装备的“时代差”。但我们必须看到，军事技术装备的“时代差”并不等同于军事技术装备的“代差”。在抗美援朝和越南战争中，我军的武器装备与美军相比有“代差”，但不存在“时代差”。

军事技术“时代差”是一个我们必须正视的重大问题，在历史上曾经出现过两次。第一次是在公元前 2000 年至前 500 年，埃及、巴比伦、中国和印度首先掌握了炼铜和冶铁技术，制造出了农业时代的冷兵器，从而与仍处于游牧时代使用石块和木棒作战的各部族军队形成了“时代差”。这四大文明古国由于占有军事技术“时代差”优势，征服了许多周边国家或民族。第二次出现于 18—19 世纪。那时，英、法、美、德、意、日等帝国主义列强将两次工业革命的成果用于军事领域，使其军队首先装备了工业时代的热兵器和机械化装备，而其他国家军队武器装备仍以冷兵器为主体，这就再一次形成了军事技术的“时代差”。帝国主义列强利用这种“时代差”，瓜分了整个世界，使广大亚非拉地区沦为它们的殖民地。当前，在人类文明由工业时代向信息时代过渡之际，美国首先建成了信息时代的信息化武器装备体系，而发展中国家的骨干武器装备依然是工业时代的机械化、半机械化装备，这就出现了第三次军事技术“时代差”。从海湾战争、科索沃战争、阿富汗战争和伊拉克战争中可以看出，这种军事技术“时代差”在战场上主要表现在以下三个方面。

1. 一方可以看到另一方，而另一方却看不到对方

美军不仅有分辨率很高的天基战略侦察预警定位系统，还有预警机和无人驾驶飞行器等战役信息系统和各种传感器等战术信息系统，平时建有目标信息库，战时能清楚地看到敌方的固定目标和移动目标，掌握敌方部队的部署和运动情况。而另一方由于没有完备的各级侦察定位系统，因而看不清甚至看不到美军。比如，伊拉克战争中，美军部署在太空直接或间接搜集伊拉克情报的各种卫星多达 90 余颗。这些卫星全时空监视伊军阵地变化，注视着萨达姆官邸的一举一动，收集分析伊拉克国内的无线电信号，监听所有的通信联络。战前长时间、多手段、全方位的情报工作使得美军开战时对伊拉克境内所有重要目标，包括军队布防位置、指挥中心、通信枢纽，以及伊拉克军政主要领导人的住处等，都摸得清清楚楚。伊拉克战场对于美英联军来讲，几乎可以说是单项透明。而对于伊拉克军队而言，由于没有完备的侦察探测系统，战场可以说是“乌云密布”，对美、英联军的具体部署，主要目标的具体

位置等，简直是“一无所知”，只能处于被动挨打的境地。

2. 一方可以打到、打准另一方，而另一方却根本打不到对方

美军的武器装备射程远、精度高，而发展中国家的武器装备射程近、精度差。这就形成了一个非常严酷的现实：在战争中，美军能够打到、打准对方；而对方却打不到、打不准美军。伊拉克战争中，美军远程精确打击兵器运用的比重进一步加大。1991 年海湾战争中，美军一艘航空母舰一天可摧毁 162 个目标，现在可摧毁 700 个目标。在开战前 72 小时内，就向伊拉克发射精确制导弹药达到 4000 枚，相当于海湾战争的 10 倍。从战争全过程来看，美军使用的精确打击兵器的比例已从海湾战争中的 8%，增至伊拉克战争中的 68%。一些精确制导的特种弹头，几乎清一色属于改进型号或新型号，是第一次投入实战。比如，电磁脉冲炸弹可能首次用于实战，它能使对方的指挥控制和电子通信系统陷入瘫痪，使航空电子设备和瞄准系统失灵，也能使人员精神错乱，行为失常，严重时可致人死亡。针对萨达姆可能藏身于地下堡垒，美军使用了钻地炸弹，它能钻入地下几十米深炸毁指挥所。另外，美军还使用了“联合直接攻击弹药”(JDAM)，这种炸弹由普通常规炸弹升级发展而来，采用惯性制导+GPS 系统制导，能够在任何天气情况下精确命中目标，命中精度可达 3 米，不像一般的激光制导武器容易受到云、雾以及其他恶劣天气的限制。北京时间 1999 年 5 月 8 日凌晨 5 时 45 分，美军公然袭击我国驻南联盟使馆，一架 B-2A 隐身战略轰炸机一次投了 6 颗 908 千克重的 GBU-31JDAM 制导炸弹，从不同方向击中我驻南使馆建筑物的不同部位并穿入内部和地下爆炸，使我驻南使馆遭到严重破坏，制造了导致 3 名我国新闻工作者死亡、近 30 人受伤的惊世血案。

3. 一方可做到攻守自如，拥有战场主动权，而另一方则手足无措，处处被动挨打

目前，美军已经建成完备的侦察监视系统和 C4I 系统，正在建设 C4ISR 系统，初步实现了信息处理实时化和作战指挥自动化。这就可使美军的作战行动得以近实时地进行，即近实时地发现目标、指挥控制、实施机动、进行打击与评估毁伤，对各种战场情况立即做出反应，采取对策，使定下决心与作战进程几乎同步，从而牢牢掌握战场主动权。对方由于信息处理慢，作战指挥甚至靠手工作业，作战行动迟缓，只能陷入处处被动挨打的境地。当前，借助于高度信息化的指挥信息系统，美军的信息系统和作战系统已经完全实现一体化，从而极大地提高了部队的快速反应能力。例如：从目标侦察评估到完成打击准备，二战时一般需要 10 多天，海湾战争时则缩短到 2 天，科索沃战争时为 1 小时，阿富汗战争时，美军将这一时间缩短到 19 分钟，而在伊拉克战争中，从发现目标到实施打击只需要几秒钟。

(四) 进一步增强了军事手段维护国家安全的作用

新军事变革的飞速发展，造就了拥有超强军事实力的美国，而美国又是一个具有强烈霸权野心的国家。这就决定了美国必然凭借这种在军事上绝对领先的地位，无视国际准则和国际法的约束，对国际事务的态度更加我行我素、独断专行。

2003 年春爆发的伊拉克战争，进一步展示出美国这种霸权战略的鲜明轨迹。它向世人发出一个非常危险的信号：军事变革所换取的军事实力，在一定程度上代表着一个国家的国际地位，决定着一个国家在国际舞台上的发言权，拥有绝对的军事优势，可以在一定程度上影响世界政治的走向，军事因素对国际政治影响的作用进一步上升。

另外，新军事变革的重要结果之一，是产生了大量的高新技术兵器，从而为强国运用军事手段达成政治目的，提供了低风险、高效益、多样化的战略选择。如一枚导弹携带 228 枚精确制导反坦克子弹，攻击敌坦克群的能力与 1000 吨当量的核弹相当。可见，高新技术使战争的可控性显著增强，这也进一步地拓展了军事手段的运用空间。据统计，冷战时期发生的局部战争和武装冲突年均为 4 次，而冷战后年均却达 10 次之多。特别是 20 世纪 90 年代以来发生的海湾战争、科索沃战争、阿富汗战争、伊拉克战争，更显示出军事手段在解决争端中的“泛化”趋势。以美国为首的西方发达国家认为，拥有绝对军事优势是处理国际危机的前提。在这种理念支配下，自 1990 年以来，美国对外出兵达 60 多次，占二战后对外出兵总数的一半以上。

由此可见，新军事变革不仅使军事手段的地位和作用明显上升，而且刺激了霸权主义和新干涉主义进一步抬头，从而使军事因素在国际事务中的地位和作用出现了明显上升的发展趋势，这就给世界和平与地区安全带来了新的威胁和挑战。

四、新军事变革的未来发展

未来 10 年至 20 年，随着纳米技术、隐形技术和定向能技术的更新突破，将为世界新军事变革提供新的物质技术基础。在可以预测的未来，新军事变革将呈现出以下趋势。

（一）军事科学技术的发展水平将有进一步突破

从第二次世界大战至今，西方发达国家军队经历了两次军事技术革命，即军事工程革命和军事信息革命。军事工程革命属于武器装备机械化建设的范围，它的作用是，通过不断采用新的工程工艺技术，而不是创新性技术，使飞机、舰艇和战斗车辆等作战平台和各种武器不断更新换代，使其速度、射程、航程及杀伤破坏力等性能指标不断提高，直至达到物理极限。由于军事工程革命的深入发展，到 20 世纪 80 年代中期，美国等西方发达国家的武器装备在上述性能指标上就已经达到或接近到物理极限。如巡航导弹的速度为 1 马赫；弹道导弹的速度为每小时 1.8 万英里；地面装甲车辆的时速为 55 英里；水面舰艇的经济航速为 30 节左右。这些极限速度，大多在 20～30 年前就已经达到，且保持至今。

20 世纪 70 年代起，属于信息化军事范畴的军事信息革命便拉开序幕，这场信息革命分为军事传感革命和军事通信革命两个阶段。

军事传感革命主要表现为：出现了计算机控制的探测器材以及单个作战平台和武器系统的计算机化。由于计算机具有图像放大、数据处理与显示等多种功能，探测器材的灵敏度得到了极大的增强。随着控制系统的计算机化，武器的命中精度也有了极大提高，单个作战平台不仅可探测和跟踪目标，还可用远程导弹或制导鱼雷等对目标实施超视距攻击。据测算，装有新型传感器的作战平台，其探测距离相当于过去的 5 倍，探测范围和探测到的信息量是过去的 25 倍。目前，在成熟探测技术的基础上，人们又大力发展人工智能技术，目标是使探测与智能相结合，从而实现探测的智能化和无人化。现阶段，人工智能技术已经能造出可供实战使用的机器人，美军新型步兵用机器人具有不受地形限制、行动速度快、后勤保障便捷、生存能力强、研制费用相对较低等特点，能够胜任普通士兵所无法承担的艰巨任务；另外，新材料技术、遥控技术和遥感技术的不断发展，使无人机变得日趋轻巧灵便，作战效能增强。美军新型无人机如鸟一般大，可携带视频照相机执行多种战术侦察任务。

军事通信革命始于 20 世纪 80 年代初，是军事信息革命的第二阶段。主要表现为：数字技术广泛应用于军事领域，出现了可以处理大量数据信息的指挥、控制、通信、情报与计算机系统（即 C4I 系统）。目前，传感器材可搜集超视距信息，卫星可搜集全球信息。如果这些信息只供给单个作战平台使用，目标识别和快速攻击问题就无法解决。为此，美国国防部投入巨资，加速信息网络技术的发展，预计到 2010 年即可建成全军统一的 C4ISR（S 是

Surveillance，意为监视；R 是 Reconnaissance，意为侦察）系统，2030 年左右建成 C4ISRW（W 是 Weapon，指武器）系统，从而实现侦察预警、指挥控制和打击手段的一体化。

预计 2020 年前后，一批更加高效的新型武器将陆续出现，用信息网络技术把它们链接起来，就能为新军事变革提供新的物质技术基础，推动军事信息化变革向高级阶段发展。

（二）武器装备信息化建设将进一步向广度和深度发展

当前，世界各国武器装备发展的大趋势是由机械化逐步向信息化过渡。自海湾战争以来，人们发现，经信息化改造的武器装备都具有较强的综合作战效能，为此，世界各国开始投入巨大的人力、物力和财力大力发展信息化武器装备。信息化武器装备主要包括各种信息化弹药和信息化作战平台。

1. 信息化弹药

即精确制导弹药，是指依靠自身动力装置推进，能够获取和利用目标所提供的位置信息，并由制导系统控制飞行路线和弹道，以准确攻击目标，直接命中概率大于 50%的弹药。主要包括各种制导炸弹、制导炮弹、制导地雷等。在西方发达国家，信息化弹药的发展已经经历了三代，目前正在向灵巧型、智能型方向发展。灵巧型弹药是一种在火力网外发射、“发射后不用管”、自动识别与攻击目标的武器。智能型弹药是能利用声波、无线电波、可见光等一切可以利用的直接或间接目标信息，自主选择攻击目标和攻击方式的精确制导武器。

2. 信息化作战平台

信息化作战平台，是指大量采用信息技术的坦克与装甲车、火炮与导弹发射装置、作战舰艇、作战飞机等各类武器载体。目前，信息化作战平台的主要发展方向为隐形化和多功能化。采用隐形技术，可使武器装备的雷达反射面积降低 1～2 个数量级。如美军现已装备部队的 F-22 与正在试飞的 F-35，将替代 F-15 与 F-16。前者将具有更好的隐身性、更高的机动性，同时还将具备超音速巡航和远程作战等能力，届时将使美国空军作战能力大大提高。

此外，从发展的角度看，空间作战飞行器和空天飞机作为未来空间作战的威慑和实战力量，也将逐步由幕后走向前台。它可以在数十千米的高空或数百千米的近地轨道上执行多种作战任务，是 21 世纪遂行全球作战乃至控制空间、争夺制天权的“杀手锏”装备。当前，美国已把重点放在发展空间作战飞行器上，把研制空天飞机作为 20 年后的长远目标，近期将推出技术难度比较小的具有空天飞机部分功能的空间作战飞行器。

（三）军事组织体制将向便于信息快速流动与使用的方向发展

组织体制是军队的基本构成要素之一，使军事组织体制信息化，是新军事变革的重要内容。随着机械化军队向信息化军队的演进，世界各国特别是美国等西方国家军队的组织体制正在进行由工业时代向信息时代的跨时代变革。这种变革的本质是：使信息这一主导要素能在军队内部和战场上快速、顺畅、有序地流动，以适应打赢未来信息化战争的要求。为了逐步建立便于信息快速流动和使用的军队组织体制，各国采取了很多措施，提出了很多设想。

1. 变纵长形“树”状领导指挥体制为扁平形“网”状领导指挥体制

几场局部战争表明，工业时代构建的适用机械化战争要求的领导指挥体制已经不适应信息化战争的要求，在实战中已暴露出以下弊端：信息流程长，平级单位之间、侦察系统与武器系统之间不能横向沟通，需经上级中转；抗毁能力差，被切断“一枝”，就影响一片，切断“主干”，则全部瘫痪。为了改变这种情况，世界各国正逐步建立外形扁平、横向联通、纵横一体的网状领导指挥体制。这种体制的最大优点是信息传输快、抗毁能力强。

2. 进行陆军结构改革

10 多年来的高技术局部战争表明，陆军的地位和作用与以往相比在下降，空军的作用在上升。2003 年爆发的伊拉克战争本来是一场以地面作战为主的高技术局部战争，但依然是空中力量而不是地面部队是制胜的决定性力量。为此，改变陆军结构就成了世界各国面临的重大军事问题，小型化、轻型化、多能化，是军事强国陆军改革的大方向。例如，美军计划到 2031 年左右建成“目标部队”。届时，美陆军将全部装备重约 20 吨的轮式车辆，淘汰所有的履带式车辆，实现全部轮式化，较目前的重型部队减重 50%～70%。这支陆军拥有强大的杀伤力、持续作战能力和生存能力，能对全球范围内的危机迅速做出反应，在全球范围内实施快速机动作战。俄罗斯也通过议案，决定由集团军—师体制向军、旅体制过渡。总的来看，各国陆军进行结构改革的大方向，都是将工业时代的机械化陆军建设成为信息时代的信息化陆军。

3. 组建信息战部（分）队

在近年来发生的高技术局部战争中，以争夺“信息优势”为主旨的信息战已经成为影响整个战争进程和结局的重要作战样式。为了实施和打赢信息战，一些国家开始组建信息攻防部（分）队。如美军已经建立了“黑客部队”，空军也正在建立专门负责实施进攻信息战的航空队——第 8 航空队；英国、德国、澳大利亚等国军队也正在建立各种计算机应急反应分队和计算机网络防护分队，等等。这些新型部队的建立，将在未来信息化战争中发挥举足轻重的作用。

（四）作战双方的对抗方式将呈现出以网络为中心的体系对抗

以计算机为核心的网络技术的发展及其在军事领域的广泛运用，给军队作战带来了全面而深远的影响。其中最根本的，是使参战的多维空间作战力量可以通过信息网络联成一体，从单兵、单件武器、武器系统到各个作战单元，形成一个功能完备、整体协调的作战体系。可以说，战争中敌我双方实质上是以网络为纽带、以整体对抗为表现形式的体系与体系之间的对抗。

在这种以网络为中心的体系对抗中，作战双方并不像过去那样仅仅依赖坦克、飞机、军舰等作战平台的单元作战性能，而是强调综合利用信息化武器装备系统的整体效能上来，突出武器装备系统的体系对抗。在对抗中，双方所面对的都是己方和敌方两大网络化的信息网络系统，一切作战资源，都必须依赖信息网络才能发挥最大的作战效能。谁先获取信息，并以最快的速度处理信息、分发信息，谁就能夺取战场的控制权，进而掌握战争的主动权。

目前，西方发达国家军队都把主要着力点放在作战体系的建设上，不断用数字化技术将各种作战部队和各类武器装备联为一体，努力建立三军联合作战体系、作战部队之间的联合作战体系和作战单元之间的联合作战体系。如美军正加紧研制 C4ISRW 系统，该系统是将预警、侦察、监视、指挥、控制、通信、计算机和情报系统与精确打击系统联成一体，从而形成一个以网络为中心的庞大的武器装备系统。

可以预见，在未来战争中，计算机网络和通信网络将把信息化作战平台与各种探测系统、指挥控制系统、精确打击系统集成为一体化的军事信息系统，使武器装备体系的整体性更强、更完善，从而使信息化战争中体系对抗的特征表现得更为鲜明。

（五）战争形态将逐步由机械化战争向信息化战争转变

战争形态是指战争这一事物所具有的外在形态或其内在的、本质的必然联系的外在表现。社会形态是战争形态的母体，有什么样的社会形态就会对应什么样的战争形态。机械化战争是工业时代的基本战争形态，它的特点是规模大、范围广、杀伤破坏极其严重；信息化战争是信息时代的基本战争形态，是由信息化军队在“陆、海、空、天、信息、认知”六维战略空间用信息化武器装备进行的，以信息和知识为主要作战力量的，附带杀伤破坏减到最低限度的战争。它的特点是作战节奏快、持续时间短、战争毁伤破坏小等。

工业时代的来临，机械化战争的形成与出现，是由两次工业革命造成的。18 世纪中期爆发的第一次工业革命——蒸汽机革命，及其对军事装备产生的巨大影响，使战争的规模明显扩大，预示着全新的机械化战争时代必将到来。1939—1945 年的第二次世界大战，是机械化战争发展的顶峰，它对人类生命财产造成的杀伤破坏达到了极致。在这场战争中，参战国家共 61 个，人口 20 亿，动员军队 1.1 亿人；军民死亡 7000 万人；直接战争费用 13520 亿美元，经济与财产损失 4 万亿美元。

20 世纪后半叶，在机械化战争走向全面成熟的同时，以信息技术为核心的高新技术在全球迅猛发展，人类社会开始由工业社会向信息社会过渡。在这种背景下，一些国家的军队开始着手研制信息化武器装备，并逐步运用于战争实践。越南战争中，美国空军首次使用高精度的激光制导炸弹，便一举炸毁了清化大桥。近几年爆发的海湾战争、科索沃战争、阿富汗战争、科索沃战争，信息化武器装备的使用量逐步增多，并显示出超常的作战效能。据统计，一架 F-117A 战斗机携带 2000 磅激光制导炸弹所达到的作战效果，相当于 10 名飞行员驾驶 B-17 重型轰炸机飞行 4500 架次，投掷 9000 枚炸弹的效果。同时，信息化武器装备的大量使用，使得战争双方在信息空间的争夺日趋激烈，继争夺制陆权、制海权和制空权之后，争夺制信息权已经成为战争双方争夺的新焦点，并出现诸如信息战、网络战、指挥控制战和心理战等许多新的作战样式，战场空间也从三维地理空间拓展到电磁空间、心理空间和信息空间等多维空间。这些情况表明，在现代战争中，信息化战争的特点日益凸显，战争的形态已开始由机械化战争向信息化战争转变。

然而，从工业时代的机械化战争到信息时代的信息化战争，不是一蹴而就的，需要经历一个战争形态从量变到质变、从部分质变到整体质变的漫长的过程。在这个过程中的战争形态一部分是机械化战争，另一部分是信息化战争。而且，随着时间的推移，其机械化战争的成分会越来越小，信息化战争的成分会越来越大。可以预测，未来 10 到 20 年，随着信息化武器装备的大量使用，将有力推进机械化战争向信息化战争的加速转型，并最终实现完全意义上的信息化战争。

【思考题】

1. 什么是军事高技术？
2. 军事高技术具有哪些特点？
3. 军事高技术前沿领域主要包括哪些方面？
4. 军事高技术对现代战争带来哪些影响？
5. 新军事变革包含哪些主要内容？
6. 新军事变革的产生有哪些动因？
7. 新军事变革包含哪些方面的重要影响？
8. 新军事变革的发展趋势是什么？
9. 结合实际，谈谈高技术与新军事变革的关系。

第五章
信息化战争

【教学目标】

了解信息化战争的形成、发展趋势和国防建设的关系，熟悉信息化战争的特征，树立打赢信息化战争的信心。

第一节　信息化战争概述

随着信息社会的到来，信息技术的不断发展和在军事上的广泛运用，人类战争在经历了徒手战争、冷兵器战争、机械化战争之后，一种新的战争形态正在逐渐形成，这就是信息化战争。因此，学习信息化战争知识，了解信息化战争的产生、形成、发展趋势，熟悉信息化战争的基本特征及作战样式，可以为打赢信息化战争奠定坚实的基础。

一、信息化战争概述

（一）信息

我们常说的信息是什么呢？从广义的角度说，信息就是消息，一切存在都有信息。不过，人们一般说的信息多指信息的交流，信息也可以被储存和使用。你所读过的、听到的、看到的、所想到或者做过的事情，这些都是信息。另外，人们把在生活和从事生产等活动中不断产生的各种消息也称之为“信息”。

在军事领域，人们对于信息则有着更为特别的认识。美国国防部《军事术语词典》对信息的表述是这样的：人们在表达常规性事物或现象中所指定给出的数据；在情报业务活动中，是可能用以产生情报的未经评价事物的表述。美陆军野战条令中将信息定义为“从环境收集的及经处理并以可用格式表现的数据”。美军《联合信息作战条令》中，将信息定义为“以各种媒介或形式表达的事实、数据和指令”。从美军这具有代表性的定义中可见，在军事领域中的信息是用于军事目标的，因此在军事领域中，对信息的内涵所强调的重点是不同的，其更重视信息的数据性、关联性。对数据性及关联性的高度要求，是为了强调信息安全、时效与有效性。

综上所述，在军事领域的范围内，我们可以这样定义信息：信息是客观事物存在、联系、作用和发展变化的反映，信息的特殊性在于它具有预先未知性以及相关联性。

（二）信息化战争

信息化战争是一种战争形态，在信息时代核威慑条件下，交战双方以信息化军队为主要作战力量，在“陆、海、空、天、电”等全维空间展开的多军、多兵种一体化的战争。

一是信息化战争作为信息时代的产物，是该时代生产水平和生产方式在战争领域的客观反映；二是信息化战争必然以信息化军队为主体作战力量，战争双方至少有一方拥有信息化军队才能进行战争，机械化或半机械化军队之间打不了信息化战争；三是信息化战争的主要作战工具是信息、信息化和智能化武器装备平台，诸作战单元实现了网络化、一体化；四是要在七维战场空间进行，其中在航天空间、信息空间、认知空间和心理空间占相当大的比例；五是在物质、能量和信息等作战诸要素中，信息起主导作用，信息能在战争中表现为火力和机动力的物质能量；六是战争的破坏性和附带性伤亡依然存在，但附带破坏将降至最低限度。

（三）信息化军队

信息化军队是指用信息化武器装备起来的信息时代的军队。与机械化军队相比，其整体作战能力更强大。信息化军队强调作战能力的优化组合，各军种都只是联合作战力量的一部分。同时，兵力规模将趋于小型化，编组形式更加灵活多样，指挥体制也从传统的垂直树状结构转变为现代化的扁平网络结构。所谓扁平网状结构，即横向沟通、上下一体的指挥关系，这样可以大大减少层级，把尽可能多的作战单元纳入同一个信息层次，实现信息共享，从而缩短信息流程，以满足实时化指挥决策的要求。在信息化战争中，体系化对抗的程度更强，将不再强调坦克、飞机、军舰等单件作战平台的作战性能，而是突出信息化武器装备体系的整体效能，注重发挥多个军种以及多种武器装备的综合作战效能。

信息化战争的节奏使得战争的进度明显加快，强度越来越高，人类对战争的整体控制能力也在日益增强。信息时代的军队更注重质量和效能。由数量制胜转变为质量制胜，是战争发生的显著变化之一。传统的战争模式利用集小胜为大胜的接触式、线式作战模式来取得胜利，而在信息化战争中，脱离接触式、非线式作战则成为主要形式，这就对军队在编人员的信息技术水平及实战操作经验则提出了非常高而苛刻的要求。

二、信息化战争产生的历史必然性

信息化战争是人类社会政治、经济、科学技术和战争实践发展到一定阶段的必然产物。

（一）信息化战争是社会经济形态发展的必然结果

战争形态是人类社会经济形态的产物。因为人们从事战争的工具和手段，是由特定时代的社会经济形态所提供和决定的。

农业时代的手工业生产方式，决定了战争能量的释放形式主要是依靠人的体能，战争所使用的武器主要是冷兵器。因此，这一时代的战争被称为冷兵器战争。在漫长的农业时代，社会所创造的工具是人力工具，由于科学技术水平低下，生产力发展缓慢，生产工具只能通过人力来驱动，靠人去操纵，人们也只能使用手工制作的青铜和铁质的刀枪剑戟、弓箭和战车等冷兵器进行战争。这一时代，有限的物质条件和效率低下的人力生产工具，以及自给自足的分散式农业生产和作坊式的手工业，使得战争形态的演变十分缓慢。

工业时代的机器大工业生产方式，决定了热能成为战争能量的释放形式，战争所使用的武器为机械化武器。因此，这一时代的战争被称为机械化战争。从 17 世纪上半叶开始，伴随着蒸汽机的发明和电力、化学等工业的产生，人类进入工业时代。人们对能量和物质资源的利用、动力生产工具的使用，导致了社会生产方式的机械化、电气化和规模化。机器大工业生产方式的出现，使人们能够大量运用火炮、坦克、飞机和舰船等机械化武器装备从事战争，战争的能量释放形式从以人的体能为主转变为使用热能和核热能。战争物质基础发生的根本性变化，必然推动和要求战争形态发生革命性的变革，使工业时代的战争呈现出空间广阔、规模宏大、人数众多、进程缓慢、消耗和损失巨大的特征。从冷兵器战争演进到机械化战争，完成这场军事革命的进程持续了近 300 余年。

20 世纪中叶以来，由于科学技术的飞速发展和生产力水平的大幅度提高，以计算机技术和信息技术为龙头的高新技术群不断涌现，人类开始进入了信息时代。随着信息技术在军事领域的广泛运用，大量信息化武器装备投入战场，为新一轮战争形态的变革提供了物质基础。在科学技术和战争实践的推动下，一场迄今为止人类军事史上波及范围最广、变化最深刻、发展最迅速的军事革命正在世界范围内蓬勃兴起。一个以使用信息化武器装备为主导，使战争基本方式发生根本变化的信息化战争，开始登上战争舞台。

人类社会和战争历史的发展表明，社会的经济形态是战争形态的母体，有什么样的经济形态，就会孕育出什么样的战争形态。这是不以人的意志为转移的客观规律。

（二）高技术的发展是信息化战争产生的直接动因

战争形态的重大变革，通常发生在技术革命之后；而技术革命又往往是在科学技术水平迅猛发展并发生质的飞跃的情况下出现的。20 世纪 50 年代以来，世界上陆续出现了一大批高新技术群：以微电子技术、电子计算机技术、人工智能技术和通信技术为基础的信息技术；以导弹为代表的精确制导技术；以人造卫星和航天飞机为代表的航天技术；以激光技术为先导的聚能技术；以核聚变为代表的新能源技术；以新材料为基础的隐形技术等。其中，信息技术在高技术群中起主导作用。这些新技术一经出现，便以前所未有的速度向深度和广度发展，高技术的迅猛发展和运用，必将导致新的技术革命。毛泽东曾经指出，技术上带根本性的、有广泛影响的大的变化，叫作技术革命。蒸汽机的出现是一次技术革命，电力的出现是一次技术革命，太阳能或核能的出现也是一次技术革命。高技术群的出现，除其本身的发展具有革命性之外，它的影响之深远、波及领域之广阔，是历史上任何一次技术革命都无法比拟的。如今，高新技术群体，尤其是微电子技术和计算机技术已渗透到人类社会活动的各个领域，引发了政治、经济、科技、军事和文化等各个领域的深刻变革，已经产生并将继续产生难以估量的重大影响。

科学技术的进步必将引起军事领域的技术革命：与以往历史上的军事技术革命不同的是，当今这场军事技术革命不是由单项和少数民用领域的技术引发的，而是由多项高技术交叉综合作用的结果。因此，这场军事技术革命是全方位的。其中起核心作用的技术是军事信息技术。其骨干技术包括：微电子技术、计算机技术、光电子技术和军事航天技术。军事技术革命的出现，必然导致武器装备发生质的变化。以军事信息技术为核心的军事高技术群，使人类进行战争的工具发生了时代性的飞跃，即由机械化武器装备阶段进入了信息化武器装备阶段。这必然引起作战方式、作战理论和军队编制体制的根本性变革。

（三）近年来局部战争实践是信息化战争产生的基础

20 世纪 90 年代以来先后发生的海湾战争、科索沃战争、阿富汗战争和伊拉克战争，是人类战争史上具有划时代意义、承前启后作用的战争。它们既是工业时代机械化战争的延续，更是孕育信息化战争雏形的“母体”。这几场局部战争几乎都使用了全新的武器和全新的战法，每场战争都给人们以耳目一新的感觉。人们越来越强烈地感悟到，战争形态正在发生深刻变化，机械化战争形态正向信息化战争形态转变，信息化战争已处于萌芽阶段。

海湾战争闪现了新军事革命的影子，世界从此进入一个新的战争时代。信息攻击、远程精确打击、陆海空天电一体化作战，成为主要作战行动。传统的线式作战、梯次攻击、层层剥皮的作战方式已经被摒弃，“零死亡率”的战争已经成为人们追求的目标。同时，局部战争的实践，使人们已经深刻感悟到新的战争形态所具有的深刻内涵，战争实践成为推动信息化战争形成和发展的催化剂。它促使人们更加自觉地接受信息化战争，适应信息化战争，更重要的是主动地选择和设计信息化战争。

第二节　信息化战争基本特征与发展趋势

一、信息化战争的基本特征

信息化战争模式趋于体系化、精确化。随着武器装备的不断衍生和发展，现代战争规模也在日益扩大，突出表现为信息化战场从平面型向立体空间扩展。这种网络化战场是大纵深、高立体的，前后方区别逐渐淡化，时空观都发生了重大变化。现代战争，既有传统的空战、海战、陆战、电子战，也有全新的以网络攻击为主的信息战。依靠信息网络的支撑，通过信息的有序流动，所有作战空间内的作战行动真正地融合为一体。与其他时代的战争形态相比较，信息化战争呈现出许多不同的特征。

（一）信息资源主导化

信息对战争影响的关键是要准确获得战场信息并把信息及时用于决策和控制。机械化战争，起主导作用的是物质和能量，打的主要是“钢铁仗”和“火力仗”。在信息化战争中，信息是核心资源，是决定战争胜负的关键因素，信息化战争是以争夺战场“制信息权”为主要行动的战争。信息成为部队战斗力的核心要素。

在未来战争中，对信息的争夺将发挥核心作用，可能会取代以往冲突中对地理位置的争夺。攻城略地已经成为机械化战争的历史，在信息化战争中，地理目标将日趋贬值，信息资源将急剧升值。制信息权必然成为凌驾制空权、制海权和制陆权之上的战场对抗的制高点。拥有信息资源，握有信息优势，是取得战争胜利的先决条件。

急剧升值的信息资源，决定了争夺制信息权的斗争将在全时空进行，决定了战争中交战双方将倾全力去争夺“信息优势”。海湾战争，争夺信息优势的斗争，贯穿于战争全过程，渗透于所有作战空间。美军利用了世界上最先进的计算机系统所提供的大型智能平台和C4KISR指挥信息系统，完成了超大容量信息处理，赢得了战场信息优势。在科索沃战争和阿富汗战争中，由于美军夺取和保持了全时空的信息优势，因而以很小的代价夺取了战争的胜利。战争的实践，不仅使人们越来越充分地认识到物质、能量和信息在战争中的作用将发生革命性变化，而且使人们清晰地看到了信息、信息系统和信息化武器装备的巨大作用，感受到了未来信息化战争的无限前景。传统的火力、防护力和机动力仍是战斗力的重要组成部分，但已经不处在核心位置，取而代之的是信息系统和信息化武器装备系统。

（二）武器装备信息化

科学技术在军事领域的运用，尤其物化为战争“手臂”，是引起战争形态发生深刻变革的根本原因。工业时代的战争，以机械化武器装备为物质基础；而信息时代的战争，则是以信息化武器装备系统为物质基础。信息化的武器装备系统，又是以计算机技术为核心、以信息技术为基础的一体化的武器装备系统。其构成主要包括信息武器、单兵数字化装备和C4KISR系统。

信息武器系统，包括软杀伤型信息武器和硬杀伤型信息武器。软杀伤型信息武器，是指以计算机病毒武器为代表的网络攻击型信息武器和以电子战武器为代表的电子攻击型信息武器。这类武器已在海湾战争中开始使用。硬杀伤型信息武器，主要是指精确制导武器和各种信息化作战平台。信息化作战平台，装有大量的电子信息传感设备，并与C4KISR系统联网。它们集侦察、干扰、欺骗和打击功能于一体，既可实施战场探测，为精确打击和各种战场行动提供目标信息，还可实施信息攻防作战，是信息化战争的重要物质基础。

单兵数字化装备，是指士兵在数字化战场上使用的个人装备，也称信息士兵系统（它由单兵计算机和无线电分系统、综合头盔分系统、武器分系统、综合人体防护分系统和电源分系统5个部分组成）。信息化的士兵装备，既是战场网络系统的一个终端，也是基本的作战单元，具有人机一体化的远程传感能力、攻击和生存能力，能够实时实地为炮兵和执行空地作战任务的飞机提供数字化的目标信息。阿富汗战争中，美空军准确无误地对地面目标实施攻击，就是得益于特种作战部队装备的信息士兵系统将整个战场数字化网络连为一体，为其提供了及时准确的目标数据。单兵数字化装备的出现和运用，意味着陆军作战效能将出现革命性变化。

C4KISR系统，是战场指挥、控制、通信、计算机、杀伤、情报、监视和侦察系统的简称，它把作战指挥控制的各个要素、各个作战单元黏合在一起，是军队发挥整体效能的“神经和大脑”。在信息化战争中，C4KISR系统是敌对双方的主要作战目标，围绕着C4KISR系统展开的攻击和防护成为战争的重要作战行动。海湾战争具有划时代的意义。在人类战争史上，它是工业时代向信息时代过渡时期发生的一场战争，尽管还称不上完整意义上的信息化战争，但是它所显示的信息化战争的特征，在尔后的科索沃战争、阿富汗战争、伊拉克战争中，已经表现得十分清楚。

（三）作战空间多维化

作战空间随着科学技术和武器装备的发展逐渐呈现出日益拓展的趋向。人类战争历史上由于飞机的问世和航空技术的发展，作战空间发生了第一次革命性变化，由陆海平面战场发展为陆海空三维的立体战场。机械化战争中，交战的舞台主要是在陆、海、空等物理空间展开，重点是在陆地、海洋和空中进行。而信息化战争中，虽然活动的依托仍然离不开物理空间，但决定战争胜负的因素主要取决于信息空间。主要包括网络空间、电磁空间和心理空间。高技术局部战争的实践表明，信息化战争的作战空间明显拓展，呈现出陆、海、空、天、电等多维一体化趋势。信息化战争作战空间的这种多维性和复杂性，打破了传统的作战空间概念。

首先，物理空间超大无限。第一次世界大战中，决定战争胜负的马恩河战役、亚眠战役，战场范围仅有数百至数千平方千米。第二次世界大战中，决定战争胜负的维斯瓦河奥得河战役、柏林战役、诺曼底战役，战场范围也不过数万或数十万平方千米。而海湾战争，战场空间急剧扩展，东起波斯湾、西至地中海、南到红海、北达土耳其，总面积达到一千四百万平方千米，阿富汗战争，其作战规模远不及海湾战争和科索沃战争，但其作战空间范围要远比海湾战争和科索沃战争大得多。美军在空中部署有各种侦察、预警飞机，全方位、全时段监视对方的所有行动。在外层空间利用多颗卫星组成太空侦测网，全面监视、搜寻塔利班和拉登的动向。随着军事信息技术的高速发展，未来信息化战争的作战空间将在陆、海、空、天的基础上进一步拓展。

其次，信息空间多维广阔。信息空间是一个全新的概念，它包括电磁空间、网络空间和心理空间，渗透于陆、海、空、天各个战场领域。由于信息和信息流“无疆无界”，使得信息作战的领域大大突破了传统的战场界限，是一个超大无形、领域广阔的作战空间。

电磁空间是信息空间的重要组成部分。电磁战场被称作继陆、海、空、天之后的“第五维战场”，是信息化战争的重要作战空间。

网络空间是人类进入信息社会的必然产物。信息时代的一个明显标志就是计算机和计算机网络技术的广泛应用。目前，国际互联网络将全世界170多个国家和地区的计算机网络连为一体。信息高速公路在全球范围内逐步建成，时空的概念正在急剧缩小。网络空间的出现，使地理上的距离概念和国家之间的地理分界线将在信息对抗中失去意义，凡是与网络空间相联系的目标都可能遭到攻击。

心理空间特别是决策者的思维空间是信息化战争的重要作战空间。心理是控制和决定人的行为的重要因素，心理空间的对抗备受各国军队的重视。美军不仅编有心理战部队，而且正在研制“噪声仿真器”“电子啸叫器”等专用心理战武器。美军在近期几场局部战争中都采取了军事打击与攻心并举的方针，成功地实施了心理战。战争的实践证明，心理空间作为信息作战空间的一个重要组成部分已体现得非常明显。

（四）作战节奏快速化

时间是战争的基本要素。随着计算机、电子通信、卫星技术和信息化武器装备的发展，信息化战争的作战节奏和作战速度将比机械化战争大大提高，持续时间明显缩短，呈现出迅疾短促快速化的特征。促使战争时间迅疾短促的主要因素有三个。

一是战场信息流动加快，作战周期缩短。信息时代，数字信息技术广泛运用于战场侦察监测设备和信息快速传输网络，实现了信息的实时获取、实时传输、实时处理，使得信息流动速度空前加快，空间因素贬值，时间急剧增值，作战行动得以快速进行。在网络化的战场，尽管基本作战程序和信息的流程没有发生根本变化，同样要经过发现目标、进行决策、下达指令、部队行动等环节，但这几乎都是实时同步进行的。

二是战争的突然性增大，时效明显提高。信息化战争中，各种信息武器具有快速的作战能力，使得作战行动的速度加快，时效性明显提高。

三是广泛实施精确作战，毁伤效能剧增。海湾战争中，多国部队发射的精确制导弹药，虽然只占发射弹药总量的9%，却摧毁了约68%的重要目标。精确打击直接指向敌人的战争重心，迅速而有致命性，这必然使得作战时间短促，战争持续时间大为缩短。

此外，数字化战场的建立、部队机动能力的提高、受经济能力和战争目的的制约等，都是促使作战时间迅疾短促、战争进程日趋缩短的重要原因。

（五）作战要素一体化

信息化战争，一是作战力量一体化。通过信息网络和信息技术，可以将处于不同空间位置的各种作战能力联结成一个有机整体，形成一体化作战力量。二是作战行动一体化。信息化战争中的主要作战样式，是两个以上的军种按照总的企图和统一计划，在联合指挥机构的统一指挥下共同进行的联合作战，其作战行动具有一体化的特征。三是作战指挥一体化。信息化战争中，集指挥、控制、通信、计算机、火力、情报、侦察和监视于一体的C4KISR系统，为作战指挥提供了准确的战场情报、快速的通信联络、科学的辅助决策、实时的反馈监控，从而使树状的指挥体制将逐渐被扁平为网络化的指挥体制所代替，使作战指挥实现了一体化。四是综合保障一体化。保障军队为遂行作战任务而采取的作战保障、后勤保障、装备保障、政治工作保障等各项保障措施实现了一体化。

（六）作战指挥扁平化

机械化战争的指挥体制，主要以作战部队多层次纵向传递信息的树状指挥体制为主。这种指挥控制网络就像大工业生产按行业、按流水线建立的控制体系一样，其特征是金字塔状，下面大上面小，所有来自前线的敌我双方的情报信息，必须逐级向上汇报，上级的指示精神和命令也按照这样的树状模式逐级下达到前线或基层，是一种典型的逐级指挥方式。信息化战争的指挥体制，趋向作战单元与指挥控制中心横向传递信息的“扁平网络化”结构。在纵向上，从最高指挥机构到基层分队所形成的逐级控制关系虽仍然存在，但是，单兵数字化指挥控制系统成了指挥体系的最小层次。在横向上，各指挥系统间的横向联系更加紧密，它不仅包括平地指挥机构之间的联系，还包含非同一层次间指挥机构的横向联系；不仅包括不同军兵种各层指挥机的联系，还包括同一军兵种平行指挥层次指挥机构间的联系。指挥控制近乎实时，效率大大提升。

（七）作战行动精确化

信息化战争中，在多层次、全方位、全时空的情报、侦察和监视网络的支持下，使用大量的精确制导武器，使各种作战行动的精确化程度越来越高。一是精确侦察、定位控制。精确侦察、定位和控制是实现精确打击的前提和基础。二是精确打击。精确打击是信息化战争精确化的核心内容，它是靠提高命中精度来保证作战效果，而不是通过增加弹药投射的数量去增强作战效果。三是精确保障。就是充分运用以信息技术为核心的高技术手段，精细而准确地筹划、实施保障，高效运用保障力量，使保障的时间、空间、数量和质量要求尽可能达到精确的程度，最大限度地节约保障资源。

二、信息化战争的发展趋势

进入 21 世纪，高技术的迅猛发展和广泛应用，推动了武器装备的发展和作战方式的演变，促进了军事理论的创新和编制体制的变革，由此引发新的军事革命。信息化战争最终将取代机械化战争，成为未来战争的基本形态。信息技术的迅猛发展和在军事领域的广泛使用，为军队大量利用信息提供了前所未有的条件，并将引发一场涉及整个军事领域的变革，信息化战争将呈现以下发展趋势。

（一）信息力量的竞争将愈演愈烈

随着信息化社会的发展，信息作为战略资源的地位将更高，围绕信息资源获取、信息化军队建设和占领信息优势高地的竞争将愈演愈烈。各国将竞相投入更多的资金进行社会信息化基础设施的建设，竭力保持本国在信息化建设方面的优势。新制式的超宽带信息高速公路将不断推进，网络进攻和网络防御的能力将同步提高，信息技术将愈加主导政治、经济、金融、环境、文化、生活、生产等所有领域。在军事领域，各国将加大信息化军队建设的力度和速度，不断革新军队的武器装备、军事理论、编制体制、人员培训等，尽量拉大本国与他国军队信息化能力的距离。黑客部队、天军、网军、机器人军团、世界舰队、太空星军、斩首部队、媒体部队、隐身部队、精细手术刀部队、机器昆虫等新型部队将层出不穷，迷你型、全能型、智能型等信息化部队不断创新。各国在信息力量、信息方面的竞争将白热化。

（二）作战方式和战争形态将不断变化

随着新的军事变革的深入和政治战略需求的变化，信息化战争将以前所未有的速度催生新的作战方法。战略心理战、网络系统战、全元总体战、太空绞杀战、掏心战、瘫痪战、隐形战、致盲战、点穴战、无人战、精微战、间隙战等作战方式接踵而至。同时，新作战模式相继登场，信息化战争频繁“变脸”，也使其整体战争形态不断调整和演变。战争的规模将趋小，以天、小时和分计算时间的战争可能一再发生；物资、能源的消耗战将逐步让位给物资、能源的控制战；战争状态与和平状态的转化，以及军事人员和非军事人员的转换将有新的表现；围绕信息资源展开的争夺战将日趋激烈。信息化战争形态的演变将是迅速和明显的。

（三）人类的战争能力将持续提升

信息化战争的发展使战争体系的效能不断提高，人类的战争能力呈现持续提升的趋势。

1. 战场感知力持续提升

信息化战争发展以来，由于雷达、声呐、地面传感器、侦察飞机、侦察卫星以及装载在武器平台上的观瞄仪、测距机、告警机、望远镜、夜视仪、火控、雷达等大量先进电子侦察监视技术的运用，战场感知能力已经有了很大的提高。但随信息化战争的发展，战场感知力还会持续提升。一个从声频、电频到光频，从水下、地面到太空的全频谱、全方位、全时空的侦察监视体系，将出现在战场上，各种目标的性状和变化都可能处在严密的监控之中。对于处于信息优势的一方，战场将更加透明。

2. 战场反应速度持续加快

现代侦察监视技术和指挥控制技术使战场的反应速度明显提高。目前美国预警卫星在对方导弹发射后 3～4 分钟就能将信息传送到国家指挥中心。武器在跟踪目标、计算射击诸元、气象修正、偏差修正等方面都达到了一体化、电子化、自动化，射击准备时间已缩短到约 60 秒钟，发射反应时间为 5～8 秒，如法制“西北风”地空导弹的反应时间为 5 秒。一个由计算机控制的火炮控制系统，对同时发现的不同方向的 30 多个目标，只需 90 多秒钟就能将其全部摧毁，这比 15 年前的战场反应时间缩短了 2 个小时。情报、通信、指挥、控制、兵器和信息处理一体化的自动化指挥体系构成了数字化的战场，战争系统整体反应速度也加快了，在 2003 年的伊拉克战争中，从发现目标到实施攻击的过程已缩短到几分钟时间。远距离快速投送技术使战场能量快速流动，战略轰炸机的航程和战略导弹射程均达 1 万千米以上，许多兵器都可以在 24 小时内到达地球的另一面作战。

随着信息化战争的不断发展，战场的反应速度还会不断加快，“即时化”可能真正出现。未来可能出现的网络中心战将进一步提高战争的反应速度。高超音速的飞行器绕地球一圈只需两个多小时；密布于太空的无数个微型卫星将对地球上的任何一点实施即时打击；高速巡航导弹、多国联合舰队、激光武器的运用将促进战场的反应灵敏度、速度。未来，C4KISR 系统必将有更大的飞跃，战争系统的整体反应速度将会不断提升。

3. 精确打击能力持续增强

信息技术的应用已使突击兵器的命中概率达到 80%以上，基本实现了“指哪打哪”。导弹和精确制导弹药成为战场攻击武器的主角。第二次世界大战时飞机投掷炸弹的误差近千米，而在伊拉克战争中这种误差已缩小到几米。海湾战争中，美军一枚“斯拉姆”窄面导弹从 90 千米以外攻击伊拉克一个发电厂时，第一发导弹在发电厂的外墙上打了 1 个洞，第二发导弹从这个洞口飞入炸毁了内部设施。随着信息技术的发展，信息化战争中的精确打击能力将不断增强。目标的识别、选定和摧毁将更加精准，打击误差可能缩小到厘米，甚至更小。人们可能对上万千米外的一台电脑、一部手机、一名将军、一只侦察苍蝇或者某个士兵的眼睛实施精确打击。精确打击不仅限于物质层面，还将涉及人的精神层面、心理层面，可对某个人或某些具有共同特征的群体实施定性、定量、精确准确的心理突击和精神手术。

4. 作战空间和时间持续延伸

信息技术的运用使战争的时空得到了延伸。目前人类的战场已经扩展到陆、海、空、天以及电磁、网络、心理空间，作战时间也得到延伸。海湾战争中多国部队使用了 30 多颗卫星、3000 多架飞机、500 余枚巡航导弹、3000 多辆装甲车辆、6 艘航空母舰、数十艘水面舰船和潜艇、几百架电子战飞机、30 多个地面监听站和 20 余个侦察营，呈现出的是一幅光、电、磁、声交织，陆、海、空、天相融的多维战场画面。随着信息技术的发展，这种延伸将不断扩大。人类战场可能进入浩渺的太空深处或某一细胞之中；海沟、极地、地下深处都可能发生搏杀；电磁战将渗入更多的空间和贯穿在更多的时间之中。18 世纪以前 10 万人军队的作战能力仅达到 1 万平方千米；海湾战争时 10 万人军队的作战能力已涉及 70 余万平方千米的战场，而在未来的信息化战争中，信息化军队的作战能力将达到更大的空间和时间。随着信息技术全面渗透人类社会生活的各个方面，信息化战争的战场将在敌对双方甚至第三方的政治、经济、文化、环境、信息、能源、网络等领域全面展开。虚拟战场与真实战场结合，军事战场与经济战场结合，军事专职人员与普通民众的军事行动结合，战场的起始和终结的时间也可能趋于模糊。

5. 战场效能持续提高

未来的信息化战争，战场效能必将持续提高。信息技术将使战争要素得到最优化组合，战争力量将在最关键的地点、时机、方向上，以最佳攻击手段、攻击强度和最小损耗，对与政治目标最密切关联的关键目标，实行精确、集中、有效的能量释放，从而产生很高的战场技能。战争手段的多元化、空间的多维化和行动的一体化，增加了战争能释放的通道、针对性和一致性，使战争能量的单位时间流通量大幅提升，减少了无效发散，提高了效率，达到了一种战争能量在极短的时间内集中、有效地流向最关键最重要空间的战场境界。人类的战争能力的快速提升，使信息化战争中的对抗更趋激烈。参战人在知识、能力、心理和生理上的压力大大增强，未来的信息化战争将是一场你死我活的搏杀。

（四）对经济和科技的依赖性将越来越强

信息化战争对科技实力和经济实力有很大的依赖性。美国 B-2A 隐形战略轰炸机单架飞机的研制费达到了 20 多亿美元；组建一个具有基本信息战能力的航母编队需要 100 多亿美元；一枚巡航导弹值百万美元；一颗“锁眼-12”卫星的造价达 14 亿美元。42 天的海湾战争中，美军消耗物资种类达 1.7 万余种、3000 多万吨，花去了 1100 多亿美元。随着信息化战争的发展，其对经济和科技的依赖程度将越来越大。信息化武器的研制、生产、维护、使用都离不开科技力量和经济力量的支撑。高素质人才培训、购置昂贵的设备和较长的研制周期，都需要耗费巨资；科研成果产业化的投资比研究开发投资还要高出 5～20 倍；信息技术更新换代快，新武器的替换耗费大量资源。信息技术发展越快，信息化战争的经济科技依赖越强。

（五）战争的不对称表现日趋多样

在目前发生的信息化战争中，作战双方往往在战争体系、战争力量、战略资源、作战方式、军事理论和战争结局等方面具有多侧面的不对称性。这与信息技术和信息化社会发展的特点有关，也与战争主体在政治、经济、军事、文化、科技、自然等各方面的差距有关。随着信息化战争的发展，信息技术发展的特点将进一步凸显。信息技术将向多个领域推进，新信息技术层出不穷，技术生命将越来越短，技术的军事应用方法将越来越多，信息对抗的途径将越来越多，作战手段将越来越多，各国在信息技术、军事理论、政治文化的发展上的差距和差别不会消失。可以预测，在信息化战争的发展过程中，不对称的战争表现还会存在，并更具多样性。

第三节　信息化战争与国防建设

信息化战争的到来，加剧了世界各国战略力量对比的不平衡性，增大了发展中国家战略选择的难度，特别是对我国国防建设与发展提出了严峻挑战。我们必须深入研究信息化战争对国防建设产生的重大影响，加速推进中国特色军事变革，由此确立我国国防建设和军队建设，指导思想上实行战略性转移，走科技强军之路，增强我军信息化条件下的防卫能力，立足于打赢我国可能面临的信息化局部战争。

一、深刻认识新军事革命的挑战与机遇

战争史告诉我们：在大规模的战争中，先进时代的军队败于落后时代的军队，在历史上还没有先例。这也就是说，农业时代的军队无论如何也无法战胜工业时代的军队，工业时代军队则必然败在信息时代的军队手下。能否积极地、自觉地迎接新军事革命的挑战，关系到军队的生存与发展。当前，我军面临的形势较为严峻，特别在以信息技术为核心的军事信息化进程中，与发达国家之间存在着相当大的差距。因此，如果我军不采取得力措施迎头赶上，而是让机遇擦肩而过，那么，一旦发达国家完成了军队信息化，我们将“不得不用工业时代的机械化军队去对付信息时代的信息化军队，其后果将不堪设想。对于站在信息军事大门口前的中国军队来说，关键是看我们能不能正视挑战，抓住机遇，发展自己”。

（一）树立信息时代国防建设的新理念

机械化战争的制胜理念是消耗敌人、摧毁敌人，大量歼灭敌人的有生力量，而信息化战争的制胜理念是控制敌人、瘫痪敌人，通过破击敌人作战体系，达到巧战而屈人之兵的目的；机械化战争中，万炮轰鸣的火力倾泻为主要打击手段，而在信息化战争中，实施精确打击为首要选择。国防建设是军队打赢信息化战争的重要基础。因此，我们在考虑国防建设和经济建设时，从宏观规划到人力、物力和财力的动员，从经济基础建设到国防工程、交通信息、防汛和医疗卫生等建设都必须和打赢信息化战争通盘考虑、规划和建设。

战争形态的发展变化，给我们带来的挑战首先是观念上的影响和冲击，强烈要求我们必须适应这种不可抗拒的变化，树立与打赢信息化战争相适应的观念，为国防现代化提供有效的建设理念和指导方法。认识只有跟上时代变化才能占据主动，理念只有适应形势才能把握先机。应对信息化战争形态带来的挑战，只有确立与打赢信息化战争相适应的思维方式，强化信息制胜意识，用源于实践高于实践的先进理论指导实践，用创新的观念谋求国防和军队的建设发展，才能使国防建设适应军队的信息化建设。

（二）增强打赢信息化战争的能力

在信息时代，国家的信息基础建设是国家战略能力的重要组成部分。国家的信息基础建设是军队信息化建设的基石，是打赢未来信息化战争的重要支撑。因此，必须把加强国家的信息基础建设作为提高打赢信息化战争能力的首要举措。当前，我国信息基础设施建设，已获得了长足的发展。虽然在交通、金融和通信等主要行业信息化水平，我国已经接近发达国家；在数字地球领域，我国和发达国家处在同一起跑线上；但与发达国家相比，在许多方面我国仍存在差距。因此，必须下大力加强我国的信息基础建设，努力提升我国的国家战略能力。

信息基础建设的重点应主要放在三个方面：一是努力发展以微电子技术、计算机技术和通信技术为主体的信息技术，这是一个国家信息基础建设的基础。二是加快国家大型网络系统建设。三是大力开发各种软件技术。目前我国软件技术的研制、开发能力远远落后于发达国家，与一些发展中国家相比也不占优势。此外，国家信息安全的防护，在相当程度上是由先进的软件技术来保障的。因此，应加大研制和开发软件技术的资金、技术和人力投入，使我国在软件技术上跻身于世界先进行列。因此，必须把加强国家的信息基础建设作为应对信息化战争的首要措施。

增强打赢信息化战争的能力要在科学发展观的指导下做到以下三点。

一是用信息化主导军队发展。目前，由于机械化建设的任务尚未完成，我军面临着机械化与信息化双重建设任务。信息化已经成为我军现代化建设的核心内容。因此，要正确处理好机械化与信息化的关系，坚持用信息化主导军队发展。

二是依靠科学技术推动军队发展。要贯彻科技强军战略，把国家和社会的科技力量有效地转化为军队作战能力，把发挥强大的政治优势与发挥有限的科技优势有机统一起来，加大科技和教育投入，不仅要促进科学技术向武器装备快速转化，而且还要使科学技术进入领导决策、作战指挥、教育训练、行政管理、政治工作和后勤保障。

三是坚持自主创新。应对新军事变革的挑战，我军应强化自主创新的观念。一方面要扬弃历史上承袭下来的苏军模式；另一方面要“为我所用”地吸收发达国家军队的经验，按照“学人而不受制于人”的思路，创新信息化，发展新模式，走出一条具有先进性的中国特色发展道路。

（三）努力培养国防信息化人才队伍

人才是强国兴军之本，决定未来信息化战争胜负的是高素质国防和军队信息化人才。随着信息技术的飞速发展和在社会各领域的广泛运用，信息科技人才的紧缺已经成为一个世界性问题。必须加大力度，努力培养新型国防信息化人才，为我军打赢信息化战争提供强大的智力支撑。为此，我们必须把国防信息化人才队伍的培养工作作为国防信息化建设的根本大计，树立超前意识，构建我军新型的国防信息化人才培养体系，抓紧培养复合型人才。尽快缩小与发达国家军队在人员素质上的“知识差”，以适应国防信息化建设和未来信息化战争的需要。

我国信息技术人才的匮乏突出。必须下大力采取多种有效措施加强国防信息技术人才的培养、引进与保留，建设一支雄厚的信息人才队伍，确保我国的信息基础建设能够持续不断的发展。一方面，要依托地方进行信息化人才的双向培养；另一方面，军事院校教学中要加大高新技术知识的比重，提高部队信息化条件下的训练水平，创造良好的信息化环境和信息化文化氛围。

（四）加强国防后备力量建设

信息化国防力量是指除现役部队之外可用于信息化战争动员的人力、物力，即经过准备可根据信息化战争的需要，迅速转化成显示信息战能力的一种力量。面临新军事革命的挑战，加强信息化国防后备力量建设是十分紧迫和必要的。

未来信息化战争所提出的，贯穿战争始末并在战前“和平”时期持续存在的信息战的长期性要求，在政治、经济、技术和军事领域广泛进行信息战的社会性要求，综合利用各个领域的信息资源将诸军种、多兵器凝聚成联合协同作战能力的总体性要求，控制海、陆、空、天、电、网、心理七维战场，确保国家安全的特殊性要求，是任何一支精干的信息化常备力量都无法满足的。因而必须发展一支强大的国防信息化后备力量作后盾，才能尽力拓展信息作战平台和触角，广泛摄取信息资源，适时动员和补充信息化力量，竭力保持信息作战能力的可持续性。

二、牢固树立新的国家安全观

信息时代的到来使传统的国家安全观受到巨大冲击，要求我们从新军事革命的角度，以信息军事为出发点，从更广的视野和更深的层面，观察并处理国家安全和国防安全问题。

（一）既要重视有形的挑战，又要注意无形的威胁

信息技术大量应用于军事领域后，使国防建设得到了长足的发展，与此同时，也使国家安全和国防安全受到来自潜在敌对国家前所未有的严重威胁。一方面，每时每刻都有数十颗来自不同国度、不同类型的侦察卫星在太空进行监视，再加上无人驾驶高空侦察机和高空气球等侦察手段的使用，使得一国的地面和水面军事目标、军队调动与部署、国防工程施工、国防科研活动等几乎无密可保；另一方面，计算机网络的发展与普及，使国家的信息安全更难维护，军事网络系统随时可能受到“黑客”的攻击和计算机“病毒”的威胁。特别是对那些需要大量进口信息技术产品的国家与军队，更是一个不容忽视的、潜在的巨大威胁。有人已经提出，信息时代的战争，攻击的首要目标是联结国家政治、经济、军事和整个社会的计算机网络系统，利用信息技术手段，多渠道、多形式地对敌方军用与民用计算机网络系统进行快速、隐蔽和摧毁性的破坏，以达到“不战而屈人之兵”的目的。总之，信息时代将孕育出新的国家安全环境和国防安全环境，这就要求我们要看到有形的挑战，又要注意无形威胁，树立信息时代的安全观。

（二）既要重视军事安全，又要注意政治、经济、文化等方面的安全

在信息时代，对一国安全的威胁，将不仅仅局限于军事领域，还包括来自政治、经济、文化等领域的威胁。在政治安全方面，当前，西方国家凭借其在信息技术领域中的领先地位，基本上控制了世界新闻发布的内容和流向，随心所欲地对其他国家的政治施加影响，诋毁他国政府和领导人，干涉别国内政，挑动其他国家之间、国家内部民族宗教之间的矛盾，不断以虚假信息混淆视听，制造混乱。世界上一些民族、宗教团体、政治党派、极端组织也通过各种渠道传播其政治主张，对国家政治观念和个人思想造成了强烈的冲击。在经济安全方面，信息时代的到来，使世界经济一体化迅速发展，各国经济的相互依赖性明显加强，从而使国家经济安全面临着来自经济信息攻击和经济信息封锁的严峻挑战。由于当前世界上的经济数据库资源基本掌握在发达国家手中，他们完全可以借此向发展中国家提出很高的价格

甚至附带某些政治权益，他们也完全有能力在数据库中预先埋下“病毒”或设下“后门”，危及发展中国家的经济安全。在文化安全方面，近年来，西方国家利用其掌握的全球传播媒介，向广大发展中国家大力推行文化霸权主义，进行文化渗透和意识形态输出，使这些国家的文化安全受到极大威胁。据统计，美国文化产品的出口已取代航空产品并成为第一大出口商品，占据国际市场40％以上的份额，美国控制了世界75％的电视节目、65％的广播节目和80％以上的互联网信息量。

一方面，我们要充分有效地利用各类全球信息网络，传递中国的有关信息，拓展中国的信息空间，增强中国的信息影响力；另一方面，普遍设置“防火墙”，安装“信息选择平台”等网络防护手段，阻止针对中国的网络入侵。同时，对事关国家政治、经济、文化、军事安全的骨干信息网络，要由国家统一规划，加强监督，尽量形成一定范围的区域化，避免为方便使用而降低网络的安全性。此外，要建立我国的“信息防护部队”，应是支具有高超信息技术知识的专业化部队，主要由科学家、信息专家以及精通信息作战的军队组成，其主要职责是在信息空间与看不见的对手进行信息对抗，反击敌对国家、政治团体甚至个人的信息入侵，防止和打击本国的信息犯罪活动，确保国家的信息安全。

（三）切实强化信息军事观念

恩格斯指出，当技术革命的浪潮正在四周汹涌澎湃的时候，我们需要更新、更勇敢的头脑。理论是行动的指南，创新的军事观念是军事技术与军事革命的指南和灵魂，先进的军事学说可以帮助人们科学地预测未来战争的特点和规律，自觉地把握军事领域的发展趋势，正确地选择军队建设的目标和途径，减少或避免主观指导上的盲目性和决策中的失误。

面对信息化战争的到来，面对战争观念、战争形态、作战样式的历史性变化，中国军人必须立足我国我军实际，放眼世界，牢固军事观念，构建适应信息化战争军事理论体系，创造我军独特的优势。

我军在长期的军事实践活动中，形成了以毛泽东军事思想、邓小平新时期军队建设思想、江泽民国防和军队建设思想为代表的具有中国特色的军事科学理论体系，习近平主席主持军委工作以来，根据新时期、新阶段的历史条件，坚持运用科学发展观思考回答军事领域面临的重大理论和现实问题，提出了一系列新思想、新观点和新论断，进一步丰富和发展了毛泽东军事思想、邓小平新时期军队建设思想和江泽民国防和军队建设思想。我们要以习近平为总书记的领导核心的重要论述为指导，紧密结合当代的军事实践，解放思想，大胆探索，勇于创新，把我军的军事理论研究提高到个新的水平。要着重研究新军事革命的发展趋势，探索信息化战争的特点和规律。当前，由于我国处于工业化与信息化的过渡时期，我军主要还是以机械化为主，使用“机械化军事思维”在一些人的头脑中根深蒂固。要迎接信息军事的到来，找到建设信息化军队的新思路，就必须破除现有的“机械化军事思维”模式，勇敢探索信息军事理论。

三、增强综合国力，奠定打赢信息化战争的坚实基础

一个国家或民族在未来世界格局中的地位，取决于这个国家的综合国力。当前，以科学技术为先导、经济为基础的综合国力竞争已成为世界各国竞争的焦点。综合国力包括国家的政治、经济、军事、科技、意识形态、外交、文化、教育、环境、人口等方面。综合国力竞争战略就是各种力量交替并用的战略，要打赢一场信息化战争，必须要有强大的综合国力。

（一）坚持改革开放，发展经济实力

坚持改革开放，坚持以经济建设为中心，力争国家经济建设再上一个新台阶，这是全国人民的共同希望和追求。摆正国防建设和经济建设的关系，是国防建设服从经济建设的大局，既有利于国家经济建设和满足富国强兵国防建设的需要，也有利于国防建设与经济建设的协调发展。邓小平同志敏锐洞察国际局势的复杂变化，指出："世界上希望我们好起来的人很多，想整我们的人也有的是。我们自己要保持警惕，放松不得。"他强调，"国家的主权、国家的安全要始终放在第一位"，无论什么时候，没有强大的国防和军事实力做后盾，国家安全就得不到保障。积极推进中国特色军事变革，建设与国家利益相适应、与不断提高的国际地位相符合的现代化国防，是维护国家安全与发展的战略保证，是实现中国和平发展的迫切要求。改革开放是硬道理，发展经济也是硬道理，增强综合国力同样是硬道理。改革开放以来，我国综合国力大大增强，使得我国国际威望显著提高，军事威慑力增强，保证了国家的安全和发展。

（二）坚持积极防御的战略方针

积极防御是我们一贯坚持的战略方针。只有这样才能为维护世界和平、促进共同发展创造有利条件。正如邓小平同志指出的：像我国这样一个社会主义国家，离开国防和军队的现代化，就不足以显示社会主义制度的优越性，不足以振奋民族自尊心、自信心和爱国主义精神。如果中国没有原子弹、氢弹，没有发射卫星，中国就不能叫有重要影响的大国，就没有现在这样的国际地位。"9·11"事件以来，国际恐怖主义活动十分猖獗，一些国家打着反恐旗号大搞霸权主义，影响世界和平与发展的不确定因素不断增加，各大国和国家集团都加紧调整安全战略，冷战后一度减弱的军事安全因素又在上升。在这种复杂背景下，推进中国特色军事变革，进一步提高国家战略能力，既是维护我国根本利益之策，也是树立大国形象、在承担国际义务上有所作为的必然要求。

（三）广交朋友，增强世界和平力量

共促和谐，就是要积极推动建设和谐世界、为民族复兴和世界和平创造良好环境。中国自古是一个礼仪之邦、文明大国，中华民族历来讲信修睦、崇尚和平。作为世界大家庭中的一员，中国始终致力于发展同其他国家和民族的友好往来，致力于推动人类社会的和平与发展。当前，我们国家正努力对内构建和谐社会，对外坚持走和平发展的道路。胡锦涛主席在联合国成立60周年首脑会议上，郑重倡导"努力建设持久和平、共同繁荣的和谐世界"，充分表达了中国政府和中国人民关于世界发展的主张，体现了中国政府一贯奉行的独立自主和平外交政策。历史和现实表明，中华民族始终是播撒和平种子的民族，世界和平始终是中华民族实现复兴伟业的不懈追求。推进全球反"独"促统事业，需要广结善缘，广交朋友，需要推动世界了解中国、中国走向世界，在建设和谐世界、增进中国人民与世界各国人民友谊的过程中，把中华儿女向往和平的强烈心愿传遍世界的每一个角落，为中国的和平统一事业赢得广泛的国际支持，为人类的和平与进步事业做出积极的贡献。

（四）平战结合，搞好战备物资的储备

要按照"高度统一、军地结合、平战结合、精干合理"的基本原则，搞好战备物资的储备，建立平战结合的后勤保障体系。把战时物资与平时物质结合起来，军用物资和民用物资结合起来。要在摸清本地区经济潜力，预测本地区经济的发展趋势的基础上，建立资料库和信息库，增强辅助决策、数据查询、电子地图显示、数据网络上报、安全防护等功能，实现国民经济信息管理网络化。要针对市场经济条件下人员、物资流动量大，产品调整变化快的特点，预测可利用的经济资源的发展趋势。要科学部署配置物资储备、医疗救护、道路畅通和机动运输等各种后勤保障力量，形成前后相通，上下相接，左右相连的高机动性后勤保障网络。开展平战结合，不仅增加了社会服务性设施，发展了经济，还扩大了就业门路，是一件利国、利民、利战备的好事。因此，江泽民同志说："平战结合，造福为民。"

四、加强国防现代化建设，发挥维护世界和平发展的积极作用

首先，加强国防现代化建设，是建设中国特色社会主义的内在要求。国防现代化是中国"四个现代化"的重要内容，是国家协调发展的客观需要。一个国家的军事实力，只说明有什么，并不意味着要干什么；搞不搞武力扩张，是否威胁其他国家，主要取决于它的文化传统、治国理念、对外政策和军事战略。中国明代郑和率领当时世界上最强大的船队"七下西洋"，给亚非 30 多个国家和地区带去的不是武力征伐，而是友好交往与文明交流。实际上，当代中国的国防现代化不但没有冲击和平发展，而且始终遵循和平发展战略，是实现和平发展的重要保障，中国没有也不会对别国构成所谓的"军事威胁"。

其次，加强国防现代化建设，是履行国际义务与责任、维护世界和平与发展的必要。中国是联合国安理会常任理事国，是负责任的大国，应当在国际事务中发挥负责任、建设性的作用。21 世纪和平与发展仍是时代主题，但传统安全因素并未消除，新的不稳定、不安全因素不断增加，地区冲突、海盗、恐怖主义等非传统安全因素对世界和平发展的影响越发明显。维持全球战略平衡，通过加强国际军事合作来维护地区稳定、打击恐怖主义、保障海上通道安全等，是新形势下维护世界和平的有效途径，也是包括中国在内的世界各国的共同责任。作为一个大国，中国应该承担起相应的义务，需要具有与之相匹配的军事能力。近年来，我们着眼应对多种安全威胁、维护世界和平发展的需要，加快了军队现代化建设的步伐。但从整体上看，中国军队仍处于机械化、半机械化水平，与世界发达国家军队正在进入信息化相比还存在差距，距离维护世界和平发展的要求还有很大的差距。中国只有加强国防建设，逐步提高军队应对危机、维护和平、遏制战争、打赢战争的能力，才能更好地发挥维护世界和平发展的积极作用。

最后，加强国防现代化建设，是维护国家领土主权完整、实现祖国统一的必需。国家领土、主权完整，是国家生存与发展的基本条件。维护国家统一与民族团结，是中国人民强烈的民族感情和政治所求，是中国军队最基本的职能任务和历史使命。中国有 22000 多千米的陆地边境线和 18000 多千米的海岸线，安定边境，巩固海疆，需要实现国防现代化。台湾问题所涉及的不是中国的一般利益、局部利益，而是中华民族生存和发展的核心利益、战略利益。中国军队必须着眼维护台海地区和平、促进两岸最终统一的实际需要，不断加强现代化建设，确保有足够的力量将台湾牢牢地控制在"一个中国"的框架内。这是世界上一切真正维护和平、坚持正义的人们都能够理解和理应支持的。

五、适应信息化战争的需要，国防动员建设需要进行相应的调整和改革

从近几场带有信息化战争特征的局部战争来看，信息化条件下的战争节奏快、持续时间短、作战空间多维、后备力量动员复杂，需要完善国防动员体制。未来信息化战争中的战争动员较以往的战争动员会发生一系列改变，突出表现在以下几个方面。

（1）动员方式凸显集成　工业时代的战争动员，多表现为大规模的人、财、物等的单

向动员，即使人、财、物有合成，也只是低层次的协同。信息时代的战争动员，则多表现为对整个战争资源的高度集成，也就是说，重视通过系统集成挖掘信息等资源的最大潜能，形成强大的战斗力服务于战争。之所以如此，主要是因为信息作战本身带有系统集成性，参战各力量体系融合成一个庞大的作战系统集团，对它的动员保障要求具有明显的集成性。另外，社会的信息和物质等资源通常按照满足社会需求和获取最大经济效益需要的原则配置，比较分散，若不进行高度集成，难以形成强大的力量体系，发挥应有的作用。动员范围不断拓展。工业时代战争动员的范围，主要是在陆、海、空三维领域中进行人、财、物的动员，谁拥有强大的人力、物力、财力基础，谁就能保持持续的战争能力，直到取得战争的胜利。信息时代战争动员的范围，则延伸到了陆、海、空、天、电及心理等诸多领域，甚至形成了全维动员的特征。在近几场高技术局部战争中，这种动员特点已日趋明显，如伊拉克战争中，交战双方特别是美军的动员范围就已经涉及了陆、海、空、天、电及心理等领域。

（2）动员内容趋向精准　工业时代的战争动员，由于受各种条件特别是信息技术水平的限制，基本上为过量型动员，造成大量人、财、物的浪费，即使具有了一定高技术特征的海湾战争，美军也没能摆脱过量动员造成的浪费。据资料显示，海湾战争结束后，美军为了把多余的作战物资运回国内，花费了上亿美元的运费。信息时代的战争动员，则表现为精准型动员，也就是通过对战争的规模大小、时间长短、对手作战能力等诸多方面情况的科学分析，结合高技术模拟系统进行推演，从而较准确地确定动员的内容与数量，进而提高对战争资源的利用率，减少浪费。伊拉克战争中，美军已开始对这种动员方式进行实践，出现了随机式与添油式动员，以满足每一阶段的战争需求，避免了大规模、粗放型动员可能造成的浪费。动员对象侧重信息元素。工业时代的战争动员对象，是一般技能型人员和装备物资，而信息时代的战争动员对象，则更加注重信息化的力量元素。比如，对计算机、通信、电子、雷达、激光、生物技术等行业中从事设计、研制、开发、生产和维修的科技人员的动员；对国家独立的科研机构、地方政府的科技机构、国营企事业单位附属的科研机构、大专院校的科研机构等的动员；以及对军民兼容性较强的民用生产设备或生产线，军工企业中平时用于研制、生产民用产品的设备或生产线，以及经过改造能研制、生产军用产品的设备或生产线进行的动员，等等。

（3）国防动员建设是为未来服务的　当信息化战争的出现导致对战争动员的需求发生改变时，和平时期的国防动员建设只有迎头赶上，才会不偏离方向，不偏离轨道。①完善国防动员体制。按照“军民一体、平战结合”的原则，构建和完善以网状扁平化动员指挥机构为运转核心的动员体制，使其具备权威、高效、灵敏、多能的功效，逐步从传统国防动员体制向信息化战争国防动员体制转型，适应信息化战争快节奏、高效能的特点。②优化动员力量结构。按照多元化、小型化、模块化、多功能的要求，对国防后备力量进行分类编组构建，总体要有利于挖掘地方信息和知识力量潜能、有利于快速动员转换、有利于军民一体作战，能持续不断地为部队作战提供信息、智力、技术、人才支援，使其具备及时灵敏、能攻善守、配合支援、多向保障的能力。改进动员储备方式。重视无形力量特别是信息和知识的储备，使目前的机械化半机械化的物资储备向储备信息知识、信息技术、信息人才、信息装备等方向发展，满足未来信息化战争对信息力量要素的需求。为此，要加快整合地方信息资源、加强军地通用信息人才的培养、加快军民通用信息网络系统建设、搞好平台和系统的预留预置等，打牢信息化条件下人民战争的基础。③革新动员指挥手段。提高国防动员的战争保障能力，实现指挥控制的信息化和自动化十分关键。达此目的，就要尽快开发军地互通、军民互联的国防动员信息化指挥控制系统，实现国防动员信息化、数字化、可视化和精确化的建设目标，使国防动员以前所未有的速度和准确度配合、支援、保障军队作战，适应信息化战争一体化、系统对抗和高智能化的要求。

（4）强化动员潜力防护　近期几场局部战争表明，未来信息化战争条件下，进攻一方不仅采取大规模空袭的硬杀伤手段来摧毁对方战略物资储备基地、工业中心、交通枢纽、通信设施等战争潜力，而且还注重以“软”杀伤手段来瓦解对方军民的抵抗意志，夺取制信息权，对战争动员潜力防护带来许多新的挑战。因此，国防动员工作必须针对信息化战争的特点，把加强战场防护作为重要工程来抓。比如：在地方发展信息通信产业时努力贯彻国防的需求，大力开发和利用网络监控与防护技术，将其运用于战争动员潜力防护领域；在地方重点设施建设中落实防护需求，提高战时抗毁能力，也就是要加大主要方向的重要地区、重点设施建设的投入，搞好现代国防交通网络建设，完善配套通信防护工程和重要战略设施，确保在任何情况下都可以有效地抗住敌人的空袭。

总之，只有将科技型的、“一体化”的后备力量由“粗放型”向“精确型”快速、灵活地动员，投入到战场，才能为赢得战争胜利提供有力保障。

推进中国特色军事变革、建设强大的国防，既是确保我国和平发展的必然要求，也对维护世界和平有重要意义。全面推进新世纪新阶段的国防建设，必须坚持以科学发展观为指导，积极探索信息化条件下局部战争的特点和规律、新形势下国防建设的特点和规律，全面提高我军的战斗力，不断增强我军应对危机、维护和平，遏制战争、打赢战争的能力；必须深刻把握国防建设科学发展的内涵，实现国防建设的全面协调可持续发展；必须把发扬我军优良传统和优势与推进国防信息化建设改革创新密切结合起来，不断开创国防建设的新局面。

【思考题】

1. 什么是信息化战争？
2. 信息化战争有哪些主要特征？
3. 信息化战争的基本作战样式有哪些？
4. 信息化战争的发展趋势是什么？
5. 如何加强国家和军队的信息化建设？

参考文献

[1] 刘东江. 普通高等学校军事理论教程. 北京：化学工业出版社，2016.
[2] 张正明，张戈. 军事理论与技能教程. 西安：西安交通大学出版社，2011.
[3] 《军事理论教程》(第 4 版) 编委会. 军事理论教程. 北京：高等教育出版社，2008.
[4] 陈润华. 大学军事学教程. 北京：清华大学出版社，2008.
[5] 王和中，吕冀蜀. 大学军事教程. 北京：清华大学出版社，2008.
[6] 《普通高等学校军事理论与军事技能》编委会. 普通高等学校军事理论与军事技能. 北京：国防工业出版社，2008.
[7] 陈云金，吴忠国. 国防教育教程. 武汉：武汉大学出版社，2007.
[8] 刘剑，赵良渊. 普通高等学校军事教程. 北京：国防工业出版社，2008.
[9] 王振华，何熙. 大学军事理论与技能教程. 长沙：湖南大学出版社，2008.
[10] 苗志良，朱晓宁，徐向群. 大学军事理论教程. 北京：科学出版社，2008.
[11] 刘金生. 大学军事理论教程. 重庆：重庆大学出版社，2008.
[12] 韩朴明. 军事理论教程. 济南：黄河出版社，2002.
[13] 郑文瀚. 创新和发展军事理论. 北京：军事科学出版社，2003.
[14] 张振华. 党的第三代领导集体关于军队建设的理论贡献. 北京：解放军出版社，1998.
[15] 刘鸿基，范震江. 邓小平国防建设思想研究. 北京：国防大学出版社，1997.
[16] 刘继贤，王益民. 邓小平军事理论教程. 北京：军事科学出版社，2000.
[17] 戴风秀. 国防动员战略与对策. 北京：军事科学出版社，2004.
[18] 朱建新. 军事高技术知识教程. 北京：军事科学出版社，2005.
[19] 钱贵江，成岩龙. 军训教程. 苏州：苏州大学出版社，2002.
[20] 郭胜伟. 邓小平军事谋略. 北京：中央文献出版社，2000.
[21] 马维野. 全球化时代的国家安全. 武汉：湖北教育出版社，2003.
[22] 林建公，张全启. 毛泽东军事哲学思想初探. 北京：国防大学出版社，1991.
[23] 安国江，杨兆凯. 大学生军事理论教程. 北京：北京交通大学出版社，2007.
[24] 霍凤鸣. 大学军事教程. 沈阳：辽宁大学出版社，2015.
[25] 钟文. 军事理论教程. 长沙：湖南师范大学出版社，2016.
[26] 尚海涛. 军事科技与新军事变革. 上海：复旦大学出版社，2014.
[27] 徐唯诚. 普通高校军事课教程. 北京：国防科技大学出版社，2014.
[28] 李印福. 大学生军事理论教程. 北京：知识产权出版社，2017.
[29] 肖占中. 大学生军事理论与训练教程. 北京：国防科技大学出版社，2014.